ŒUVRES COMPLÈTES

DE

FRÉDÉRIC BASTIAT

LA MÊME ÉDITION

EST PUBLIÉE EN SIX BEAUX VOLUMES IN-8°

Prix des 6 volumes : 30 fr.

CORBEIL. — TYP. ET STÉR. DE CRÉTÉ

OEUVRES COMPLÈTES

DE

FRÉDÉRIC BASTIAT

MISES EN ORDRE

REVUES ET ANNOTÉES D'APRÈS LES MANUSCRITS DE L'AUTEUR

2e ÉDITION

TOME CINQUIÈME

SOPHISMES ÉCONOMIQUES

PETITS PAMPHLETS

II

PARIS

GUILLAUMIN ET Cie, LIBRAIRES

Éditeurs du Journal des Économistes, de la Collection des principaux Économistes,
du Dictionnaire de l'Économie politique,
du Dictionnaire universel du Commerce et de la Navigation, etc.

14, RUE RICHELIEU

1863

SPOLIATION ET LOI [1].

A Messieurs les Protectionistes du Conseil général des Manufactures.

Messieurs les protectionistes, causons un moment avec modération et de bonne amitié.

Vous ne voulez pas que l'économie politique croie et enseigne le libre-échange.

C'est comme si vous disiez : « Nous ne voulons pas que l'économie politique s'occupe de Société, d'Échange, de Valeur, de Droit, de Justice, de Propriété. Nous ne reconnaissons que deux principes, l'Oppression et la Spoliation. »

Vous est-il possible de concevoir l'économie politique sans société? la société sans échanges? l'échange sans un rapport d'appréciation entre les deux objets ou les deux services échangés? Vous est-il possible de concevoir ce rap-

---

[1] Le 27 avril 1850, à la suite d'une discussion très-curieuse, que le *Moniteur* a reproduite, le Conseil général de l'agriculture, des manufactures et du commerce émit le vœu suivant :

« Que l'économie politique soit enseignée, par les professeurs rétribués
« par le gouvernement, non plus seulement au point de vue théorique
« du libre-échange, mais aussi et surtout au point de vue des faits et de
« la législation qui régit l'industrie française. »

C'est à ce vœu que répondit Bastiat par le pamphlet *Spoliation et Loi*, publié d'abord dans le *Journal des Économistes*, le 15 mai 1850.

(*Note de l'éditeur.*)

port, nommé *valeur*, autrement que comme résultant du *libre* consentement des échangistes? Pouvez-vous concevoir qu'un produit en *vaut* un autre si, dans le troc, une des parties n'est pas *libre* [1]? Vous est-il possible de concevoir le libre consentement des deux parties sans liberté? Vous est-il possible de concevoir que l'un des contractants soit privé de liberté, à moins qu'il ne soit opprimé par l'autre? Vous est-il possible de concevoir l'échange entre un oppresseur et un opprimé, sans que l'équivalence des services en soit altérée, sans que, par conséquent, une atteinte soit portée au droit, à la justice, à la propriété?

Que voulez-vous donc? dites-le franchement.

Vous ne voulez pas que l'échange soit libre!

Vous voulez donc qu'il ne soit pas libre?

Vous voulez donc qu'il se fasse sous l'influence de l'oppression? car s'il ne se faisait pas sous l'influence de l'oppression, il se ferait sous celle de la liberté, et c'est ce que vous ne voulez pas.

Convenez-en, ce qui vous gêne, c'est le droit, c'est la justice; ce qui vous gêne, c'est la propriété, non la vôtre, bien entendu, mais celle d'autrui. Vous souffrez difficilement que les autres disposent librement de leur propriété (seule manière d'être propriétaire) ; vous entendez disposer de la vôtre... et de la leur.

Et puis vous demandez aux économistes d'arranger en corps de doctrine cet amas d'absurdités et de monstruosités; de faire, à votre usage, la théorie de la Spoliation.

Mais c'est ce qu'ils ne feront jamais ; car, à leurs yeux, la Spoliation est un principe de haine et de désordre, et si elle revêt une forme plus particulièrement odieuse, c'est surtout la *forme légale* [2].

---

[1] Voir la théorie de la valeur, au chap. v du tome VI.

(*Note de l'éditeur*.)

[2] L'auteur avait exprimé cette opinion, trois ans auparavant, dans le

Ici, monsieur Benoît d'Azy, je vous prends à partie. Vous êtes un homme modéré, impartial, généreux. Vous

numéro du 28 novembre 1847 du journal *le Libre-Échange*. Répondant au *Moniteur industriel*, il avait dit :

« Que le lecteur nous pardonne si nous nous faisons casuiste pour un
« instant. Notre adversaire nous force à mettre le bonnet de docteur.
« Aussi bien c'est sous le nom de *docteur* qu'il lui plaît souvent de nous
« désigner.

« Un acte *illégal* est toujours *immoral* par cela seul qu'il est une
« désobéissance à la loi; mais il ne s'ensuit pas qu'il soit *immoral* en
« lui-même. Quand un maçon (nous demandons pardon à notre con-
« frère d'appeler son attention sur si peu de chose), après une rude
« journée de labeur, échange son salaire contre un coupon de drap
« belge, il ne fait pas une action intrinsèquement immorale. Ce n'est
« pas l'action en elle-même qui est immorale, c'est la violation de
« la loi. Et la preuve, c'est que si la loi vient à changer, nul ne trou-
« vera à reprendre à cet échange. Il n'a rien d'immoral en Suisse. Or
« ce qui est immoral de soi l'est partout et toujours. Le *Moniteur in-
« dustriel* soutiendra-t-il que la moralité des actes dépend des temps et
« des lieux ?

« S'il y a des actes *illégaux* sans être *immoraux*, il y en a qui sont
« *immoraux* sans être *illégaux*. Quand notre confrère altère nos pa-
« roles en s'efforçant d'y trouver un sens qui n'y est pas ; quand cer-
« tains personnages, après avoir déclaré dans l'intimité qu'ils sont pour
« la liberté, écrivent et votent contre ; quand un maître fait travail
« ler son esclave à coups de bâton, le Code peut ne pas être violé, mais
« la conscience de tous les honnêtes gens est révoltée. C'est dans la
« catégorie de ces actes et au premier rang que nous plaçons les res-
« trictions. Qu'un Français dise à un autre Français, son égal ou qui
« devrait l'être : — Je t'interdis d'acheter du drap belge, parce que je
« veux que tu sois forcé de venir à ma boutique. Si cela te dérange,
« cela m'arrange ; tu perdras quatre, mais je gagnerai deux, et cela suffit.
« — Nous disons que c'est une action immorale. Que celui qui se la
« permet l'exécute par ses propres forces ou à l'aide de la loi, cela ne
« change rien au caractère de l'acte. Il est immoral par nature, par
« essence ; il l'eût été il y a dix mille ans, il le serait aux antipodes, il
« le serait dans la lune, parce que, quoi qu'en dise le *Moniteur indus-
« triel*, la loi, qui peut beaucoup, ne peut cependant pas faire que ce qui
« est mal soit bien.

« Nous ne craignons pas même de dire que le concours de la loi aggrave

ne tenez ni à vos intérêts, ni à votre fortune; c'est ce que vous proclamez sans cesse. Dernièrement, au Conseil général, vous disiez : « S'il suffisait que les riches abandonnassent ce qu'ils ont pour que le peuple fût riche, nous serions tous prêts à le faire. » (Oui! oui! c'est vrai!) Et hier, à l'Assemblée nationale : « Si je croyais qu'il dépendît de moi de donner à tous les ouvriers le travail dont ils ont besoin, je donnerais tout ce que je possède pour réaliser ce bienfait..., malheureusement impossible. »

Encore que l'inutilité du sacrifice vous donne le vif chagrin de ne le point faire, et de dire, comme Basile : « L'argent! l'argent! je le méprise..., mais je le garde, » assurément, nul ne doutera d'une générosité si retentissante, quoique si stérile. C'est une vertu qui aime à s'envelopper d'un voile de pudeur, surtout quand elle est purement latente et négative. Pour vous, vous ne perdez pas une occasion de l'afficher, en vue de toute la France, sur le piédestal de la tribune, au Luxembourg et au Palais législatif. C'est une preuve que vous ne pouvez en contenir les élans, bien que vous en conteniez à regret les effets.

Mais enfin, cet abandon de votre fortune, personne ne

---

* l'immoralité du fait. Si elle ne s'en mêlait pas, si, par exemple, le fabri-
« cant faisait exécuter sa volonté restrictive par des gens à ses gages,
« l'immoralité crèverait les yeux du *Moniteur industriel* lui-même. Eh
« quoi! parce que ce fabricant a su s'épargner ce souci, parce qu'il a su
« faire mettre à son service la force publique et rejeter sur l'opprimé une
« partie des frais de l'oppression, ce qui était immoral est devenu mé-
« ritoire!

« Il peut arriver, il est vrai, que les gens ainsi foulés s'imaginent que
« c'est pour leur plus grand bien, et que l'oppression résulte d'une erreur
« commune aux oppresseurs et aux opprimés. Cela suffit pour justifier
« les intentions et ôter à l'acte ce qu'il aurait d'odieux sans cela. En ce
« cas, la majorité sanctionne la loi. Il faut s'y soumettre; nous ne dirons
« jamais le contraire. Mais rien ne nous empêchera de dire à la majorité
« que, selon nous, elle se trompe. »　　　　　(*Note de l'éditeur.*)

vous le demande, et je conviens qu'il ne résoudrait pas le problème social.

Vous voudriez être généreux, et vous ne le pouvez avec fruit ; ce que j'ose vous demander, c'est d'être juste. Gardez votre fortune, mais permettez-moi de garder la mienne. Respectez ma propriété comme je respecte la vôtre. Est-ce de ma part une requête trop hardie ?

Supposons que nous soyons dans un pays où règne la liberté d'échanger, où chacun puisse disposer de son travail et de sa propriété. — Vos cheveux se hérissent ? Rassurez-vous, ce n'est qu'une hypothèse.

Nous sommes donc aussi libres l'un que l'autre. Il y a bien une Loi dans le Code, mais cette Loi, toute impartialité et justice, loin de nuire à notre liberté, la garantit. Elle n'entrera en action qu'autant que nous essayerions d'exercer l'oppression, vous sur moi ou moi sur vous. Il y a une force publique, il y a des magistrats, des gendarmes ; mais ils ne font qu'exécuter la Loi.

Les choses étant ainsi, vous êtes maître de forges et je suis chapelier. J'ai besoin de fer, pour mon usage ou pour mon industrie. Naturellement, je me pose ce problème : « Quel est pour moi le moyen de me procurer le fer, qui m'est nécessaire, avec la moindre somme possible de travail ? » En tenant compte de ma situation, de mes connaissances, je découvre que le mieux pour moi est de faire des chapeaux et de les livrer à un Belge, qui me donnera du fer en retour.

Mais vous êtes maître de forges, et vous vous dites : Je saurai bien forcer ce coquin-là (c'est de moi qu'il s'agit) de venir à ma boutique.

En conséquence, vous garnissez votre ceinture de sabres et de pistolets, vous armez vos nombreux domestiques, vous vous rendez sur la frontière, et là, au moment où je vais exécuter mon troc, vous me criez : — Arrête ! ou je te brûle

la cervelle. — Mais, seigneur, j'ai besoin de fer. — J'en ai
à vendre. — Mais, seigneur, vous le tenez fort cher. — J'ai
mes raisons pour cela. — Mais, seigneur, j'ai mes raisons
aussi pour préférer le fer à bon marché. — Eh bien! entre
tes raisons et les miennes, voici qui va décider. Valets, en
joue!

Bref, vous empêchez le fer belge d'entrer, et, du même
coup, vous empêchez mes chapeaux de sortir.

Dans l'hypothèse où nous sommes, c'est-à-dire sous le
régime de la liberté, vous ne pouvez contester que ce ne soit
là, de votre part, un acte manifeste d'Oppression et de Spoliation.

Aussi, je m'empresse d'invoquer la Loi, le magistrat, la
force publique. Ils interviennent; vous êtes jugé, condamné
et justement châtié.

Mais tout ceci vous suggère une idée lumineuse.

Vous vous dites : J'ai été bien simple de me donner tant
de peine; quoi! m'exposer à tuer ou à être tué! me déplacer! mettre en mouvement mes domestiques! encourir des
frais énormes! me donner le caractère d'un spoliateur!
mériter d'être frappé par la justice du pays! et tout cela,
pour forcer un misérable chapelier à venir à ma boutique
acheter du fer à mon prix! Si je mettais dans mes intérêts
la Loi, le magistrat et la force publique! si je leur faisais
faire, sur la frontière, cet acte odieux que j'y allais faire
moi-même!

Échauffé par cette séduisante perspective, vous vous
faites nommer législateur et votez un décret conçu en ces
termes :

Art. 1er. Il sera prélevé une taxe sur tout le monde (et
notamment sur mon maudit chapelier).

Art. 2. Avec le produit de cette taxe on paiera des
hommes qui feront bonne garde à la frontière, dans l'intérêt des maîtres de forges.

Art. 3. Ils veilleront à ce que nul ne puisse échanger avec des Belges les chapeaux ou autres marchandises contre du fer.

Art. 4. Les ministres, procureurs de la République, douaniers, percepteurs et geôliers sont chargés, chacun en ce qui le concerne, de l'exécution de la présente loi.

Je conviens, Monsieur, que, sous cette forme, la Spoliation vous serait infiniment plus douce, plus lucrative, moins périlleuse que sous celle dont vous vous étiez d'abord avisé.

Je conviens qu'elle aurait pour vous un côté fort plaisant. Certes, vous en pourriez rire dans votre barbe, car vous en auriez fait passer tous les frais sur mes épaules.

Mais j'affirme que vous auriez introduit dans la société un principe de ruine, d'immoralité, de désordre, de haines et de révolutions incessantes; que vous auriez ouvert la porte à tous les essais du socialisme et du communisme [1].

Vous trouvez, sans doute, mon hypothèse très-hardie. Eh bien! retournons-la contre moi. J'y consens pour l'amour e la démonstration.

Me voici ouvrier; vous êtes toujours maître de forges.

Il me serait avantageux d'avoir à bon marché, et même pour rien, des instruments de travail. Or, je sais qu'il y a dans votre magasin des haches et des scies. Donc, sans plus de façons, je pénètre chez vous et fais main basse sur tout ce qui me convient.

Mais vous, usant du droit de légitime défense, vous repoussez d'abord la force par la force; ensuite, appelant à votre aide la Loi, le magistrat, la force publique, vous me faites jeter en prison, et bien vous faites.

Oh! oh! me dis-je; j'ai été gauche en tout ceci. Quand

---

[1] Voy., au tome IV, *Protectionisme et Communisme.*

(*Note de l'éditeur.*)

on veut jouir du bien d'autrui, ce n'est pas *en dépit*, c'est *en vertu* de la Loi qu'il faut agir, si l'on n'est pas un sot. En conséquence, comme vous vous êtes fait protectioniste, je me fais socialiste. Comme vous vous êtes arrogé le DROIT AU PROFIT, j'invoque le DROIT AU TRAVAIL ou aux instruments de travail.

D'ailleurs, en prison, j'ai lu mon Louis Blanc, et je sais par cœur cette doctrine : « Ce qui manque aux prolétaires pour s'affranchir, ce sont les instruments de travail ; la fonction du gouvernement est de les leur fournir. » Et encore : « Dès qu'on admet qu'il faut à l'homme, pour être vraiment libre, le *pouvoir* d'exercer et de développer ses facultés, il en résulte que la société doit à chacun de ses membres, et l'instruction, sans laquelle l'esprit humain ne peut se déployer, et les instruments de travail, sans lesquels l'activité humaine ne peut se donner carrière. Or, par l'intervention de qui la société donnera-t-elle à chacun de ses membres l'instruction convenable et les instruments de travail nécessaires, si ce n'est par l'intervention de l'État [1] ? »

Donc, moi aussi, fallût-il pour cela révolutionner mon pays, je force les portes du Palais législatif. Je pervertis la Loi et lui fais accomplir, à mon profit et à vos dépens, l'acte même pour lequel elle m'avait jusqu'ici châtié.

Mon décret est calqué sur le vôtre.

ART. 1er. Il sera prélevé une taxe sur tous les citoyens, et spécialement sur les maîtres de forges.

ART. 2. Avec le produit de cette taxe, l'État soldera un corps armé, lequel prendra le titre de *gendarmerie fraternelle*.

ART. 3. Les gendarmes fraternels entreront dans les magasins de haches, scies, etc., s'empareront de ces instru-

---

[1] *Organisation du travail*, pages 17 et 24 de l'introduction.

ments et les distribueront aux ouvriers qui en désirent.

Grâce à cette combinaison habile, vous voyez bien, Monsieur, que je n'aurai plus les risques, ni les frais, ni l'odieux, ni les scrupules de la Spoliation. L'État volera pour moi, comme il fait pour vous. Nous serons à deux de jeu.

Reste à savoir comment se trouverait la société française de la réalisation de ma seconde hypothèse, ou, tout au moins, comment elle se trouve de la réalisation à peu près complète de la première.

Je ne veux pas traiter ici le point de vue économique de la question. On croit que, lorsque nous réclamons le libre-échange, nous sommes mus uniquement par le désir de laisser au travail et aux capitaux la faculté de prendre leur direction la plus avantageuse. On se trompe : cette considération n'est pour nous que secondaire ; ce qui nous blesse, ce qui nous afflige, ce qui nous épouvante dans le régime protecteur, c'est qu'il est la négation du droit, de la justice, de la propriété ; c'est qu'il tourne, contre la propriété et la justice, la Loi qui devait les garantir ; c'est qu'il bouleverse ainsi et pervertit les conditions d'existence de la société. — Et c'est sur ce côté de la question que j'appelle vos méditations les plus sérieuses.

Qu'est-ce donc que la Loi, ou du moins que devrait-elle être? quelle est sa mission rationnelle et morale? n'est-ce point de tenir la balance exacte entre tous les droits, toutes les libertés, toutes les propriétés? n'est-ce pas de faire régner entre tous la justice? n'est-ce pas de prévenir et de réprimer l'Oppression et la Spoliation, de quelque part qu'elles viennent?

Et n'êtes-vous pas effrayé de l'immense, radicale et déplorable innovation qui s'introduit dans le monde, le jour où la Loi est chargée d'accomplir elle-même le crime que sa mission était de châtier? le jour où elle se tourne, en principe et en fait, contre la liberté et la propriété?

Vous déplorez les symptômes que présente la société
moderne; vous gémissez sur le désordre qui règne dans
les institutions et dans les idées. Mais n'est-ce pas votre
principe qui a tout-perverti, idées et institutions?

Quoi! la Loi n'est plus le refuge de l'opprimé, mais l'arme
de l'oppresseur! La Loi n'est plus une égide, mais une épée!
La Loi ne tient plus dans ses mains augustes une balance,
mais de faux poids et de fausses clefs! Et vous voulez que
la société soit bien ordonnée!

Votre principe a écrit sur le fronton du Palais législatif
ces mots : Quiconque acquiert ici quelque influence peut y
obtenir sa part de Spoliation légale.

Et qu'est-il arrivé? Toutes les classes se sont ruées sur
les portes de ce palais, criant : A moi, à moi une part de
Spoliation!

Après la révolution de Février, quand le suffrage universel a été proclamé, j'ai espéré un moment que sa grande
voix allait se faire entendre pour dire : « Plus de Spoliation
pour personne, justice pour tous. » — Et c'est là qu'était
la vraie solution du problème social. Il n'en a pas été ainsi ;
la propagande protectioniste avait trop profondément altéré,
depuis des siècles, les sentiments et les idées.

Non, en faisant irruption dans l'Assemblée nationale,
chaque classe est venue pour s'y faire, en vertu de votre
principe, de la Loi un instrument de rapine. On a demandé
l'impôt progressif, le crédit gratuit, le droit au travail, le
droit à l'assistance, la garantie de l'intérêt, d'un minimum
de salaire, l'instruction gratuite, les avances à l'industrie, etc., etc. ; bref, chacun a voulu vivre et se développer
aux dépens d'autrui.

Et sous quelle autorité a-t-on placé ces prétentions? Sous
l'autorité de vos précédents. Quels sophismes a-t-on invo-
qués? Ceux que vous propagez depuis des siècles. Ainsi
que vous, on a parlé de *niveler les conditions du travail.*

Ainsi que vous, on a déclamé contre la *concurrence anar-chique*. Ainsi que vous, on a bafoué le *laissez faire*, c'est-à-dire la *liberté*. Ainsi que vous, on a dit que la Loi ne devait pas se borner à être juste, mais qu'elle devait venir en aide aux industries chancelantes, protéger le faible contre le fort, assurer des profits aux individus aux dépens de la communauté, etc., etc. Bref, le socialisme est venu faire, selon l'expression de M. Ch. Dupin, la théorie de la Spoliation. Il a fait ce que vous faites, ce que vous voulez que fassent avec vous et pour vous les professeurs d'économie politique.

Vous avez beau être habiles, messieurs les restrictionistes, vous avez beau radoucir le ton, vanter votre générosité latente, prendre vos adversaires par les sentiments, vous n'empêcherez pas la logique d'être la logique.

Vous n'empêcherez pas M. Billault de dire au législateur : Vous accordez des faveurs aux uns, il faut en accorder à tous.

Vous n'empêcherez pas M. Crémieux de dire au législateur : Vous enrichissez les manufacturiers, il faut enrichir les prolétaires.

Vous n'empêcherez pas M. Nadeau de dire au législateur: Vous ne pouvez refuser de faire pour les classes souffrantes ce que vous faites pour les classes privilégiées.

Vous n'empêcherez pas même votre coryphée, M. Mimerel, de dire au législateur: « Je demande 25,000 primes pour les caisses de retraite d'ouvriers, » et de développer ainsi sa motion :

« Est-ce le premier exemple de cette nature qu'offre notre législation ? Établirez-vous en système que l'État peut tout encourager, ouvrir à ses frais des cours de sciences, subventionner les beaux-arts, pensionner les théâtres, donner aux classes déjà favorisées de la fortune la haute instruction, les délassements les plus variés, les jouissances des arts, le repos de la vieillesse, donner tout cela à ceux qui ne counaissent pas de privations, faire payer leur part de ces sacrifices à ceux qui n'ont rien, et leur refuser tout, même pour les indispensabilités de la vie?... »

.... « Messieurs, notre société française, nos mœurs, nos lois sont ainsi faites, que l'intervention de l'État, si regrettable qu'on la suppose, se rencontre partout, et que rien ne paraît stable, rien ne paraît durable si l'État n'y montre sa main. C'est l'État qui fait les porcelaines de Sèvres, les tapisseries des Gobelins ; c'est l'État qui expose périodiquement, et à ses frais, les produits de nos artistes, ceux de nos manufactures ; c'est l'État qui récompense nos éleveurs de bestiaux et nos armateurs de pêche. Il en coûte beaucoup pour tout cela ; c'est là encore un impôt que tout le monde paye ; tout le monde, entendez-vous bien ! Et quel bien direct en retire le peuple? Quel bien direct lui font vos porcelaines, vos tapisseries, vos expositions ? Ce principe de résister à ce que vous appelez un état d'entraînement, on peut le comprendre, quoique hier encore vous ayez voté des primes pour le lin ; on peut le comprendre, mais à condition de consulter le temps ; à la condition surtout de faire preuve d'impartialité. S'il est vrai que, par tous les moyens que je viens d'indiquer, l'État ait en jusqu'ici l'apparence de venir plus directement au-devant des besoins des classes aisées que de celles moins favorisées, *il faut que cette apparence disparaisse.* Sera-ce en fermant nos manufactures des Gobelins, en proscrivant nos expositions? assurément non : mais *en faisant la part directe du pauvre dans cette distribution de bienfaits* [1]. »

Dans cette longue énumération de faveurs accordées à quelques-uns aux dépens de tous, on remarque l'extrême prudence avec laquelle M. Mimerel a laissé dans l'ombre les faveurs douanières, encore qu'elles soient la manifestation la plus explicite de la spoliation légale. Tous les orateurs qui l'ont appuyé ou contredit se sont imposé la même réserve. C'est fort habile ! Peut-être espèrent-ils, *en faisant la part du pauvre, dans cette distribution de bienfaits,* sauver la grande iniquité dont ils profitent, mais dont ils ne parlent pas.

Ils se font illusion. Croient-ils qu'après avoir réalisé la

[1] *Moniteur* du 28 avril 1850.

spoliation partielle par l'institution des douanes, d'autres classes ne voudront pas, par d'autres institutions, réaliser la Spoliation universelle ?

Je sais bien que vous avez un sophisme toujours prêt; vous dites : « Les faveurs que la loi nous accorde ne s'adressent pas à l'industriel, mais à l'industrie. Les profits qu'elle nous permet de prévelor, aux dépens des consommateurs, ne sont qu'un dépôt entre nos mains[2]. »

« Ils nous enrichissent, c'est vrai, mais notre richesse, nous mettant à même de dépenser davantage, d'agrandir nos entreprises, retombe comme une rosée féconde sur la classe ouvrière. »

Tel est votre langage ; et ce que je déplore, c'est que vos misérables sophismes ont assez perverti l'esprit public pour qu'on les invoque aujourd'hui à l'appui de tous les procédés de Spoliation légale. Les classes souffrantes disent aussi : Laissez-nous prendre législativement le bien d'autrui. Nous aurons plus d'aisance ; nous achèterons plus de blé, plus de viande, plus de draps, plus de fer, et ce que nous aurons reçu par l'impôt reviendra en pluie bienfaisante aux capitalistes et aux propriétaires.

Mais, je l'ai déjà dit, je ne discute pas aujourd'hui les conséquences économiques de la Spoliation légale. Quand MM. les protectionistes le voudront, ils me trouveront prêt à examiner le *sophisme des ricochets*[1], qui du reste peut être invoqué pour tous les genres de vols et de fraudes.

Bornons-nous aux effets politiques et moraux de l'échange législativement privé de liberté.

Je dis : le temps est venu de savoir enfin ce qu'est la Loi, ce qu'elle doit être.

---

[1] *Moniteur* du 28 avril. Voir l'opinion de M. Devinck.

[2] Il se trouve implicitement réfuté aux chap. XII de la première série, IV et XIII de la seconde série des *Sophismes*. Voy., tome IV, pages 74, 160 et 229. *(Note de l'éditeur.)*

Si vous faites de la Loi, pour tous les citoyens, le palladium de la liberté et de la propriété, si elle n'est que l'organisation du droit individuel de légitime défense, vous fonderez sur la Justice un gouvernement rationnel, simple, économique, compris de tous, aimé de tous, utile à tous, soutenu par tous, chargé d'une responsabilité parfaitement définie et fort restreinte, doué d'une solidité inébranlable.

Si, au contraire, vous faites de la Loi, dans l'intérêt des individus ou des classes, un instrument de Spoliation, chacun d'abord voudra faire la Loi, chacun ensuite voudra la faire à son profit. Il y aura cohue à la porte du Palais législatif, il y aura lutte acharnée au dedans, anarchie dans les esprits, naufrage de toute moralité, violence dans les organes des intérêts, ardentes luttes électorales, accusations, récriminations, jalousies, haines inextinguibles, force publique mise au service des rapacités injustes au lieu de les contenir, notion du vrai et du faux effacée de tous les esprits, comme notion du juste et de l'injuste effacée de toutes les consciences, gouvernement responsable de toutes les existences et pliant sous le poids d'une telle responsabilité, convulsions politiques, révolutions sans issue, ruines sur lesquelles viendront s'essayer toutes les formes du socialisme et du communisme : tels sont les fléaux que ne peut manquer de déchaîner la perversion de la Loi.

Tels sont, par conséquent, messieurs les prohibitionistes, les fléaux auxquels vous avez ouvert la porte, en vous servant de la Loi pour étouffer la liberté dans l'échange, c'est-à-dire pour étouffer le droit de propriété. Ne déclamez pas contre le socialisme, vous en faites. Ne déclamez pas contre le communisme, vous en faites. Et maintenant vous nous demandez, à nous économistes, de vous faire une théorie qui

vous donne raison et vous justifie ! Morbleu ! faites-la vous-
mêmes[1].

[1] Dans cette réponse aux protectionistes, qu'il leur adressait au moment de son départ pour les Landes, l'auteur, obligé d'indiquer rapidement ses vues sur le domaine rationnel de la législation, sentit le besoin
de les exposer avec plus d'étendue. C'est ce qu'il fit, peu de jours après,
pendant un court séjour à Mugron, en écrivant *La Loi,* pamphlet compris
dans le précédent volume.   (*Note de l'éditeur.*)

GUERRE

AUX CHAIRES D'ÉCONOMIE POLITIQUE [1].

On sait avec quelle amertume les hommes qui, pour leur propre avantage, restreignent les échanges d'autrui, se plaignent de ce que l'économie politique s'obstine à ne point exalter le mérite de ces restrictions. S'ils n'espèrent pas obtenir la suppression de la science, ils poursuivent du moins la destitution de ceux qui la professent, tenant de l'inquisition cette sage maxime : « Voulez-vous avoir raison de vos adversaires ? fermez-leur la bouche. »

Nous n'avons donc point été surpris d'apprendre qu'à l'occasion du projet de loi sur l'organisation des facultés ils ont adressé à M. le ministre de l'instruction publique un mémoire fort étendu, dont nous reproduisons quelques extraits.

« Y pensez-vous, monsieur le ministre ? Vous voulez in-

---

[1] Trois ans avant la manifestation qui provoqua le pamphlet précédent, la destitution des professeurs, la suppression des chaires d'économie politique avaient été formellement demandées par les membres du comité Mimerel, qui bientôt se radoucirent et se bornèrent à prétendre que la théorie de la Protection devait être enseignée en même temps que celle de la Liberté.

Ce fut avec l'arme de l'ironie que Bastiat, dans le n° du 13 juin 1847 du journal le Libre-Échange, combattit cette prétention qui se produisait alors pour la première fois.

(Note de l'éditeur.)

troduire dans les facultés l'enseignement de l'économie politique ! C'est donc un parti pris de déconsidérer nos priviléges ? »

« S'il est une maxime vénérable, c'est assurément celleci : En tous pays, l'enseignement doit être en harmonie avec le principe du gouvernement. Croyez-vous qu'à Sparte ou à Rome le trésor public aurait payé des professeurs pour déclamer contre le butin fait à la guerre ou contre l'esclavage ? Et vous voulez qu'en France il soit permis de discréditer la restriction [1] ! »

« La nature, monsieur le ministre, a voulu que les sociétés ne puissent exister que sur les produits du travail, et, en même temps, elle a rendu le travail pénible. Voilà pourquoi, à toutes les époques et dans tous les pays, on remarque parmi les hommes une incurable disposition à s'entre-dépouiller. Il est si doux de mettre la peine à la charge de son voisin et de garder la rémunération pour soi ! »

« La guerre est le premier moyen dont on se soit avisé. Pour s'emparer du bien d'autrui, il n'y en a pas de plus court et de plus simple. »

« L'esclavage est venu ensuite. C'est un moyen plus raffiné, et il est prouvé que ce fut un grand pas vers la civilisation que de réduire le prisonnier en servitude au lieu de le tuer. »

« Enfin, à ces deux modes grossiers de Spoliation, le progrès des temps en a substitué un autre beaucoup plus subtil, et qui, par cela même, a bien plus de chances de durée, d'autant que son nom même, *protection*, est admirablement trouvé pour en dissimuler l'odieux. Vous n'ignorez pas combien les noms font quelquefois prendre le change sur les choses. »

[1] Ici se montre le germe de *Baccalauréat et Socialisme*, qu'on verra plus apparent encore dans les pages qui suivent. Voy. ce pamphlet au tome IV.   (*Note de l'éditeur.*)

« Vous.le voyez, monsieur le ministre, prêcher contre
la protection, dans les temps modernes, ou contre la guerre
et l'esclavage, dans l'antiquité, c'est tout un. C'est toujours
ébranler l'ordre social et troubler la quiétude d'une classe
très-respectable de citoyens. Et si la Rome païenne montra
une grande sagesse, un prévoyant esprit de conservation en
persécutant cette secte nouvelle qui venait dans son sein
faire retentir les mots dangereux : *paix* et *fraternité;* pourquoi aurions-nous plus de pitié aujourd'hui pour les professeurs d'économie politique ? Pourtant, nos mœurs sont si
douces, notre modération est si grande, que nous n'exi-
geons pas que vous les livriez aux bêtes. Défendez-leur de
parler, et nous serons satisfaits. »

« Ou,du moins, si tant ils ont la rage de discourir, ne peuvent-ils le faire avec quelque impartialité? Ne peuvent-ils
accommoder un peu la science à nos souhaits? Par quelle fatalité les professeurs d'économie politique de tous les pays
se sont-ils donné le mot pour tourner contre le régime restrictif l'arme du raisonnement? Si ce régime a quelques inconvénients, certes, il a aussi des avantages, puisqu'il nous
convient. Messieurs les professeurs ne pourraient-ils pas
mettre un peu plus les inconvénients dans l'ombre et les
avantages en saillie ? »

« D'ailleurs, à quoi servent les savants, sinon à faire la
science? Qui les empêche d'inventer une économie politique exprès pour nous? Évidemment, il y a de leur part
mauvaise volonté. Quand la sainte inquisition de Rome
trouva mauvais que Galilée fit tourner la terre, ce grand
homme n'hésita pas à la rendre immobile. Il en fit même
la déclaration à genoux. Il est vrai qu'en se relevant, il mur-
murait, dit-on : *E pur si muove.* Que nos professeurs aussi
déclarent publiquement, et à genoux, que *la liberté ne vaut
rien,* et nous leur pardonnerons, s'ils marmottent, pourvu
que ce soit entre les dents : *E pur è buona.* »

« Mais nous voulons subsidiairement pousser la modération plus loin encore. Vous ne disconviendrez pas, monsieur le ministre, qu'il faut être impartial avant tout. Eh bien ! puisqu'il y a dans le monde deux doctrines qui se heurtent, l'une ayant pour devise : *laissez échanger*, et l'autre : *empêchez d'échanger*, de grâce, tenez la balance égale, et faites professer l'une comme l'autre. Ordonnez que notre économie politique soit aussi enseignée. »

« N'est-il pas bien décourageant de voir la science se mettre toujours du côté de la liberté, et ne devrait-elle pas partager un peu ses faveurs ? Mais non, une chaire n'est pas plutôt érigée, qu'on y voit apparaître, comme une tête de Méduse, la figure d'un *libre-échangiste*. »

« C'est ainsi que J. B. Say a donné un exemple que se sont empressés de suivre MM. Blanqui, Rossi, Michel Chevalier, Joseph Garnier. Que serions-nous devenus si vos prédécesseurs n'avaient eu grand soin de borner cet enseignement funeste? Qui sait? Cette année même nous aurions à subir le bon marché du pain. »

« En Angleterre, Ad. Smith, Senior et mille autres ont donné le même scandale. Bien plus, l'université d'Oxford crée une chaire d'économie politique et y place... qui ? un futur archevêque [1] ; et voilà que M. l'archevêque se met à enseigner que la religion s'accorde avec la science pour condamner cette partie de nos profits qui sort du régime restrictif. Aussi qu'est-il advenu ? C'est que peu à peu l'opinion publique s'est laissé séduire, et, avant qu'il soit deux ans, les Anglais auront le malheur d'être libres dans leurs ventes et leurs achats. Puissent-ils être ruinés comme ils le méritent ! »

« Mêmes faits en Italie. Rois, princes et ducs, grands et

---

[1] M. Whateley, archevêque de Dublin, qui a fondé dans cette ville une chaire d'économie politique, a exercé le professorat à Oxford.

(*Note de l'éditeur.*)

petits, ont eu l'imprudence d'y tolérer l'enseignement économique, sans imposer aux professeurs l'obligation de faire
sortir de la science des vues favorables aux restrictions. Des
professeurs innombrables, les Genovesi, les Beccaria, et de
nos jours, M. Scialoja, comme il fallait s'y attendre, se sont
mis à prêcher la liberté, et voilà la Toscane libre dans ses
échanges, et voilà Naples qui sabre ses tarifs. »

« Vous savez quels résultats a eus en Suisse le mouvement intellectuel qui y a toujours dirigé les esprits vers les
connaissances économiques. La Suisse est libre, et semble
placée au milieu de l'Europe, comme la lumière sur le
chandelier, tout exprès pour nous embarrasser. Car, quand
nous disons : La liberté a pour conséquence de ruiner l'a-
griculture, le commerce et l'industrie, on ne manque pas
de nous montrer la Suisse. Un moment, nous ne savions
que répondre. Grâce au ciel, la *Presse* nous a tirés de peine
en nous fournissant cet argument précieux : *La Suisse n'est
pas inondée parce qu'elle est petite.* »

« La science, la science maudite, menace de faire déborder
sur l'Espagne le même fléau. L'Espagne est la terre classique
de la protection. Aussi voyez-vous comme elle a prospéré !
Et, sans tenir compte des trésors qu'elle a puisés dans le
Nouveau-Monde, de la richesse de son sol, le régime prohibitif suffit bien pour expliquer le degré de splendeur auquel
elle est parvenue. Mais l'Espagne a des professeurs d'économie politique, des La Sagra, des Florez Estrada, et voici
que le ministre des finances, M. Salamanca, prétend relever
le crédit de l'Espagne et gonfler son budget par la seule
puissance de la liberté commerciale.

« Enfin, monsieur le ministre, que voulez-vous de plus ?
En Russie, il n'y a qu'un économiste, et il est pour le libre-
échange. »

« Vous le voyez, la conspiration de tous les savants du
monde contre les entraves commerciales est flagrante. Et

quel intérêt les presse? Aucun. Ils prêcheraient la restriction qu'ils n'en seraient pas plus maigres. C'est donc de
leur part méchanceté pure. Cette unanimité a les plus grands
dangers. Savez-vous ce qu'on dira ? A les voir si bien d'accord, on finira par croire que ce qui les unit dans la même
foi, c'est la même cause qui fait que tous les géomètres du
monde pensent de même, depuis Archimède, sur le carré
de l'hypoténuse. »

« Lors donc, monsieur le ministre, que nous vous sup-
plions de faire enseigner impartialement deux doctrines
contradictoires, ce ne peut être de notre part qu'une demande subsidiaire, car nous pressentons ce qui adviendrait;
et tel que vous chargeriez de professer la restriction pourrait bien, par ses études, être conduit vers la liberté. »

« Le mieux est de proscrire, une bonne fois pour toutes,
la science et les savants et de revenir aux sages traditions de
l'empire. Au lieu de créer de nouvelles chaires d'économie
politique, renversez celles, heureusement en petit nombre,
qui sont encore debout. Savez-vous comment on a défini
l'économie politique ? *La science qui enseigne aux travailleurs à garder ce qui leur appartient.* Évidemment un bon
quart de l'espèce humaine serait perdu, si cette science funeste venait à se répandre. »

« Tenons-nous-en à la bonne et inoffensive éducation
classique. Bourrons nos jeunes gens de grec et de latin.
Quand ils scanderaient sur le bout de leurs doigts, du matin
au soir, les hexamètres des *Bucoliques,* quel mal cela peut-
il nous faire ? Laissons-les vivre avec la société romaine,
avec les Gracques et Brutus, au sein d'un sénat où l'on parle
toujours de guerre, et au Forum où il est toujours question
de butin ; laissons-les s'imprégner de la douce philosophie
d'Horace :

> Tra la la la, notre jeunesse,
> Tra la la la, se forme là.

« Qu'est-il besoin de leur apprendre les lois du travail et de l'échange? Rome leur enseigne à mépriser le travail, *servile opus*, et à ne reconnaître comme légitime d'autre échange que le *væ victis* du guerrier possesseur d'esclaves. C'est ainsi que nous aurons une jeunesse bien préparée pour la vie de notre moderne société. — Il y a bien quelques petits dangers. Elle sera quelque peu républicaine ; aura d'étranges idées sur la liberté et la propriété ; dans son admiration aveugle pour la force brutale, on la trouvera peut-être un peu disposée à chercher noise à toute l'Europe et à traiter les questions de politique, dans la rue, à coups de pavés. C'est inévitable, et, franchement, monsieur le ministre, grâce à Tite-Live, nous avons tous plus ou moins barboté dans cette ornière. Après tout, ce sont là des dangers dont vous aurez facilement raison avec quelques bons gendarmes. Mais quelle gendarmerie pouvez-vous opposer aux idées subversives des économistes, de ces audacieux qui ont écrit, en tête de leur programme, cette atroce définition de la propriété : Quand un homme a produit une chose à la sueur de son front, puisqu'il a le droit de la consommer, il a celui de la troquer [1] ? »

« Non, non, avec de telles gens, c'est peine perdue que de recourir à la réfutation. »

« Vite un bâillon, deux bâillons, trois bâillons ! »

---

[1] Voy., au tome II, la déclaration de principes de la société du *Libre-Échange*.

(*Note de l'éditeur.*)

CAPITAL ET RENTE [1].

INTRODUCTION.

Dans cet écrit, j'essaie de pénétrer la nature intime de ce qu'on nomme l'*Intérêt des capitaux*, afin d'en prouver la légitimité et d'en expliquer la perpétuité.

Ceci paraîtra bizarre ; mais il est certain que ce que je redoute, ce n'est pas d'être obscur, mais d'être trop clair. Je crains que le lecteur ne se laisse rebuter par une série de véritables *Truismes*. Comment éviter un tel écueil quand on n'a à s'occuper que de faits connus de chacun par une expérience personnelle, familière, quotidienne ?

Alors, me dira-t-on, à quoi bon cet écrit ? Que sert d'expliquer ce que tout le monde sait ?

Distinguons, s'il vous plaît. Une fois l'explication donnée, plus elle est claire et simple, plus elle semble superflue. Chacun est porté à s'écrier : « Je n'avais pas besoin qu'on résolût pour moi le problème. » C'est l'œuf de Colomb.

Mais ce problème si simple le paraîtrait peut-être beaucoup moins, si on se bornait à le poser. Je l'établis

[1] Cet opuscule fut publié en février 1849.

(*Note de l'éditeur.*)

en ces termes : « Mondor prête aujourd'hui un instrument de travail qui sera anéanti dans quelques jours. Le capital n'en produira pas moins intérêt à Mondor ou à ses héritiers pendant l'éternité tout entière. » Lecteur, la main sur la conscience, sentez-vous la solution au bord de vos lèvres ?

Je n'ai pas le temps de recourir aux économistes. Autant que je puis le savoir, ils ne se sont guère occupés de scruter l'*Intérêt* jusque dans sa raison d'être. On ne peut les en blâmer. A l'époque où ils écrivaient, l'Intérêt n'était pas mis en question.

Il n'en est plus ainsi. Les hommes qui se disent et se croient beaucoup plus *avancés* que leur siècle ont organisé une propagande active contre le Capital et la Rente. Ils attaquent, non pas dans quelques applications abusives, mais *en principe*, la Productivité des capitaux.

Un journal a été fondé pour servir de véhicule à cette propagande. Il est dirigé par M. Proudhon, et a, dit-on, une immense publicité. Le premier numéro de cette feuille contenait le Manifeste électoral du *Peuple*. On y lit : « La Productivité du capital, ce que le Christianisme a condamné sous le nom d'usure, telle est la vraie cause de la misère, le vrai principe du prolétariat, l'éternel obstacle à l'établissement de la République. »

Un autre journal, *la Ruche populaire*, après avoir dit d'excellentes choses sur le travail, ajoute : « Mais, avant tout, il faut que l'exercice du travail soit libre, c'est-à-dire que le travail soit organisé de telle sorte, qu'*il ne faille pas payer aux argentiers* et aux patrons ou maîtres cette liberté du travail, ce droit du travail que mettent à si haut prix les exploiteurs d'hommes. »

La seule pensée que je relève ici, c'est celle exprimée dans les mots soulignés comme impliquant la négation de l'Intérêt. Elle est, du reste, commentée par la suite de l'article.

Voici comment s'exprime le célèbre démocrate socialiste Thoré ;

« La Révolution sera toujours à recommencer tant qu'on s'attaquera seulement aux conséquences, sans avoir la logique et le courage d'abolir le principe lui-même.

« Ce principe c'est le capital, la fausse propriété, le revenu, la rente, l'usure que l'ancien régime fait peser sur le travail.

« Le jour, — il y a bien longtemps, — où les aristocrates ont inventé cette incroyable fiction : *Que le capital avait la vertu de se reproduire tout seul,* — les travailleurs ont été à la merci des oisifs.

« Est-ce qu'au bout d'un an vous trouverez un écu de cent sous de plus dans un sac de cent francs ?

« Est-ce qu'au bout de quatorze ans vos écus ont doublé dans le sac ?

« Est-ce qu'une œuvre d'art ou d'industrie en produit une autre au bout de quatorze ans ?

« Commençons donc par l'anéantissement de cette fiction funeste. »

Ici je ne discute ni ne réfute ; je cite, pour établir que la *productivité du capital* est considérée, par un grand nombre de personnes, comme un principe faux, funeste et inique. Mais qu'ai-je besoin de citations? N'est-ce pas un fait bien connu que le peuple attribue ses souffrances à ce qu'il appelle l'*exploitation de l'homme par l'homme ?* et cette locution : — *Tyrannie du capital,* — n'est-elle pas devenue proverbiale ?

Il ne peut pas exister un homme au monde, ce me semble, qui ne comprenne toute la gravité de cette question :

« L'intérêt du capital est-il naturel, juste, légitime et aussi utile à celui qui le paye, qu'à celui qui le perçoit ? »

On répond : *non*, mois je dis : *oui.* Nous différons du tout au tout sur la solution, mais il est une chose sur laquelle nous ne pouvons différer, c'est le danger de faire accepter par l'opinion la fausse solution quelle qu'elle soit.

Encore, si l'erreur est de mon côté, le mal n'est pas très-grand. Il en faudra conclure que je ne comprends rien aux vrais intérêts des masses, à la marche du progrès humain, et que tous mes raisonnements sont autant de grains de sable, qui n'arrêteront certes pas le char de la Révolution.

Mais si MM. Proudhon et Thoré se trompent, il s'ensuit qu'ils égarent le peuple, qu'ils lui montrent le mal là où il n'est pas, qu'ils donnent une fausse direction à ses idées, à ses antipathies, à ses haines et à ses coups ; il s'ensuit que le peuple égaré se précipite dans une lutte horrible et absurde, où la victoire lui serait plus funeste que la défaite, puisque, dans cette hypothèse, ce qu'il poursuit, c'est la réalisation du mal universel, la destruction de tous ses moyens d'affranchissement, la consommation de sa propre misère.

C'est ce que reconnaissait M. Proudhon avec une entière bonne foi. « La pierre fondamentale de mon système, me disait-il, c'est la *gratuité du crédit*. Si je me trompe là-dessus, le socialisme est un vrai rêve. » J'ajoute : c'est un rêve pendant lequel le peuple se déchire lui-même ; faudra-t-il s'étonner s'il se trouve tout meurtri et tout sanglant au réveil ?

En voilà assez pour ma justification, si, dans le cours du débat, je me suis laissé entraîner à quelques triviali-tés et à quelques longueurs [1].

[1] Le but de l'auteur n'a pas été d'analyser ici l'*intérêt* et d'en exposer tous les éléments, dont quelques-uns ne soulèvent aucune objection de la part des socialistes eux-mêmes. Telle est, par exemple, la prime d'assu-rance ou la compensation relative au risque couru par le prêteur de ne pas recouvrer le montant de sa créance. — Il s'est borné à défendre ce qui était attaqué, la *productivité du capital*, et s'est efforcé de rendre cette vérité accessible à toutes les intelligences.   (*Note de l'éditeur.*)

CAPITAL ET RENTE.

J'adresse cet écrit aux ouvriers de Paris, particulièrement à ceux qui se sont rangés sous la bannière de la *démocratie socialiste*.

J'y traite ces deux questions :

1° Est-il conforme à la nature des choses et à la justice
que le capital produise une Rente ?

2° Est-il conforme à la nature des choses et à la justice
que la Rente du capital soit perpétuelle ?

Les ouvriers de Paris voudront bien reconnaître qu'on
ne saurait agiter un sujet plus important.

Depuis le commencement du monde, il avait été reconnu, du moins en fait, que le capital devait produire un
Intérêt.

Dans ces derniers temps, on affirme que c'est précisément là l'erreur sociale qui est la cause du paupérisme et
de l'inégalité.

Il est donc bien essentiel de savoir à quoi s'en tenir.

Car si le prélèvement d'un Intérêt au profit du Capital
est une iniquité, c'est à bon droit que les travailleurs se
soulèvent contre l'ordre social actuel ; et on a beau leur
dire qu'ils ne doivent avoir recours qu'aux moyens légaux
et pacifiques, c'est là une recommandation hypocrite.
Quand il y a d'un côté un homme fort, pauvre et volé, et
de l'autre un homme faible, riche et voleur, il est assez
singulier qu'on dise au premier, avec l'espoir de le persua-

der : « Attends que ton oppresseur renonce volontairement à l'oppression ou qu'elle cesse d'elle-même. » Cela ne peut pas être, et ceux qui enseignent que le Capital est stérile par nature doivent savoir qu'ils provoquent une lutte terrible et immédiate.

Si, au contraire, l'Intérêt du Capital est naturel, légitime, conforme au bien général, aussi favorable à l'emprunteur qu'au prêteur, les publicistes qui le nient, les tribuns qui exploitent cette prétendue plaie sociale, conduisent les ouvriers à une lutte insensée, injuste, qui ne peut avoir d'autre issue que le malheur de tous.

En définitive, on arme le Travail contre le Capital. Tant mieux si ces deux puissances sont antagoniques ! et que la lutte soit bientôt finie ! Mais si elles sont harmoniques, la lutte est le plus grand des maux qu'on puisse infliger à la société.

Vous voyez donc bien, ouvriers, qu'il n'y a pas de question plus importante que celle-ci : la rente du capital est-elle ou non légitime ? Dans le premier cas, vous devez renoncer immédiatement à la lutte vers laquelle on vous pousse ; dans le second, vous devez la mener vivement et jusqu'au bout.

Productivité du capital ; Perpétuité de la rente. Ces questions sont difficiles à traiter. Je m'efforcerai d'être clair. Pour cela, j'aurai recours à l'exemple plus qu'à la démonstration, ou plutôt je mettrai la démonstration dans l'exemple.

Je commence par convenir qu'à la première vue, il doit vous paraître singulier que le capital prétende à une rémunération, et surtout à une rémunération perpétuelle.

Vous devez vous dire : Voilà deux hommes. L'un travaille soir et matin, d'un bout d'année à l'autre et, s'il a consommé tout ce qu'il a gagné, fût-ce par force majeure, il reste pauvre. Quand vient la Saint-Sylvestre, il ne se trouve pas plus avancé qu'au Premier de l'an et sa seule

perspective est de recommencer. L'autre ne fait rien de
ses bras ni de son intelligence, du moins, s'il s'en sert,
c'est pour son plaisir ; il lui est loisible de n'en rien faire,
car il a une *rente*. Il ne travaille pas ; et cependant il vit
bien, tout lui arrive en abondance, mets délicats, meubles
somptueux, élégants équipages ; c'est-à-dire qu'il détruit
chaque jour des choses que les travailleurs ont dû produire à la sueur de leur front, car ces choses ne se sont
pas faites d'elles-mêmes, et, quant à lui, il n'y a pas mis les
mains. C'est nous, travailleurs, qui avons fait germer ce
blé, verni ces meubles, tissé ces tapis ; ce sont nos femmes
et nos filles qui ont filé, découpé, cousu, brodé ces étoffes.
Nous travaillons donc pour lui et pour nous ; pour lui d'a-
bord, et pour nous s'il en reste. Mais voici quelque chose
de plus fort : si le premier de ces deux hommes, le travailleur, consomme dans l'année ce qu'on lui a laissé de
profit dans l'année, il en est toujours au point de départ,
et sa destinée le condamne à tourner sans cesse dans un
cercle éternel et monotone de fatigues. Le travail n'est
donc rémunéré qu'une fois. Mais si le second, le rentier,
consomme dans l'année sa rente de l'année, il a, l'année
d'après, et les années suivantes, et pendant l'éternité entière, une rente toujours égale, intarissable, *perpétuelle*.
Le capital est donc rémunéré non pas une fois ou deux fois,
mais un nombre indéfini de fois ! En sorte qu'au bout de
cent ans, la famille qui a placé vingt mille francs à 5
pour 100 aura touché cent mille francs, ce qui ne l'empêchera pas d'en toucher encore cent mille dans le siècle suivant. En d'autres termes, pour vingt mille francs qui représentent son travail, elle aura prélevé, en deux siècles,
une valeur décuple sur le travail d'autrui. N'y a-t-il pas
dans cet ordre social un vice monstrueux à réformer ? Ce
n'est pas tout encore. S'il plaît à cette famille de restreindre
quelque peu ses jouissances, de ne dépenser, par exemple,

que neuf cents francs au lieu de mille, sans aucun travail, sans autre peine que celle de placer cent francs par an, elle peut accroître son Capital et sa Rente dans une progression si rapide qu'elle sera bientôt en mesure de consommer autant que cent familles d'ouvriers laborieux. Tout cela ne dénote-t-il pas que la société actuelle porte dans son sein un cancer hideux, qu'il faut extirper, au risque de quelques souffrances passagères?

Voilà, ce me semble, les tristes et irritantes réflexions que doit susciter dans votre esprit l'active et trop facile progagande qui se fait contre le capital et la rente.

D'un autre côté, j'en suis bien convaincu, il y a des moments où votre intelligence conçoit des doutes et votre conscience des scrupules. Vous devez vous dire quelquefois : Mais proclamer que le capital ne doit pas produire d'intérêts, c'est proclamer que le prêt doit être gratuit, c'est dire que celui qui a créé des Instruments de travail, ou des Matériaux, ou des Provisions de toute espèce, doit les céder sans compensation. Cela est-il juste? et puis, s'il en est ainsi, qui voudra prêter ces instruments, ces matériaux, ces provisions? qui voudra les mettre en réserve? qui voudra même les créer? Chacun les consommera à mesure, et l'humanité ne fera jamais un pas en avant. Le capital ne se formera plus, puisqu'il n'y aura plus *intérêt* à le former. Il sera d'une rareté excessive. Singulier acheminement vers le prêt gratuit! singulier moyen d'améliorer le sort des emprunteurs que de les mettre dans l'impossibilité d'emprunter à aucun prix! Que deviendra le travail lui-même? car il n'y aura plus d'*avances* dans la société, et l'on ne saurait citer un seul genre de travail, pas même la chasse, qui se puisse exécuter sans avances. Et nous-mêmes, que deviendrons-nous? Quoi! il ne nous sera plus permis d'*emprunter*, pour travailler, dans l'âge de la force, et de *prêter*, pour nous reposer, dans nos vieux

jours? La loi nous ravira la perspective d'amasser un peu
de bien, puisqu'elle nous interdira d'en tirer aucun parti?
Elle détruira en nous et le stimulant de l'épargne dans le
présent, et l'espérance du repos dans l'avenir? Nous aurons beau nous exténuer de fatigue, il faut renoncer à
transmettre à nos fils et à nos filles un petit pécule, puisque la science moderne le frappe de stérilité, puisque nous
deviendrions des *exploiteurs d'hommes* si nous le prêtions à
intérêt ! Ah! ce monde, qu'on ouvre devant nous comme un
idéal, est encore plus triste et plus aride que celui que l'on
condamne, car de celui-ci, au moins, l'espérance n'est pas
bannie !

Ainsi, sous tous les rapports, à tous les points de vue, la
question est grave. Hâtons-nous d'en chercher la solution.

Le Code civil a un chapitre intitulé : De la manière dont
se transmet la propriété. Je ne crois pas qu'il donne à cet
égard une nomenclature bien complète. Quand un homme
a fait par son travail, une chose utile, en d'autres termes,
quand il a créé une *valeur*, elle ne peut passer entre les
mains d'un autre homme que par un de ces cinq modes :
le *don*, l'*hérédité*, l'*échange*, le *prêt* ou le *vol*. Un mot sur
chacun d'eux, excepté sur le dernier, quoiqu'il joue dans le
monde un plus grand rôle qu'on ne croit [1].

Le *Don* n'a pas besoin d'être défini. Il est essentiellement
volontaire et spontané. Il dépend exclusivement du dona-
teur et l'on ne peut pas dire que le donataire y a droit.
Sans doute la morale et la religion font souvent un devoir
aux hommes, surtout aux riches, de se défaire gratuitement de ce qui est leur propriété, en faveur de leurs frères
malheureux. Mais c'est là une obligation toute morale. S'il
était proclamé en principe, s'il était admis en pratique,

---

[1] Voy., au tome IV, le chap. I de la seconde série des *Sophismes* et, au
tome VI, les chap. XVIII, XIX et XXIII.

(*Note de l'éditeur.*)

s'il était consacré par la loi que chacun a droit à la propriété d'autrui, le don n'aurait plus de mérite, la charité
et la reconnaissance ne seraient plus des vertus. En outre,
une telle doctrine arrêterait tout à coup et universellement le travail et la production, comme un froid rigoureux pétrifie l'eau et suspend la vie ; car qui travaillerait
quand il n'y aurait plus aucune connexité entre notre travail et la satisfaction de nos besoins ? L'économie politique ne s'est pas occupée du *don*. On en a conclu qu'elle le
repoussait, que c'était une science sans entrailles. C'est
là une accusation ridicule. Cette science, étudiant les lois
qui résultent de la *mutualité des services*, n'avait pas à
rechercher les conséquences de la générosité à l'égard de
celui qui reçoit, ni ses effets, peut-être plus précieux encore, à l'égard de celui qui donne ; de telles considérations
appartiennent évidemment à la morale. Il faut bien permettre aux sciences de se restreindre; il ne faut pas surtout les accuser de nier ou de flétrir ce qu'elles se bornent
à juger étranger à leur domaine.

L'*Hérédité*, contre laquelle, dans ces derniers temps, on
s'est beaucoup élevé, est une des formes du Don et assurément la plus naturelle. Ce que l'homme a produit, il le
peut consommer, échanger, donner ; quoi de plus naturel
qu'il le donne à ses enfants ? C'est cette faculté, plus que
toute autre, qui lui inspire le courage de travailler et d'é-
pargner. Savez-vous pourquoi on conteste le principe de
l'Hérédité ? parce qu'on s'imagine que les biens ainsi trans-
mis sont dérobés à la masse. C'est là une erreur funeste;
l'économie politique démontre de la manière la plus péremptoire que toute valeur produite est une création qui
ne fait tort à qui que ce soit [1]. Voilà pourquoi on peut la

---

[1] Voy., pour la théorie de la valeur, le chap. v du tome VI.

(*Note de l'éditeur.*)

consommer et, à plus forte raison, la transmettre, sans nuire à personne; mais je n'insisterai pas sur ces réflexions qui ne sont pas de mon sujet.

L'*Échange*, c'est le domaine principal de l'économie politique, parce que c'est, de beaucoup, le mode le plus fréquent de la transmission des propriétés, selon des conventions libres et volontaires, dont cette science étudie les lois et les effets.

A proprement parler, l'Échange c'est la *mutualité des services*. Les parties se disent entre elles : « Donne-moi ceci, et je te donnerai cela ; » ou bien : « Fais ceci pour moi, et je ferai cela pour toi. » Il est bon de remarquer (car cela jettera un jour nouveau sur la notion de *valeur*) que la seconde formule est toujours impliquée dans la première. Quand on dit : « Fais ceci pour moi, et je ferai cela pour toi, » on propose d'échanger service contre service. De même quand on dit : « Donne-moi ceci, et je te donnerai cela, » c'est comme si l'on disait : « Je te cède ceci que j'ai fait, cède-moi cela que tu as fait. » Le travail est passé au lieu d'être actuel ; mais l'Échange n'en est pas moins gouverné par l'appréciation comparée des deux services, en sorte qu'il est très-vrai de dire que le principe de la *valeur* est dans les services rendus et reçus à l'occasion des produits échangés, plutôt que dans les produits eux-mêmes.

En réalité, les *services* ne s'échangent presque jamais directement. Il y a un intermédiaire qu'on appelle *monnaie*. Paul a confectionné un habit, contre lequel il veut recevoir un peu de pain, un peu de vin, un peu d'huile, une visite du médecin, une place au parterre, etc. L'Échange ne se peut accomplir en nature ; que fait Paul ? Il échange d'abord son habit contre de l'argent, ce qui s'appelle *vente;* puis il échange encore cet argent contre les objets qu'il désire, ce qui se nomme *achat;* ce n'est qu'alors que la *mutualité des services* a fini son évolution ; ce n'est qu'alors que le travail et la satisfaction se balancent dans le même individu; ce n'est qu'alors qu'il peut dire : « J'ai fait ceci pour la société, elle a fait cela pour moi. » En un mot, ce n'est qu'alors que l'Échange est réellement accompli. Rien n'est donc plus exact que cette observation de J. B. Say : « Depuis l'introduction de la monnaie, chaque échange se décompose en deux facteurs, la *vente* et *l'achat.* » C'est la réunion de ces deux facteurs qui constitue l'échange complet.

Il faut dire aussi que la constante apparition de l'argent dans chaque échange a bouleversé et égaré toutes les idées ; les hommes ont fini par croire que l'argent était la vraie richesse, et que le multiplier c'était multiplier les services et les produits. De là le régime prohibitif, de là le papier-monnaie, de là le célèbre aphorisme : « Ce que l'un gagne, l'autre le perd, » et autres erreurs qui ont ruiné et ensanglanté la terre [1].

Après avoir beaucoup cherché, on a trouvé que pour que deux services échangés eussent une valeur équivalente, pour que l'échange fût *équitable,* le meilleur moyen c'était qu'il fût libre. Quelque séduisante que soit au premier coup d'œil l'intervention de l'État, on s'aperçoit bientôt qu'elle est toujours oppressive pour l'une ou l'autre des parties contractantes. Quand on scrute ces matières, on est forcé de raisonner toujours sur cette donnée que l'*équivalence* résulte de la liberté. Nous n'avons en effet aucun autre moyen de savoir si, dans un moment déterminé, deux services *se valent,* que d'examiner s'ils s'échangent couramment et librement entre eux. Faites intervenir l'État, qui est la force, d'un côté ou de l'autre, à l'instant tout moyen

[1] Cette erreur est combattue dans le pamphlet intitulé : *Maudit argent!* — Il vient immédiatement après celui-ci.

(*Note de l'éditeur.*)

d'appréciation se complique et s'embrouille, au lieu de s'éclaircir. Le rôle de l'État semble être de prévenir et surtout de réprimer le dol et la fraude, c'est-à-dire de garantir la liberté et non de la violer.

Je me suis un peu étendu sur l'*Échange*, quoique j'aie à m'occuper principalement du *Prêt*. Mon excuse est que, selon moi, il y a dans le prêt un véritable échange, un véritable service rendu par le prêteur et qui met un service équivalent à la charge de l'emprunteur, — deux services dont la valeur comparée ne peut être appréciée, comme celle de tous les services possibles, que par la liberté.

Or, s'il en est ainsi, la parfaite légitimité de ce qu'on nomme loyer, fermage, intérêt, sera expliquée et justifiée.

Considérons donc le *Prêt*.

Supposons que deux hommes échangent deux services ou deux choses dont l'équivalence soit à l'abri de toute contestation. Supposons par exemple que Pierre disse à « Paul : Donne-moi dix pièces de dix sous contre une pièce de cinq francs. » Il n'est pas possible d'imaginer une équivalence plus incontestable. Quand ce troc est fait, aucune des parties n'a rien à réclamer à l'autre. Les *services* échangés *se valent*. Il résulte de là que si l'une des parties veut introduire dans le marché une clause additionnelle, qui lui soit avantageuse et qui soit défavorable à l'autre partie, il faudra qu'elle consente à une seconde clause qui rétablisse l'équilibre et la loi de justice. Voir l'injustice dans cette seconde clause de compensation, voilà certainement qui serait absurde. Cela posé, supposons que Pierre, après avoir dit à Paul : « Donne-moi dix pièces de dix sous, je te donnerai une pièce de cent sous, » ajoute : « Tu me donneras les dix pièces de dix sous *actuellement*, et moi je ne te donnerai la pièce de cent sous que *dans un an*; » il est bien évident que cette nouvelle proposition change les charges et les avantages du marché, qu'elle altère la proportion des deux services. Ne saute-t-il pas aux yeux, en effet, que Pierre demande à Paul un *service nouveau*, supplémentaire et d'une autre espèce ? N'est-ce pas comme s'il disait : « Rends-moi le *service* de me laisser utiliser à mon profit pendant un an cinq francs qui t'appartiennent et que tu pourrais utiliser pour toi-même. » Et quelle bonne raison peut-on avoir de soutenir que Paul est tenu de rendre gratuitement ce service spécial ; qu'il ne doit rien demander de plus en vue de cette exigence ; que l'État doit intervenir pour le forcer de la subir ? Comment comprendre que le publiciste qui prêche au peuple une telle doctrine la concilie avec son principe : *la mutualité des services ?*

J'ai introduit ici le numéraire. J'y ai été conduit par le désir de mettre en présence deux objets d'échange d'une égalité de valeur parfaite et incontestable. Je voulais prévenir des objections ; mais, à un autre point de vue, ma démonstration eût été plus frappante encore, si j'avais fait porter la convention sur les services ou les produits eux-mêmes.

Supposez, par exemple, une Maison et un Navire de valeurs si parfaitement égales que leurs propriétaires soient disposés à les échanger *troc pour troc*, sans soulte ni remise. En effet, le marché se conclut par-devant notaire. Au moment de se mettre réciproquement en possession, l'armateur dit au citadin : « Fort bien, la transaction est faite, et rien ne prouve mieux sa parfaite équité que notre libre et volontaire consentement. Nos conditions ainsi fixées, je viens vous proposer une petite modification pratique. C'est que vous me livrerez bien votre Maison aujourd'hui, mais moi, je ne vous mettrai en possession de mon Navire que dans un an, et la raison qui me détermine à vous faire cette demande c'est que, pendant cette année de *terme*, je puis utiliser le navire. » Pour ne pas nous embarrasser dans les considérations relatives à la détérioration de l'objet prêté je supposerai que l'armateur ajoute : « Je m'obligerai à vous remettre au bout de l'an le navire dans l'état où il est aujourd'hui. » Je le demande à tout homme de bonne foi, je le demande à M. Proudhon lui-même, le citadin ne sera-t-il pas en droit de répondre : « La nouvelle clause que vous me proposez change entièrement la proportion ou l'équivalence des services échangés. Par elle, je serai privé, pendant un an, tout à la fois, de ma maison et de votre navire. Par elle, vous utiliserez l'un et l'autre. Si, en l'absence de cette clause, le *troc pour troc* était juste, par cette raison même, la clause m'est onéreuse. Elle stipule un désavantage pour moi et un avantage pour vous. C'est un service nouveau que vous me demandez ; j'ai donc le droit de vous le refuser, ou de vous demander, en compensation, un service équivalent. »

Si les parties tombent d'accord sur cette compensation, dont le principe est incontestable, on pourra distinguer aisément deux transactions dans une, deux échanges de services dans un. Il y a d'abord le troc de la maison contre le navire ; il y a ensuite le délai accordé par l'une des parties, et la compensation corrélative à ce délai concédée par l'autre. Ces deux nouveaux *services* prennent les noms génériques et abstraits de CRÉDIT et INTÉRÊT ; mais les noms ne changent pas la nature des choses, et je défie qu'on ose soutenir qu'il n'y a pas là, au fond, *service contre service* ou *mutualité de services*. Dire que l'un de ces services ne provoque pas l'autre, dire que le premier doit être rendu gratuitement, à moins d'injustice, c'est dire que l'injustice consiste dans la réciprocité des services, que la justice consiste à ce que l'une des parties donne et ne reçoive pas, ce qui est contradictoire dans les termes.

Pour donner une idée de l'intérêt et de son mécanisme, qu'il me soit permis de recourir à deux ou trois anecdotes. Mais, avant, je dois dire quelques mots du capital.

Il y a des personnes qui se figurent que le capital c'est de l'argent, et c'est précisément pourquoi on nie sa productivité ; car, comme dit M. Thoré, les écus ne sont pas doués de la faculté de se reproduire. Mais il n'est pas vrai que Capital soit synonyme d'argent. Avant la découverte des métaux précieux, il y avait des capitalistes dans le monde, et j'ose même dire qu'alors, comme aujourd'hui, chacun l'était à quelque degré.

Qu'est-ce donc que le capital ? Il se compose de trois choses :

1° Des *Matériaux* sur lesquels les hommes travaillent, quand ces matériaux ont déjà une *valeur* communiquée par un effort humain quelconque, qui ait mis en eux le principe de la rémunération ; laine, lin, cuir, soie, bois, etc. :

2° Des *Instruments* dont ils se servent pour travailler : outils, machines, navires, voitures, etc., etc. ;

3° Des *Provisions* qu'ils consomment pendant la durée du travail : vivres, étoffes, maisons, etc.

Sans ces choses, le travail de l'homme serait ingrat et à peu près nul, et cependant ces choses ont elles-mêmes exigé un long travail, surtout à l'origine. Voilà pourquoi on attache un grand prix à les posséder, et c'est aussi la raison pour laquelle il est parfaitement légitime de les échanger et vendre, d'en tirer avantage si on les met en œuvre, d'en tirer une rémunération si on les prête (¹).

J'arrive à mes anecdotes.

Le sac de blé.

Mathurin, d'ailleurs pauvre comme Job, et réduit à gagner sa vie au jour le jour, était cependant propriétaire, par je ne sais quel héritage, d'un beau lopin de terre inculte. Il°

---

¹ Voy., sur la notion du capital, le chap. VII du tome VI.

(Note de l'éditeur.)

souhaitait ardemment le défricher. Hélas se disait-il, creuser des fossés, élever des clôtures, défoncer le sol, le débar-
rasser de ronces et de pierres, l'ameublir, l'ensemencer, tout
cela pourrait bien me donner à manger dans un an ou deux,
mais non certes aujourd'hui et demain. Il m'est impossible
de me livrer à la culture avant d'avoir préalablement accumulé quelques *Provisions* qui me fassent subsister jusqu'à
la récolte, et j'apprends par expérience que le *travail antérieur* est indispensable pour rendre vraiment productif le
travail actuel. Le bon Mathurin ne se borna pas à faire ces
réflexions. Il prit aussi la résolution de travailler à la journée
et de faire des épargnes sur son salaire, pour acheter une
bêche et un sac de blé, choses sans lesquelles il faut renoncer aux plus beaux projets agricoles. Il fit si bien, il fut si
actif et si sobre, qu'enfin il se vit en possession du bienheureux *sac de blé*. « Je le porterai au moulin, dit-il, et j'aurai
là de quoi vivre jusqu'à ce que mon champ se couvre d'une
riche moisson. » Comme il allait partir, Jérôme vint lui emprunter son trésor. « Si tu veux me prêter ce sac de blé,
disait Jérôme, tu me rendras un grand *service*, car j'ai en vue
un travail très-lucratif, qu'il m'est impossible d'entreprendre
faute de Provisions pour vivre jusqu'à ce qu'il soit terminé.
— J'étais dans le même cas, répondit Mathurin, et si maintenant j'ai du pain assuré pour quelques mois, je l'ai gagné
aux dépens de mes bras et de mon estomac. Sur quel principe de justice serait-il maintenant consacré à la réalisation
de ton entreprise et non de la mienne? »

On peut penser que le marché fut long. Il se termina cependant, et voici sur quelles bases :

Premièrement, Jérôme promit de rendre au bout de l'an
un *sac de blé* de même qualité, de même poids, sans qu'il y
manquât un seul grain. Cette première clause est de toute
justice, disait-il, sans elle Mathurin ne *prêterait* pas, il *donnerait*.

Secondement, il s'obligea à livrer *cinq litres de blé en sus de l'hectolitre*. Cette clause n'est pas moins juste que l'autre, pensait-il; sans elle, Mathurin me rendrait un service sans compensation, il s'infligerait une privation, il renoncerait à sa chère entreprise, il me mettrait à même d'accomplir la mienne, il me ferait jouir, pendant un an, du fruit de ses épargnes, et tout cela gratuitement. Puisqu'il ajourne son défrichement, puisqu'il me met à même de réaliser un travail lucratif, il est bien naturel que je le fasse participer, dans une mesure quelconque, à des profits que je ne devrai qu'à son sacrifice.

De son côté, Mathurin, qui était quelque peu clerc, faisait ce raisonnement. Puisqu'en vertu de la première clause, le *sac de blé* me rentrera au bout de l'an, se disait-il, je pourrai le prêter de nouveau; il me reviendra, à la seconde année; je le prêterai encore, et ainsi de suite pendant l'éternité. Cependant, je ne puis nier qu'il aura été mangé depuis longtemps. Voilà qui est bizarre que je sois éternellement propriétaire d'un *sac de blé*, bien que celui que j'ai prêté ait été détruit à jamais. Mais ceci s'explique : il sera détruit au service de Jérôme. Il mettra Jérôme en mesure de produire une *valeur* supérieure, et par conséquent Jérôme pourra me rendre un *sac de blé* ou la *valeur* sans éprouver aucun dommage; au contraire. Et quant à moi, cette *valeur* doit être ma propriété tant que je ne la détruirai pas à mon usage; si je m'en étais servi pour défricher ma terre, je l'aurais bien retrouvée sous forme de belle moisson. Au lieu de cela, je la prête, je dois la retrouver sous forme de restitution.

Je tire de la seconde clause un autre enseignement. Au bout de l'an, il me rentrera cinq litres de blé en sus des cent litres que je viens de prêter. Si donc je continuais à travailler à la journée, et à épargner sur mon salaire, comme j'ai fait, dans quelque temps, je pourrais prêter deux sacs de blé, puis trois, puis quatre, et lorsque j'en aurais placé un assez grand nombre pour pouvoir vivre sur la somme de ces rétributions de cinq litres, afférentes à chacun d'eux, il me serait permis de prendre, sur mes vieux jours, un peu de repos. Mais quoi! en ce cas, ne vivrais-je pas aux dépens d'autrui? Non certes, puisqu'il vient d'être reconnu qu'en prêtant je rends *service*, je perfectionne le travail de mes emprunteurs, et ne prélève qu'une faible partie de cet *excédant* de production dû à mon prêt et à mes épargnes. C'est une chose merveilleuse que l'homme puisse ainsi réaliser un *loisir* qui ne nuit à personne et ne saurait être jalousé sans injustice.

La maison.

Mondor avait une maison. Pour la construire, il n'avait rien extorqué à qui que ce soit. Il la devait à son travail personnel, ou, ce qui est identique, à du travail équitablement rétribué. Son premier soin fut de passer un marché avec un architecte, en vertu duquel, moyennant cent écus par an, celui-ci s'obligea à entretenir la maison toujours en bon état. Mondor se félicitait déjà des jours heureux qu'il allait couler dans cet asile, déclaré sacré par notre Constitution. Mais Valère prétendit en faire sa demeure. Y pensez-vous? dit Mondor, c'est moi qui l'ai construite, elle m'a coûté dix ans de pénibles travaux, et c'est vous qui en jouiriez! On convint de s'en rapporter à des juges. On ne fut pas chercher de profonds économistes, il n'y en avait pas dans le pays. Mais on choisit des hommes justes et de bon sens; cela revient au même: économie politique, justice, bon sens, c'est tout un. Or voici ce que les juges décidèrent. Si Valère veut occuper pendant un an la maison de Mondor, il sera tenu de se soumettre à trois conditions. La première, de déguerpir au bout de l'an et de rendre la maison en bon état, sauf les dégradations inévitables qui résultent de la seule durée. La seconde, de rembourser à Mondor les 300 francs que celui-ci paie annuellement à l'architecte pour réparer les outrages du temps ; car ces outrages survenant pendant que la maison est au service de Valère, il est de toute justice qu'il en supporte les conséquences. La troisième, c'est de rendre à Mondor un service équivalent à celui qu'il en reçoit. Quant à cette équivalence de services, elle devra être librement débattue entre Mondor et Valère.

Le rabot.

Il y a bien longtemps, bien longtemps vivait, dans un pauvre village, un menuisier philosophe, car mes personnages le sont tous quelque peu. Jacques travaillait matin et soir de ses deux bras robustes, mais son intelligence n'était pas pour cela oisive. Il aimait à se rendre compte de ses actions, de leurs causes et de leurs suites. Il se disait quelquefois : Avec ma hache, ma scie et mon marteau, je ne puis faire que des meubles grossiers, et on me les paie comme tels. Si j'avais un *rabot*, je contenterais mieux ma clientèle, et elle me contenterait mieux aussi. C'est trop juste ; je n'en puis attendre que des services proportionnés à ceux que je lui rends moi-même. Oui, ma résolution est prise, et je me fabriquerai un *Rabot*.

Cependant, au moment de mettre la main à l'œuvre, Jacques fit encore cette réflexion : Je travaille pour ma clientèle 300 jours dans l'année. Si j'en mets 10 à faire mon rabot, à supposer qu'il me dure un an, il ne me restera plus que 290 jours, pour confectionner des meubles. Il faut donc, pour que je ne sois pas dupe en tout ceci, qu'aidé du rabot, je gagne désormais autant en 290 jours que je fais maintenant en 300 jours. Il faut même que je gagne davantage, car sans cela il ne vaudrait pas la peine que je me lançasse dans les innovations. Jacques se mit donc à calculer. Il s'assura qu'il vendrait ses meubles perfectionnés à un prix qui le récompenserait amplement des dix jours consacrés à faire le Rabot. Et quand il eut toute certitude à cet égard, il se mit à l'ouvrage.

Je prie le lecteur de remarquer que cette puissance, qui est dans l'outil, d'augmenter la productivité du travail, est la base de la solution qui va suivre.

Au bout de dix jours, Jacques eut en sa possession un admirable Rabot, d'autant plus précieux qu'il l'avait fait lui-même. Il en sauta de joie, car, comme la bonne Perrette, il supputait tout le profit qu'il allait tirer de l'ingénieux instrument; mais plus heureux qu'elle, il ne se vit pas réduit à dire : « Adieu veau, vache, cochon, couvée ! »

Il en était à édifier ses beaux châteaux en Espagne, quand il fut interrompu par son confrère Guillaume, menuisier au village voisin. Guillaume, ayant admiré le Rabot, fut frappé des avantages qu'on en pouvait retirer. Il dit à Jacques :

— Il faut que tu me rendes un *service*.

— Lequel ?

— Prête-moi ce rabot pour un an.

Comme on pense bien, à cette proposition, Jacques ne manqua pas de se récrier :

— Y penses-tu, Guillaume? Et si je te rends ce *service*, quel service me rendras-tu de ton côté?

— Aucun. Ne sais-tu pas que le prêt doit être gratuit? ne sais-tu pas que le capital est naturellement improductif? ne sais-tu pas que l'on a proclamé la Fraternité? Si tu ne me rendais un *service* que pour en recevoir un de moi, quel serait ton mérite?

— Guillaume mon ami, la Fraternité ne veut pas dire que tous les sacrifices seront d'un côté, sans cela, je ne vois pas pourquoi ils ne seraient pas du tien. Je ne sais si le prêt doit être gratuit; mais je sais que si je te prêtais gratuitement mon rabot pour un an, ce serait te le donner. A te dire vrai, je ne l'ai pas fait pour cela.

— Et bien! passons un peu par-dessus les modernes axiomes fraternitaires découverts par messieurs les socialistes. Je réclame de toi un service; quel service me demandes-tu en échange?

— D'abord, dans un an, il faudra mettre le rabot au rebut; il ne sera plus bon à rien. Il est donc juste que tu m'en rendes un autre exactement semblable, ou que tu me donnes assez d'argent pour le faire réparer, ou que tu me remplaces les dix journées que je devrai consacrer à le refaire. De manière ou d'autre, il faut que le Rabot me revienne en bon état comme je te le livre.

— C'est trop juste, je me soumets à cette condition. Je m'engage à te rendre ou un rabot semblable ou la *valeur*. Je pense que te voilà satisfait et que tu n'as plus rien à me demander.

— Je pense le contraire. J'ai fait ce rabot pour moi et non pour toi. J'en attendais un avantage, un travail plus achevé et mieux rétribué, une amélioration dans mon sort. Je ne puis te céder tout cela gratuitement. Quelle raison y a-t-il pour que ce soit moi qui aie fait le Rabot et que ce soit toi qui en tires le profit? Autant vaudrait que je te demandasse ta scie et ta hache. Quelle confusion! et n'est-il pas plus naturel que chacun garde ce qu'il a fait de ses propres mains, comme il garde ses mains elles-mêmes? Se servir, sans rétribution, des mains d'autrui, cela s'appelle *esclavage;* se servir, sans rétribution, du rabot d'autrui, cela peut-il s'appeler fraternité?

— Mais puisqu'il est convenu que je te le rendrai au bout de l'an, aussi poli et aussi affilé qu'il l'est maintenant.

— Il ne s'agit plus de l'année prochaine; il s'agit de cette année-ci. J'ai fait ce Rabot pour améliorer mon travail et mon sort; si tu te bornes à me le rendre dans un an, c'est toi qui en auras le profit pendant toute une année ; je ne suis pas tenu de te rendre un tel *service* sans en recevoir aucun de toi : si donc tu veux mon Rabot, indépendamment de la restitution intégrale déjà stipulée, il faut que tu me rendes un *service* que nous allons débattre ; il faut que tu m'accordes une rétribution.

Et cela fut fait ainsi ; Guillaume accorda une rétribution calculée de telle sorte, que Jacques eut à la fin de l'année un rabot tout neuf et, de plus, une compensation, consistant en une planche, pour les avantages dont il s'était privé et qu'il avait cédés à son confrère.

Et il fut impossible à quiconque eut connaissance de cette transaction d'y découvrir la moindre trace d'oppression et d'injustice.

Ce qu'il y a de singulier, c'est que, au bout de l'an, le Rabot rentra en la possession de Jacques qui le prêta derechef, le recouvra et le prêta une troisième et une quatrième fois. Il a passé dans les mains de son fils, qui le loue encore. Pauvre Rabot ! combien de fois n'a-t-il pas vu changer tantôt sa lame, tantôt son manche ! Ce n'est plus le même Rabot, mais c'est toujours la même *Valeur*, du moins pour la postérité de Jacques.

Ouvriers, dissertons maintenant sur ces historiettes.

J'affirme d'abord que le *Sac de blé* et le *Rabot* sont ici le type, le modèle, la représentation fidèle, le symbole de tout Capital, comme les cinq litres de blé et la planche sont le type, le modèle, la représentation, le symbole de tout Intérêt. Cela posé, voici, ce me semble, une série de conséquences dont il est impossible de contester la justesse :

1° Si l'abandon d'une planche par l'emprunteur au prêteur est une rétribution naturelle, équitable, légitime, juste prix d'un service réel, nous pouvons en conclure, en généralisant, qu'il est dans la nature du Capital de produire un Intérêt. Quand ce capital, comme dans les exemples précédents, revêt la forme d'un *Instrument de travail*, il est bien clair qu'il doit procurer un avantage à son possesseur, à celui qui l'a fait, qui y a consacré son temps, son intelligence et ses forces; sans cela, pourquoi l'eût-il fait? on ne satisfait immédiatement aucun besoin avec des instruments de travail; on ne mange pas des rabots, on ne boit pas des scies, si ce n'est chez Fagotin. Pour qu'un homme se soit décidé à détourner son temps vers de telles productions, il faut bien qu'il y ait été déterminé par la considération de la puissance que ces instruments ajoutent à sa puissance, du temps qu'ils lui épargnent, de la perfection et de la rapidité qu'ils donnent à son travail, en un mot, des avantages qu'ils procurent. Or, ces avantages qu'on s'était préparés par le labeur, par le sacrifice d'un temps qu'on eût pu utiliser d'une manière plus immédiate, alors qu'on est enfin à même de les recueillir, est-on tenu de les conférer gratuitement à autrui? Serait-ce un progrès, dans l'ordre social, que la Loi en décidât ainsi, et que les citoyens payassent des fonctionnaires pour faire exécuter par la force une telle Loi? J'ose dire qu'il n'y en a pas un seul parmi vous qui le soutienne. Ce serait légaliser, organiser, systématiser l'injustice elle-même, car ce serait proclamer qu'il y a des hommes nés pour rendre et d'autres nés pour recevoir des services gratuits. Posons donc en fait que l'intérêt est juste, naturel et légitime.

2° Une seconde conséquence, non moins remarquable que la première, et, s'il se peut, plus satisfaisante encore, sur laquelle j'appelle votre attention, c'est celle-ci : *L'intérêt ne nuit pas à l'emprunteur;* je veux dire : L'obligation où se trouve l'emprunteur de payer une rétribution pour avoir la jouissance d'un capital ne peut empirer sa condition [1].

---

[1] Voy. la 8e lettre du pamphlet *Gratuité du crédit*, au présent volume.
(*Note de l'éditeur.*)

Remarquez, en effet, que Jacques et Guillaume sont parfaitement libres relativement à la transaction à laquelle le *Rabot* peut donner lieu. Cette transaction ne peut s'accomplir qu'autant qu'elle convienne à l'un comme à l'autre. Le pis qui puisse arriver, c'est que Jacques soit trop exigeant, et, en ce cas, Guillaume, refusant le prêt, restera comme il était avant. Par cela même qu'il souscrit à l'emprunt, il constate qu'il le considère comme avantageux; il constate que, tout calcul fait, et en tenant compte de la rétribution, quelle qu'elle soit, mise à sa charge, il trouve encore plus profitable d'emprunter que de n'emprunter pas. Il ne se détermine que parce qu'il a comparé les inconvénients aux avantages. Il a calculé que le jour où il restituera le Rabot, accompagné de la rétribution convenue, il aura encore fait plus d'ouvrage à travail égal, grâce à cet outil. Il lui restera un profit; sans quoi, il n'emprunterait pas.

Les deux services dont il est ici question s'échangent selon la Loi qui gouverne tous les Échanges : la loi de l'offre et de la demande. Les prétentions de Jacques ont une limite naturelle et infranchissable. C'est le point où la rétribution par lui demandée absorberait tout l'avantage que Guillaume peut trouver à se servir d'un Rabot. En ce cas, l'emprunt ne se réaliserait pas. Guillaume serait tenu ou de se fabriquer lui-même un Rabot ou de s'en passer, ce qui le laisserait dans sa situation primitive. Il emprunte, donc il gagne à emprunter.

Je sais bien ce qu'on me dira. On me dira : Guillaume peut se tromper, ou bien il peut être maîtrisé par la nécessité et subir une dure loi.

J'en conviens; mais je réponds : Quant aux erreurs de calcul, elles tiennent à l'infirmité de notre nature, et en arguer contre la transaction dont s'agit, c'est opposer une fin de non-recevoir à toutes les transactions imaginables, à toutes les actions humaines. L'erreur est un fait accidentel que l'expérience redresse sans cesse. En définitive, c'est à chacun d'y veiller. — En ce qui concerne les dures nécessités qui réduisent à des emprunts onéreux, il est clair que ces nécessités existent antérieurement à l'emprunt. Si Guillaume est dans une situation telle qu'il ne peut absolument pas se passer d'un Rabot, et qu'il soit forcé d'en emprunter un à tout prix, cette situation provient-elle de ce que Jacques s'est donné la peine de fabriquer cet outil? n'existe-t-elle pas indépendamment de cette circonstance? quelque dur, quelque âpre que soit Jacques, jamais il ne parviendra à empirer la position supposée de Guillaume. Certes, moralement, le prêteur pourra être blâmable; mais au point de vue économique, jamais le prêt lui-même ne saurait être considéré comme responsable de nécessités antérieures, qu'il n'a pas créées et qu'il adoucit toujours dans une mesure quelconque.

Mais ceci prouve une chose sur laquelle je reviendrai, c'est que l'intérêt évident de Guillaume, personnifiant ici les emprunteurs, est qu'il y ait beaucoup de Jacques et de Rabots, autrement dit, de prêteurs et de capitaux. Il est bien clair que si Guillaume peut dire à Jacques : « Vos prétentions sont exorbitantes, je vais m'adresser à d'autres, il ne manque pas de Rabots dans le monde; » — il sera dans une situation meilleure que si le Rabot de Jacques est le seul qui se puisse prêter. Assurément, il n'y a pas d'aphorisme plus vrai que celui-ci : *service pour service*. Mais n'oublions jamais qu'aucun service n'a, comparativement aux autres, une valeur fixe et absolue. Les parties contractantes sont libres. Chacune d'elles porte ses exigences au point le plus élevé possible, et la circonstance la plus favorable à ces exigences, c'est l'absence de rivalité. Il suit de là que s'il y a une classe d'hommes plus intéressée que toute autre à la formation, à la multiplication, à l'abondance des capitaux,

c'est surtout la classe emprunteuse. Or, puisque les capitaux ne se forment et s'accumulent que sous le stimulant et
par la perspective d'une juste rémunération, qu'elle comprenne donc le dommage qu'elle s'inflige à elle-même,
quand elle nie la légitimité de l'intérêt, quand elle proclame
la gratuité du crédit, quand elle déclame contre la prétendue
tyrannie du capital, quand elle décourage l'épargne, et
pousse ainsi à la rareté des capitaux et, par suite, à l'élévation de la rente.

3° L'anecdote que je vous ai racontée vous met aussi sur
la voie d'expliquer ce phénomène, en apparence bizarre,
qu'on appelle la pérennité ou la perpétuité de l'intérêt.
Puisque, en prêtant son rabot, Jacques a pu très-légitimement stipuler cette condition qu'il lui serait rendu au bout
de l'an dans l'état même où il l'a cédé, n'est-il pas bien clair
qu'il peut, à partir de cette échéance, soit l'employer à son
usage, soit le prêter de nouveau, sous la même condition?
S'il prend ce dernier parti, le rabot lui reviendra au bout de
chaque année et cela indéfiniment. Jacques sera donc en
mesure de le prêter aussi indéfiniment, c'est-à-dire d'en
tirer une *rente perpétuelle*. On dira que le rabot s'use. Cela
est vrai, mais il s'use par la main et au profit de l'emprunteur. Celui-ci a fait entrer cette déperdition graduelle en
ligne de compte et en a assumé sur lui, comme il le devait,
les conséquences. Il a calculé qu'il tirerait de cet outil un
avantage suffisant pour consentir à le rendre dans son état
intégral, après avoir réalisé encore un bénéfice. Aussi longtemps que Jacques n'usera pas ce capital par lui-même et
pour son propre avantage, aussi longtemps qu'il renoncera
à ces avantages, qui permettent de le rétablir dans son in-
tégrité, il aura un droit incontestable à la restitution, et
cela, indépendamment de l'intérêt.

Remarquez, en outre, que si, comme je crois l'avoir démontré, Jacques, bien loin de faire tort à Guillaume, lui a

rendu *service* en lui prêtant son rabot pour un an, par la même raison, il ne fera pas tort, mais, au contraire, il rendra *service* à un second, à un troisième, à un quatrième emprunteur dans les périodes subséquentes. Par où vous pouvez comprendre que l'intérêt d'un capital est aussi naturel, aussi légitime, aussi utile la millième année que la première.

Allons plus loin encore. Il se peut que Jacques ne prête pas qu'un seul rabot. Il est possible qu'à force de travail, d'épargnes, de privations, d'ordre, d'activité, il parvienne à prêter une multitude de rabots et de scies, c'est-à-dire à rendre une multitude de *services*. J'insiste sur ce point que si le premier prêt a été un bien social, il en sera de même de tous les autres, car ils sont tous homogènes et fondés sur le même principe. Il pourra donc arriver que la somme de toutes les rétributions reçues par notre honnête artisan, en échange des services par lui rendus, suffise pour le faire subsister. En ce cas, il y aura un homme, dans le monde, qui aura le droit de vivre sans travailler. Je ne dis pas qu'il fera bien de se livrer au repos; je dis qu'il en aura le droit, et s'il en use, ce ne sera aux dépens de qui que ce soit, bien au contraire. Que si la société comprend un peu la nature des choses, elle reconnaîtra que cet homme subsiste sur des services qu'il reçoit sans doute (ainsi faisons-nous tous), mais qu'il reçoit très-légitimement en échange d'autres services qu'il a lui-même rendus, qu'il continue à rendre et qui sont très-réels, puisqu'ils sont librement et volontairement acceptés.

Et ici on peut entrevoir une des plus belles harmonies du monde social. Je veux parler du *Loisir*, non de ce loisir que s'arrangent les castes guerrières et dominatrices par la spoliation des travailleurs, mais du loisir, fruit légitime et innocent de l'activité passée et de l'épargne. En m'exprimant ainsi, je sais que je choque bien des idées reçues.

Mais voyez ! le loisir n'est-il pas un ressort essentiel dans la mécanique sociale ? sans lui, il n'y aurait jamais eu dans le monde ni de Newton, ni de Pascal, ni de Fénelon ; l'humanité ne connaîtrait ni les arts, ni les sciences, ni ces merveilleuses inventions préparées, à l'origine, par des investigations de pure curiosité ; la pensée serait inerte, l'homme ne serait pas perfectible. D'un autre côté, si le loisir ne se pouvait expliquer que par la spoliation et l'oppression, s'il était un bien dont on ne peut jouir qu'injustement et aux dépens d'autrui, il n'y aurait pas de milieu entre ces deux maux : ou l'humanité serait réduite à croupir dans la vie végétative et stationnaire, dans l'ignorance éternelle, par l'absence d'un des rouages de son mécanisme ; ou bien, elle devrait conquérir ce rouage au prix d'une inévitable injustice et offrir de toute nécessité le triste spectacle, sous une forme ou une autre, de l'antique classification des êtres humains en Maîtres et en Esclaves. Je défie qu'on me signale, dans cette hypothèse, une autre alternative. Nous serions réduits à contempler le plan providentiel qui gouverne la société avec le regret de penser qu'il présente une déplorable lacune. Le mobile du progrès y serait oublié, ou, ce qui est pis, ce mobile ne serait autre que l'injustice elle-même. — Mais non, Dieu n'a pas laissé une telle lacune dans son œuvre de prédilection. Gardons-nous de méconnaître sa sagesse et sa puissance ; que ceux dont les méditations incomplètes ne peuvent expliquer la légitimité du loisir, imitent du moins cet astronome qui disait : A tel point du ciel, il doit exister une planète qu'on finira par découvrir, car sans elle le monde céleste n'est pas harmonie, mais discordance.

Eh bien ! je dis que, bien comprise, l'histoire de mon humble Rabot, quoique bien modeste, suffit pour nous élever jusqu'à la contemplation d'une des harmonies sociales les plus consolantes et les plus méconnues.

Il n'est pas vrai qu'il faille opter entre la négation ou l'il-

légitimité du loisir; grâce à la rente et à sa naturelle pérennité, le loisir peut surgir du travail et de l'épargne. C'est
une douce perspective que chacun peut avoir en vue; c'est
une noble récompense à laquelle chacun peut aspirer. Il
fait son apparition dans le monde, il s'y étend, il s'y distribue
proportionnellement à l'exercice de certaines vertus; il ouvre toutes les voies de l'intelligence, il ennoblit, il moralise,
il spiritualise l'âme de l'humanité, non-seulement sans peser d'un poids quelconque sur ceux de nos frères que les
conditions de la vie vouent encore à de rudes labeurs, mais
de plus en les soulageant progressivement de ce que ce labeur a de plus lourd et de plus répugnant. Il suffit que les
capitaux se forment, s'accumulent, se multiplient, se prêtent
à des conditions de moins en moins onéreuses, qu'ils des-
cendent, qu'ils pénètrent dans toutes les couches sociales et
que, par une progression admirable, après avoir affranchi
les prêteurs, ils hâtent l'affranchissement des emprunteurs
eux-mêmes. Pour cela, il faut que les lois et les mœurs
soient toutes favorables à l'épargne, source du capital. C'est
assez dire que la première de toutes les conditions c'est de
ne pas effrayer, attaquer, combattre, nier ce qui est le stimulant de l'épargne et sa raison d'être : la rente.

Tant que nous ne voyons passer de main en main, à titre
de prêt, que des *provisions*, des *matériaux* et des *instruments*, choses indispensables à la productivité du travail lui-
même, les idées exposées jusqu'ici ne trouveront pas beaucoup de contradicteurs. Qui sait même si l'on ne me
reprochera pas d'avoir fait un grand effort pour enfoncer,
comme on dit, une porte ouverte. Mais sitôt que c'est le
numéraire qui se montre, comme matière de la transaction
(et c'est lui qui se montre presque toujours), aussitôt les objections renaissent en foule. L'argent, dira-t-on, ne se reproduit pas de lui-même ainsi que votre *sac de blé* ; il n'aide
pas le travail comme votre *rabot* ; il ne donne pas directe-

ment une satisfaction comme votre maison. Il est donc impuissant, par sa nature, à produire un intérêt, à se multiplier, et la rémunération qu'il exige est une véritable extor-
sion.

Qui ne voit où est le sophisme ? Qui ne voit que le numéraire n'est qu'une forme transitoire que les hommes donnent
un moment à d'autres valeurs, à des utilités réelles, dans le
seul but de faciliter leurs arrangements ? Au milieu des complications sociales, l'homme qui est en mesure de prêter n'a
presque jamais la chose même dont l'emprunteur a besoin.
Jacques a bien un rabot ; mais peut-être que Guillaume désire une scie. Ils ne pourraient pas s'entendre ; la transaction
favorable à tous les deux ne pourrait avoir lieu, et alors
qu'arrive-t-il ? Il arrive que Jacques échange d'abord son
rabot contre de l'argent ; il prête l'argent à Guillaume, et
Guillaume échange l'argent contre une scie. La transaction
s'est compliquée, elle s'est décomposée en deux facteurs,
ainsi que je l'ai exposé plus haut en parlant de l'échange. Mais
elle n'a pas pour cela changé de nature. Elle ne contient pas
moins tous les éléments du prêt direct. Jacques ne s'en est
pas moins défait d'un outil qui lui était utile ; Guillaume n'en
a pas moins reçu un instrument qui perfectionne son travail et augmente ses profits ; il n'y a pas moins service rendu
de la part du prêteur, lui donnant droit à recevoir un service
équivalent de la part de l'emprunteur ; cette juste équivalence ne s'établit pas moins par le débat libre et contradictoire ; l'obligation bien naturelle de restituer à l'échéance la
valeur intégrale n'en constitue pas moins le principe de la
pérennité de l'intérêt.

« Est-ce qu'au bout d'un an, dit M. Thoré, vous trouverez
un écu de plus dans un sac de cent francs ? »

Non certes, si l'emprunteur jette le sac de cent francs
dans un coin. A cette condition, le rabot non plus, ni le
sac de blé, ne se reproduisent d'eux-mêmes. Mais ce n'est

pas pour laisser l'argent dans le sac ou le rabot au crochet qu'on les emprunte. On emprunte le rabot pour s'en servir, ou l'argent pour se procurer un rabot. Et s'il est bien démontré que cet outil met l'emprunteur à même de faire des profits qu'il n'eût pas faits sans lui, s'il est démontré que le prêteur a renoncé à créer pour lui-même cet excédant de profits, on comprend que la stipulation d'une part de cet excédant de profits en faveur du prêteur est équitable et légitime.

L'ignorance du vrai rôle que joue le numéraire dans les transactions humaines est la source des plus funestes erreurs. Je me propose de lui consacrer un pamphlet tout entier [1].

D'après ce qu'on peut induire des écrits de M. Proudhon, ce qui l'a amené à penser que la *gratuité du crédit* était une conséquence logique et définitive du progrès social, c'est l'observation de ce phénomène qui nous montre l'intérêt décroissant à peu près en raison directe de la civilisation. A des époques de barbarie, on le voit en effet à 100 pour 100, et au delà. Plus tard, il descend à 80, à 60, à 50, à 40, à 20, à 10, à 8, à 5, à 4, à 3 pour 100. On l'a même vu en Hollande à 2 pour 100. On en tire cette conclusion : « Puisque l'intérêt se rapproche de zéro à mesure que la société se perfectionne, il atteindra zéro quand la société sera parfaite. En d'autres termes, ce qui caractérise la perfection sociale c'est la gratuité du crédit. Abolissons donc l'intérêt, et nous aurons atteint le dernier terme du progrès [2]. »

Ceci n'est que spécieux, et puisque cette fausse argumentation peut contribuer à populariser le dogme injuste, dangereux, subversif de la gratuité du crédit, en le représen-

[1] Celui qui suit, sous le titre de *Maudit argent!*
(Note de l'éditeur.)
[2] Voy. la 10e lettre du pamphlet *Gratuité du crédit.*
(Note de l'éditeur.)

tant comme coïncidant avec la perfection sociale, le lecteur me permettra d'examiner en peu de mots ce nouveau point de vue de la question.

Qu'est-ce que l'*intérêt* ? c'est le *service* rendu, après libre débat, par l'emprunteur au prêteur, en rémunération du *service* qu'il en a reçu par le prêt.

D'après quelle loi s'établit le taux de ces *services* rémunératoires du prêt ? D'après la loi générale qui règle l'équivalence de tous les services, c'est-à-dire d'après la loi de l'offre et de la demande. Plus une chose est facile à se procurer, moins on rend *service* en la cédant ou prêtant. L'homme qui me donne un verre d'eau, dans les Pyrénées, ne me rend pas un aussi grand service que celui qui me céderait un verre d'eau, dans le désert de Sahara. S'il y a beaucoup de rabots, de sacs de blé, de maisons dans un pays, on en obtient l'usage (*cæteris paribus*) à des conditions plus favorables que s'il y en a peu, par la simple raison que le prêteur rend en ce cas un moindre *service relatif*.

Il n'est donc pas surprenant que plus les capitaux abondent, plus l'intérêt baisse.

Est-ce à dire qu'il arrivera jamais à zéro ? Non, parce que, je le répète, le principe d'une rémunération est invinciblement dans le prêt. Dire que l'intérêt s'anéantira, c'est dire qu'il n'y aura plus aucun motif d'épargner, de se priver, de former de nouveaux capitaux, ni même de conserver les anciens. En ce cas, la dissipation ferait immédiatement le vide, et l'intérêt reparaitrait aussitôt [1].

En cela, le genre de *services* dont nous nous occupons ne diffère d'aucun autre. Grâce au progrès industriel, une paire de bas qui *valait* 6 fr., n'a plus *valu* successivement que 4 fr., 3 fr., 2 fr. Nul ne peut dire jusqu'à quel point

---

[1] Pour la distinction entre les divers éléments de l'intérêt, voy., au pamphlet *Gratuité du crédit,* les dernières pages de la 12e lettre.

(*Note de l'éditeur.*)

cette valeur descendra, mais ce qu'on peut affirmer c'est qu'elle ne descendra jamais à zéro, à moins que les bas ne finissent par se produire spontanément. Pourquoi ? Parce que le principe de la rémunération est dans le travail ; parce que celui qui travaille pour autrui rend un service et doit recevoir un service : si l'on ne payait plus les bas, on cesserait d'en faire et, avec la rareté, le prix ne manquerait pas de reparaître.

Le sophisme que je combats ici a sa racine dans la divisibilité à l'infini, qui s'applique à la *valeur* comme à la matière.

Il paraît d'abord paradoxal, mais il est bien su de tous les mathématiciens qu'on peut de minute en minute, pendant l'éternité entière, ôter des fractions à un poids, sans jamais parvenir à anéantir le poids lui-même. Il suffit que chaque fraction successive soit moindre que la précédente, dans une proportion déterminée et régulière.

Il est des pays où l'on s'attache à accroître la taille des chevaux ou à diminuer, dans la race ovine, le volume de la tête. Il est impossible de préciser jusqu'où on arrivera dans cette voie. Nul ne peut dire qu'il a vu le plus grand cheval ou la plus petite tête de mouton qui paraîtra jamais dans le monde. Mais l'on peut dire que la taille des chevaux n'atteindra jamais l'Infini, non plus que les têtes de moutons le Néant.

De même, nul ne peut dire jusqu'où descendra le prix des bas ou l'intérêt des capitaux, mais on peut affirmer, quand on connaît la nature des choses, que ni l'un ni l'autre n'arriveront jamais à zéro, car le travail et le capital ne peuvent pas plus vivre sans récompense que le mouton sans tête.

L'argumentation de M. Proudhon se réduit donc à ceci : Puisque les plus habiles agriculteurs sont ceux qui ont le plus réduit la tête des moutons, nous serons arrivés à la perfection agricole quand les moutons seront acéphales. Donc, pour réaliser nous-mêmes cette perfection, coupons-leur le cou.

Me voici au terme de cette ennuyeuse dissertation. Pourquoi faut-il que le vent des mauvaises doctrines ait rendu nécessaire de pénétrer ainsi jusque dans la nature intime de la rente? Je ne terminerai pas sans faire remarquer une belle *moralité* que l'on peut tirer de cette loi : « La baisse de l'intérêt est proportionnelle à l'abondance des capitaux. » Cette loi étant donnée, s'il y a une classe d'hommes plus particulièrement intéressée que toute autre à ce que les capitaux se forment, s'accumulent, se multiplient, abondent et surabondent, c'est certainement la classe qui les emprunte, directement ou indirectement; ce sont les hommes qui mettent en œuvre des *matériaux*, qui se font aider par des *instruments*, qui vivent sur des *provisions*, produits et économisés par d'autres hommes.

Imaginez, dans une vaste et fertile contrée, une peuplade de mille habitants, dénués de tout Capital ainsi défini. Elle périra infailliblement dans les tortures de la faim. — Passons à une hypothèse à peine moins cruelle. Supposons que dix de ces sauvages soient pourvus d'Instruments et de Provisions en quantité suffisante pour travailler et vivre eux-mêmes jusqu'à la récolte, ainsi que pour rémunérer les services de quatre-vingt-dix travailleurs. Le résultat forcé sera la mort de neuf cents êtres humains. Il est clair encore que puisque 990 hommes, poussés par le besoin, se presseront sur des subsistances qui n'en peuvent maintenir que cent, les dix capitalistes seront maîtres du marché. Ils obtiendront le travail aux conditions les plus dures, car ils le mettront aux enchères. Et remarquez ceci : Si ces capitalistes portent au cœur des sentiments dévoués, qui les induisent à s'imposer des privations personnelles afin de diminuer les souffrances de quelques-uns de leurs frères, cette générosité, qui se rattache à la morale, sera aussi noble dans son principe

qu'utile dans ses effets. Mais si, dupes de cette fausse philanthropie qu'on veut si inconsidérément mêler aux lois
économiques, ils ont la prétention de rémunérer largement
le travail, loin de faire du bien, ils feront du mal. Ils donneront double salaire, soit. Mais alors quarante-cinq hommes seront mieux pourvus, tandis que quarante-cinq autres
viendront augmenter le nombre de ceux que la tombe va
dévorer. L'hypothèse étant donnée, ce n'est pas l'abaissement du salaire qui est le vrai fléau, mais la rareté du capital. L'abaissement du salaire n'est pas la cause, mais l'effet
du mal. J'ajoute qu'il en est, dans une certaine mesure, le
remède. Il agit dans ce sens qu'il distribue le fardeau de la
souffrance autant qu'il peut l'être et sauve autant de vies
qu'une quantité déterminée de subsistances permet d'en
sauver.

Supposez maintenant qu'au lieu de dix capitalistes, il y
en ait cent, deux cents, cinq cents, n'est-il pas évident que
la condition de toute la peuplade, et surtout celle des prolétaires, sera de plus en plus améliorée ? N'est-il pas évident
que, toute considération de générosité à part, ils obtiendront plus de travail et un meilleur prix de leur travail ?
qu'eux-mêmes seront plus en mesure de former des capitaux, sans qu'on puisse assigner de limite à cette facilité
toujours croissante de réaliser l'égalité et le bien-être ?
Combien ne seraient-ils donc pas insensés, s'ils admettaient
des doctrines et se livraient à des actes de nature à tarir la
source des salaires, à paralyser le mobile et le stimulant de
l'épargne ! Qu'ils apprennent donc cette leçon : sans doute
les capitaux sont bons pour ceux qui les ont, qui le nie ?
mais ils sont utiles aussi à ceux qui n'ont pu encore en former, et il importe à ceux qui n'en ont pas que d'autres en
aient.

Oui, si les prolétaires connaissaient leurs vrais intérêts, ils
rechercheraient avec le plus grand soin quelles sont les

circonstances favorables ou défavorables à l'épargne, afin de favoriser les premières et de décourager les secondes. Ils accueilleraient avec sympathie toute mesure qui tend à la prompte formation des capitaux. Ils s'enthousiasmeraient pour la paix, la liberté, l'ordre, la sécurité, l'union des classes et des peuples, l'économie, la modération des dépenses publiques, et la simplicité du mécanisme gouvernemental ; car c'est sous l'empire de toutes ces circonstances que l'épargne fait son œuvre, met l'abondance à la portée des masses, appelle à former des capitaux ceux même qui, autrefois, étaient réduits à les emprunter à de dures conditions. Ils repousseraient avec énergie l'esprit guerrier qui détourne de sa véritable fin une si grande part du travail humain, l'esprit de monopole qui dérange l'équitable distribution des richesses telle que la liberté seule peut la réaliser, la multiplicité des services publics qui n'entreprennent sur notre bourse que pour gêner notre liberté, et enfin ces doctrines subversives, haineuses, irréfléchies, qui effrayent le capital, l'empêchent de se former, le forcent à fuir, et en définitive le *renchérissent*, au détriment surtout des travailleurs qui le mettent en œuvre.

Eh quoi ! à cet égard, la Révolution de Février n'est-elle pas une dure leçon ? n'est-il pas évident que l'*insécurité* qu'elle a jetée dans le monde des affaires d'une part, et, de l'autre, l'avénement des théories funestes auxquelles je fais allusion et qui, des clubs, ont failli pénétrer dans les régions législatives, ont élevé partout le taux de l'intérêt ? N'est-il pas évident que dès lors il a été plus difficile aux prolétaires de se procurer ces *matériaux*, *instruments* et *provisions* sans lesquels le travail est impossible ? n'est-ce pas là ce qui amène le chômage, et le chômage n'amène-t-il pas à son tour la baisse des salaires ? Ainsi le travail manque aux prolétaires précisément par la même cause qui grève d'un surcroît de prix, en raison de la hausse de l'intérêt, les objets qu'ils consomment. Hausse d'intérêts, baisse des salaires, cela veut dire, en d'autres termes, que le même objet conserve son prix, mais que la part du capitaliste a envahi, sans profit pour lui, celle de l'ouvrier.

Un de mes amis, chargé de faire une enquête sur l'industrie parisienne, m'a assuré que les fabricants lui ont révélé un fait bien saisissant et qui prouve mieux que tous les raisonnements combien l'insécurité et l'incertitude nuisent à la formation des capitaux. On avait remarqué que, pendant la période la plus fâcheuse, les dépenses populaires de pure fantaisie n'avaient pas diminué. Les petits théâtres, les barrières, les cabarets, les débits de tabac étaient aussi fréquentés qu'aux jours de prospérité. Dans l'enquête, les travailleurs eux-mêmes ont ainsi expliqué ce phénomène. « A quoi bon épargner? qui sait le sort qui nous attend? qui sait si l'intérêt ne va pas être aboli? qui sait si l'État, devenu prêteur universel à titre gratuit, ne voudra pas faire avorter tous les fruits, que nous pourrions attendre de nos économies? » Eh bien ! je dis que si de telles idées pouvaient prévaloir pendant deux années seulement, c'en serait assez pour faire de notre belle France une Turquie. La misère y deviendrait générale et endémique; et, à coup sûr, les premiers frappés seraient les plus pauvres.

Ouvriers, on vous parle beaucoup d'organisation *artificielle* du travail; savez-vous pourquoi? Parce qu'on ignore les lois de son organisation *naturelle*, c'est-à-dire de cette organisation merveilleuse qui résulte de la liberté. On vous dit que la liberté fait saillir ce qu'on nomme l'antagonisme radical des classes; qu'elle crée et met aux prises deux intérêts opposés, l'intérêt des capitalistes et ceux des prolétaires. Mais il faudrait commencer par prouver que cet antagonisme existe par le vœu de la nature; et ensuite, il resterait à démontrer comment les arrangements de la *contrainte* valent mieux que ceux de la *liberté*, car entre Liberté et Contrainte je ne vois pas de milieu. Il resterait à démontrer encore que la contrainte s'exercera toujours à votre avantage et au préjudice des riches. — Mais non, cet antagonisme radical, cette opposition naturelle d'intérêts n'existent pas. Ce n'est qu'un mauvais rêve d'imaginations perverties et en délire. Non, un plan si défectueux n'est pas sorti de la Pensée Divine. Pour l'affirmer, il faut commencer par nier Dieu. Et voyez comme, en vertu des lois sociales et par cela seul que les hommes échangent librement entre eux leurs travaux et leurs produits, voyez quel lien harmonique rattache les classes les unes aux autres ! Voilà des propriétaires de terre : quel est leur intérêt ? que le sol soit fécond et le soleil bienfaisant ; mais qu'en résulte-t-il ? que le blé abonde, qu'il *baisse de prix*, et l'avantage tourne au profit de ceux qui n'ont pas eu de patrimoine. Voilà des fabricants : quelle est leur constante pensée ? de perfectionner leur travail, d'augmenter la puissance de leurs machines, de se procurer, aux meilleures conditions, les matières premières. Et à quoi tout cela aboutit-il ? à l'abondance et au *bas prix* des produits, c'est-à-dire que tous les efforts des fabricants, et sans qu'ils s'en doutent, se résolvent en un profit pour le public consommateur, dont vous faites partie. Cela est ainsi pour toutes les professions. Eh bien ! les capitalistes n'échappent pas à cette loi. Les voilà fort occupés de faire valoir, d'économiser, de tirer bon parti de leurs avances. C'est fort bien, mais mieux ils réussissent, plus ils favorisent l'abondance des capitaux, et, par une suite nécessaire, la baisse de l'intérêt. Or, à qui profite la baisse de l'intérêt ? n'est-ce pas à l'emprunteur d'abord, et, en définitive, aux consommateurs des choses que les capitaux concourent à produire [1] ?

---

[1] Voy. les pages 36 à 45 du tome IV. — Voy. aussi le chap. VIII du tome VI. *(Note de l'éditeur.)*

Il est donc certain que le résultat final des efforts de chaque classe, c'est le bien commun de toutes.

On vous dit que le capital tyrannise le travail. Je ne disconviens pas que chacun ne cherche à tirer le meilleur parti possible de sa situation, mais, dans ce sens, on ne réalise que ce qui est possible. Or, jamais il n'est possible aux capitaux de tyranniser le travail que lorsqu'ils sont rares, car alors ils font la loi, ils mettent la main-d'œuvre aux enchères. Jamais cette tyrannie ne leur est plus impossible que lorsqu'ils sont abondants, car, en ce cas, c'est le travail qui commande.

Arrière donc les jalousies de classes, les malveillances, les haines sans fondement, les défiances injustes. Ces passions dépravées nuisent à ceux qui les nourrissent dans leur cœur. Ce n'est pas là de la morale déclamatoire ; c'est un enchaînement de causes et d'effets susceptible d'être rigoureusement, mathématiquement démontré ; et il n'en est pas moins sublime parce qu'il satisfait autant l'intelligence que le sentiment.

Je résume toute cette dissertation par ces mots : Ouvriers, travailleurs, prolétaires, classes dénuées et souffrantes, voulez-vous améliorer votre sort ? Vous n'y réussirez pas par la lutte, l'insurrection, la haine et l'erreur. Mais il y a trois choses qui ne peuvent perfectionner la communauté tout entière sans étendre sur vous leurs bienfaits, ces trois choses sont : PAIX, LIBERTÉ et SÉCURITÉ.

MAUDIT ARGENT [1].

— Maudit argent ! maudit argent ! s'écriait d'un air désolé F* l'économiste, au sortir du Comité des finances où l'on venait de discuter un projet de papier-monnaie.

— Qu'avez-vous ? lui dis-je. D'où vient ce dégoût subit pour la plus encensée des divinités de ce monde ?

— Maudit argent ! maudit argent !

— Vous m'alarmez. Il n'est rien qu'une fois ou autre je n'aie entendu blasphémer, la paix, la liberté, la vie, et Brutus a été jusqu'à dire : Vertu ! tu n'es qu'un nom ! Mais si quelque chose a échappé jusqu'ici...

— Maudit argent ! maudit argent !

— Allons, un peu de philosophie. Que vous est-il arrivé ? Crésus vient-il de vous éclabousser ? Mondor vous a-t-il ravi l'amour de votre mie ? ou bien Zoïle a-t-il acheté contre vous une diatribe au gazetier ?

— Je n'envie pas le char de Crésus ; ma renommée, par son néant, échappe à la langue de Zoïle ; et quant à ma mie, jamais, jamais l'ombre même de la tache la plus légère...

— Ah ! j'y suis. Où avais-je la tête ? Vous êtes, vous aussi, inventeur d'une réorganisation sociale, *système* F*. Votre société, vous la voulez plus parfaite que celle de Sparte, et

[1] Publié dans le numéro d'avril 1849 du *Journal des économistes*.
(*Note de l'éditeur.*)

pour cela toute monnaie doit en être sévèrement bannie. Ce qui vous embarrasse, c'est de décider vos adéptes à vider leur escarcelle. Que voulez-vous? c'est l'écueil de tous les réorganisateurs. Il n'en est pas un qui ne fît merveille s'il parvenait à vaincre toutes les résistances, et si l'humanité tout entière consentait à devenir entre ses doigts cire molle : mais elle s'entête à n'être pas cire molle. Elle écoute, applaudit ou dédaigne, et..... va comme devant.

— Grâce au Ciel, je résiste encore à cette manie du jour. Au-lieu d'inventer des lois sociales, j'étudie celles qu'il a plu à Dieu d'inventer, ayant d'ailleurs le bonheur de les trouver admirables dans leur développement progressif. Et c'est pour cela que je répète : Maudit argent! maudit argent!

— Vous êtes donc proudhonien ou proudhoniste? Eh, morbleu! vous avez un moyen simple de vous satisfaire. Jetez votre bourse dans la Seine, ne vous réservant que cent sous pour prendre une action de la Banque d'échange.

— Puisque je maudis l'argent, jugez si j'en dois maudire le signe trompeur !

— Alors, il ne me reste plus qu'une hypothèse. Vous êtes un nouveau Diogène, et vous allez m'affadir d'une tirade à la Sénèque, sur le mépris des richesses.

— Le Ciel m'en préserve ! Car la richesse, voyez-vous, ce n'est pas un peu plus ou un peu moins d'argent. C'est du pain pour ceux qui ont faim, des vêtements pour ceux qui sont nus, du bois qui réchauffe, de l'huile qui allonge le jour, une carrière ouverte à votre fils, une dot assurée à votre fille, un jour de repos pour la fatigue, un cordial pour la défaillance, un secours glissé dans la main du pauvre honteux, un toit contre l'orage, des ailes aux amis qui se rapprochent, une diversion pour la tête que la pensée fait plier, l'incomparable joie de rendre heureux ceux qui nous sont chers. La richesse, c'est l'instruction, l'indépendance, la dignité, la confiance, la charité, tout ce que le développement de nos facultés peut livrer aux besoins du corps et de l'esprit; c'est le progrès, c'est la civilisation. La richesse, c'est l'admirable résultat civilisateur de deux admirables agents, plus civilisateurs encore qu'elle-même : le travail et l'échange [1].

— Bon ! n'allez-vous pas maintenant entonner un dithyrambe à la richesse, quand, il n'y a qu'un instant, vous accabliez l'or de vos imprécations ?

— Eh ! ne comprenez-vous pas que c'était tout simplement une boutade d'économiste ! Je maudis l'argent précisément parce qu'on le confond, comme vous venez de faire, avec la richesse, et que de cette confusion sortent des erreurs et des calamités sans nombre. Je le maudis, parce que sa fonction dans la société est mal comprise et très-difficile à faire comprendre. Je le maudis, parce qu'il brouille toutes les idées, fait prendre le moyen pour le but, l'obstacle pour la cause, alpha pour oméga ; parce que sa présence dans le monde, bienfaisante par elle-même, y a cependant introduit une notion funeste, une pétition de principes, une théorie à rebours, qui, dans ses formes multiples, a appauvri les hommes et ensanglanté la terre. Je le maudis, parce que je me sens incapable de lutter contre l'erreur à laquelle il a donné naissance autrement que par une longue et fastidieuse dissertation que personne n'écoutera. Ah ! si je tenais au moins sous ma main un auditeur patient et bénévole !

— Morbleu ! il ne sera pas dit que, faute d'une victime vous resterez dans l'état d'irritation où je vous vois. J'écoute; parlez, dissertez, ne vous gênez en aucune façon.

— Vous me promettez de prendre intérêt...

— Je vous promets de prendre patience.

Voy. le chap. vi du tome VI.

(Note de l'éditeur.)

— C'est bien peu.

— C'est tout ce dont je puis disposer. Commencez, et expliquez-moi d'abord comment une méprise sur le numéraire, si méprise il y a, se trouve au fond de toutes les erreurs économiques.

— Là, franchement, la main sur la conscience, ne vous est-il jamais arrivé de confondre la richesse avec l'argent?

— Je ne sais ; je ne me suis jamais morfondu sur l'économie politique. Mais, après tout, qu'en résulterait-il ?

— Pas grand'chose. Une erreur dans votre cervelle sans influence sur vos actes ; car, voyez-vous, en matière de travail et d'échange, quoiqu'il y ait autant d'opinions que de têtes, nous agissons tous de la même manière.

— A peu près comme nous marchons d'après les mêmes principes, encore que nous ne soyons pas d'accord sur la théorie de l'équilibre et de la gravitation.

— Justement. Quelqu'un qui serait conduit par ses inductions à croire que, pendant la nuit, nous avons la tête en bas et les pieds en haut, pourrait faire là-dessus de beaux livres, mais il se tiendrait comme tout le monde.

— Je le crois bien. Si non, il serait vite puni d'être trop bon logicien.

— De même, cet homme mourrait bientôt de faim qui, s'étant persuadé que l'argent est la richesse réelle, serait conséquent jusqu'au bout. Voilà pourquoi cette théorie est fausse; car il n'y a de théorie vraie que celle qui résulte des faits mêmes, tels qu'ils se manifestent en tous temps ou en tous lieux.

— Je comprends que, dans la pratique et sous l'influence de l'intérêt personnel, la conséquence funeste de l'acte erroné tend incessamment à redresser l'erreur. Mais si celle dont vous parlez a si peu d'influence, pourquoi vous donne-t-elle tant d'humeur?

— C'est que, quand un homme, au lieu d'agir pour lui-

même, décide pour autrui, l'intérêt personnel, cette senti-
nelle si vigilante et si sensible, n'est plus là pour crier : Aïe !
La responsabilité est déplacée. C'est Pierre qui se trompe,
et c'est Jean qui souffre ; le faux système du législateur devient forcément la règle d'action de populations entières. Et
voyez la différence. Quand vous avez de l'argent et grand'faim,
quelle que soit votre théorie du numéraire, que faites-vous ?

— J'entre chez un boulanger et j'achète du pain.

— Vous n'hésitez pas à vous défaire de votre argent?

— Je ne l'ai que pour cela.

— Et si, à son tour, ce boulanger a soif, que fait-il ?

— Il va chez le marchand de vin et boit un canon avec
l'argent que je lui ai donné.

— Quoi ! il ne craint pas de se ruiner?

— La véritable ruine serait de ne manger ni boire.

— Et tous les hommes qui sont sur la terre, s'ils sont libres, agissent de même ?

— Sans aucun doute. Voulez-vous qu'ils meurent de faim
pour entasser des sous?

— Loin de là, je trouve qu'ils agissent sagement, et je
voudrais que la théorie ne fût autre chose que la fidèle image
de cette universelle pratique. Mais supposons maintenant
que vous êtes le législateur, le roi absolu d'un vaste empire
où il n'y a pas de mines d'or.

— La fiction me plaît assez.

— Supposons encore que vous êtes parfaitement, convaincu de ceci : La richesse consiste uniquement et exclusivement dans le numéraire ; qu'en concluriez-vous?

— J'en conclurais qu'il n'y a pas d'autre moyen pour moi
d'enrichir mon peuple, ou pour lui de s'enrichir lui-même,
que de soutirer le numéraire des autres peuples.

— C'est-à-dire de les appauvrir. La première conséquence
à laquelle vous arriveriez serait donc celle-ci : Une nation
ne peut gagner que ce qu'une autre perd.

— Cet axiome a pour lui l'autorité de Bacon et de Montaigne.

— Il n'en est pas moins triste, car enfin il revient à dire : Le progrès est impossible. Deux peuples, pas plus que deux hommes, ne peuvent prospérer côte à côte.

— Il semble bien que cela résulte du principe.

— Et comme tous les hommes aspirent à s'enrichir, il faut dire que tous aspirent, en vertu d'une loi providentielle, à ruiner leurs semblables.

— Ce n'est pas du christianisme, mais c'est de l'économie politique.

— Détestable. Mais poursuivons. Je vous ai fait roi absolu. Ce n'est pas pour raisonner, mais pour agir. Rien ne limite votre puissance. Qu'allez-vous faire en vertu de cette doctrine : la richesse, c'est l'argent ?

— Mes vues se porteront à accroître sans cesse, au sein de mon peuple, la masse du numéraire.

— Mais il n'y a pas de mines dans votre royaume. Comment vous y prendrez-vous ? Qu'ordonnerez-vous ?

— Je n'ordonnerai rien ; je défendrai. Je défendrai, sous peine de mort, de faire sortir un écu du pays.

— Et si votre peuple, ayant de l'argent, a faim aussi ?

— N'importe. Dans le système où nous raisonnons, lui permettre d'exporter des écus, ce serait lui permettre de s'appauvrir.

— En sorte que, de votre aveu, vous le forceriez à se conduire sur un principe opposé à celui qui vous guide vous-même dans des circonstances semblables. Pourquoi cela ?

— C'est sans doute parce que ma propre faim me pique, et que la faim des peuples ne pique pas les législateurs.

— Eh bien ! je puis vous dire que votre plan échouerait, et qu'il n'y a pas de surveillance assez vigilante pour empêcher, quand le peuple a faim, les écus de sortir, si le blé a la liberté d'entrer.

— En ce cas, ce plan, erroné ou non, est inefficace pour le bien comme pour le mal, et nous n'avons plus à nous en occuper.

— Vous oubliez que vous êtes législateur. Est-ce qu'un législateur se rebute pour si peu, quand il fait ses expériences sur autrui? Le premier décret ayant échoué, ne chercheriez-vous pas un autre moyen d'atteindre votre but?

— Quel but?

— Vous avez la mémoire courte; celui d'accroître, au sein de votre peuple, la masse du numéraire supposé être la seule et vraie richesse.

— Ah! vous m'y remettez; pardon. Mais c'est que, voyez-vous, on a dit de la musique : Pas trop n'en faut; je crois que c'est encore plus vrai de l'économie politique. M'y revoilà. Mais je ne sais vraiment qu'imaginer...

— Cherchez bien. D'abord, je vous ferai remarquer que votre premier décret ne résolvait le problème que négativement. Empêcher les écus de sortir, c'est bien empêcher la richesse de diminuer, mais ce n'est pas l'accroître.

— Ah! je suis sur la voie... ce blé libre d'entrer... Il me vient une idée lumineuse... Oui, le détour est ingénieux, le moyen infaillible, je touche au but..

— A mon tour, je vous demanderai : quel but?

— Eh! morbleu, d'accroître la masse du numéraire.

— Comment vous y prendrez-vous, s'il vous plaît?

— N'est-il pas vrai que pour que la pile d'argent s'élève toujours, la première condition est qu'on ne l'entame jamais?

— Bien.

— Et la seconde qu'on y ajoute toujours?

— Très-bien.

— Donc le problème sera résolu, en négatif et positif, comme disent les socialistes, si d'un côté j'empêche l'étranger d'y puiser, et si, de l'autre, je le force à y verser.

— De mieux en mieux.

— Et pour cela deux simples décrets où le numéraire ne sera pas même mentionné. Par l'un, il sera défendu à mes sujets de rien acheter au dehors ; par l'autre, il leur sera ordonné d'y beaucoup vendre.

— C'est un plan fort bien conçu.

— Est-il nouveau ? Je vais aller me pourvoir d'un brevet d'invention.

— Ne vous donnez pas cette peine ; la priorité vous serait contestée. Mais prenez garde à une chose.

— Laquelle ?

— Je vous ai fait roi tout-puissant. Je comprends que vous empêcherez vos sujets d'acheter des produits étrangers. Il suffira d'en prohiber l'entrée. Trente ou quarante mille douaniers feront l'affaire.

— C'est un peu cher. Qu'importe ? L'argent qu'on leur donne ne sort pas du pays.

— Sans doute ; et dans notre système, c'est l'essentiel. Mais pour forcer la vente au dehors, comment procéderez-vous ?

— Je l'encouragerai par des primes, au moyen de quelques bons impôts frappés sur mon peuple.

— En ce cas, les exportateurs, contraints par leur propre rivalité, baisseront leurs prix d'autant, et c'est comme si vous faisiez cadeau à l'étranger de ces primes ou de ces impôts.

— Toujours est-il que l'argent ne sortira pas du pays.

— C'est juste. Cela répond à tout ; mais si votre système est si avantageux, les rois vos voisins l'adopteront. Ils reproduiront vos décrets ; ils auront des douaniers et repousseront vos produits, afin que chez eux non plus la pile d'argent ne diminue pas.

— J'aurai une armée et je forcerai leurs barrières.

— Ils auront une armée et forceront les vôtres.

— J'armerai des navires, je ferai des conquêtes, j'acquerrai des colonies, et créerai à mon peuple des consommateurs qui seront bien obligés de manger notre blé et boire notre vin [1].

— Les autres rois en feront autant. Ils vous disputeront vos conquêtes, vos colonies et vos consommateurs. Voilà la guerre partout et le monde en feu.

— J'augmenterai mes impôts, mes douaniers, ma marine et mon armée.

— Les autres vous imiteront.

— Je redoublerai d'efforts.

— Ils feront de même. En attendant, rien ne prouve que vous aurez réussi à beaucoup vendre.

— Il n'est que trop vrai. Bienheureux si les efforts commerciaux se neutralisent.

— Ainsi que les efforts militaires. Et dites-moi, ces douaniers, ces soldats, ces vaisseaux, ces contributions écrasantes, cette tension perpétuelle vers un résultat impossible, cet état permanent de guerre ouverte ou secrète avec le monde entier, ne sont-ils pas la conséquence logique, nécessaire de ce que le législateur s'est coiffé de cette idée (qui n'est, vous en êtes convenu, à l'usage d'aucun homme agissant pour lui-même) : « La richesse, c'est le numéraire ; accroître le numéraire, c'est accroître la richesse ? »

— J'en conviens. Ou l'axiome est vrai, et alors le législateur doit agir dans le sens que j'ai dit, bien que ce soit la guerre universelle. Ou il est faux et, en ce cas, c'est pour se ruiner que les hommes se déchirent.

— Et souvenez-vous qu'avant d'être roi, ce même axiome vous avait conduit par la logique à ces maximes : « Ce que

---

[1] Voy., au tome II, l'introduction de *Cobden et la Ligue.*

(*Note de l'éditeur.*)

l'un gagne, l'autre le perd. Le profit de l'un est le dommage de l'autre; » lesquelles impliquent un antagonisme irrémédiable entre tous les hommes.

— Il n'est que trop certain. Philosophe ou législateur, soit que je raisonne ou que j'agisse, partant de ce principe : l'argent, c'est la richesse, — j'arrive toujours à cette conclusion ou à ce résultat : la guerre universelle. Avant de le discuter, vous avez bien fait de m'en signaler les conséquences ; sans cela, je n'aurais jamais eu le courage de vous suivre jusqu'au bout dans votre dissertation économique ; car, à vous parler net, cela n'est pas divertissant.

— A qui le dites-vous ? C'est à quoi je pensais quand vous m'entendiez murmurer : Maudit argent ! Je gémissais de ce que mes compatriotes n'ont pas le courage d'étudier ce qu'il leur importe tant de savoir.

— Et pourtant, les conséquences sont effrayantes.

— Les conséquences ! Je ne vous en ai signalé qu'une. J'aurais pu vous en montrer de plus funestes encore.

— Vous me faites dresser les cheveux sur la tête ! Quels autres maux a pu infliger à l'humanité cette confusion entre l'Argent et la Richesse ?

— Il me faudra longtemps pour les énumérer. C'est une doctrine qui a une nombreuse lignée. Son fils aîné, nous venons de faire sa connaissance, s'appelle *régime prohibitif* ; le cadet, *système colonial* ; le troisième, *haine au capital* ; le Benjamin, *papier-monnaie*.

— Quoi ! le papier-monnaie procède de la même erreur ?

— Directement. Quand les législateurs, après avoir ruiné les hommes par la guerre et l'impôt, persévèrent dans leur idée, ils se disent : « Si le peuple souffre, c'est qu'il n'a pas assez d'argent. Il en faut faire. » Et comme il n'est pas aisé de multiplier les métaux précieux, surtout quand on a épuisé les prétendues ressources de la prohibition, « nous ferons du numéraire fictif, ajoutent-ils, rien n'est plus aisé, et chaque citoyen en aura plein son portefeuille ! ils seront tous riches. »

— En effet, ce procédé est plus expéditif que l'autre, et puis il n'aboutit pas à la guerre étrangère.

— Non, mais à la guerre civile.

— Vous êtes bien pessimiste. Hâtez-vous donc de traiter la question au fond. Je suis tout surpris de désirer, pour la première fois, savoir si l'argent (ou son signe) est la richesse.

— Vous m'accorderez bien que les hommes ne satisfont immédiatement aucun de leurs besoins avec des écus. S'ils ont faim, c'est du pain qu'il leur faut ; s'ils sont nus, des vêtements ; s'ils sont malades, des remèdes ; s'ils ont froid, un abri, du combustible ; s'ils aspirent à apprendre, des livres ; s'ils désirent se déplacer, des véhicules, et ainsi de suite. La richesse d'un pays se reconnaît à l'abondance et à la bonne distribution de toutes ces choses.

Par où vous devez reconnaître avec bonheur combien est fausse cette triste maxime de Bacon : *Ce qu'un peuple gagne, l'autre le perd nécessairement* ; maxime exprimée d'une manière plus désolante encore par Montaigne, en ces termes : *Le profit de l'un est le dommage de l'autre.* Lorsque Sem, Cham et Japhet se partagèrent les vastes solitudes de cette terre, assurément chacun d'eux put bâtir, dessécher, semer, récolter, se mieux loger, se mieux nourrir, se mieux vêtir, se mieux instruire, se perfectionner, s'enrichir, en un mot, et accroître ses jouissances, sans qu'il en résultât une dépression nécessaire dans les jouissances analogues de ses frères. Il en est de même de deux peuples.

— Sans doute, deux peuples, comme deux hommes, sans relations entre eux, peuvent, en travaillant plus, en travaillant mieux, prospérer côte à côte sans se nuire. Ce n'est pas là ce qui est nié par les axiomes de Montaigne et de Bacon. Ils signifient seulement que, dans le commerce qui se fait

entre deux peuples ou deux hommes, si l'un gagne, il faut
que l'autre perde. Et cela est évident de soi ; l'échange n'a-
joutant rien par lui-même à la masse de ces choses utiles
dont vous parliez, si après l'échange une des parties se
trouve en avoir plus, il faut bien que l'autre partie se trouve
en avoir moins.

— Vous vous faites de l'échange une idée bien incomplète, incomplète au point d'en devenir fausse. Si Sem est
sur une plaine fertile en blé, Japhet sur un coteau propre à
produire du vin, Cham sur de gras pâturages, il se peut que
la séparation des occupations, loin de nuire à l'un d'eux,
les fasse prospérer tous les trois. Cela doit même arriver,
car la distribution du travail, introduite par l'échange, aura
pour effet d'accroître la masse du blé, du vin et de la viande
à partager. Comment en serait-il autrement, si vous admettez la liberté de ces transactions ? Dès l'instant que l'un des
trois frères s'apercevrait que le travail, pour ainsi dire so-
ciétaire, le constitue en perte permanente, comparativement
au travail solitaire, il renoncerait à échanger. L'échange
porte avec lui-même son titre à notre reconnaissance. Il
s'accomplit, donc il est bon [1].

— Mais l'axiome de Bacon est vrai quand il s'agit d'or et
d'argent. Si l'on admet qu'à un moment déterminé il en
existe dans le monde une quantité donnée, il est bien clair
qu'une bourse ne se peut emplir qu'une autre bourse ne se
vide.

— Et si l'on professe que l'or est la richesse, la conclusion est qu'il y a parmi les hommes des déplacements de
fortune et jamais de progrès général. C'est justement ce que
je disais en commençant. Que si, au contraire, vous voyez
la vraie richesse dans l'abondance des choses utiles propres
à satisfaire nos besoins et nos goûts, vous comprendrez

[1] Voy. le chap. IV du tome VI.　　　　　(*Note de l'éditeur.*)

comme possible la prospérité simultanée. Le numéraire ne
sert qu'à faciliter la transmission d'une main à l'autre de ces
choses utiles, ce qui s'accomplit aussi bien avec une once
de métal rare, comme l'or, qu'avec une livre de métal plus
abondant, comme l'argent, ou avec un demi-quintal de métal plus abondant encore, comme le cuivre. D'après cela,
s'il y avait à la disposition de tous les Français une fois plus
de toutes ces choses utiles, la France serait le double plus
riche, bien que la quantité de numéraire restât la même ;
mais il n'en serait pas ainsi s'il y avait le double de numéraire, la masse des choses utiles n'augmentant pas.

— La question est de savoir si la présence d'un plus grand
nombre d'écus n'a pas précisément pour effet d'augmenter
la masse des choses utiles.

— Quel rapport peut-il y avoir entre ces deux termes ?
Les aliments, les vêtements, les maisons, le combustible,
tout cela vient de la nature et du travail, d'un travail plus
ou moins habile s'exerçant sur une nature plus ou moins
libérale.

— Vous oubliez une grande force, qui est l'échange. Si
vous avouez que c'est une force, comme vous êtes convenu
que les écus le facilitent, vous devez convenir qu'ils ont une
puissance indirecte de production.

— Mais j'ai ajouté qu'un peu de métal rare facilite autant
de transactions que beaucoup de métal abondant, d'où il
suit qu'on n'enrichit pas un peuple en le *forçant* de donner
des choses utiles pour avoir plus d'argent.

— Ainsi, selon vous, les trésors qu'on trouve en Californie
n'accroîtront pas la richesse du monde ?

— Je ne crois pas qu'ils ajoutent beaucoup aux jouissances, aux satisfactions réelles de l'humanité prise dans son
ensemble. Si l'or de la Californie ne fait que remplacer
dans le monde celui qui se perd et se détruit, cela peut
avoir son utilité. S'il en augmente la masse, il la dépréciera.

Les chercheurs d'or seront plus riches qu'ils n'eussent été sans cela. Mais ceux entre les mains de qui se trouvera l'or actuel au moment de la dépréciation, se procureront moins de satisfactions à somme égale. Je ne puis voir là un accroissement, mais un déplacement de la vraie richesse, telle que je l'ai définie.

— Tout cela est fort subtil. Mais vous aurez bien de la peine à me faire comprendre que je ne suis pas plus riche, toutes choses égales d'ailleurs, si j'ai deux écus, que si je n'en ai qu'un.

— Aussi n'est-ce pas ce que je dis.

— Et ce qui est vrai de moi l'est de mon voisin, et du voisin de mon voisin, et ainsi de suite, de proche en proche, en faisant le tour du pays. Donc, si chaque Français a plus d'écus, la France est plus riche.

— Et voilà votre erreur, l'erreur commune, consistant à conclure *de un à tous* et du particulier au général.

— Quoi ! n'est-ce pas de toutes les conclusions la plus concluante ? Ce qui est vrai de chacun ne l'est-il pas de tous ? Qu'est-ce que *tous*, sinon les *chacuns* nommés en une seule fois ? Autant vaudrait me dire que *chaque* Français pourrait tout à coup grandir d'un pouce, sans que la taille moyenne de tous les Français fût plus élevée.

— Le raisonnement est spécieux, j'en conviens, et voilà justement pourquoi l'illusion qu'il recèle est si commune. Examinons pourtant.

Dix joueurs se réunissaient dans un salon. Pour plus de facilité, ils avaient coutume de prendre chacun dix jetons contre lesquels ils déposaient cent francs sous le chandelier, de manière à ce que chaque jeton correspondit à dix francs. Après la partie on réglait les comptes, et les joueurs retiraient du chandelier autant de fois dix francs qu'ils pouvaient représenter de jetons. Ce que voyant, l'un d'eux, grand arithméticien peut-être, mais pauvre raisonneur, dit : Messieurs, une expérience invariable m'apprend qu'à la fin de la partie je me trouve d'autant plus riche que j'ai plus de jetons. N'avez-vous pas fait la même observation sur vous-mêmes? Ainsi ce qui est vrai de moi est successivement vrai de chacun de vous, et *ce qui est vrai de chacun l'est de tous.* Donc nous serions tous plus riches, en fin de jeu, si tous nous avions plus de jetons. Or, rien n'est plus aisé ; il suffit d'en distribuer le double. C'est ce qui fut fait. Mais quand la partie terminée, on en vint au règlement, on s'aperçut que les mille francs du chandelier ne s'étaient pas miraculeusement multipliés, suivant l'attente générale. Il fallut les partager, comme on dit, *au prorata,* et le seul résultat (bien chimérique !) obtenu, fut celui-ci : chacun avait bien le double de jetons, mais chaque jeton, au lieu de correspondre à *dix* francs, n'en représentait plus que *cinq.* Il fut alors parfaitement constaté que ce qui est vrai de chacun ne l'est pas toujours de tous.

— Je le crois bien : vous supposez un accroissement général de jetons, sans un accroissement correspondant de la mise sous le chandelier.

— Et vous, vous supposez un accroissement général d'écus sans un accroissement correspondant des choses dont ces écus facilitent l'échange.

— Est-ce que vous assimilez les écus à des jetons?

— Non certes, à d'autres égards; oui, au point de vue du raisonnement que vous m'opposiez et que j'avais à combattre. Remarquez une chose. Pour qu'il y ait accroissement général d'écus dans un pays, il faut, ou que ce pays ait des mines, ou que son commerce se fasse de telle façon qu'il donne des choses utiles pour recevoir du numéraire. *Hors de ces deux hypothèses,* un accroissement universel est impossible, les écus ne faisant que changer de mains, et, dans ce cas, encore qu'il soit bien vrai que chacun pris individuellement soit d'autant plus riche qu'il a plus d'écus, on n'en peut pas déduire la généralisation que vous faisiez tout à l'heure, puisqu'un écu de plus dans une bourse implique de toute nécessité un écu de moins dans une autre. C'est comme dans votre comparaison avec la taille moyenne. Si chacun de nous ne grandissait qu'aux dépens d'autrui, il serait bien vrai de chacun pris individuellement qu'il sera plus bel homme, s'il a la bonne chance, mais cela ne sera jamais vrai de tous pris collectivement.

— Soit. Mais dans les deux hypothèses que vous avez signalées, l'accroissement est réel, et vous conviendrez que j'ai raison.

— Jusqu'à un certain point.

L'or et l'argent ont une valeur. Pour en obtenir, les hommes consentent à donner des choses utiles qui ont une valeur aussi. Lors donc qu'il y a des mines dans un pays, si ce pays en extrait assez d'or pour acheter au dehors une chose utile, par exemple, une locomotive, il s'enrichit de toutes les jouissances que peut procurer une locomotive, exactement comme s'il l'avait faite. La question pour lui est de savoir s'il dépense plus d'efforts dans le premier procédé que dans le second. Que s'il n'exportait pas cet or, il se déprécierait et il arriverait quelque chose de pis que ce que vous voyez en Californie, car là du moins on se sert des métaux précieux pour acheter des choses utiles faites ailleurs. Malgré cela, on y court risque de mourir de faim sur des monceaux d'or. Que serait-ce, si la loi en défendait l'exportation ?

Quant à la seconde hypothèse, celle de l'or qui nous arrive par le commerce, c'est un avantage ou un inconvénient, selon que le pays en a plus ou moins besoin, comparativement au besoin qu'il a aussi des choses utiles dont il faut se défaire pour l'acquérir. C'est aux intéressés à en juger, et non à la loi ; car si la loi part de ce principe, que l'or est préférable aux choses utiles, n'importe la valeur, et si elle parvient à agir efficacement dans ce sens, elle tend à faire de la France une Californie retournée, où il y aura beaucoup de numéraire pour acheter, et rien à acheter. C'est toujours le système dont Midas est le symbole.

— L'or qui entre implique une *chose utile* qui sort, j'en conviens, et, sous ce rapport, il y a une satisfaction soustraite au pays. Mais n'est-elle pas remplacée avec avantage? et de combien de satisfactions nouvelles cet or ne sera-t-il pas la source, en circulant de main en main, en provoquant le travail et l'industrie, jusqu'à ce qu'enfin il sorte à son tour, et implique l'entrée d'une chose utile?

— Vous voilà au cœur de la question. Est-il vrai qu'un écu soit le principe qui fait produire tous les objets dont il facilite l'échange? On convient bien qu'un écu de cinq francs ne *vaut* que cinq francs; mais on est porté à croire que cette valeur a un caractère particulier; qu'elle ne se détruit pas comme les autres, ou ne se détruit que très à la longue; qu'elle se renouvelle, pour ainsi dire, à chaque transmission; et qu'en définitive cet écu a valu autant de fois cinq francs qu'il a fait accomplir de transactions, qu'il vaut à lui seul autant que toutes les choses contre lesquelles il s'est successivement échangé; et on croit cela, parce qu'on suppose que, sans cet écu, ces choses ne se seraient pas même produites. On dit : Sans lui, le cordonnier aurait vendu une paire de souliers de moins; par conséquent, il aurait acheté moins de boucherie; le boucher aurait été moins souvent chez l'épicier, l'épicier chez le médecin, le médecin chez l'avocat, et ainsi de suite.

— Cela me paraît incontestable.

— C'est bien le moment d'analyser la vraie fonction du numéraire, abstraction faite des mines et de l'importation.

Vous avez un écu. Que signifie-t-il en vos mains? Il y est comme le témoin et la preuve que vous avez, à une époque quelconque, exécuté un travail, dont, au lieu d'en profiter, vous avez fait jouir la société, en la personne de votre client. Cet écu témoigne que vous avez rendu un *service* à la société, et, de plus, il en constate la valeur. Il témoigne, en outre, que vous n'avez pas encore retiré de la société un service *réel* équivalent, comme c'était votre droit. Pour vous mettre à même de l'exercer, quand et comme il vous plaira, la société, par les mains de votre client, vous a donné une *reconnaissance,* un *titre,* un *bon de la République,* un *jeton,* un *écu* enfin, qui ne diffère des titres fiduciaires qu'en ce qu'il porte sa valeur en lui-même, et si vous savez lire, avec les yeux de l'esprit, les inscriptions dont il est chargé, vous déchiffrerez distinctement ces mots : « *Rendez au porteur un service équivalent à celui qu'il a rendu à la société, valeur reçue constatée, prouvée et mesurée par celle qui est en moi-même* [1]. »

Maintenant, vous me cédez votre écu. Ou c'est à titre gratuit, ou c'est à titre onéreux. Si vous me le donnez comme prix d'un service, voici ce qui en résulte : votre compte de satisfactions réelles avec la société se trouve réglé, balancé et fermé. Vous lui aviez rendu un service contre un écu, vous lui restituez maintenant l'écu contre un service; partant quitte quant à vous. Pour moi je suis justement dans la position où vous étiez tout à l'heure. C'est

---

[1] *Mutualité des services.* D'après tout ce qui précède, la société peut être considérée comme un immense bazar où chacun va d'abord déposer ses produits, en faire reconnaître et fixer la valeur. Après cela, il est autorisé à prélever, sur l'ensemble de tous ces dépôts, des produits à son choix pour une valeur égale. Or, comment s'apprécie cette valeur? par le service reçu et rendu. Nous avons donc exactement ce que demandait M. Proudhon. Nous avons ce bazar d'échange, dont on a tant ri; et la société, plus ingénieuse que M. Proudhon, nous le donne en nous épargnant le dérangement matériel d'y transporter nos marchandises. Pour cela, elle a inventé la monnaie, moyennant quoi elle réalise l'entrepôt à domicile.

(*Ébauche inédite de l'auteur.*)

5.

moi qui maintenant suis en avance envers la société du service que je viens de lui rendre en votre personne. C'est moi qui deviens son créancier de la valeur du travail que je vous ai livré, et que je pouvais me consacrer à moi-même. C'est donc entre mes mains que doit passer le titre de cette créance, le témoin et la preuve de la dette sociale. Vous ne pouvez pas dire que je suis plus riche, car si j'ai à recevoir, c'est parce que j'ai donné. Vous ne pouvez pas dire surtout que la société est plus riche d'un écu, parce qu'un de ses membres a un écu de plus, puisqu'un autre l'a de moins.

Que si vous me cédez cet écu gratuitement, en ce cas, il est certain que j'en serai d'autant plus riche, mais vous en serez d'autant plus pauvre, et la fortune sociale, prise en masse, ne sera pas changée ; car cette fortune, je l'ai déjà dit, consiste en services réels, en satisfactions effectives, en choses utiles. Vous étiez créancier de la société, vous m'avez substitué à vos droits, et il importe peu à la société, qui est redevable d'un service, de le rendre à vous ou à moi. Elle s'acquitte en le rendant au porteur du titre.

— Mais si nous avions tous beaucoup d'écus, nous retirerions tous de la société beaucoup de services. Cela ne serait-il pas bien agréable ?

— Vous oubliez que dans l'ordre que je viens de décrire, et qui est l'image de la réalité, on ne retire du milieu social des services que parce qu'on y en a versé. Qui dit *service*, dit à la fois service *reçu* et *rendu*, car ces deux termes s'impliquent, en sorte qu'il doit toujours y avoir balance. Vous ne pouvez songer à ce que la société rende plus de services qu'elle n'en reçoit, et c'est pourtant là la chimère qu'on poursuit au moyen de la multiplication des écus, de l'altération des monnaies, du papier-monnaie, etc.

— Tout cela paraît assez raisonnable *en théorie*, mais, dans la pratique, je ne puis me tirer de la tête, quand je vois comment les choses se passent, que si, par un heureux miracle, le nombre des écus venait à se multiplier, de telle sorte que chacun de nous en vît doubler sa petite provision, nous serions tous plus à l'aise; nous ferions tous plus d'achats, et l'industrie en recevrait un puissant encouragement.

— Plus d'achats ! Mais acheter quoi? Sans doute des objets utiles, des choses propres à procurer des satisfactions efficaces, des vivres, des étoffes, des maisons, des livres, des tableaux. Vous devriez donc commencer par prouver que toutes ces choses s'engendrent d'elles-mêmes, par cela seul qu'on fond à l'hôtel des Monnaies des lingots tombés de la lune, ou qu'on met en mouvement à l'Imprimerie nationale la planche aux assignats ; car vous ne pouvez raisonnablement penser que si la quantité de blé, de draps, de navires, de chapeaux, de souliers reste la même, la part de chacun puisse être plus grande, parce que nous nous présenterons tous sur le marché avec une plus grande quantité de francs métalliques ou fictifs. Rappelez-vous nos joueurs. Dans l'ordre social, les choses utiles sont ce que les travailleurs eux-mêmes mettent sous le chandelier, et les écus qui circulent de main en main, ce sont les jetons. Si vous multipliez les francs, sans multiplier les choses utiles, il en résultera seulement qu'il faudra plus de francs pour chaque échange, comme il fallut aux joueurs plus de jetons pour chaque mise. Vous en avez la preuve dans ce qui se passe pour l'or, l'argent et le cuivre. Pourquoi le même troc exige-t-il plus de cuivre que d'argent, plus d'argent que d'or? N'est-ce pas parce que ces métaux sont répandus dans le monde en proportions diverses? Quelle raison avez-vous de croire que si l'or devenait tout à coup aussi abondant que l'argent, il ne faudrait pas autant de l'un que de l'autre pour acheter une maison?

— Vous pouvez avoir raison, mais je désire que vous ayez tort. Au milieu des souffrances qui nous environnent, si cruelles en elles mêmes, si dangereuses par leurs conséquences, je trouvais quelque consolation à penser qu'il y avait un moyen facile de rendre heureux tous les membres de la société.

— L'or et l'argent fussent-ils la richesse, il n'est déjà pas si facile d'en augmenter la masse dans un pays privé de mines.

— Non, mais il est aisé d'y substituer autre chose. Je suis d'accord avec vous que l'or et l'argent ne rendent guère de services que comme instruments d'échanges. Autant en fait le papier-monnaie, le billet de banque, etc. Si donc nous avions tous beaucoup de cette monnaie-là, si facile à créer, nous pourrions tous beaucoup acheter, nous ne manquerions de rien. Votre cruelle théorie dissipe des espérances, des illusions, si vous voulez, dont le principe est assurément bien philanthropique.

— Oui, comme tous les vœux stériles que l'on peut former pour la félicité universelle. L'extrême facilité du moyen que vous invoquez suffit pour en démontrer l'inanité. Croyez-vous que s'il suffisait d'imprimer des billets de banque pour que nous pussions tous satisfaire nos besoins, nos goûts, nos désirs, l'humanité serait arrivée jusqu'ici sans recourir à ce moyen? Je conviens avec vous que la découverte est séduisante. Elle bannirait immédiatement du monde, non-seulement la spoliation sous ses formes si déplorables, mais le travail lui-même, sauf celui de la planche aux assignats. Reste à comprendre comment les assignats achèteraient des maisons que nul n'aurait bâties, du blé que nul n'aurait cultivé, des étoffes que nul n'aurait pris la peine de tisser [1].

— Une chose me frappe dans votre argumentation. D'après vous-même, s'il n'y a pas gain, il n'y a pas perte non plus

---

[1] Voy. la 12e lettre du pamphlet *Gratuité du crédit*.
                                    (*Note de l'éditeur.*)

à multiplier l'instrument de l'échange, ainsi qu'on le voit par l'exemple de vos joueurs, qui en furent quittes pour une déception fort bénigne. Alors pourquoi repousser la pierre philosophale, qui nous apprendrait enfin le secret de changer les cailloux en or, et, en attendant, le papier-monnaie ? Êtes-vous si entêté de votre logique, que vous refusiez une expérience sans risques ? Si vous vous trompez, vous privez la nation, au dire de vos nombreux adversaires, d'un bienfait immense. Si l'erreur est de leur côté, il ne s'agit pour le peuple, d'après vous-même, que d'une espérance déçue, La mesure, excellente selon eux, est neutre selon vous. Laissez donc essayer, puisque le pis qui puisse arriver, ce n'est pas la réalisation d'un mal, mais la non-réalisation d'un bien.

— D'abord, c'est déjà un grand mal, pour un peuple, qu'une espérance déçue. C'en est un autre que le gouvernement annonce la remise de plusieurs impôts sur la foi d'une ressource qui doit infailliblement s'évanouir. Néanmoins votre remarque aurait de la force, si, après l'émission du papier-monnaie et sa dépréciation, l'équilibre des valeurs se faisait instantanément, avec une parfaite simultanéité, en toutes choses et sur tous les points du territoire. La mesure aboutirait, ainsi que dans mon salon de jeu, à une mystification universelle, dont le mieux serait de rire en nous regardant les uns les autres. Mais ce n'est pas ainsi que les choses se passent. L'expérience en a été faite, et chaque fois que les despotes ont altéré la monnaie...

— Qui propose d'altérer les monnaies ?

— Eh, mon Dieu ! forcer les gens à prendre en paiement des chiffons de papier qu'on a officiellement baptisés *francs*, ou les forcer de recevoir comme pesant cinq grammes une pièce d'argent qui n'en pèse que deux et demi, mais qu'on a aussi officiellement appelée *franc*, c'est tout un, si ce n'est pis ; et tous les raisonnements qu'on peut faire en faveur des

assignats ont été faits en faveur de la fausse monnaie
légale. Certes, en se plaçant au point de vue où vous étiez
tout à l'heure, et où vous paraissez être encore, lorsqu'on croyait que multiplier l'instrument des échanges
c'était multiplier les échanges eux-mêmes, ainsi que les
choses échangées, on devait penser de très-bonne foi que
le moyen le plus simple était de dédoubler les écus et
de donner législativement aux moitiés la dénomination et
la valeur du tout. Eh bien ! dans un cas comme dans l'autre,
la dépréciation est infaillible. Je crois vous en avoir dit la
cause. Ce qu'il me reste à vous démontrer, c'est que cette
dépréciation, qui, pour le papier, peut aller jusqu'à zéro,
s'opère en faisant successivement des dupes parmi lesquelles les pauvres, les gens simples, les ouvriers, les campagnards occupent le premier rang.

— J'écoute ; mais abrégez. La dose d'Économie politique
est un peu forte pour une fois.

— Soit. Nous sommes donc bien fixés sur ce point,
que la richesse c'est l'ensemble des choses utiles que nous
produisons par le travail, ou mieux encore, les résultats
de tous les efforts que nous faisons pour la satisfaction de
nos besoins et de nos goûts. Ces choses utiles s'échangent
les unes contre les autres, selon les convenances de ceux
à qui elles appartiennent. Il y a deux formes à ces transactions : l'une s'appelle *troc ;* c'est celle où l'on rend un
service pour recevoir immédiatement un service équivalent. Sous cette forme, les transactions seraient extrêmement limitées. Pour qu'elles pussent se multiplier, s'accomplir à travers le temps et l'espace, entre personnes inconnues
et par fractions infinies, il a fallu l'intervention d'un agent
intermédiaire : c'est la monnaie. Elle donne lieu à l'é-
change, qui n'est autre chose qu'un troc complexe. C'est
là ce qu'il faut remarquer et comprendre. *L'échange* se
décompose en deux *trocs,* en deux facteurs, la *vente* et

l'achat, dont la réunion est nécessaire pour le constituer. Vous *vendez* un service contre un écu, puis, avec cet écu, vous *achetez* un service. Ce n'est qu'alors que le troc est complet ; ce n'est qu'alors que votre effort a été suivi d'une satisfaction réelle. Évidemment vous ne travaillez à satisfaire les besoins d'autrui que pour qu'autrui travaille à satisfaire les vôtres. Tant que vous n'avez en vos mains que l'écu qui vous a été donné contre votre travail, vous êtes seulement en mesure de réclamer le travail d'une autre personne. Et c'est quand vous l'aurez fait, que l'évolution économique sera accomplie quant à vous, puisqu'alors seulement vous aurez obtenu, par une satisfaction réelle, la vraie récompense de votre peine. L'idée de *troc* implique service rendu et service reçu. Pourquoi n'en serait-il pas de même de celle d'échange, qui n'est qu'un troc en partie double ?

Et ici, il y a deux remarques à faire : d'abord, c'est une circonstance assez insignifiante qu'il y ait beaucoup ou peu de numéraire dans le monde. S'il y en a beaucoup, il en faut beaucoup ; s'il y en a peu, il en faut peu pour chaque transaction ; voilà tout. La seconde observation, c'est celle-ci : comme on voit toujours reparaître la monnaie à chaque échange, on a fini par la regarder comme le *signe* et la *mesure* des choses échangées.

— Nierez-vous encore que le numéraire ne soit le *signe* des choses utiles dont vous parlez ?

— Un louis n'est pas plus le signe d'un sac de blé qu'un sac de blé n'est le signe d'un louis.

— Quel mal y a-t-il à ce que l'on considère la monnaie comme le signe de la richesse ?

— Il y a cet inconvénient, qu'on croit qu'il suffit d'augmenter le signe pour augmenter les choses signifiées, et l'on tombe dans toutes les fausses mesures que vous preniez vous-même quand je vous avais fait roi absolu. On va plus loin. De même qu'on voit dans l'argent le signe de la richesse, on

voit aussi dans le papier-monnaie le signe de l'argent, et
l'on en conclut qu'il y a un moyen très-facile et très-simple
de procurer à tout le monde les douceurs de la fortune.

.— Mais vous n'irez certes pas jusqu'à contester que la
monnaie ne soit la *mesure* des valeurs?

·— Si fait certes, j'irai jusque-là, car c'est là justement
que réside l'illusion.

Il est passé dans l'usage de rapporter la valeur de toutes
choses à celle du numéraire. On dit : ceci *vaut* 5, 10, 20, fr.,
comme on dit : ceci *pèse* 5, 10, 20 grammes, ceci *mesure*
5, 10, 20 mètres, cette terre contient 5, 10, 20 ares, etc.,
et de là on a conclu que la monnaie était la *mesure* des
valeurs.

— Morbleu, c'est que l'apparence y est.

.— Oui, l'apparence, et c'est ce dont je me plains, mais
non la réalité. Une mesure de longueur, de capacité, de
pesanteur, de superficie est une quantité *convenue* et immuable. Il n'en est pas de même de la valeur de l'or et de
l'argent. Elle varie tout aussi bien que celle du blé, du
vin, du drap, du travail, et par les mêmes causes, car elle
a la même source et subit les mêmes lois. L'or est mis à
notre portée absolument comme le fer, par le travail des
mineurs, les avances des capitalistes, le concours des marins et des négociants. Il vaut plus ou moins selon qu'il
coûte plus ou moins à produire, qu'il y en a plus ou moins
sur le marché, qu'il y est plus ou moins recherché; en un
mot, il subit, quant à ses fluctuations, la destinée de toutes
les productions humaines. Mais voici quelque chose d'é-
trange et qui cause beaucoup d'illusions. Quand la valeur
du numéraire varie, c'est aux autres produits contre lesquels il s'échange que le langage attribue la variation.
Ainsi, je suppose que toutes les circonstances relatives à
l'or restent les mêmes, et que la récolte du blé soit emportée. Le blé haussera; on dira : L'hectolitre de blé qui

valait 20 fr. en vaut 30, et on aura raison, car c'est bien la valeur du blé qui a varié, et le langage ici est d'accord avec le fait. Mais faisons la supposition inverse : supposons que toutes les circonstances relatives au blé restent les mêmes, et que la moitié de tout l'or existant dans le monde soit engloutie; cette fois, c'est la valeur de l'or qui haussera. Il semble qu'on devrait dire : Ce napoléon qui *valait* 20 fr. en *vaut* 40. Or, savez-vous comment on s'exprime? Comme si c'était l'autre terme de comparaison qui eût baissé, et l'on dit : Le blé qui *valait* 20 fr. n'en *vaut* que dix.

— Cela revient parfaitement au même, quant au résultat.

— Sans doute; mais figurez-vous toutes les perturbations, toutes les duperies qui doivent se produire dans les échanges, quand la valeur de l'intermédiaire varie, sans qu'on en soit averti par un changement de dénomination. On émet des pièces altérées ou des billets qui portent le nom de *vingt francs*, et conserveront ce nom à travers toutes les dépréciations ultérieures. La valeur sera réduite d'un quart, de moitié, qu'ils ne s'en appelleront pas moins des *pièces* ou *billets de vingt francs*. Les gens habiles auront soin de ne livrer leurs produits que contre un nombre de billets plus grand. En d'autres termes, ils demanderont quarante francs de ce qu'ils vendaient autrefois pour vingt. Mais les simples s'y laisseront prendre. Il se passera bien des années avant que l'évolution soit accomplie pour toutes les valeurs. Sous l'influence de l'ignorance et de la *coutume*, la journée du manœuvre de nos campagnes restera longtemps à *un franc*, quand le prix vénal de tous les objets de consommation se sera élevé autour de lui. Il tombera dans une affreuse misère, sans en pouvoir discerner la cause. Enfin, Monsieur, puisque vous désirez que je finisse, je vous prie, en terminant, de porter toute votre attention sur ce point essentiel. Une fois la fausse monnaie, quelque forme qu'elle prenne, mise

en circulation, il faut que la dépréciation survienne, et se
manifeste par la hausse universelle de tout ce qui est susceptible de se vendre. Mais cette hausse n'est pas instan-
tanée et égale pour toutes choses. Les habiles, les brocanteurs, les gens d'affaires s'en tirent assez bien ; car c'est
leur métier d'observer les fluctuations des prix, d'en reconnaître la cause, et même de spéculer dessus. Mais les
petits marchands, les campagnards, les ouvriers, reçoivent tout le choc. Le riche n'en est pas plus riche, le
pauvre en devient plus pauvre. Les expédients de cette espèce ont donc pour effet d'augmenter la distance qui sépare l'opulence de la misère, de paralyser les tendances
sociales qui rapprochent incessamment les hommes d'un
même niveau, et il faut ensuite des siècles aux classes souffrantes pour regagner le terrain qu'elles ont perdu dans
leur marche vers l'*égalité des conditions*.

— Adieu, Monsieur ; je vous quitte pour aller méditer
sur la dissertation à laquelle vous venez de vous livrer avec
tant de complaisance.

— Êtes-vous déjà à bout de la vôtre ? C'est à peine si
j'ai commencé. Je ne vous ai pas encore parlé de la *haine
du capital*, de la *gratuité du crédit* ; sentiment funeste, erreur déplorable, qui s'alimente à la même source !

— Quoi ! ce soulèvement effrayant des Prolétaires contre
les Capitalistes provient aussi de ce qu'on confond l'Argent
avec la Richesse ?

— Il est le fruit de causes diverses. Malheureusement,
certains capitalistes se sont arrogé des monopoles, des
priviléges, qui suffiraient pour expliquer ce sentiment.
Mais, lorsque les théoriciens de la démagogie ont voulu le
justifier, le systématiser, lui donner l'apparence d'une
opinion raisonnée, et le tourner contre la nature même du
capital, ils ont eu recours à cette fausse économie politique au fond de laquelle se retrouve toujours la même con-

fusion. Ils ont dit au peuple : « Prends un écu, mets-le sous verre ; oublie-le là pendant un an ; va regarder ensuite, et tu te convaincras qu'il n'a engendré ni dix sous, ni cinq sous, ni aucune fraction de sou. Donc l'argent ne produit pas d'intérêts. » Puis, substituant au mot *argent* son prétendu synonyme, *capital*, ils ont fait subir à leur *ergo* cette modification : « Donc le capital ne produit pas d'intérêts [1]. » Ensuite est venue la série des conséquences : « Donc celui qui prête un capital n'en doit rien retirer ; donc celui qui te prête un capital, s'il en retire quelque chose, te vole ; donc tous les capitalistes sont des voleurs ; donc les richesses, devant servir gratuitement à ceux qui les empruntent, appartiennent en réalité à ceux à qui elles n'appartiennent pas ; donc il n'y a pas de propriété ; donc, tout est à tous ; donc.... »

— Ceci est grave, d'autant plus grave que le syllogisme, je vous l'avoue, me semble admirablement enchaîné. Je voudrais bien éclaircir la question. Mais, hélas ! je ne suis plus maître de mon attention. Je sens dans ma tête un bourdonnement confus des mots *numéraire*, *argent*, *services*, *capital*, *intérêts* ; c'est au point que, vraiment, je ne m'y reconnais plus. Remettons, s'il vous plaît, l'entretien à un autre jour.

— En attendant voici un petit volume intitulé *Capital et Rente*. Il dissipera peut-être quelques-uns de vos doutes. Jetez-y un coup d'œil quand vous vous ennuierez.

— Pour me désennuyer ?

— Qui sait ! Un clou chasse l'autre ; un ennui chasse un autre ennui ; *similia similibus...*

— Je ne décide pas si vous voyez sous leur vrai jour les fonctions du numéraire et l'économie politique en géné-

[1] Voy. l'introduction de *Capital et Rente*, page 25.
(*Note de l'éditeur.*)

ral. Mais, de votre conversation, il me reste ceci : c'est que ces questions sont de la plus haute importance; car, la paix ou la guerre, l'ordre ou l'anarchie, l'union ou l'antagonisme des citoyens sont au bout de la solution. Comment se fait-il qu'en France on sache si peu une science qui nous touche tous de si près, et dont la diffusion aurait une influence si décisive sur le sort de l'humanité? Serait-ce que l'État ne la fait pas assez enseigner?

— Pas précisément. Cela tient à ce que, sans le savoir, il s'applique avec un soin infini à saturer tous les cerveaux de préjugés et tous les cœurs de sentiments favorables à l'esprit d'anarchie, de guerre et de haine. En sorte que, lorsqu'une doctrine d'ordre, de paix et d'union se présente, elle a beau avoir pour elle la clarté et la vérité, elle trouve la place prise.

— Décidément, vous êtes un affreux pessimiste. Quel intérêt l'État peut-il avoir à fausser les intelligences au profit des révolutions, des guerres civiles et étrangères? Il y a certainement de l'exagération dans ce que vous dites.

— Jugez-en. A l'époque où nos facultés intellectuelles commencent à se développer, à l'âge où les impressions sont si vives, où les habitudes de l'esprit se contractent avec une si grande facilité; quand nous pourrions jeter un regard sur notre société et la comprendre, en un mot, quand nous arrivons à sept ou huit ans, que fait l'État? Il nous met un bandeau sur les yeux, nous fait sortir tout doucement du milieu social qui nous environne, pour nous plonger, avec notre esprit si prompt, notre cœur si impressionnable, dans le sein de la société romaine. Il nous retient là une dizaine d'années, tout le temps nécessaire pour donner à notre cerveau un empreinte ineffaçable. Or, remarquez que la société romaine est directement l'opposé de ce qu'est ou devrait être notre société. Là, on vivait de guerre ; ici, nous devrions haïr la guerre. Là, on haïssait le travail ; ici, nous

devons vivre du travail. Là, on fondait les moyens de subsistance sur l'esclavage et la rapine ; ici, sur l'industrie libre.
La société romaine s'était organisée en conséquence de son
principe. Elle devait admirer ce qui la faisait prospérer. On
y devait appeler vertus ce qu'ici nous appelons vices. Ses
poëtes, ses historiens devaient exalter ce qu'ici nous devons
mépriser. Les mots mêmes : *liberté, ordre, justice, peuple,
honneur, influence,* etc., ne pouvaient avoir la même signification à Rome qu'ils ont, ou devraient avoir à Paris.
Comment voulez-vous que toute cette jeunesse, qui sort des
écoles universitaires ou monacales, qui a eu pour caté-
chisme Tite-Live et Quinte-Curce, ne comprenne pas la
liberté comme les Gracques, la vertu comme Caton, le patriotisme comme César? Comment voulez-vous qu'elle ne
soit pas factieuse et guerrière? Comment voulez-vous surtout qu'elle prenne le moindre intérêt au mécanisme de
notre ordre social? Croyez-vous que son esprit est bien
préparé à le comprendre? Ne voyez-vous pas qu'elle devrait,
pour cela, se défaire de ses impressions pour en recevoir de
tout opposées?

— Que concluez-vous de là?

— Le voici; le plus pressé, ce n'est pas que l'État enseigne, mais qu'il laisse enseigner. Tous les monopoles sont
détestables, mais le pire de tous, c'est le monopole de l'enseignement [1].

.1 Voy., au tome IV, *Baccalauréat et Socialisme.*
(Note de l'éditeur.)

GRATUITÉ DU CRÉDIT.

PREMIÈRE LETTRE [1].

F. C. CHEVÉ.

L'un des rédacteurs de la *Voix du Peuple*,

A FRÉDÉRIC BASTIAT.

Adhésion à la formule : le prêt est un service qui doit s'échanger contre un service. — Distinction sur la nature des services. — Le service qui consiste à céder l'usage temporaire d'une propriété ne doit pas être rémunéré par la cession définitive d'une propriété. — Conséquences funestes de l'intérêt pour l'emprunteur, pour le prêteur lui-même et pour la société tout entière.

22 octobre 1849.

Tous les principes d'économie sociale que vous avez propagés avec un talent si remarquable concluent forcément, inévitablement, à l'abolition de l'intérêt ou de la rente. Curieux de savoir par quelle étrange contradiction votre

---

[1] La brochure *Capital et Rente* avait fait une certaine impression sur les classes ouvrières, à qui l'auteur s'adressait, et produit une scission dans certaine portion du socialisme. La *Voix du Peuple* jugea donc nécessaire de combattre cet écrit. — Au premier article de M. Chevé, Bastiat fit demander à la rédaction la permission de répondre et l'obtint. Mais il fut prévenu que, pour la continuation de la discussion, M. Proudhon se substituait à M. Chevé. Les répliques se succédèrent à peu près

logique, toujours si vive et si sûre, reculait devant cette conclusion définitive, j'interrogeai votre pamphlet intitulé : *Capital et Rente*, et je m'aperçus, avec une surprise mêlée de joie, qu'il n'y avait plus entre vous et nous que l'épaisseur d'une simple équivoque.

— Cette équivoque porte tout entière sur la confusion de deux choses cependant bien distinctes, l'*usage* et la *propriété*.

Comme nous, vous partez de ce principe fondamental et incontesté : réciprocité, mutualité, équivalence des services. Seulement, en confondant l'usage et la propriété, et en identifiant ces deux ordres de nature diverse et sans équivalence possible, vous détruisez toute mutualité, toute réciprocité, toute équivalence véritable, renversant ainsi, de vos propres mains, le principe que vous avez posé.

C'est ce principe qui vient se réclamer de vous-même contre vous-même. Comment récuseriez-vous, en faveur de l'abolition de la rente, ce juge que vous avez invoqué contre elle ?

Vous ne nous accuserez pas, Monsieur, de manquer de courtoisie. Nous, les premiers attaqués, nous vous laissons le choix du lieu, de l'heure et des armes, et, sans nous plaindre des désavantages du terrain, nous acceptons la discussion dans les termes où vous l'avez posée. Bien plus, nous contentant de suivre un à un tous les exemples, toutes les démonstrations de votre écrit *Capital et Rente*, nous ne ferons que rectifier le malentendu, la malheureuse équivoque qui seule vous a empêché de conclure contre la

---

de semaine en semaine jusqu'à la treizième lettre, dans laquelle M. Proudhon déclara le débat clos. Il fit de la collection des treize lettres un volume sous ce titre : *Intérêt et Principal*. Bastiat, usant de son droit, publia de son côté la même collection, augmentée d'une quatorzième lettre, et lui donna pour titre : *Gratuité du crédit*.

(*Note de l'éditeur.*)

rente. Les clauses de ce débat vous semblent-elles, ou non, loyales?

'Entrons donc en matière.

Paul échange avec Pierre dix pièces de 50 centimes contre 100 sous : voilà le troc pour troc, l'échange de propriété contre propriété. — Mais Pierre dit à Paul : « Tu me donneras les dix pièces de 10 sous actuellement, et moi je te donnerai la pièce de 100 sous dans un an. » Voilà « un service nouveau et d'une autre espèce que Pierre demande à Paul. »

— Mais quelle est la nature de ce service? Pierre demande-t-il à Paul de lui céder la propriété d'une nouvelle somme quelle qu'elle soit? non, mais simplement de lui laisser l'*usage* de celle-ci pendant un an. Or, puisque tout service doit être payé par un service équivalent, un service d'*usage* doit donc être échangé contre un service d'*usage :* rien de moins, rien de plus. — Pierre dira à Paul : Tu me donnes l'*usage* de dix pièces de 10 sous pendant un an, je te devrai donc en retour le même service, c'est-à-dire l'*usage* de dix pièces de 10 sous pendant un an aussi. Est-ce juste, oui ou non ?

Un homme échange un navire contre une maison : voilà le troc pour troc, l'échange de propriété contre propriété. — Mais l'armateur veut, en outre, avoir l'usage de la maison pendant un an, avant de livrer son navire. Le propriétaire lui dit : « C'est un service nouveau que vous me demandez, j'ai droit de vous refuser ou de vous demander en compensation un service équivalent. » — Évidemment, répond l'armateur, vous me donnez, une année durant, *l'usage* d'une valeur de 20,000 fr., je suppose, je vous devrais donc en échange *l'usage* d'une égale valeur de 20,000. Rien de plus juste. Mais comme je paie votre propriété par celle de mon navire, ce n'est pas une propriété nouvelle, mais un simple *usage* que vous me concédez, je ne dois donc vous concéder aussi que *l'usage* d'une même valeur, et pour un temps égal. « Les services échangés se valent. » Exiger plus serait un vol.

Mathurin prête un sac de blé « à Jérôme qui promet de rendre, au bout de l'an, un sac de-blé de même qualité, de même poids, sans qu'il en manque un seul grain. » — Mathurin voudrait, en outre, cinq litres de blé en sus de l'hectolitre, pour le service qu'il rend à Jérôme. — Non, reprend celui-ci, ce serait une injustice et une spoliation, tu ne me donnes la propriété de rien, car, au bout de l'an, je dois te remettre la valeur exacte de ce que tu me livres aujourd'hui. Ce que tu me concèdes, c'est l'*usage* pendant un an de ton sac de blé, tu as donc droit à l'*usage* de la même valeur pendant une année aussi. Rien au delà ; sinon il n'y aurait plus mutualité, réciprocité, équivalence des services.

De son côté, Mathurin, qui est quelque peu clerc, fait ce raisonnement : « Ce que m'objecte Jérôme est incontestable; et, en effet, si au bout de l'an, il me rentre cinq litres de blé en sus des cent litres que je viens de prêter, et que dans quelque temps je puisse prêter deux sacs de blé, puis trois, puis quatre, lorsque j'en aurai placé un assez grand nombre pour vivre sur la somme de ces rétributions, » je pourrai manger en ne faisant rien, et sans jamais dépenser mon avoir. Or, ce que je mangerai, ce sera pourtant quelqu'un qui l'aura produit. Ce quelqu'un n'étant pas moi, mais autrui, je vivrai donc aux dépens d'autrui, ce qui est un vol. Et cela se comprend, car le service que j'aurai rendu n'est qu'un *prêt* ou l'*usage* d'une valeur, tandis que le service qu'on m'aurait remis en échange serait un *don* ou la *propriété* d'une chose. Il n'y a donc justice, égalité, équivalence de services que dans le sens où l'entend Jérôme.

Valère veut occuper, un an durant, la maison de Mondor. « Il sera tenu de se soumettre à trois conditions. La première, de déguerpir au bout de l'an, et de rendre la maison en bon état, sauf les dégradations inévitables qui résultent

V.   6

de la seule durée. La seconde, de rembourser à Mondor les 300 francs que celui-ci paie annuellement à l'architecte pour réparer les outrages du temps ; car ces outrages survenant pendant que la maison est au service de Valère, il est de toute justice qu'il en supporte les conséquences. La troisième c'est de rendre à Mondor un service équivalent à celui qu'il en reçoit. » Or, ce service est l'*usage* d'une maison pendant un an. Valère devra donc à Mondor l'*usage* de la même valeur pendant le même laps de temps. Cette valeur devra être librement débattue entre les deux contractants.

Jacques vient d'achever la confection d'un rabot. Guillaume dit à Jacques :

— Il faut que tu me rendes un service.

— Lequel ?

— Prête-moi ce rabot pour un an.

— Y penses-tu, Guillaume ! Et, si je te rends ce service, quel service me rendras-tu de ton côté ?

— Le même, bien entendu ; et si tu me *prêtes* une valeur de 20 francs pour un an, je devrai te *prêter*, à mon tour, la même valeur pendant une égale durée.

— D'abord, dans un an, il faudra mettre le rabot au rebut : il ne sera plus bon à rien. Il est donc juste que tu m'en rendes un autre exactement semblable, ou que tu me donnes assez d'argent pour le faire réparer, ou que tu me remplaces les deux journées que je devrai consacrer à le refaire. De manière ou d'autre, il faut que le rabot me revienne en bon état, comme je te le livre.

— C'est trop juste, je me soumets à cette condition ; je m'engage à te rendre, ou un rabot semblable, ou la valeur.

— Indépendamment de la restitution intégrale déjà stipulée, il faut que tu me rendes un service que nous allons débattre.

— Le service est bien simple. De même que pour ton

rabot cédé, je dois te rendre un rabot pareil, ou égale valeur en argent ; de même pour l'*usage* de cette valeur pendant un an, je te dois l'*usage* de pareille somme pendant un an aussi. Dans l'un comme dans l'autre cas « les services échangés se valent. »

Cela posé, voici, ce me semble, une série de conséquences dont il est impossible de contester la justesse :

1° Si l'usage paie l'usage, et si la cession purement temporaire par l'emprunteur de l'*usage* d'une valeur égale « est une rétribution naturelle, équitable, juste prix d'un service d'*usage*, nous pouvons en conclure, en généralisant, qu'il est CONTRAIRE à la nature du capital de produire un intérêt. » En effet, il est bien clair qu'après l'usage réciproque des deux services échangés, chaque propriétaire n'étant rentré que dans la valeur exacte de ce qu'il possédait auparavant, il n'y a intérêt ou productivité du capital ni pour l'un ni pour l'autre. Et il n'en saurait être autrement, puisque le prêteur ne pourrait tirer un intérêt de la valeur prêtée qu'autant que l'emprunteur ne tirerait lui-même aucun intérêt de la valeur rendue ; qu'ainsi, l'intérêt du capital est la négation de lui-même et qu'il n'existe pour Paul, Mathurin, Mondor et Jacques qu'à la condition d'être supprimé pour Pierre, Jérôme, Valère et Guillaume. Toutes choses étant, en réalité, instruments de production au même titre, les premiers ne peuvent prélever l'intérêt de la valeur prêtée qu'autant que les seconds prélèvent en retour l'intérêt de la valeur remise en échange, ce qui détruit l'intérêt du capital par lui même et le réduit à un simple droit d'usage contre l'usage. Vouloir échanger l'usage contre la propriété, c'est dépouiller, spolier l'un au profit de l'autre, « c'est légaliser, organiser, systématiser l'injustice elle-même. » Posons donc en fait que l'intérêt est illégitime, inique et spoliateur.

2° Une seconde conséquence, non moins remarquable que la première, c'est que l'intérêt nuit à l'emprunteur, au

prêteur lui-même, et à la société tout entière. Il nuit à l'emprunteur et le spolie, car il est évident que si Pierre, Jérôme, Valère et Guillaume doivent rendre une valeur plus
grande que celle qu'ils ont reçue, il n'y a pas équivalence de
services, et que la valeur qu'ils rendent en plus étant produite par eux et prélevée par d'autres, ils sont spoliés d'autant. Il nuit au prêteur, parce que, quand celui-ci a recours
à l'emprunt, il est victime de la même spoliation. Il nuit à
l'un et à l'autre et à la société tout entière, parce que l'intérêt ou la rente, augmentant considérablement le prix de revient de tous les produits, chaque consommateur se trouve
spolié d'autant sur tout ce qu'il achète ; que les travailleurs,
ne pouvant plus racheter leurs produits au prix de leur salaire, sont forcés de réduire leur consommation ; que cette
réduction de consommation amène le chômage ; que ce chômage entraîne une réduction nouvelle de consommation,
et qu'il exige le don improductif de sommes énormes en-
glouties par l'assistance publique ou privée, et la répression
des crimes toujours croissants enfantés par le manque de
travail et la misère. D'où une perturbation effroyable dans
la loi de l'offre et de la demande, et dans tous les rapports
d'économie sociale ; un obstacle infranchissable « à la formation, à la multiplication, à l'abondance des capitaux ; »
l'autocratie absolue du capital, la servitude radicale des
travailleurs, l'oppression partout, la liberté nulle part. Que
la société « comprenne donc le dommage qu'elle s'inflige
quand elle proclame la légitimité de l'intérêt. »

3° Les anecdotes que nous avons racontées mettent aussi
sur la voie d'expliquer tout ce qu'a de monstrueux ce phénomène qu'on appelle la pérennité ou la perpétuité de l'intérêt. Dès qu'infidèles au principe de l'équivalence des services, Paul, Mathurin, Mondor et Jacques veulent échanger,
non plus l'usage contre l'usage, mais l'usage contre la propriété, il arrive qu'en quatorze ans environ, ils ont reçu la

valeur de leur bien, en un siècle dix fois cette valeur, et que, le prêtant ainsi indéfiniment, ils en recevront mille, cent mille, un million de fois la valeur, *sans jamais cesser d'en être propriétaires*. De sorte que le simple *usage* du sac de blé, de la maison, du rabot, équivaudra à la *propriété*, non pas d'un, mais d'un million, d'un milliard, et ainsi de suite, de sacs de blé, de maisons, de rabots. C'est la faculté de vendre toujours de nouveau le même objet et d'en recevoir toujours de nouveau le prix, sans jamais céder la propriété de ce qu'on vend. Les valeurs échangées sont-elles égales? Les services réciproques se valent-ils? Car remarquez bien ceci : les instruments de production sont un service pour les prêteurs comme pour les emprunteurs, et si Pierre, Jérôme, Valère et Guillaume ont reçu un service qui consiste dans l'*usage* d'une pièce de cent sous, d'un sac de blé, d'une maison, d'un rabot, ils ont rendu, en échange, un service qui consiste dans la *propriété* d'un milliard de pièces de cent sous, de sacs de blé, de maisons, de rabots. Or, à moins de démontrer que l'usage de 5 francs égale la propriété de 5 milliards, il faut reconnaître que l'intérêt du capital est un vol.

Dès que, par l'intérêt ou la rente, un individu ou une succession d'individus peuvent échanger 5 francs, un sac de blé, une maison, un rabot contre un milliard et plus de pièces de 5 francs, de sacs de blé, de maisons, de rabots, il y a un homme dans le monde qui reçoit un milliard de plus qu'il n'a produit. — Or, ce milliard, c'est la subsistance de cent, de mille autres; et en supposant que le salaire qui reste à ces mille spoliés suffise encore à les nourrir, en travaillant jusqu'à leur dernière heure, c'est le loisir de mille individus qu'un seul engloutit, c'est-à-dire leur vie morale et intellectuelle. — Ces hommes auxquels on enlève ainsi, au profit d'un seul, toute vie de l'âme et de la pensée fussent peut-être devenus des Newtons, des

Fénelons, des Pascals, réalisant de merveilleuses découvertes dans les sciences et dans les arts, et avançant d'un siècle les progrès de l'humanité. — Mais non, « grâce à la rente et à sa monstrueuse pérennité, » le loisir est interdit précisément à tous ceux qui travaillent du berceau jusqu'à la tombe, et devient le privilége exclusif des quelques oisifs qui, par l'intérêt du capital, s'approprient, sans rien faire, le fruit du labeur accablant des travailleurs. — La presque totalité de « l'humanité est réduite à croupir dans la vie végétative et stationnaire, dans l'ignorance éternelle, » par suite de cette spoliation de la rente, qui lui enlève la subsistance d'abord et le loisir ensuite. — Sans la rente, au contraire, personne ne recevant exactement que ce qu'il a produit, un nombre immense d'hommes, maintenant oisifs ou livrés à un travail improductif et souvent destructeur, seraient contraints de travailler, ce qui augmenterait d'autant la somme de la richesse générale ou du loisir possible, et ce loisir appartiendrait toujours à ceux qui l'ont réellement acquis par leur propre travail ou par celui de leurs pères.

Mais, dit-on : « Si le capital ne doit plus produire d'intérêt, qui voudra créer les instruments de travail, les matériaux et les provisions de toute espèce dont il se compose ? Chacun les consommera à mesure, et l'humanité ne fera jamais un pas en avant. Le capital ne se formera plus puisqu'il n'y aura plus intérêt à le former. » Singulière équivoque en vérité ! Est-ce que le laboureur n'a pas avantage à produire le plus possible, bien qu'il n'échange sa récolte au marché que contre une valeur égale une fois payée, sans aucune rente ou intérêt du capital ? Est-ce que l'industriel n'a pas avantage à doubler et à tripler ses produits, bien qu'il ne les vende que pour une somme équivalente une seule fois donnée, sans aucun intérêt du capital ? Est-ce que 100,000 francs écus cesseront de valoir

100,000 francs, parce qu'ils ne produiront plus intérêt? Est-ce que 500,000 francs en terres, en maisons, en machines ou autrement cesseront d'être 500,000 francs parce que l'on n'en tirera plus la rente? En un mot, la richesse acquise, sous quelque forme et de quelque manière qu'elle le soit, ne sera-t-elle plus une richesse parce que je ne pourrai m'en servir pour spolier autrui ? — Qui voudra créer la richesse? Mais tous ceux qui désireront être riches. — Qui épargnera? Mais tous ceux qui voudront vivre le lendemain sur le travail de la veille. — Quel intérêt y aura-t-il à former le capital? L'intérêt de posséder 10,000 francs quand on aura produit 10,000 francs, d'en posséder 100,000, quand on en aura produit 100,000, et ainsi de suite.

« La loi, dites-vous, nous ravira la perspective d'amasser un peu de bien, puisqu'elle nous interdira d'en tirer aucun parti. » Tout au contraire, la loi assurera à tous la perspective d'amasser autant de richesses qu'ils ont produit de travail, en interdisant à chacun de spolier son voisin du fruit de ses labeurs, et en voulant que les services échangés se vaillent : usage contre usage et propriété contre propriété. « Elle détruira en nous, ajoutez-vous, et le stimulant de l'épargne dans le présent, et l'espérance du repos dans l'avenir. Nous aurons beau nous exténuer de fatigues, il faut renoncer à transmettre à nos fils et à nos filles un petit pécule, puisque la science moderne le frappe de stérilité, puisque nous deviendrions des exploiteurs d'hommes si nous prêtions à intérêt. » Tout au contraire, l'abolition de l'intérêt du capital ravive en vous le stimulant de l'épargne dans le présent et vous assure l'espérance du repos dans l'avenir, puisqu'elle vous empêche, vous, travailleurs, d'être dépouillés, par la rente, de la plus grande part du fruit de votre travail, et qu'en vous obligeant à ne pouvoir dépenser que la somme exacte de ce que vous avez gagné, elle rend l'épargne plus indispensable encore à tous, riches ou pau-

vres. Non-seulement vous pourrez transmettre à vos fils
et à vos filles un petit pécule, sans devenir exploiteurs
d'hommes, mais ce pécule, vous l'obtiendrez avec bien
moins de fatigues qu'aujourd'hui ; car, si gagnant 10 fr. par
jour et en dépensant 5, les 5 autres vous sont actuellement
enlevés par toutes les formes de la rente et de l'intérêt du
capital, vous n'avez, après quarante années des plus rudes
travaux, pas une obole à laisser à vos enfants ; tandis que,
la rente abolie, vous aurez plus de 60,000 francs à leur
léguer.

Tous les sophismes économiques, à l'endroit de l'intérêt
du capital, tiennent uniquement à ce qu'on se borne toujours à prendre la question par un seul côté, au lieu de l'envisager sous ses deux faces réciproques. On démontre à
merveille que la valeur prêtée est un service, un moyen de
travail et de production pour l'emprunteur ; mais on oublie
que la valeur rendue est également un service, un moyen de
travail et de production au même titre pour le prêteur, et
qu'ainsi, l'usage du même service se balançant dans le même
temps donné, l'intérêt du capital est une absurdité non
moins qu'une spoliation. On énumère avec pompe les bénéfices d'une épargne qui, en se multipliant indéfiniment
par la rente, produit l'opulence scandaleuse de quelques
oisifs ; mais on oublie que ces bénéfices, prélevés par celui
qui ne fait rien sur celui qui travaille, produisent la misère
effroyable des masses, auxquelles ils enlèvent souvent la
subsistance, toujours au moins l'épargne, le loisir et la possibilité de laisser quelque chose à leurs fils. On proclame à
grands frais la nécessité de la formation des capitaux, et l'on
ne voit pas que l'intérêt restreint cette formation en un
nombre presque imperceptible de mains, tandis que l'abolition de la rente y appellerait tout le monde sans exception,
et que les capitaux se multiplieraient dans une proportion
d'autant plus grande que chacun devrait compenser par le

chiffre de la valeur du fonds l'intérêt supprimé. « Dire que l'intérêt s'anéantira, c'est donc dire qu'il y aura un motif de plus d'épargner, de se priver, de former de nouveaux capitaux et de conserver les anciens, » puisque d'abord toute richesse acquise restera toujours une richesse ; qu'ensuite chacun pouvant toujours s'enrichir en proportion exacte de son travail et de son épargne, nul ne sera conduit par l'opulence et la misère excessives à la dissipation et à l'imprévoyance ; qu'enfin tous vivant, non plus sur l'intérêt, mais sur le fonds, il faudra nécessairement que l'importance du capital compense le chiffre de la rente abolie.

Tout le monde sait que le zéro, bien que n'ayant par lui-même aucune valeur intrinsèque et absolue, a cependant une valeur de service et d'usage dans la numération ou la multiplication des valeurs, puisque chaque nombre s'accroît d'une dizaine, selon les zéros qui le suivent. Dire que le taux naturel et vrai de l'intérêt est zéro, c'est donc dire simplement que l'usage ne peut s'échanger que contre l'usage et jamais contre la propriété. De même qu'une paire de bas se paie sa valeur, soit 2 fr., par exemple, de même l'*usage* d'une valeur ne doit se payer que par l'*usage* pendant le même temps d'une valeur égale. C'est là sans doute empêcher la spoliation de la propriété par la propriété, mais, à coup sûr, ce n'est pas la rendre acéphale.

Vous voulez l'épargne qui constitue la formation des capitaux. Supprimez donc la rente qui enlève l'épargne des travailleurs, rend l'épargne superflue au riche qui retrouve toujours dans le revenu la richesse qu'il dépense toujours, et impossible au pauvre dont le salaire ne dépasse jamais, s'il les égale, les besoins de sa subsistance. Vous voulez l'abondance des capitaux. Supprimez donc la rente qui empêche les quatre-vingt-dix-neuf centièmes des travailleurs de pouvoir jamais acquérir et conserver le capital ou la richesse. Vous voulez la conciliation du capital et du travail. Supprimez donc la rente qui éternise l'antagonisme de ces deux choses, en détruisant l'équivalence et la réciprocité des services, et en amenant une exploitation du travail par le capital telle, qu'en un temps donné, le premier paie au second 5 milliards pour l'usage d'une seule pièce, de cent sous, comme nous l'avons montré plus haut. Vous voulez l'harmonie des classes. Supprimez donc la rente, afin que, les services s'échangeant sans cesse contre des services égaux et de même nature, chacun reste toujours possesseur de la somme exacte de son travail, et qu'ainsi il ne puisse plus y avoir ni exploitants ni exploités, ni maîtres ni esclaves.

Alors la sécurité sera partout, parce que l'injustice ne sera nulle part. Alors les travailleurs seront les premiers à se porter les gardiens naturels de cette société, dont ils ne conspirent aujourd'hui la ruine que parce qu'elle réalise la leur. Alors on ne parlera plus d'organisation artificielle du travail, parce qu'on aura l'organisation naturelle et vraie. Alors on repoussera les arrangements de la contrainte, parce qu'on possédera ceux de la liberté. Alors tomberont, comme d'elles-mêmes, « les jalousies de classe, les malveillances, les haines sans fondement, les défiances injustes ; » car la parfaite égalité de l'échange, l'incontestable équivalence des services « sera susceptible d'être rigoureusement, mathématiquement démontrée, » et la justice absolue qu'elle consacrera « n'en sera pas moins sublime, parce qu'elle satisfera autant l'intelligence que le sentiment. »

Vous le voyez, Monsieur, j'ai suivi pas à pas, et je pourrais dire lettre à lettre, chacun des exemples, chacune des démonstrations contenues dans votre écrit *Capital et Rente*, et il m'a suffi de rétablir la distinction entre l'usage et la propriété, et d'éviter ainsi l'équivoque qui nous sépare, pour conclure de vos propres pensées et de vos propres paroles à l'abolition de la rente. Ce n'est pas ma lettre, c'est votre ouvrage lui-même qui contient cette conclusion depuis la première ligne jusqu'à la dernière. Aussi n'ai-je fait que le reproduire, souvent littéralement et en n'en changeant que les termes qui ont donné lieu à cette malheureuse équivoque. Cette réfutation n'est pas de moi, mais de vous. Comment donc pourriez-vous récuser votre propre témoignage?

C'est le principe même de la rente que vous avez voulu justifier. Là se bornait votre tâche.

C'est le principe même de l'abolition de la rente que j'ai, ce me semble, mathématiquement démontré par vos propres aphorismes. Là doit se borner aussi mon œuvre.

Je me suis arrêté où vous avez jugé nécessaire de vous arrêter vous-même.

La question de principe une fois vidée, s'il arrivait, ce que Dieu veuille, que vous reconnaissiez en droit l'injustice et l'illégitimité de l'intérêt, il resterait sans doute à traiter la question d'application.

Je ne veux point la préjuger ici, puisqu'elle sort évidemment du cercle que vous-même avez tracé. Cependant, quelques mots seront utiles peut-être pour démontrer, non pas seulement la possibilité, mais la facilité pratique de réaliser l'abolition de la rente par la liberté seule, et même avant que la loi la sanctionne. Au fond, tout le problème se réduit à ceci : Donner aux travailleurs le moyen d'acquérir, soit par à-compte, soit de toute autre manière, la *propriété* de toutes les choses dont l'intérêt, le louage, fermage ou loyer leur fait éternellement payer la valeur pour n'en avoir que le simple *usage*. Or, ce moyen est possible.

En effet, supposez, — et ce fait n'est plus une supposition, mais une œuvre maintenant en plein cours d'exécution; — supposez qu'une sorte de banque privée se forme afin d'émettre des billets que les associations ouvrières de toutes les professions indispensables s'engagent à recevoir pour le montant d'un cinquième, par exemple, de tous les achats qui leur seront faits. Supposez que ces billets, échangés contre de l'argent par tous les hommes qui veulent l'abolition de l'intérêt, et qui en trouvent l'écoulement immédiat dans les associations, produisent une somme nécessaire pour construire des maisons où la rente sera abolie, et où le prix de loyer donnera toujours droit à une valeur égale sur le montant de la propriété elle-même qu'on acquerra ainsi, en vingt-cinq ans, par le seul payement des termes.

Supposez que l'opération se continue ainsi indéfiniment par l'émission, soit des anciens, soit de nouveaux billets, et qu'elle embrasse, non-seulement les maisons, mais tous les instruments de production et les terres, où le prix de louage et de fermage rembourserait de la même manière la valeur de la propriété elle-même. Voici la rente abolie sous toutes ses formes, non-seulement pour les capitaux sur lesquels opère cette banque, et qui arriveront nécessairement à un chiffre colossal, mais bientôt pour tous les autres, qui, par la loi inexorable de la concurrence, tomberont au même taux, c'est-à-dire au simple échange de valeurs égales contre valeurs égales, sans aucun intérêt ou rente de part ni d'autre.

J'élimine tous détails pour être bref, et je me contente de résumer en deux mots le principe sommaire de l'opération. Toutes les idées économiques vous sont trop familières, Monsieur, pour que vous ne saisissiez pas de suite le résultat de ce mécanisme, d'ailleurs si simple. C'est assez pour que vous puissiez voir d'un regard comment il est possible, sinon même facile, de tuer la rente par l'abolition de la rente, l'intérêt du capital par la suppression de cet intérêt, et d'amener librement, pacifiquement, sans secousse, le jour où le prêt, le louage, le fermage ou loyer ne seront plus qu'une des formes de l'échange dont ils constituent aujourd'hui une déviation monstrueuse, et où se réaliseront dans toute la plénitude de leur vérité vos propres principes : mutualité, réciprocité, équivalence des services.

Le principe du moyen d'application posé, variez-en les formes, les éléments, les conditions, le mécanisme ; simplifiez, perfectionnez-en la base ; étendez, universalisez-en l'action ; substituez librement, partout, au signe monétaire, un signe d'échange qui ne puisse permettre l'intérêt ; frappez dans toute circulation le capital du caractère d'improductivité ; solidarisez volontairement le travail ; en un mot, reproduisez cette combinaison de l'abolition de la rente sous tous les modes du possible : c'est là le domaine de la liberté. Il suffit de montrer que le moyen pratique existe ; laissez le génie de l'homme agir, et vous verrez s'il ne sait pas s'en servir.

Quoi qu'il en soit, et indépendamment de toute opinion sur les moyens pratiques, l'égalité, la justice n'en restent pas moins toujours ce qu'elles sont, la vérité n'en est pas moins la vérité, et l'intérêt du capital, illégitime en droit, absurde et monstrueux en principe, spoliateur en fait, commande l'anathème de tous les hommes de bien, la malédiction des races opprimées, et la juste indignation de quiconque porte une âme généreuse et pleine de sympathie pour tout ce qui souffre et pleure. C'est à ce titre, Monsieur, que je le dénonce à vos coups, persuadé qu'après l'avoir envisagé de nouveau, et dans sa hideuse iniquité, vous ne trouverez point de plus noble tâche que de consacrer votre talent si remarquable de verve, de lucidité, de pittoresque et d'incisif, à combattre ce fléau, source de toutes ces indescriptibles misères auxquelles le monde est en proie.

Permettez-moi donc de terminer cette trop longue épître par les paroles suivantes de votre écrit, qui sont comme la pierre d'attente et le préambule de cette grande œuvre de réhabilitation à laquelle l'égalité, la justice et l'amour du peuple vous convient :

v.   7

Voilà deux hommes. L'un travaille soir et matin, d'un bout de l'année à l'autre, et s'il a consommé tout ce qu'il a gagné, fût-ce par force majeure, il reste pauvre. Quand vient la Saint-Sylvestre, il ne se trouve pas plus avancé qu'au premier de l'an, et sa seule perspective est de recommencer. L'autre ne fait rien de ses bras ni de son intelligence, du moins, s'il s'en sert, c'est pour son plaisir ; il lui est loisible de n'en rien faire, car il a une rente. Il ne travaille pas ; et cependant il vit bien, tout lui arrive en abondance, mets délicats, meubles somptueux, élégants équipages, c'est-à-dire qu'il détruit chaque jour des choses que les travailleurs ont dû produire à la sueur de leur front ; car ces choses ne se sont pas faites d'elles-mêmes, et, quant à lui, il n'y a pas mis les mains. C'est nous, travailleurs, qui avons fait germer ce blé, verni ces meubles, tissé ces tapis ; ce sont nos femmes et nos filles qui ont filé, découpé, cousu, brodé ces étoffes. Nous travaillons donc pour lui et pour nous ; pour lui d'abord, et pour nous s'il en reste.

Mais voici quelque chose de plus fort : si le premier de ces deux hommes, le travailleur, consomme dans l'année ce qu'on lui a laissé de profit dans l'année, il en est toujours au point de départ, et sa destinée le condamne à tourner sans cesse dans un cercle éternel et monotone de fatigues. Le travail n'est donc rémunéré qu'une fois. Mais si le second, le rentier, consomme dans l'année sa rente de l'année, il a, l'année d'après, et les années suivantes, et pendant l'éternité entière, une rente toujours égale, intarissable, perpétuelle. Le capital est donc rémunéré non pas une fois ou deux fois, mais un nombre indéfini de fois ! En sorte qu'au bout de cent ans, la famille qui a placé 20,000 fr. à 5 pour 100 aura touché 100,000 fr., ce qui ne l'empêchera pas d'en toucher encore 100,000 dans le siècle suivant. En d'autres termes, pour 20,000 fr. qui représentent son travail, elle aura prélevé, en deux siècles, une valeur décuple sur le travail d'autrui.

N'y a-t-il pas dans cet ordre social un vice monstrueux à réformer ?

Ce n'est pas tout encore. S'il plaît à cette famille de restreindre quelque peu ses jouissances, de ne dépenser, par exemple, que 900 fr. au lieu de 1,000, — sans aucun travail, sans autre peine que celle de placer 100 francs par an, elle peut accroître son capital et sa rente dans une progression si rapide, qu'elle sera bientôt en mesure de consommer autant que cent familles d'ouvriers laborieux.

Tout cela ne dénote-t-il pas que la société actuelle porte dans son sein un cancer hideux qu'il faut extirper, au risque de quelques souffrances passagères ?

C'est ce cancer hideux que vous nous aiderez, Monsieur,

à extirper. Vous voulez pour l'échange la *liberté*, veuillez donc aussi l'ÉGALITÉ, afin que la *fraternité*, en les couronnant toutes deux, amène sur le monde le règne de la justice, de la paix et de la conciliation universelle.

F. CHEVÉ.

DEUXIÈME LETTRE.

F. BASTIAT,

Au rédacteur de la *Voix du Peuple*.

L'usage d'une propriété est une valeur. — Toute valeur peut s'échanger contre une autre. — Fécondité du CAPITAL. — Sa coopération n'est pas rémunérée aux dépens du TRAVAIL. — Cette rémunération n'est pas exclusivement attachée à la circonstance du PRÊT.

12 novembre 1849.

L'ardeur extrême avec laquelle le peuple, en France, s'est mis à creuser les problèmes économiques, et l'inconcevable indifférence des classes aisées à l'égard de ces problèmes, forment un des traits les plus caractéristiques de notre époque. Pendant que les anciens journaux, organes et miroirs de la bonne société, s'en tiennent à la guerroyante et stérile politique de parti, les feuilles destinées aux classes ouvrières agitent incessamment ce qu'on peut appeler les questions de fond, les questions sociales. Malheureusement, je le crains bien, elles s'égarent dès leurs premiers pas dans cette voie. Mais en pouvait-il être autrement? Elles ont du moins le mérite de chercher la vérité. Tôt ou tard la possession de la vérité sera leur récompense.

Puisque vous voulez bien, Monsieur, m'ouvrir les colonnes de la *Voix du Peuple*, je poserai devant vos lecteurs, et m'efforcerai de résoudre ces deux questions :

1° L'intérêt des capitaux est-il légitime ?

2° Est-il prélevé aux dépens du travail et des travailleurs ?

Nous différons sur la solution ; mais il est un point sur lequel nous sommes certainement d'accord : c'est que l'esprit humain ne peut s'attaquer (sauf les problèmes religieux) à des questions plus graves.

Si c'est moi qui me trompe, si l'intérêt est une taxe abusive, prélevée par le capital sur tous les objets de consommation, j'aurai à me reprocher d'avoir, à mon insu, étançonné par mes arguments le plus ancien, le plus effroyable et le plus universel abus que le génie de la spoliation ait jamais imaginé ; abus auquel ne se peuvent comparer, quant à la généralité des résultats, ni le pillage systématique des peuples guerriers, ni l'esclavage, ni le despotisme sacerdotal. Une déplorable erreur économique aurait tourné contre la démocratie cette flamme démocratique que je sens brûler dans mon cœur.

Mais si l'erreur est de votre côté, si l'intérêt est non-seulement naturel, juste et légitime, mais encore utile et profitable, même à ceux qui le paient, vous conviendrez que votre propagande ne peut que faire, malgré vos bonnes intentions, un mal immense. Elle induit les travailleurs à se croire victimes d'une injustice qui n'existe pas ; à prendre pour un mal ce qui est un bien. Elle sème l'irritation dans une classe et la frayeur dans l'autre. Elle détourne ceux qui souffrent de découvrir la vraie cause de leurs souffrances en les mettant sur une fausse piste. Elle leur montre une prétendue spoliation qui les empêche de voir et de combattre les spoliations réelles. Elle familiarise les esprits avec cette pensée funeste que l'ordre, la justice et l'union ne peuvent renaître que par une transformation universelle (aussi détestable qu'impossible dans l'hypothèse) de tout le système selon lequel s'accomplissent, depuis le commencement du monde, le Travail et les Échanges.

Il n'est donc pas de question plus grave. Je la reprendrai au point où la discussion l'a amenée.

Oui, Monsieur, vous avez raison. Comme vous dites, nous ne sommes séparés que par l'épaisseur d'une Équivoque portant sur les mots Usage et Propriété. Mais cette équivoque suffit pour que vous croyiez devoir marcher, plein de confiance, vers l'Occident, tandis que ma foi me pousse vers l'Orient. Entre nous, au point de départ, la distance est imperceptible, mais elle ne tarde pas à devenir un abîme incommensurable.

La première chose à faire, c'est de revenir sur nos pas, jusqu'à ce que nous ayons retrouvé le point de départ sur lequel nous sommes d'accord. Ce terrain qui nous est commun, c'est la *mutualité des services*.

J'avais dit : Celui qui prête une maison, un sac de blé, un rabot, une pièce de monnaie, un navire, en un mot une VALEUR, pour un temps déterminé, rend un *service*. Il doit donc recevoir, outre la restitution de cette valeur à l'échéance, un *service équivalent*. — Vous convenez qu'il doit, en effet, recevoir *quelque chose*. C'est un grand pas vers la solution, car c'est ce quelque chose que j'appelle INTÉRÊT.

Voyons, Monsieur, nous accordons-nous sur ce point de départ? Vous me prêtez, pour toute l'année 1849, 1,000 fr. en écus, ou un instrument de travail estimé 1,000 fr., — ou un approvisionnement valant 1,000 fr., — ou une maison valant 1,000 fr. C'est en 1849 que je recueillerai tous les avantages que peut procurer cette *valeur* créée par votre travail et non par le mien. C'est en 1849 que vous vous priverez volontairement, en ma faveur, de ces avantages que vous pourriez très-légitimement vous réserver. Suffira-t-il, pour que nous soyons quittes, pour que les services aient été équivalents et réciproques, pour que la justice soit satisfaite, suffira-t-il qu'au premier de l'an 1850, je vous restitue intégralement, mais uniquement, vos écus, votre machine, votre blé, votre maison ? Prenez garde, s'il en doit être ainsi, je vous avertis que le rôle que je me réserverai toujours, dans ces sortes de transactions, sera celui d'emprunteur : ce rôle est commode, il est tout profit ; il me met à même d'être logé et pourvu toute ma vie aux dépens d'autrui ; — à la condition toutefois de trouver un prêteur, ce qui, dans ce système, ne sera pas facile ; car qui bâtira des maisons pour les louer *gratis* et se contenter, de terme en terme, de la pure restitution ?

Aussi n'est-ce pas là ce que vous prétendez. Vous reconnaissez (et c'est ce que je tiens à bien constater) que celui qui a prêté une maison ou une valeur quelconque, a rendu un *service* dont il n'est pas rémunéré par la simple remise des clefs au terme, ou le simple remboursement à l'échéance. Il y a donc, d'après vous comme d'après moi, *quelque chose* à stipuler en sus de la restitution. Nous pouvons ne pas nous accorder sur la nature et le nom de ce *quelque chose ;* mais *quelque chose* est dû par l'emprunteur. Et puisque vous admettez, d'une part, la *mutualité des services,* puisque, d'autre part, vous avouez que le prêteur a rendu *service,* permettez-moi d'appeler provisoirement *cette chose* due par l'emprunteur un *service.*

Eh bien ! Monsieur, il me semble que la question a fait un pas, et même un grand pas, car voici où nous en sommes :

Selon votre théorie, tout aussi bien que selon la mienne, entre le prêteur et l'emprunteur, cette convention est parfaitement légitime qui stipule :

1° La restitution intégrale, à l'échéance, de l'objet prêté ;

2° Un *service* à rendre par l'emprunteur au prêteur, en compensation du service qu'il en a reçu.

Maintenant, quels seront la nature et le nom de ce service dû par l'emprunteur? Je n'attache pas à ces questions l'importance scientifique que vous y mettez. Elles peuvent être abandonnées aux contractants eux-mêmes, dans chaque cas particulier. C'est véritablement leur affaire de débattre la nature et l'équivalence des services à échanger, aussi bien que leur appellation spéciale. La science a fini quand elle en a montré la cause, l'origine et la légitimité. L'emprunteur s'acquittera en blé, en vin, en souliers, en main-d'œuvre, selon son état. Dans la plupart des circonstances, et seulement pour plus de commodité, il paiera en argent; et comme on ne se procure l'argent qu'avec du travail, on pourra dire qu'il paie avec du travail. Ce paiement, juste et légitime d'après vous-même, pourquoi me défendriez-vous de le baptiser *loyer*, *fermage*, *escompte*, *rente*, *prêt*, *intérêt*, selon l'occurrence ?

Mais venons-en à l'équivoque qui nous sépare, à la prétendue confusion que je fais, dites-vous, entre l'*usage* et la *propriété*, entre le *prêt* de la chose et une *cession* absolue.

Vous dites : Celui qui emprunte une propriété, une valeur, étant tenu de la rendre intégralement à l'échéance, n'a reçu, au fond, qu'un *usage*. Ce qu'il doit, ce n'est pas une propriété, une valeur, mais l'*usage* d'une propriété, d'une valeur équivalente. Identifier ces deux ordres de nature diverse *sans équivalence possible*, c'est détruire la *mutualité des services*.

Pour aller à la racine de l'objection, il faudrait remuer tous les fondements de l'économie sociale. Vous n'attendez pas de moi un tel travail, mais je vous demanderai si, selon vous, l'*usage* d'une valeur n'a pas lui-même une *valeur ?* s'il n'est pas susceptible d'être *évalué ?* D'après quelle règle, sur quel principe, empêcherez-vous deux contractants de comparer un *usage* à une somme d'argent, à une quantité de main-d'œuvre, et d'échanger sur ces bases, si cela les ar-

range ? Vous me prêtez une maison de 20,000 francs ; par
là vous me rendez un *service*. Entendez-vous dire que, malgré mon consentement et le vôtre, je ne puis m'acquitter,
au nom de la science, qu'en vous prêtant aussi une maison
de même valeur ? Mais cela est absurde, car si nous avions
tous des maisons, nous resterions chacun dans la nôtre, et
quelle serait la raison d'être du prêt ? Si vous allez jusqu'à
prétendre que *mutualité de services* implique que les deux
services échangés doivent être non-seulement égaux en
valeur, mais *identiques en nature*, vous supprimez l'échange
aussi bien que le prêt. Un chapelier devra dire à son client :
Ce que je vous cède, ce n'est pas de l'argent, mais un chapeau ; ce que vous me devez, c'est un chapeau, et non de
l'argent.

Que si vous reconnaissez que les services s'*évaluent* et
s'échangent, précisément parce qu'ils diffèrent de nature,
vous devez convenir que la cession d'un usage qui est un
service, peut très-légitimement s'évaluer en blé, en argent,
en main-d'œuvre. Prenez-y garde, votre théorie, tout en
laissant parfaitement subsister le principe de l'intérêt, ne tend
à rien moins qu'à frapper d'inertie toutes les transactions.

Vous ne réformez pas, vous paralysez.

Je suis cordonnier. Mon métier doit me faire vivre ; mais
pour l'exercer, il faut que je sois logé, et je n'ai pas de
maison. D'un autre côté, vous avez consacré votre travail à
en bâtir une ; mais vous ne savez pas faire vos souliers ni ne
voulez aller pieds nus. Nous pouvons nous arranger : vous
me logerez, je vous chausserai. Je profiterai de votre travail comme vous du mien ; nous nous rendrons réipro-
quement service. Le tout est d'arriver à une juste évaluation,
à une parfaite équivalence, et je n'y vois d'autre moyen
que le libre débat.

Et, sous prétexte qu'il y a cession d'un objet matériel,
d'un côté, et que, de l'autre, il n'y a cession que d'un *usage*,

la théorie viendrait nous dire : Cette transaction ne se fera pas, elle est illégitime, abusive et spoliatrice ; il s'agit de deux services *qui n'ont pas d'équivalence possible,* et que vous n'avez ni la faculté d'*évaluer*, ni le droit d'échanger !

Ne voyez-vous pas, Monsieur, qu'une telle théorie tue à la fois et l'échange et la liberté ? Quelle est donc l'autorité qui viendra anéantir ainsi notre commun et libre consentement ? Sera-ce la loi ? sera-ce l'État ? Mais je croyais, moi, que nous faisions la loi, que nous payions l'État pour protéger nos droits et non pour les supprimer.

Ainsi, nous étions d'accord tout à l'heure sur ce point, que l'emprunteur doit *quelque chose* en sus de la simple restitution. Accordons-nous maintenant sur cet autre point, que ce *quelque chose* est susceptible d'être *évalué*, et par conséquent d'être acquitté, selon la convenance des contractants, sous une des formes quelconques que peut affecter la valeur.

La conséquence qui s'ensuit, c'est que, à l'échéance, le prêteur doit recouvrer :

1° La valeur intégrale prêtée ;

2° La valeur du service rendu par le prêt.

Je n'ai pas besoin de répéter ici comment la restitution intégrale de l'objet prêté implique nécessairement la pérennité de l'intérêt.

Examinons maintenant, en peu de mots, cette seconde question :

L'intérêt du capital est-il prélevé aux dépens du travail ?

Vous le savez aussi bien que moi, Monsieur, on se ferait une idée bien circonscrite de l'intérêt, si l'on supposait qu'il n'apparaît qu'à l'occasion du prêt. — Quiconque fait concourir un capital à la création d'un produit entend être rémunéré non-seulement pour son travail, mais pour son capital ; de telle sorte que l'intérêt entre comme élément dans le prix de tous les objets de consommation.

Il ne suffit peut-être pas de démontrer la légitimité de l'intérêt aux hommes qui n'ont pas de capitaux. Ils seraient sans doute tentés de dire : puisque l'intérêt est légitime, il faut bien que nous le subissions ; mais c'est un grand malheur, car sans cela nous obtiendrions toutes choses à meilleur marché.

Ce grief est complétement erroné ; ce qui fait que les jouissances humaines se rapprochent de plus en plus de la *gratuité* et de la *communauté*, c'est l'intervention du capital. Le capital c'est la puissance démocratique, philanthropique et égalitaire par excellence. Aussi, celui qui en fera comprendre l'action rendra le plus signalé service à la société, car il fera cesser cet antagonisme de classes qui n'est fondé que sur une erreur.

Il m'est de toute impossibilité de faite entrer dans un article de journal la théorie des capitaux [1]. Je dois me borner à indiquer ma pensée par un exemple, une anecdote, une hypothèse qui est l'image de toutes les transactions humaines.

Plaçons-nous au point de départ de l'humanité, à cette époque où nous pouvons supposer qu'il n'existait aucun capital. Quelle était alors la valeur, mesurée au travail, d'un objet quelconque, d'une paire de bas, d'un sac de blé, d'un meuble, d'un livre, etc.; en d'autres termes, au prix de quel travail ces objets auraient-ils été achetés ? Je ne crains pas de dire que la réponse est contenue dans ce mot : l'*Infini*. De tels objets étaient alors tout à fait inaccessibles à l'humanité.

Qu'il s'agisse d'une paire de bas de coton. Aucun homme ne serait parvenu à la produire avec cent ni avec mille journées de travail.

D'où vient qu'aujourd'hui, en France, il n'y a pas un ou-

---

[1] Voy., sur la *Théorie du capital*, le chap. VII du tome VI.

(*Note de l'éditeur.*)

vrier si malheureux qu'il ne puisse obtenir une paire de bas de coton avec son travail d'une journée? — C'est justement parce que du capital concourt à la création de ce produit. Le genre humain a inventé des instruments qui forcent la nature à une collaboration *gratuite*.

Il est bien vrai qu'en décomposant le prix de cette paire de bas, vous trouvez qu'une partie assez considérable de ce prix se rapporte au capital. Il faut bien payer le *squatter* qui a défriché la terre de la Caroline; il faut bien payer la voile qui pousse le navire de New-York au Havre; il faut bien payer la machine qui fait tourner dix mille broches. Mais c'est justement parce que nous payons ces instruments qu'ils font concourir la nature et qu'ils substituent son action *gratuite* à l'action *onéreuse* du travail. Si nous supprimions successivement cette série d'intérêts à payer, nous supprimerions par cela même les instruments et la collaboration naturelle qu'ils mettent en œuvre; en un mot, nous reviendrions au point de départ, à l'époque où mille journées de travail n'auraient pas suffi pour se procurer une paire de bas. Il en est ainsi de toutes choses.

Vous pensez que l'intérêt est prélevé *par celui qui ne fait rien sur celui qui travaille*. Ah! Monsieur, avant de laisser tomber une seconde fois dans le public cette triste et irritante assertion, scrutez-la jusque dans la racine. Demandez-lui ce qu'elle contient, et vous vous assurerez qu'elle ne porte en elle que des erreurs et des tempêtes. Vous invoquez mon apologue du Rabot, permettez-moi d'y revenir.

Voilà un homme qui veut faire des planches. Il n'en fera pas une dans l'année, car il n'a que ses dix doigts. Je lui prête une scie et un rabot, — deux instruments, ne le perdez pas de vue, qui sont le fruit de mon travail et dont je pourrais tirer parti pour moi-même. Au lieu d'une planche, il en fait cent et m'en donne cinq. Je l'ai donc mis à même, en me privant de ma chose, d'avoir quatre-

vingt-quinze planches au lieu d'une, — et vous venez dire
que je l'opprime et le vole ! Quoi ! grâce à une scie et à un
rabot que j'ai fabriqués à la sueur de mon front, une production centuple est, pour ainsi dire, sortie du néant, la société entre en possession d'une jouissance centuple, un
ouvrier qui ne pouvait pas faire une planche en a fait cent ;
et parce qu'il me cède librement et volontairement, un
vingtième de cet *excédant*, vous me représentez comme un
tyran et un voleur ! L'ouvrier verra fructifier son travail,
l'humanité verra s'élargir le cercle de ses jouissances ; et je
suis le seul au monde, moi, l'auteur de ces résultats, à qui
il sera défendu d'y participer, même du consentement universel !

    Non, non ; il ne peut en être ainsi. Votre théorie est aussi
contraire à la justice, à l'utilité générale, à l'intérêt même
des ouvriers, qu'à la pratique de tous les temps et de tous
les lieux. Permettez-moi d'ajouter qu'elle n'est pas moins
contraire au rapprochement des classes, à l'union des cœurs,
à la réalisation de la fraternité humaine, qui est plus que la
justice, mais ne peut se passer de la justice.

Frédéric Bastiat.

TROISIÈME LETTRE.

P. J. PROUDHON A F. BASTIAT.

Désaveu de la distinction introduite par M. Chevé. — Adhésion à la formule : le prêt est un service ; un service est une valeur. — Antinomie.
— Le prêteur ne se prive pas. — Nécessité d'organiser le crédit gratuit. — Interrogations catégoriques.

19 novembre 1849.

La révolution de Février a pour but, dans l'ordre politique et dans l'ordre économique, de fonder la liberté absolue de l'homme et du citoyen.

La formule de cette Révolution est, dans l'ordre politique, l'organisation du suffrage universel, soit l'absorption du pouvoir dans la société ; — dans l'ordre économique, l'organisation de la circulation et du crédit, soit encore l'absorption de la qualité de capitaliste dans celle de travailleur.

Sans doute, cette formule ne donne pas, à elle seule, l'intelligence complète du système : elle n'en est que le point de départ, l'*aphorisme*. Mais elle suffit pour expliquer la Révolution dans son actualité et son immédiateté ; elle nous autorise, par conséquent, à dire que la Révolution n'est et ne peut être autre chose que cela.

Tout ce qui tend à développer la Révolution ainsi conçue, tout ce qui en favorise l'essor, de quelque part qu'il vienne, est essentiellement révolutionnaire : nous le classons dans la catégorie du *mouvement*.

Tout ce qui s'oppose à l'application de cette idée, tout ce qui la nie ou qui l'entrave, qu'il soit le produit de la démagogie ou de l'absolutisme, nous l'appelons *résistance*. — Si cette résistance a pour auteur le gouvernement, ou qu'elle agisse de connivence avec le gouvernement, elle devient *réaction*.

La résistance est légitime quand elle est de bonne foi et qu'elle s'accomplit dans les limites de la liberté républicaine : elle n'est alors que la consécration du libre examen, la sanction du suffrage universel. La réaction, au contraire, tendant, au nom de l'autorité publique et dans l'intérêt d'un parti, à supprimer violemment la manifestation des idées, est une atteinte à la liberté ; se traduit-elle en loi d'exil, de déportation, de transportation, etc., elle est alors un crime contre la souveraineté du peuple. L'ostracisme est le suicide des républiques.

En rendant compte, dans la *Voix du Peuple*, du projet

d'impôt sur le capital présenté par M. de Girardin, nous
n'avons point hésité à y reconnaître l'une des manifestations
les plus hardies de l'idée révolutionnaire ; et bien que l'auteur de ce projet ait été, et soit peut-être encore attaché à la
dynastie d'Orléans ; bien que ses tendances personnelles
fassent de lui un homme éminemment gouvernemental ;
bien qu'enfin il se soit constamment rangé dans le parti de
la Conservation contre celui de la Révolution, nous n'en
pensons pas moins que son idée appartient au mouvement ;
à ce titre, nous l'avons révendiquée comme nôtre ; et si
M. de Girardin était capable de renier sa propre pensée, nous
la reprendrions en sous-œuvre, et nous nous en ferions un
argument de plus contre les adversaires de la Révolution.

C'est d'après cette règle de critique élevée, et pour ainsi
dire *impersonnelle,* que nous allons répondre à M. Bastiat.

M. Bastiat, au rebours de M. de Girardin, est un écrivain
tout pénétré de l'esprit démocratique : si l'on ne peut encore
dire de lui qu'il est socialiste, à coup sûr c'est déjà plus
qu'un philanthrope. La manière dont il entend et expose l'é-
conomie politique le place, ainsi que M. Blanqui, sinon fort
au-dessus, du moins fort en avant des autres économistes,
fidèles et immuables disciples de J. B. Say. M. Bastiat, en
un mot, est dévoué corps et âme à la République, à la liberté, à l'égalité, au progrès : il l'a prouvé mainte fois avec
éclat par ses votes à l'Assemblée nationale.

Malgré cela, nous rangeons M. Bastiat parmi les hommes
de la résistance : sa théorie du capital et de l'intérêt, diamétralement opposée aux tendances les plus authentiques, aux
besoins les plus irrésistibles de la Révolution, nous en fait
une loi. Puissent nos lecteurs, à notre exemple, séparer toujours ainsi les questions de personnes d'avec les questions de
principes ! la discussion et la charité y gagneront.

M. Bastiat commence sa réponse par une observation d'une justesse frappante, que nous croyons d'autant

plus útile de rappeler, qu'elle tombe d'aplomb sur lui :

« L'ardeur extrême, dit M. Bastiat, avec laquelle le peu-
« ple, en France, s'est mis à creuser les problèmes écono-
« miques, et l'inconcevable indifférence des classes aisées à
« l'égard de ces problèmes, forment un des traits les plus
« caractéristiques de notre époque. Pendant que les anciens
« journaux, organes et miroirs de la bonne société, s'en
« tiennent à la guerroyante et stérile politique de parti, les
« feuilles destinées aux classes ouvrières agitent incessam-
« ment ce qu'on peut appeler les questions de fond, les
« questions sociales. »

Eh bien! nous dirons à M. Bastiat :

Vous êtes vous même, sans vous en douter, un exemple
de cette *indifférence inconcevable* avec laquelle les hommes
de la classe aisée étudient les problèmes sociaux ; et tout
économiste de premier ordre que vous puissiez vous dire,
vous ignorez complétement où en est cette question du capital et de l'intérêt, que vous vous êtes chargé de défendre.
Aussi en arrière des idées que des faits, vous nous parlez
exactement comme ferait un rentier d'avant 89. Le socialisme, qui, depuis dix ans, proteste contre le capital et l'intérêt, est totalement inconnu de vous ; vous n'en avez pas
lu les mémoires ; car si vous les avez lus, comment se fait il
que, vous préparant à le réfuter, vous passiez sous silence
toutes ses preuves ?

Vraiment, à vous voir raisonner contre le socialisme de
notre âge, on vous prendrait pour un Épiménide se réveil-
lant en sursaut, après quatre-vingts ans de sommeil. Est-ce
bien à nous que vous adressez vos dissertations patriarcales?
Est-ce le prolétaire de 1849 que vous voulez convaincre?
Commencez donc par étudier ses idées ; placez-vous, avec
lui, dans l'actualité des doctrines : répondez aux raisons,
vraies ou fausses, qui le déterminent, et ne lui apportez pas
les vôtres, qu'il sait depuis un temps immémorial. Cela vous

surprendra sans doute d'entendre dire que vous, membre de l'Académie des sciences morales et politiques [1], lorsque vous parlez de capital et d'intérêt, vous n'êtes plus à la question ! C'est pourtant ce que nous nous chargeons, pour aujourd'hui, de vous prouver. Après, nous reprendrons la question elle-même, si vous en avez le désir.

Nous niions d'abord, ceci vous le savez de reste, nous niions avec le christianisme et l'Évangile, la légitimité en soi du prêt à intérêt; nous la niions avec le judaïsme et le paganisme; avec tous les philosophes et législateurs de l'antiquité. Car vous remarquerez ce premier fait, qui a bien aussi sa valeur; l'usure n'a pas plutôt paru dans le monde, qu'elle a été niée. Les législateurs et les moralistes n'ont cessé de la combattre, et s'ils ne sont parvenus à l'éteindre, du moins ont-ils réussi jusqu'à certain point à lui rogner les ongles, en fixant une *limite*, un taux légal à l'intérêt.

Telle est donc notre première proposition, la seule dont, à ce qu'il semble, vous ayez entendu parler : Tout ce qui, dans le remboursement du prêt, est donné en sus du prêt, est usure, spoliation : *Quodcumque sorti accedit, usura est.*

Mais ce que vous ne savez point, et qui vous émerveillera peut-être, c'est que cette négation fondamentale de l'intérêt ne détruit point, à nos yeux, le principe, le droit, si vous voulez, qui donne naissance à l'intérêt, et qui, malgré les condamnations de l'autorité séculière et ecclésiastique, l'a fait perdurer jusqu'à nos jours; en sorte que le véritable problème pour nous n'est pas de savoir si l'usure, en soi, est illicite, nous sommes à cet égard de l'avis de l'Église, — ou si elle a une raison d'existence, nous sommes, sous ce rapport, de l'opinion des économistes. Le problème est de savoir comment on parviendra à supprimer l'abus sans en-

---

[1] Bastiat n'était pas précisément membre de l'Institut, mais seulement membre correspondant. *(Note de l'éditeur.)*

dommager le droit; comment, en un mot, on sortira de cette contradiction.

Expliquons mieux cela, s'il est possible.

D'un côté, il est très-vrai, ainsi que vous l'établissez vous-même péremptoirement, que le prêt est un *service*. Et comme tout service est une *valeur,* conséquemment comme il est de la nature de tout service d'être rémunéré, il s'en-suit que le prêt doit avoir son *prix,* ou, pour employer le mot technique, qu'il doit *porter intérêt.*

Mais il est vrai aussi, et cette vérité subsiste à côté de la précédente, que celui qui prête, dans les conditions ordinai-res du métier de prêteur, ne se *prive* pas, comme vous le dites, du capital qu'il prête. Il le prête, au contraire, préci-sément parce que ce prêt ne constitue pas pour lui une privation; il le prête, parce qu'il n'en a que faire pour lui-même, étant suffisamment d'ailleurs pourvu de capitaux; il le prête, enfin, parce qu'il n'est ni dans son intention, ni dans sa puissance de le faire personnellement valoir; parce qu'en le gardant entre ses mains, ce capital, stérile de sa nature, resterait stérile, tandis que par le prêt et par l'inté-rêt qui en résulte, il produit un bénéfice qui permet au ca-pitaliste de vivre sans travailler. Or, vivre sans travailler, c'est, en économie politique aussi bien qu'en morale, une proposition contradictoire, une chose impossible.

Le propriétaire qui possède deux domaines, l'un à Tours, l'autre à Orléans, et qui est forcé de fixer sa résidence dans l'un qu'il exploite, par conséquent d'abandonner l'autre; ce propriétaire-là peut-il dire qu'il se prive de sa chose, parce qu'il n'a pas, comme Dieu, l'ubiquité d'action et de domi-cile? Autant vaudrait dire que nous sommes privés du sé-jour de New-York parce que nous habitons à Paris. Convenez donc que la privation du capitaliste est comme la privation du maître qui a perdu son esclave, comme la privation du prince chassé par ses sujets, comme la privation du voleur

qui, voulant escalader une maison, trouve les chiens aux
aguets et les habitants aux fenêtres.

Or, en présence de cette affirmation et de cette négation
diamétralement opposées, appuyées l'une et l'autre de raisons égales, mais qui, ne se répondant pas, ne peuvent s'en-
tre-détruire, quel parti prendre? Vous persistez dans votre
affirmation, et vous dites : Vous ne voulez pas me payer d'intérêt? Soit! je ne veux pas vous prêter mon capital. Tâchez
de travailler sans capitaux ! De notre côté, nous persistons
dans notre négation, et nous disons : Nous ne vous paie-
rons pas d'intérêt, parce que l'intérêt, dans l'économie
sociale, est le prix de l'oisiveté; la cause première de l'inégalité des fortunes et de la misère. Aucun de nous ne voulant céder, nous arrivons à l'immobilisme.

Tel est donc le point auquel le socialisme saisit la question. D'un côté, la justice commutative de l'intérêt; de
l'autre, l'impossibilité organique, l'immoralité de ce même
intérêt. Et, pour vous le dire tout d'abord, le socialisme n'a
la prétention de convertir personne, ni l'Église, qui nie
l'intérêt, ni l'économie politique, qui l'affirme ; d'autant moins
qu'il est convaincu qu'elles ont raison toutes deux. Voici
seulement comment il analyse le problème, et ce qu'il propose à son tour, par-dessus les arguments des vieux prêteurs, trop *intéressés* pour qu'on les croie sur parole, et les
déclamations des Pères de l'Église, restées sans effet.

Puisque la théorie de l'usure a fini par prévaloir dans les
habitudes chrétiennes, comme dans l'usage des païens;
puisque l'hypothèse ou la fiction de la productivité du capital est entrée dans la pratique des peuples, acceptons cette
fiction économique comme nous avons accepté pendant
trente-trois ans la fiction constitutionnelle; et voyons ce que
cette fiction peut produire, développée dans toutes ses conséquences. Au lieu de repousser purement et simplement
l'idée, comme a fait l'Église, ce qui ne pouvait mener à rien,

faisons-en la déduction historique et philosophique ; et puisque le mot est plus que jamais à la mode, décrivons-en la révolution. Aussi bien, faut-il que cette idée réponde à quelque chose de réel, qu'elle indique un besoin quelconque de l'esprit mercantile, pour que les peuples n'aient jamais hésité à lui faire le sacrifice de leurs croyances les plus vives et les plus sacrées.

Voici donc comment le socialisme, parfaitement convaincu de l'insuffisance de la théorie économique, aussi bien que de la doctrine ecclésiastique, traite à son tour la question de l'usure.

D'abord il observe que le principe de la productivité du capital ne fait aucune acception de personnes, ne constitue pas un privilége : ce principe est vrai de tout capitaliste, sans distinction de titre ou de dignité. Ce qui est légitime pour Pierre est légitime pour Paul : tous deux ont le même droit à l'usure, ainsi qu'au travail. Lors donc, — je reprends ici l'exemple dont vous vous êtes servi, — que vous me prêtez, moyennant intérêt, le rabot que vous avez fabriqué pour polir vos planches, si, de mon côté, je vous prête la scie que j'ai montée pour débiter mes souches, j'aurai droit pareillement à un intérêt. Le droit du capital est le même pour tous : tous, dans la mesure de leurs prestations et de leurs emprunts, doivent percevoir et acquitter l'intérêt. Telle est la première conséquence de votre théorie, qui ne serait pas une théorie sans la généralité, sans la réciprocité du droit qu'elle crée : cela est d'une évidence intuitive et immédiate.

Supposons donc que de tout le capital que j'emploie, soit sous la forme d'instrument de travail, soit sous celle de matière première, la moitié me soit prêtée par vous ; supposons en même temps que de tout le capital que vous mettez en œuvre, la moitié vous soit prêtée par moi, il est clair que les intérêts que nous devrons nous payer mutuellement se

compenseront; et si, de part et d'autre, les capitaux avancés
sont égaux, les intérêts se balançant, le solde ou la redevance sera nul.

Dans la société, les choses ne se passent pas tout à fait
ainsi, sans doute. Les prestations que se font réciproquement les producteurs sont loin d'être égales; partant, les
intérêts qu'ils ont à se payer ne le sont pas non plus : de là,
l'inégalité des conditions et des fortunes.

Mais la question est de savoir si cet équilibre de la prestation en capital, travail et talent; si, par conséquent, l'é-
galité du revenu pour tous les citoyens, parfaitement admissible en théorie, peut se réaliser dans la pratique; si
cette réalisation est dans les tendances de la société; si,
enfin, et contre toute attente, elle n'est pas la conclusion
fatale de la théorie de l'usure elle-même ?

Or, c'est ce qu'affirme le socialisme quand il est parvenu
à se comprendre lui-même, socialisme qui ne se distingue
plus alors de la science économique, étudiée à la fois dans
son expérience acquise et dans la puissance de ses déductions. En effet, que nous dit, sur cette grande question de
l'intérêt, l'histoire de la civilisation, l'histoire de l'économie
politique ?

C'est que la prestation mutuelle des capitaux, matériels et
immatériels, tend à s'équilibrer de plus en plus, et cela par
diverses causes que nous allons énumérer, et que les économistes les plus rétrogrades ne peuvent méconnaître :

1° La division du travail, ou séparation des industries,
qui, multipliant à l'infini les instruments de travail et les
matières premières, multiplie dans la même proportion le
prêt des capitaux ;

2° L'accumulation des capitaux, accumulation qui résulte
de la variété des industries, et dont l'effet est de produire
entre les capitalistes une concurrence analogue à celle des
marchands, par conséquent d'opérer insensiblement la

baisse du loyer des capitaux et la réduction du taux de l'intérêt ;

3° La faculté toujours plus grande de circulation qu'acquièrent les capitaux, par le numéraire et la lettre de change ;

4° Enfin, la sécurité publique.

Telles sont les causes générales qui, depuis des siècles, ont amené entre les producteurs une réciprocité de prestations de plus en plus équilibrée, par suite, une compensation de plus en plus égale des intérêts, une baisse continue du prix des capitaux.

Ces faits ne peuvent être niés : vous les avouez vous-même ; seulement, vous en méconnaissez le principe et la signification, quand vous attribuez au capital le mérite du progrès opéré dans le domaine de l'industrie et de la richesse ; tandis que ce progrès a pour cause, non le *capital*, mais la CIRCULATION du capital.

Les faits étant de la sorte analysés et classés, le socialisme se demande si, pour provoquer cet équilibre du crédit et du revenu, il ne serait pas possible d'agir directement, non sur les capitaux, remarquez-le bien, mais sur la circulation ; s'il ne serait pas possible d'organiser cette circulation, de manière à produire tout d'un coup entre les capitalistes et les producteurs, deux termes actuellement en opposition, mais que la théorie démontre devoir être synonymes, l'équivalence des prestations, en d'autres termes, l'égalité des fortunes.

A cette question, le socialisme répond encore : Oui, cela est possible, et de plusieurs manières.

Supposons d'abord, pour nous renfermer dans les conditions du crédit actuel, lequel s'effectue surtout par l'entremise du numéraire ; supposons que tous les producteurs de la République, au nombre de plus de dix millions, se cotisent chacun pour une somme représentant 1 pour 100 seulement de leur capital. Cette cotisation de 1 pour 100 sur la totalité du capital mobilier et immobilier du pays, formerait une somme de UN MILLIARD.

Supposons qu'à l'aide de cette cotisation une banque soit fondée, en concurrence de la Banque mal nommée de France, et faisant l'escompte et le crédit sur hypothèque, à 1/2 pour 100.

Il est évident, en premier lieu, que l'escompte des valeurs de commerce se faisant à 1/2 pour 100, le prêt sur hypothèque à 1/2 pour 100, la commandite, etc., à 1/2 pour 100, le capital monnaie serait immédiatement frappé, entre les mains de tous les usuriers et prêteurs d'argent, d'improductivité absolue ; l'intérêt serait nul, le crédit gratuit.

Si le crédit commercial et hypothécaire, en autres termes, si le capital argent, le capital dont la fonction est exclusivement de circuler était gratuit, le capital maison le deviendrait lui-même bientôt ; les maisons ne seraient plus en réalité capital, elles seraient marchandise, cotée à la Bourse comme les eaux-de-vie et les fromages, et louée ou vendue, deux termes devenus alors synonymes, A PRIX DE REVIENT.

Si le capital maison, de même que le capital argent, était gratuit, ce qui revient à dire, si l'usage en était payé à titre d'échange, non de prêt, le capital terre ne tarderait pas à devenir gratuit à son tour ; c'est-à-dire que le fermage, au lieu d'être la redevance payée au propriétaire non exploitant, serait la compensation du produit entre les terres de qualité supérieure et les terres de qualité inférieure ; ou, pour mieux dire, il n'y aurait plus, en réalité, ni fermiers, ni propriétaires, il y aurait seulement des laboureurs et des vignerons, comme il y a des menuisiers et des mécaniciens.

Voulez-vous une autre preuve de la possibilité de ramener, par le développement des institutions économiques. tous les capitaux à la gratuité.

Supposons qu'au lieu de ce système d'impôts, si compliqué, si onéreux, si vexatoire, que nous a légué la féodalité nobiliaire, un seul impôt soit établi, non plus sur la production, la circulation, la consommation, l'habitation, etc.; mais, comme la justice l'exige et comme le veut la science économique, sur le capital net afférent à chaque individu. Le capitaliste perdant par l'impôt autant ou plus qu'il ne gagne par la rente et l'intérêt, serait obligé ou de faire valoir par lui-même, ou de vendre : l'équilibre économique, par cette intervention si simple, et d'ailleurs inévitable, du fisc, se rétablirait encore.

Telle est, en somme, la théorie du socialisme sur le capital et l'intérêt.

Non-seulement nous affirmons, d'après cette théorie qui, d'ailleurs, nous est commune avec les économistes, et sur la foi du développement industriel, que telles sont la tendance et la portée du prêt à intérêt; nous prouvons encore, par les résultats subversifs de l'économie actuelle, et par la démonstration des causes de la misère, que cette tendance est nécessaire, et l'extinction de l'usure inévitable.

En effet, le prix du prêt, loyer de capitaux, intérêt d'argent, usure, en un mot, faisant, comme il a été dit, partie intégrante du prix des produits, et cette usure n'étant pas égale pour tous, il s'ensuit que le prix des produits, composé qu'il est de salaire et d'intérêts, ne peut pas être acquitté par ceux qui n'ont pour le payer que leur salaire et point d'intérêt; en sorte que, par le fait de l'usure, le travail est condamné au chômage et le capital à la banqueroute.

Cette démonstration, dans le genre de celles que les mathématiciens appellent réduction à l'absurde, de l'impossibilité organique du prêt à intérêt, a été reproduite cent fois dans le socialisme : pourquoi les économistes n'en parlent-ils pas?

Voulez-vous donc sérieusement réfuter les idées socialistes sur le prêt à intérêt? Voici les questions auxquelles vous avez à répondre :

1° Est-il vrai que si, au for extérieur, la prestation du capital est un *service* qui a sa valeur, qui par conséquent doit être payé ; — au for intérieur, cette prestation n'entraîne point pour le capitaliste une privation réelle ; conséquemment qu'elle ne suppose pas le droit de rien exiger pour prix du prêt?

2° Est-il vrai que l'usure, pour être irréprochable, doit être égale ; que la tendance de la société conduit à cette égalisation, en sorte que l'usure n'est irréprochable que lorsqu'elle est devenue égale pour tous, c'est-à-dire nulle?

3° Est-il vrai qu'une banque nationale, faisant le crédit et l'escompte *gratis*, soit chose possible?

4° Est-il vrai que par l'effet de cette gratuité du crédit et de l'escompte, comme par l'action de l'impôt simplifié et ramené à sa véritable forme, la rente immobilière disparaît, ainsi que l'intérêt de l'argent?

5° Est-il vrai qu'il y ait contradiction et impossibilité mathématique dans l'ancien système?

6° Est-il vrai que l'économie politique, après avoir, sur la question de l'usure, contredit pendant plusieurs milliers d'années la théologie, la philosophie, la législation, arrive, par sa propre théorie, au même résultat?

7° Est-il vrai, enfin, que l'usure n'a été, dans son institution providentielle, qu'un instrument d'égalité et de progrès, absolument comme, dans l'ordre politique, la monarchie absolue a été un instrument de liberté et de progrès ; comme, dans l'ordre judiciaire, l'épreuve de l'eau bouillante, le duel et la question ont été, à leur tour, des instruments de conviction et de progrès?

Voilà ce que nos adversaires sont tenus d'examiner, avant de nous accuser d'infirmité scientifique et intellectuelle; voilà, monsieur Bastiat, sur quels points devra porter à l'avenir votre controverse, si vous voulez qu'elle aboutisse. La question est clairement et catégoriquement posée : permettez-nous de croire qu'après en avoir pris lecture, vous reconnaîtrez qu'il y a dans le socialisme du dix-neuvième siècle quelque chose qui dépasse la portée de votre vieille économie politique.

P. J. PROUDHON.

QUATRIÈME LETTRE.

F. BASTIAT A P. J. PROUDHON.

Circonscription logique du débat. — Dire oui et non n'est pas répondre. — Futilité de l'objection fondée sur ce que le capitaliste ne se prive pas. — Productivité naturelle et nécessaire du CAPITAL démontrée par des exemples. — Considérations sur le loisir.

26 novembre 1849.

Monsieur, vous me posez sept questions. Veuillez vous rappeler qu'entre nous il ne s'agit en ce moment que d'une seule :

L'intérêt du capital est-il légitime?

Cette question est grosse de tempêtes. Il faut la vider. En acceptant la loyale hospitalité de vos colonnes, je n'ai pas eu en vue d'analyser toutes les combinaisons possibles de crédit que le fertile génie des socialistes peut enfanter. Je me suis demandé si l'*intérêt*, qui entre dans le prix de toutes choses, est une spoliation; si, par conséquent, le monde se partage entre des capitalistes voleurs et des travailleurs volés. Je ne le crois pas, mais d'autres le croient. Selon que la

PAMPHLETS.

vérité est de mon côté ou du leur, l'avenir réservé à notre
chère patrie est la concorde, ou une lutte sanglante et inévitable. La question vaut donc la peine d'être sérieusement
étudiée.

Que ne sommes-nous d'accord sur ce point de départ!
Notre œuvre se bornerait à détruire, dans l'esprit des masses, des erreurs funestes et des préventions dangereuses.
Nous montrerions au peuple le capital, non comme un parasite avide, mais comme une puissance amie et féconde.
Nous le lui montrerions, — et ici je reproduis presque vos
expressions, — s'accumulant par l'activité, l'ordre, l'épargne, la prévoyance, la séparation des travaux, la paix et la
sécurité publique; se distribuant, en vertu de la liberté,
entre toutes les classes; se mettant de plus en plus à la portée de tous, par la modicité croissante de sa rémunération;
rachetant l'humanité enfin du poids de la fatigue et du joug
des besoins.

Mais comment nous élever à d'autres vues du problème
social, lorsque, à cette première question : L'intérêt du capital est-il légitime? vous répondez : Oui et Non.

Oui : car — « il est très-vrai que le prêt est un *service*,
et comme tout service est une *valeur*, conséquemment,
comme il est de sa nature d'être rémunéré, il s'ensuit que
le prêt doit avoir son prix, *qu'il doit porter intérêt.* »

Non : car — « le prêt, par l'intérêt qui en résulte, produit
un bénéfice qui permet au capitaliste de vivre sans travailler. Or, vivre sans travailler, c'est, en économie politique
aussi bien qu'en morale, une proposition contradictoire, une
chose impossible. »

Oui : car — « la négation fondamentale de l'intérêt ne
détruit pas à nos yeux le principe, le *droit* qui donne naissance à l'intérêt. Le véritable problème, pour nous, n'est
pas de savoir si l'usure a une raison d'existence; nous
sommes, sous ce rapport, de l'opinion des économistes. »

Non : car — « nous nions, avec le christianisme et l'Evangile, la légitimité en soi du prêt à intérêt. »

Oui : car — « l'usure n'a été, dans son institution providentielle, qu'un instrument d'utilité et de progrès. »

Non : car — « tout ce qui, en remboursement du prêt, est donné en sus du prêt est usure, spoliation. »

Oui et Non, enfin : car — « le socialisme n'a la prétention de convertir personne, ni l'Église, qui nie l'intérêt, ni l'économie politique, qui l'affirme, d'autant moins qu'il est convaincu qu'elles ont raison toutes deux. »

Il y en a qui disent : ces solutions contradictoires sont un amusement que M. Proudhon donne à son esprit. D'autres : Il ne faut voir là que des coups de pistolet que M. Proudhon tire dans la rue, pour faire mettre le public aux fenêtres. Pour moi, qui sais que vous les appliquez à tous les sujets : liberté, propriété, concurrence, machines, religion, je les tiens pour une conception sincère et sérieuse de votre intelligence.

Mais, Monsieur, pensez-vous que le peuple puisse vous suivre longtemps dans le dédale de vos *Antinomies ?* Son génie ne s'est pas façonné sur les bancs vermoulus de la Sorbonne. Les fameux : *Quidquid dixeris, argumentabor,* — *Ego verò contrà* — ne vont pas à ses franches allures ; il veut voir le fond des choses, et il sent instinctivement qu'au fond des choses il y a un *Oui* ou un *Non*, mais qu'il ne peut y avoir un *Oui* et un *Non* fondus ensemble. Pour ne pas sortir du sujet qui nous occupe, il vous dira : Il faut pourtant bien que l'intérêt soit légitime ou illégitime, juste ou injuste, providentiel ou satanique, propriété ou spoliation.

La *contradiction*, soyez-en sûr, est ce qu'il y a de plus difficile à faire accepter, même aux esprits subtils, à plus forte raison au peuple.

Si je m'arrête à la première moitié, j'ose dire à la bonne

moitié de votre *thèse*, en quoi différez-vous des économistes?

Vous convenez qu'avancer un capital, c'est rendre un
service, qui donne droit à un *service* équivalent, lequel est
susceptible d'évaluation et s'appelle *intérêt*.

Vous convenez que le seul moyen de dégager l'équivalence de ces deux services, c'est de les laisser s'échanger librement, puisque vous repoussez l'intervention de l'État, et
proclamez, dès le début de votre article, la liberté de
l'homme et du citoyen.

Vous convenez que l'intérêt a été, dans son institution
providentielle, un instrument d'égalité et de progrès.

Vous convenez que, par l'accumulation des capitaux (qui
certes ne s'accumuleraient pas si toute rémunération leur
était déniée), l'Intérêt tend à baisser, à mettre l'instrument
du travail, la matière première et l'approvisionnement, toujours à la portée plus facile de classes plus nombreuses.

Vous convenez que les obstacles, qui arrêtent cette désirable diffusion du capital, sont artificiels et se nomment
priviléges, restrictions, monopoles ; qu'ils ne peuvent être
la conséquence fatale de la liberté, puisque vous invoquez
la liberté.

Voilà une doctrine qui, par sa simplicité, sa grandeur, sa
concordance, le parfum de justice qui s'en exhale, s'impose
aux convictions, entraîne les cœurs, et fait pénétrer, dans
tous les replis de l'intelligence, le sentiment de la certitude.
Que reprochez-vous donc à l'économie politique? Est-ce
d'avoir repoussé les formules diverses — et par suite refusé
de prendre le nom — du socialisme ? Oui, elle a combattu
le saint-simonisme et le fouriérisme; vous les avez com-
battus comme elle. Oui, elle a réprouvé les théories du
Luxembourg; vous les avez réprouvées comme elle. Oui,
elle a lutté contre le communisme ; vous avez fait plus, vous
l'avez écrasé.

D'accord avec l'économie politique sur le capital, son origine, sa mission, son droit, ses tendances ; — d'accord avec elle sur le principe à promouvoir, la liberté ; — d'accord avec elle sur l'ennemi à combattre, l'intervention abusive de l'État dans les transactions honnêtes ; — d'accord avec elle dans ses luttes contre les manifestations passées du socialisme ; — d'où vient que vous vous retournez contre elle ? C'est que vous avez trouvé au socialisme une nouvelle formule : la *contradiction*, ou, si vous aimez mieux, l'*antinomie*. C'est pourquoi vous apostrophez l'économie politique et lui dites :

Tu es vieille d'un siècle. Tu n'es plus au courant des questions du jour. Tu n'envisages la question que sous une face. Tu te fondes sur la légitimité et l'utilité de l'intérêt, et tu as raison, car il est utile et légitime ; mais ce que tu ne comprends pas, c'est qu'en même temps il est nuisible et illégitime. Cette contradiction t'émerveille ; la gloire du néo-socialisme est de l'avoir découverte, et c'est par là qu'il dépasse ta portée.

Avant de chercher, ainsi que vous m'y invitez, à faire sortir une solution de ces prémisses contradictoires, il faut savoir si la contradiction existe, et nous sommes ramenés par là à creuser de plus en plus ce problème :

L'intérêt du capital est-il légitime ?

Mais que puis-je dire ? Mon œil se fixe sur l'épée de Damoclès que vous tenez suspendue sur ma tête. Plus concluantes seront mes raisons, plus vous vous frotterez les mains, disant : On ne saurait mieux prouver ma *thèse*. Que si, des bas-fonds du communisme, il s'élève contre mes arguments une réfutation spécieuse, vous vous frotterez les mains encore, disant : Voici du secours qui arrive à mon *anti-thèse*. O antinomie ! tu es vraiment une citadelle imprenable ; tu ressembles, trait pour trait, au *scepticisme*. Comment convaincre Pyrrhon, qui vous dit : Je doute si tu

8.

me parles ou si je te parle ; je doute si tu es et si je suis ; je doute si tu affirmes ; je doute si je doute ?

Voyons néanmoins sur quelle base vous faites reposer la seconde moitié de l'antinomie.

Vous invoquez d'abord les Pères de l'Église, le judaïsme et le paganisme. Permettez-moi de les récuser en matière économique. Vous l'avouez vous-même, Juifs et gentils ont parlé dans un sens et agi dans un autre. Quand il s'agit d'étudier les lois générales auxquelles obéit la société, la manière dont les hommes agissent universellement a plus de poids que quelques sentences.

Vous dites : « Celui qui prête ne se *prive* pas du capital qu'il prête. Il le prête, au contraire, parce que ce prêt ne constitue pas pour lui une privation ; il le prête, parce qu'il n'en a que faire pour lui-même, étant suffisamment pourvu, d'ailleurs, de capitaux. Il le prête, enfin, parce qu'il n'est ni dans son intention ni dans sa puissance de le faire personnellement valoir [1]. »

Et qu'importe, s'il l'a créé par son travail, précisément pour le prêter ? Il n'y a là qu'une équivoque sur l'effet nécessaire de la séparation des occupations. Votre argument attaque la *vente* aussi bien que le *prêt*. En voulez-vous la preuve ? Je vais reproduire votre phrase, en substituant *Vente* à *Prêt* et *Chapelier* à *Capitaliste*.

« Celui qui vend, dirai-je, ne se *prive* pas du chapeau qu'il vend. Il le vend, au contraire, parce que cette vente ne constitue pas pour lui une privation. Il le vend parce qu'il n'en a que faire pour lui-même, étant d'ailleurs suffisam-

---

[1] L'argument tiré de ce que le capitaliste *ne se prive pas*, n'est pas exclusivement à l'usage des socialistes. Considérer comme un élément important de la légitimité de l'intérêt la *privation* éprouvée par le prêteur, est une opinion qui fut soutenue, le 15 juin 1849, dans le *Journal des Économistes*, à l'occasion du pamphlet *Capital et Rente*, récemment publié.   (*Note de l'éditeur.*)

ment pourvu de chapeaux. Il le vend enfin parce qu'il n'est ni dans son intention, ni dans sa puissance de le faire personnellement servir. »

En faveur de votre *antithèse*, vous alléguez encore la compensation.

« Vous me prêtez, moyennant intérêt, le rabot que vous avez fabriqué pour polir vos planches. Si, de mon côté, je vous prête la scie que j'ai montée pour débiter mes souches, j'aurai droit pareillement à un intérêt..... Si, de part et d'autre, les capitaux avancés sont égaux, les intérêts se balançant, le solde sera nul. »

Sans doute ; et si les capitaux avancés sont inégaux, un solde légitime apparaîtra. C'est précisément ainsi que les choses se passent. Encore ici, ce que vous dites du prêt, on peut le dire de l'échange et même du travail ; parce que des travaux échangés se compensent, en concluez-vous que le travail a été anéanti ?

Le socialisme moderne aspire, dites-vous, à réaliser cette prestation mutuelle des capitaux, afin que l'intérêt, partie intégrante du prix de toutes choses, se compense pour tous et, par conséquent, s'annule. — Qu'il se compense, ce n'est pas idéalement impossible, et je ne demande pas mieux. Mais il y faut d'autres façons qu'une Banque d'invention nouvelle. Que le socialisme égalise chez tous les hommes l'activité, l'habileté, la probité, l'économie, la prévoyance, les besoins, les goûts, les vertus, les vices et même les chances, et alors il aura réussi. Mais alors aussi il importera peu que l'intérêt se cote à demi pour cent ou à cinquante pour cent.

Vous nous reprochez de méconnaître la signification du socialisme, parce que nous ne fondons pas de grandes espérances sur ses rêves de *crédit gratuit*. Vous nous dites : « Vous attribuez au capital le mérite et le progrès opéré dans le domaine de l'industrie et de la richesse, tandis que le progrès a pour cause non le *capital*, mais la CIRCULATION du capital. »

Je crois que c'est vous qui prenez ici l'effet pour la cause. Pour que le capital circule, il faut d'abord qu'il existe ; et, pour qu'il existe, il faut qu'il soit provoqué à naître par la perspective des récompenses attachées aux vertus qui l'engendrent. Ce n'est pas parce qu'il circule que le capital est utile ; c'est parce qu'il est utile qu'il circule. Son utilité intrinsèque fait que les uns le *demandent*, que les autres l'*offrent* ; de là la circulation qui n'a besoin que d'une chose : ÊTRE LIBRE.

Mais ce que je déplore surtout, c'est de voir séparer en deux classes antagoniques les capitalistes et les travailleurs, comme s'il y avait un seul travailleur au monde qui ne fût, à quelque degré, capitaliste, comme si capital et travail n'étaient pas une même chose ; comme si rémunérer l'un ce n'était pas rémunérer l'autre. Ce n'est certes pas à vous qu'il faut démontrer cette proposition. Permettez-moi, cependant, de l'élucider par un exemple ; car, vous le savez bien, nous n'écrivons pas l'un pour l'autre, mais pour le public.

Deux ouvriers se présentent, égaux d'activité, de force, d'adresse. L'un n'a que ses bras ; l'autre a une hache, une scie, une herminette. Je paie au premier 3 fr. par jour, au second 3 fr. 75 c. Il semble que le salaire soit inégal ; creusons la matière, et nous nous convaincrons que cette inégalité apparente est de l'égalité réelle.

D'abord, il faut bien que je rembourse au charpentier l'*usure* des outils qu'il *use* à mon service et à mon profit. Il faut bien qu'il trouve, dans un accroissement de salaire, de quoi entretenir cet outillage et maintenir sa position. De ce chef, je lui donne 5 sous de plus par jour qu'au simple manœuvre, sans que l'égalité soit le moins du monde blessée.

Ensuite, — et j'invoque ici l'attention du lecteur, car

nous sommes au vif de la question ; — pourquoi le charpentier a-t-il des outils ? Apparemment parce qu'il les a faits *avec du travail* ou payés *par du travail*, ce qui est tout un. Supposons qu'il les ait faits en consacrant à cette création tout le premier mois de l'année. Le manœuvre, qui n'a pas pris cette peine, pourra me louer ses services pendant 300 jours, tandis que le charpentier-capitaliste n'aura plus que 270 journées disponibles ou rémunérables. Il faut donc que 270 journées, avec outils, lui produisent autant que 300 journées sans outils ; en d'autres termes, que les premières se paient 5 sous de plus.

Ce n'est pas tout encore. Quand le charpentier s'est décidé à faire ses outils, il a eu un but, assurément fort légitime, celui d'améliorer sa condition. On ne peut lui mettre dans la bouche ce raisonnement : « Je vais accumuler des approvisionnements, m'imposer des privations, afin de pouvoir travailler tout un mois sans rien gagner. Ce mois, je le consacrerai à fabriquer des outils qui me mettront à même de débiter beaucoup plus d'ouvrage au profit de mon client ; ensuite, je lui demanderai de régler mon salaire pour les onze mois suivants, de manière à gagner juste autant, tout compris, que si j'étais resté manœuvre. » Non, cela ne peut être ainsi. Il est évident que ce qui a stimulé, dans cet artisan, la sagacité, l'habileté, la prévoyance, la privation, c'est l'espoir, le très-juste espoir d'obtenir pour son travail une meilleure récompense.

Ainsi nous arrivons à ce que la rétribution du charpentier se décompose comme il suit :

1° 3 fr. » c , salaire brut.
2° » 25 usure des outils.
3° » 25 compensation du temps consacré à faire les outils.
4° » 25 juste rémunération de l'habileté, de la prévoyance, de la privation.

———————————

3 fr. 75 c.

Où peut-on voir là injustice, iniquité, spoliation ? Que
signifient toutes ces clameurs si absurdement élevées contre notre charpentier devenu capitaliste?

Et remarquez bien que l'excédant de salaire qu'il reçoit
n'est obtenu *aux dépens* de personne ; moi qui le paie, j'ai
moins que personne à m'en plaindre. Grâce aux outils, une
production supplémentaire a été pour ainsi dire tirée du
néant. Cet excédant d'utilité se partage entre le capitaliste
et moi qui, comme consommateur, représente ici la communauté, l'humanité tout entière.

Autre exemple, — car il me semble que ces analyses directes des faits instruisent plus que la controverse.

Le laboureur a un champ rendu presque improductif
par la surabondance d'humidité. En homme primitif, il
prend un vase et va puiser l'eau qui noie ses sillons. Voilà
un travail excessif; qui doit le payer? évidemment l'acquéreur de la récolte. Si l'homme n'avait jamais imaginé
d'autre procédé de desséchement, le blé serait si cher, *quoi-*
qu'il n'y eût pas de capital à rémunérer (ou plutôt *parce*
que), que l'on n'en produirait pas; et tel a été le sort de
l'humanité pendant des siècles.

Mais notre laboureur s'avise de faire une rigole. Voilà le
capital qui paraît. Qui doit payer les frais de cet ouvrage?
Ce n'est pas l'acquéreur de la première récolte. Cela serait
injuste, puisque la rigole doit favoriser un nombre indéterminé de récoltes successives. Comment donc se ré-
glera la répartition ? Par la loi de l'intérêt et de l'amortissement. Il faut que le laboureur, comme le charpentier,
retrouve les quatre éléments de rémunération que j'énumé-
rais tout à l'heure, ou il ne fera pas la rigole.

Et, encore que le prix du blé se trouve ici grevé d'un
intérêt, ce serait tomber dans une hérésie économique
que de dire : cet intérêt est une perte pour le consommateur. Bien au contraire ; c'est parce que le consommateur

paie l'intérêt de ce capital, sous forme de rigole, qu'il ne paie pas l'épuisement, beaucoup plus dispendieux, à force de bras. — Et, si vous observez la chose de près, vous verrez que c'est toujours du *travail* qu'il paie ; seulement, dans le second cas, il intervient une coopération de la nature, très-utile, très-productive, mais qui ne se paie pas.

Votre plus grand grief contre l'intérêt est qu'il permet aux capitalistes de vivre sans travailler. « Or, dites-vous, vivre sans travailler, c'est, en économie politique comme en morale, une proposition contradictoire, une chose impossible. »

Sans doute, vivre sans travailler, pour l'homme tel qu'il a plu à Dieu de le faire, est, d'une manière absolue, chose impossible. Mais ce qui n'est pas impossible à l'homme, c'est de vivre deux jours sur le travail d'un seul. Ce qui n'est pas impossible à l'humanité, ce qui est même une conséquence providentielle de sa nature perfectible, c'est d'accroître incessamment la proportion des résultats obtenus aux efforts employés. Si un artisan a pu améliorer son sort en fabriquant de grossiers outils, pourquoi ne l'améliorerait-il pas davantage encore en créant des machines plus compliquées, en déployant plus d'activité, plus de génie, plus de prévoyance ; en se soumettant à de plus longues privations ? Que si le talent, la persévérance, l'ordre, l'économie, l'exercice de toutes les vertus, se perpétuent dans la famille ; pourquoi ne parviendrait-elle pas, à la longue, au loisir relatif, ou, pour mieux dire, à s'initier à des travaux d'un ordre plus élevé ?

Pour que ce loisir provoquât avec justice, chez ceux qui n'y sont pas encore parvenus, l'irritation et l'envie, il faudrait qu'il fût acquis aux dépens d'autrui, et j'ai prouvé qu'il n'en était pas ainsi. Il faudrait, de plus, qu'il ne fût pas l'éternelle aspiration de tous les hommes.

Je terminerai cette lettre, déjà trop longue, par une considération sur le loisir.

Quelle que soit mon admiration sincère pour les admirables lois de l'économie sociale, quelque temps de ma vie que j'aie consacré à étudier cette science, quelque confiance que m'inspirent ses solutions, je ne suis pas de ceux qui croient qu'elle embrasse toute la destinée humaine. Production, distribution, circulation, consommation des richesses, ce n'est pas tout pour l'homme. Il n'est rien, dans la nature, qui n'ait sa cause finale ; et l'homme aussi doit avoir une autre fin que celle de pourvoir à son existence matérielle. Tout nous le dit. D'où lui viennent et la délicatesse de ses sentiments, et l'ardeur de ses aspirations; sa puissance d'admirer et de s'extasier? D'où vient qu'il trouve dans la moindre fleur un sujet de contemplation? que ses organes saisissent avec tant de vivacité et rapportent à l'âme, comme les abeilles à la ruche, tous les trésors de beauté et d'harmonie que la nature et l'art ont répandus autour de lui? D'où vient que des larmes mouillent ses yeux au moindre trait de dévouement qu'il entend raconter? D'où viennent ces flux et ces reflux d'affection que son cœur élabore comme il élabore le sang et la vie? D'où lui viennent son amour de l'humanité et ses élans vers l'infini? Ce sont là les indices d'une noble destination qui n'est pas circonscrite dans l'étroit domaine de la production industrielle. L'homme a donc une fin. Quelle est-elle? Ce n'est pas ici le lieu de soulever cette question. Mais quelle qu'elle soit, ce qu'on peut dire, c'est qu'il ne la peut atteindre si, courbé sous le joug d'un travail inexorable et incessant, il ne lui reste aucun loisir pour développer ses organes, ses affections, son intelligence, le sens du beau, ce qu'il y a de plus pur et de plus élevé dans sa nature ; ce qui est en germe chez tous les hommes, mais latent et inerte, faute de loisir, chez un trop grand nombre d'entre eux [1].

[1] Voy., au tome VI, la fin du chap. VI.

(*Note de l'éditeur.*)

Quelle est la puissance qui allégera pour tous, dans une certaine mesure, le fardeau de la peine? Qui abrégera les heures de travail? Qui desserrera les liens de ce joug pesant qui courbe aujourd'hui vers la matière, non-seulement les hommes, mais les femmes et les enfants qui n'y semblaient pas destinés? — C'est le capital ; le capital qui, sous la forme de roue, d'engrenage, de rail, de chute d'eau, de poids, de voile, de rame, de charrue, prend à sa charge une si grande partie de l'œuvre primitivement accomplie aux dépens de nos nerfs et de nos muscles ; le capital qui fait concourir, de plus en plus, au profit de tous, les forces gratuites de la nature. Le capital est donc l'ami, le bienfaiteur de tous les hommes, et particulièrement des classes souffrantes. Ce qu'elles doivent désirer, c'est qu'il s'accumule, se multiplie, se répande sans compte ni mesure. — Et s'il y a un triste spectacle au monde, — spectacle qu'on ne pourrait définir que par ces mots : suicide matériel, moral et collectif, — c'est de voir ces classes, dans leur égarement, faire au capital une guerre acharnée. — Il ne serait ni plus absurde, ni plus triste, si nous voyions tous les capitalistes du monde se concerter pour paralyser les bras et tuer le travail.

En me résumant, monsieur Proudhon, je vous dirai ceci : Le jour où nous serons d'accord sur cette première donnée, l'intérêt du capital, déterminé par le libre débat, est légitime ; — je me ferai un plaisir et un devoir de discuter loyalement avec vous les autres questions que vous me posez.

FRÉDÉRIC BASTIAT.

CINQUIÈME LETTRE.

P. J. PROUDHON À F. BASTIAT.

Réclamation sur les limites du débat. — L'intérêt a été mais n'est plus légitime. — Inductions tirées de l'histoire. — L'illégitimité succède à la légitimité. — Impéritie et mauvais vouloir de la société. — C'est de la circulation du CAPITAL, et non du CAPITAL même, que naît le progrès de la richesse sociale.

3 décembre 1849.

Monsieur, votre dernière lettre se termine par ces paroles :

« Le jour où nous serons d'accord sur cette première « donnée : l'intérêt du capital est légitime ; — je me ferai « un plaisir et un devoir de discuter loyalement avec vous « les autres questions que vous me posez. »

Je vais, Monsieur, tâcher de vous donner satisfaction.

Mais permettez-moi d'abord de vous adresser cette question, que je voudrais pouvoir rendre moins brusque : Qu'êtes-vous venu faire à la *Voix du Peuple ?* — Réfuter la théorie du crédit gratuit, la théorie de l'abolition de tout intérêt des capitaux, de toute rente de la propriété.

Pourquoi donc refusez-vous de vous placer tout de suite sur le terrain de cette théorie? de la suivre dans son principe, sa méthode, son développement? d'examiner ce qui la constitue, les preuves de vérité qu'elle apporte, le sens des faits qu'elle cite, et qui contredisent, abrogent, d'une manière éclatante, le fait, ou plutôt la fiction que vous vous efforcez de soutenir de la productivité du capital? Cela est-il d'une discussion sérieuse et loyale? Depuis quand a-t-on vu les philosophes répondre à un système de philosophie par cette fin de non-recevoir : Mettons-nous premièrement d'accord sur le système en vogue, après quoi nous examinerons le nouveau? Depuis quand est-il reçu dans les sciences que l'on doit repousser impitoyablement, par la question préalable, tout fait, toute idée, toute théorie qui contredit la théorie généralement admise?

Quoi! vous entreprenez de me réfuter et de me convaincre; et puis, au lieu de saisir mon système corps à corps, vous me présentez le vôtre! Pour me répondre, vous commencez par exiger que je tombe d'accord avec vous de ce que je nie positivement! En vérité, n'aurais-je pas, dès ce moment, le droit de vous dire : Gardez votre théorie du prêt à intérêt, puisqu'elle vous agrée, et laissez-moi ma théorie du prêt gratuit, que je trouve plus avantageuse, plus morale, plus utile et beaucoup plus pratique? Au lieu de discuter, comme nous l'avions espéré, nous en serons quittes pour médire l'un de l'autre, et nous décrier réciproquement. A l'avantage!...

Voilà, Monsieur, comment se terminerait la discussion, si, par malheur pour votre théorie, elle n'était forcée, afin de se maintenir, de renverser la mienne. C'est ce que je vais avoir l'honneur de vous démontrer, en suivant votre lettre de point en point.

Vous commencez par plaisanter, fort spirituellement sans doute, sur la loi de *contradiction* dont je me suis servi pour tracer la marche de la théorie socialiste. Croyez-moi, Monsieur, il y a toujours peu de gloire à acquérir, pour un homme d'intelligence, à rire des choses qu'il n'entend pas, surtout quand elles reposent sur des autorités aussi respectables que la loi de contradiction. La dialectique, fondée par Kant et ses successeurs, est aujourd'hui comprise et employée par une moitié de l'Europe, et ce n'est pas un titre d'honneur pour notre pays assurément, quand nos voisins ont porté si loin la spéculation philosophique, d'en être resté à Proclus et à saint Thomas. A force d'éclectisme et de matérialisme, nous avons perdu jusqu'à l'intelligence de nos traditions; nous n'entendons pas même Descartes; car, si nous entendions Descartes, il nous conduirait à Kant, Fichte, Hegel, et au delà.

Quittons, toutefois, la contradiction, puisqu'elle vous est importune, et revenons à l'ancienne méthode. Vous savez ce que l'on entend, dans la logique ordinaire, par distinction. A défaut de professeur de philosophie, Diafoirus le jeune vous l'aurait appris. C'est le procédé qui vous est le plus familier, et qui témoigne le mieux de la subtilité de votre esprit. Je vais donc, pour répondre à votre question, faire usage du *distinguo* : peut-être alors ne vous sera-t-il plus possible de dire que vous ne me comprenez pas.

Vous demandez : l'intérêt du capital est-il légitime, *oui* ou *non* ? Répondez à cela, sans antinomie et sans antithèse.

Je réponds : DISTINGUONS, s'il vous plaît. Oui, l'intérêt du capital a pu être considéré comme légitime dans un temps ; non, il ne peut plus l'être dans un autre. Cela vous offre-t-il quelque ambage, quelque équivoque ? Je vais tâcher de dissiper toutes les ombres.

La monarchie absolue a été légitime dans un temps : ce fut une des conditions du développement politique. Elle a cessé d'être légitime à une autre époque, parce qu'elle était devenue un obstacle au progrès. — Il en a été de même de la monarchie constitutionnelle : c'était, en 89 et jusqu'en 1830, la seule forme politique qui convînt à notre pays; ce serait aujourd'hui une cause de perturbation et de décadence.

La polygamie a été légitime à une époque : c'était le premier pas fait hors de la promiscuité communautaire. Elle est condamnée de nos jours comme contraire à la dignité de la femme : nous la punissons des galères.

Le combat judiciaire, l'épreuve de l'eau bouillante, la torture elle-même, lisez M. Rossi, eurent également leur légitimité. C'était la première forme donnée à la justice.

Nous y répugnons maintenant, et tout magistrat qui y aurait recours se rendrait coupable d'un attentat.

Sous saint Louis, les arts et métiers étaient féodalisés, organisés corporativement et hérissés de priviléges. Cette réglementation était alors utile et légitime ; elle avait pour but de faire surgir, en face de la féodalité terrienne et nobiliaire, la féodalité du travail. Elle a été abandonnée depuis, et avec raison : depuis 89, l'industrie est libre.

Je vous répète donc, et, en conscience, je crois parler clair : Oui, le prêt à intérêt a été, dans un temps, légitime, lorsque toute centralisation démocratique du crédit et de la circulation était impossible : il ne l'est plus, maintenant que cette centralisation est devenue une nécessité de l'époque, partant un devoir de la société, un droit du citoyen. C'est pour cela que je m'élève contre l'usure ; je dis que la société me doit le crédit et l'escompte sans intérêt : l'intérêt je l'appelle VOL.

Bon gré, mal gré, il faut donc que vous descendiez sur le terrain où je vous appelle : car, si vous refusez de le faire, si vous vous renfermez dans la bonne foi de votre ancienne possession, alors j'accuserai votre mauvais vouloir; je crierai partout, comme le Mascarille de Molière : *Au voleur! au voleur! au voleur!*

Pour en finir tout à fait avec l'antinomie, je vais maintenant, à l'aide des exemples précédemment cités, vous dire en peu de mots ce qu'elle ajoute à la distinction. Cela ne sera pas inutile à notre controverse.

Vous concevez donc qu'une chose peut être vraie, juste, légitime, dans un temps, et fausse, inique, criminelle, dans un autre. Vous ne pouvez pas ne pas le concevoir, puisque cela est.

Or, se demande le philosophe, comment une chose, vraie un jour, ne l'est-elle pas un autre jour? La vérité peut-elle changer ainsi? La vérité n'est-elle pas la vérité? Faut-il croire qu'elle n'est qu'une fantaisie, une apparence, un préjugé? Y a-t-il, enfin, ou n'y a-t-il pas une cause à ce changement? Au-dessus de la vérité qui change, existerait-il, par hasard, une vérité qui ne change point, une vérité absolue, immuable?

En deux mots, la philosophie ne s'arrête point au fait tel que le lui révèlent l'expérience et l'histoire; elle cherche à l'expliquer.

Eh bien! la philosophie a trouvé, ou, si vous aimez mieux, elle a cru voir que cette altération des institutions sociales, ce revirement qu'elles éprouvent après un certain nombre de siècles, provient de ce que les idées dont elles sont l'expression, possèdent en elles-mêmes une sorte de faculté évolutive, un principe de mobilité perpétuelle, provenant de leur essence contradictoire.

C'est ainsi que l'intérêt du capital, légitime alors que le prêt est un service rendu de citoyen à citoyen, mais qui cesse de l'être quand la société a conquis le pouvoir d'organiser le crédit gratuitement pour tout le monde, cet intérêt, dis-je, est contradictoire dans son essence, en ce que, d'une part, le service rendu par le prêteur a droit à une rémunération; et que, d'un autre côté, tout salaire suppose produit ou privation, ce qui n'a pas lieu dans le prêt. La révolution qui s'opère dans la légitimité du prêt vient de là. Voici comment le socialisme pose la question; voilà aussi sur quel terrain les défenseurs de l'ancien régime doivent se placer.

Se renfermer dans la tradition, se borner à dire : Le prêt est un service rendu, donc il doit être payé; sans vouloir entrer dans les considérations qui tendent à abroger l'intérêt, ce n'est pas répondre. Le socialisme, redoublant d'énergie, proteste et vous dit : Je n'ai que faire de votre service, service pour vous, spoliation pour moi, tandis qu'il est loisible à la société de me faire jouir des mêmes avantages que vous m'offrez, et cela sans rétribution. M'imposer un tel service, malgré moi, en refusant d'organiser la circulation des capitaux, c'est me faire supporter un prélèvement injuste, c'est me voler.

Ainsi, toute votre argumentation en faveur de l'intérêt, consiste à confondre les époques, je veux dire à confondre ce qui, dans le prêt, est légitime avec ce qui ne l'est pas, tandisque moi, au contraire, je les distingue soigneusement. C'est ce que je vais achever de vous rendre intelligible par l'analyse de votre lettre.

Je prends un à un tous vos arguments.

Dans ma première réponse, je vous avais fait observer que celui qui prête ne se *prive* pas de son capital. — Vous me répondez : Qu'importe, s'il a créé son capital tout exprès pour le prêter ?

En disant cela, vous trahissez votre propre cause. Vous acquiescez, par ces paroles, à mon *antithèse*, qui consiste à dire : La cause secrète pour laquelle le prêt à intérêt, légitime hier, ne l'est plus aujourd'hui, c'est ce que le prêt, en lui-même, n'entraîne pas privation. Je prends acte de cet aveu.

Mais vous vous accrochez à l'intention : Qu'importe, dites vous, si le prêteur a créé ce capital tout exprès pour le prêter ?

A quoi je réplique : Et que me fait à mon tour votre intention, si je n'ai pas réellement besoin de votre service; si le prétendu service que vous voulez me rendre ne me devient nécessaire que par le mauvais vouloir et l'impéritie de la société ? Votre crédit ressemble à celui que fait le corsaire à l'esclave, quand il lui donne la liberté contre rançon. Je proteste contre votre crédit à 5 pour 100, parce que la société a le pouvoir et le devoir de me le faire à 0 pour 100; et, si elle me refuse, je l'accuse, ainsi que vous, de vol; je dis qu'elle est complice, fautrice, organisatrice du vol.

Assimilant le prêt à la *vente*, vous dites : votre argument s'attaque à celle-ci aussi bien qu'à celui-là. En effet, le chapelier qui vend des chapeaux ne s'en *prive* pas.

Non, car il reçoit de ses chapeaux, il est censé du moins en recevoir immédiatement la valeur, ni *plus* ni *moins*. Mais le capitaliste prêteur, non-seulement n'est pas privé, puisqu'il rentre intégralement dans son capital ; il reçoit plus que le capital, plus que ce qu'il apporte à l'échange ; il reçoit, en sus du capital, un intérêt qu'aucun produit positif de sa part ne représente. Or, un service qui ne coûte pas de travail à celui qui le rend, est un service susceptible de devenir gratuit : c'est ce que vous-même vous nous apprendrez tout à l'heure.

Après avoir reconnu la *non-privation* qui accompagne le prêt, vous convenez cependant « qu'*il n'est pas idéalement* « *impossible que l'intérêt*, qui, aujourd'hui, fait partie inté- « grante du prix des choses, se *compense pour tout le monde*, « et, par conséquent, s'annule. » — « Mais, ajoutez-vous, « il y faut d'autres façons qu'une banque nouvelle. Que le « socialisme égalise, chez tous les hommes, l'activité, l'ha- « bileté, la probité, l'économie, la prévoyance, les besoins, « les goûts, les vertus, les vices, et même les chances, et « alors il aura réussi. »

En sorte que vous n'entrez dans la question que pour l'éluder aussitôt. Le socialisme, au point où il est parvenu, prétend justement que c'est à l'aide d'une réforme de la banque et de l'impôt que l'on peut arriver à cette compensation. Au lieu de passer, comme vous faites, sur cette prétention du socialisme, arrêtez-vous-y, et réfutez-la : vous en aurez fini avec toutes les utopies du monde. Car, le socialisme affirme, — et sans cela le socialisme n'existerait pas, il ne serait rien, — que ce n'est point en égalisant chez tous les hommes « l'activité, l'habileté, la probité, l'écono- « mie, la prévoyance, les besoins, les goûts, les vertus, les « vices et même les chances, » qu'on parviendra à compenser l'intérêt et égaliser le revenu net ; il soutient qu'il faut, au contraire, commencer par centraliser le crédit et annuler l'intérêt, pour égaliser les facultés, les besoins et les chances. Qu'il n'y ait plus parmi nous de voleurs, et nous serons tous vertueux, tous heureux ! Voilà la profession de foi du socialisme ! J'éprouve le plus vif regret à vous le dire : mais vous connaissez si peu le socialisme, que vous vous heurtez contre lui sans le voir.

Vous persistez à attribuer au capital tous les progrès de la richesse sociale, que j'attribue, moi, à la circulation ; et vous me dites, à ce propos, que je prends l'effet pour la cause.

Mais, en soutenant une pareille proposition, vous ruinez, sans vous en apercevoir, votre propre thèse. J. B. Say a démontré, et vous ne l'ignorez pas, que le *transport* d'une valeur, que cette valeur s'appelle argent ou marchandise, constitue lui-même une valeur ; que c'est un produit aussi réel que le blé et le vin ; qu'en conséquence, le service du commerçant et du banquier mérite d'être rémunéré tout comme le service du laboureur et du vigneron. C'est sur ce principe que vous vous appuyez vous-même quand vous réclamez un salaire pour le capitaliste, qui, par la prestation de son capital, dont on lui garantit la rentrée, fait office de transport, de circulation. Par cela seul que je prête, disiez-vous dans votre première lettre, je rends un service, je crée une valeur. Telles étaient vos paroles, que nous avons admises : en cela, nous étions l'un et l'autre d'accord avec le maître.

Je suis donc fondé à dire que ce n'est pas le capital lui-même, mais la circulation du capital : c'est cette nature de service, produit, marchandise, valeur, réalité, qu'on appelle en économie politique *mouvement* ou *circulation*, et qui, au fond, constitue toute la matière de la science économique, qui est la cause de la richesse. Ce service, nous

9.

le payons à tous ceux qui le rendent; mais nous affirmons qu'en ce qui concerne les capitaux proprement dits, ou l'argent, il dépend de la société de nous en faire jouir elle-même, et gratuitement; que si elle ne le fait pas, il y a fraude et spoliation. — Comprenez-vous maintenant où est le véritable point de la question sociale?...

Après avoir déploré de voir les capitalistes et les travailleurs séparés en deux classes antagoniques, ce qui n'est pas la faute du socialisme assurément, — vous prenez la peine, fort inutile, de me démontrer par des exemples que tout travailleur est, à quelque degré, capitaliste, et fait œuvre de capitalisation, c'est-à-dire d'usure. Qui donc a jamais songé à le nier? Qui vous a dit que ce que nous reconnaissons comme légitime, en un temps, chez le capitaliste, nous le réprouvons, dans le même temps, chez l'ouvrier?

Oui, nous savons que le prix de toute marchandise et service se décompose actuellement de la manière suivante :

1° Matière première;

2° Amortissement des instruments de travail et frais;

3° Salaire du travail;

4° Intérêt du capital.

Il en est ainsi dans toutes les professions, agriculture, industrie, commerce, transports. Ce sont les Fourches Caudines de tout ce qui n'est point parasite, capitaliste ou manœuvre. Vous n'avez que faire de nous donner à ce sujet de longs détails, très-intéressants du reste, et où l'on voit que se complaît votre imagination.

Je vous le répète : la question, pour le socialisme, est de faire que ce quatrième élément qui entre dans la composition du prix des choses, à savoir, l'intérêt du capital, se compense entre tous les producteurs, et, par conséquent, s'annule. Nous soutenons que cela est possible; que si cela est possible, c'est un devoir à la société de procurer la gratuité du crédit à tous; qu'autrement, ce ne serait pas une société, mais une conspiration des capitalistes contre les travailleurs, un pacte de rapine et d'assassinat.

Concevez donc, une fois, qu'il ne s'agit point pour vous de nous expliquer comment les capitaux se forment, comment ils se multiplient par l'intérêt, comment l'intérêt entre dans la composition du prix des produits, comment tous les travailleurs sont eux-mêmes coupables du péché d'usure : nous savons dès longtemps toutes ces choses, autant que nous sommes convaincus de la bonne foi des rentiers et des propriétaires.

Nous disons : Le système économique fondé sur la fiction de la productivité du capital, justifiable à une autre époque, est désormais illégitime. Son impuissance, sa malfaisance sont démontrées : c'est lui qui est la cause de toutes les misères actuelles, lui qui soutient encore cette vieille fiction du gouvernement représentatif, dernière formule de la tyrannie parmi les hommes.

Je ne vous suivrai point dans les considérations, toutes religieuses, par lesquelles vous terminez votre lettre. La religion, permettez-moi de vous le dire, n'a rien à faire avec l'économie politique. Une véritable science se suffit à elle-même ; hors de cette condition, elle n'est pas. S'il faut à l'économie politique une sanction religieuse pour suppléer à l'impuissance de ses théories, et si, de son côté, la religion, pour excuser la stérilité de son dogme, allègue les exigences de l'économie politique, il arrivera que l'économie politique et la religion, au lieu de se soutenir mutuellement, s'accuseront l'une l'autre ; elles périront toutes deux.

Commençons par faire justice, et nous aurons de surcroît la liberté, la fraternité, la richesse ; le bonheur même de l'autre vie n'en sera que plus assuré. L'inégalité du revenu capitaliste est-elle, oui ou non, la cause première de la misère physique, morale et intellectuelle qui afflige aujourd'hui la société? Faut-il compenser le revenu entre tous les hommes, rendre gratuite la circulation des capitaux, en l'assimilant à l'échange des produits, et annuler l'intérêt? Voilà ce que demande le socialisme, et à quoi il faut répondre.

Le socialisme, dans ses conclusions les plus positives, vous fournit la solution dans la centralisation démocratique et gratuite du crédit, combinée avec un système d'impôt unique, remplaçant tous les autres impôts, et assis sur le capital.

Qu'on vérifie cette solution; qu'on essaie de l'appliquer. C'est la seule manière de réfuter le socialisme; hors de là, nous ferons retentir plus fort que jamais notre cri de guerre: *La propriété c'est le vol!*

P.-J. PROUDHON.

SIXIÈME LETTRE.

F. BASTIAT A P. J. PROUDHON.

Est-il vrai que prêter n'est plus aujourd'hui rendre un service? — La société est-elle un capitaliste tenu de prêter gratuitement? — Explication sur la circulation des capitaux. — Chimères appelées par leur nom. — Ce qui est vrai, c'est que l'intérêt dispense d'une rémunération plus onéreuse.

10 décembre 1849.

Je veux rester sur mon terrain; vous voulez m'attirer sur le vôtre, et vous me dites: Qu'êtes-vous venu faire à la *Voix du Peuple*, si ce n'est réfuter la théorie du crédit gratuit, etc.?

Il y a là un malentendu. Je n'ai point été à la *Voix du Peuple*; la *Voix du Peuple* est venue à moi. De tous côtés, on parlait du crédit gratuit, et chaque jour voyait éclore un plan nouveau pour la réalisation de cette idée.

Alors je me dis : Il est inutile de combattre ces plans l'un après l'autre. Prouver que le capital a un droit légitime et indestructible à être rémunéré, c'est les ruiner tous à la fois, c'est renverser leur base commune.

Et je publiai la brochure *Capital et Rente*.

La *Voix du Peuple*, ne trouvant pas ma démonstration concluante, l'a réfutée. J'ai demandé à la maintenir, vous y avez consenti loyalement : c'est donc sur mon terrain que doit se continuer la discussion.

D'ailleurs, la société s'est développée perpétuellement et universellement sur le principe que j'invoque. C'est à ceux qui veulent que, à partir d'aujourd'hui, elle se développe sur le principe opposé, à prouver qu'elle a eu tort. L'*onus probandi* leur incombe.

Et après tout, de quelle importance réelle est ce débat préalable ? Prouver que l'intérêt est légitime, juste, utile, bienfaisant, indestructible, n'est-ce pas prouver que la gratuité du crédit est une chimère ?

Permettez-moi donc, Monsieur, de m'en tenir à cette question dominante : L'intérêt est-il légitime et utile ?

Par pitié pour l'ignorance où vous me voyez (ainsi que bon nombre de nos lecteurs) de la philosophie germanique, vous voulez bien, métamorphosant Kant en Diafoirus, substituer à la *loi de la contradiction* celle de la *distinction*.

Je vous remercie de cette condescendance. Elle me met à l'aise. Mon esprit se refuse invinciblement, je l'avoue, à admettre que deux assertions contradictoires puissent être vraies en même temps. Je respecte, comme je le dois, quoique de confiance, Kant, Fichte et Hegel. Mais si leurs livres entraînent l'esprit du lecteur à admettre des propositions comme celles-ci : *Le Vol, c'est la propriété ; la Propriété, c'est le vol ; le jour, c'est la nuit ;* je bénirai le Ciel, tous les jours de ma vie, de n'avoir pas fait tomber ces livres sous mes yeux. A ces sublimes subtilités, votre intelligence s'est aiguisée; la mienne y eût infailliblement succombé, et, bien loin de me faire comprendre des autres, je ne pourrais plus me comprendre moi-même.

Enfin, à cette question : L'intérêt est-il légitime ? vous répondez, non plus en allemand : *Oui et non*, mais en latin . *Distinguo.* « Distinguons.; oui, l'intérêt du capital a pu être considéré comme légitime dans un temps; non, il ne peut plus l'être dans un autre. »

Eh bien ! votre condescendance hâte, ce me semble, la conclusion de ce débat. Elle prouve surtout que j'avais bien choisi le terrain; car, que prétendez-vous ? Vous dites qu'à un moment donné, la rémunération du capital passe de la légitimité à l'illégitimité ; c'est-à-dire que le capital lui-même se dépouille de sa nature pour revêtir une nature opposée. Certes, la présomption n'est pas pour vous, et c'est à celui qui veut bouleverser la pratique universelle sur la foi d'une affirmation si étrange, à la prouver.

J'avais fait résulter la légitimité de l'intérêt de ce que le prêt est un *service*, lequel est susceptible d'être *évalué*, a, par conséquent, une *valeur* et peut s'échanger contre toute autre valeur égale. Je croyais même que vous étiez convenu de la vérité de cette doctrine, en ces termes :

« Il est très-vrai, comme vous l'établissez vous-même pé-
« remptoirement, que le prêt est un service. Et comme tout
« service est une valeur, comme il est de la nature de tout
« service d'être rémunéré; il s'ensuit que le prêt doit avoir
« son prix, ou, pour employer le mot technique, qu'il doit
« *porter intérêt.* »

Voilà ce que vous disiez, il y a quinze jours. Aujourd'hui vous dites : Distinguons, prêter c'était rendre service autrefois, ce n'est plus rendre service maintenant.

Or, si prêter n'est pas rendre service, il va sans dire que l'intérêt est, je ne dis pas illégitime, mais impossible.

Votre argumentation nouvelle implique ce dialogue :

L'EMPRUNTEUR. Monsieur, je voudrais monter un magasin, j'ai besoin de dix mille francs, veuillez me les prêter.

LE PRÊTEUR. Volontiers, nous allons débattre les conditions.

L'EMPRUNTEUR. Monsieur, je n'accepte pas de conditions. Je garderai votre argent un an, deux ans, vingt ans, après quoi je vous le rendrai purement et simplement, attendu que *tout ce qui, dans le remboursement du prêt, est donné en sus du prêt, est usure, spoliation.*

LE PRÊTEUR. Mais puisque vous venez me demander un *service,* il est bien naturel que je vous en demande un autre.

L'EMPRUNTEUR. Monsieur, *je n'ai que faire de votre service.*

LE PRÊTEUR. En ce cas, je garderai mon capital, dussé-je le manger.

L'EMPRUNTEUR. « Monsieur, je suis socialiste, et le socia-
« lisme, redoublant d'énergie, proteste et vous dit par ma
« bouche : je n'ai que faire de votre service, service pour
« vous et spoliation pour moi, tandis qu'il est loisible à la
« société de me faire jouir des mêmes avantages que vous
« m'offrez, et cela sans rétribution. M'imposer un tel ser-
« vice, malgré moi, en refusant d'organiser la circulation
« des capitaux, c'est me faire supporter un prélèvement
« injuste, c'est me voler. »

LE PRÊTEUR. Je ne vous impose rien malgré vous. Dès que vous ne voyez pas, dans le prêt, un service, abstenez-vous d'emprunter, comme moi de prêter. Que si la *société* vous offre des *avantages* sans *rétribution,* adressez-vous à elle, c'est bien plus commode ; et, quant à *organiser la circulation des capitaux,* ainsi que vous me sommez de le faire, si vous entendez par là que les miens vous arrivent gratis, par l'intermédiaire de la société, j'ai contre ce procédé indirect tout juste les mêmes objections qui m'ont fait vous refuser le prêt direct et gratuit.

La Société ! J'ai été surpris, je l'avoue, de voir apparaître dans un écrit émané de vous, ce personnage nouveau, ce capitaliste accommodant.

Eh quoi ! Monsieur, vous qui, dans la même feuille où vous m'adressez votre lettre, avez combattu avec une si rude énergie les systèmes de Louis Blanc et de Pierre Leroux, n'avez-vous dissipé la fiction de l'*État* que pour y substituer la fiction de la *Société* ?

Qu'est-ce donc que la Société, en dehors de quiconque prête ou emprunte, perçoit ou paie l'intérêt inhérent au prix de toutes choses ? Quel est ce *Deus ex machinâ* que vous faites intervenir d'une manière si inattendue pour donner le mot du problème ? Y a-t-il, d'un côté, la masse entière des travailleurs, marchands, artisans, capitalistes, et, de l'autre, la Société, personnalité distincte, possédant des capitaux en telle abondance qu'elle en peut prêter à chacun sans compte ni mesure, et cela sans *rétribution* ?

Ce n'est pas ainsi que vous l'entendez ; je n'en veux pour preuve que votre article sur l'État. Vous savez bien que la société n'a d'autres capitaux que ceux qui sont entre les mains des capitalistes grands et petits. Serait-ce que la Société doit s'emparer de ces capitaux et les faire circuler gratuitement, sous prétexte de les organiser ? En vérité, je m'y perds, et il me semble que, sous votre plume, cette limite s'efface sans cesse, qui sépare, aux yeux de la conscience publique, la propriété du vol.

En cherchant à pénétrer jusqu'à la racine de l'erreur que je combats ici, je crois la trouver dans la confusion que vous faites entre les *frais de circulation des capitaux* et les *intérêts des capitaux*. Vous croyez qu'on peut arriver à la circulation gratuite, et vous en concluez que le prêt sera gratuit. C'est comme si l'on disait que lorsque les frais de transport de Bordeaux à Paris seront anéantis, les vins de Bordeaux se donneront pour rien à Paris. Vous n'êtes pas le premier qui se soit fait cette illusion. Law disait : « La loi de la circulation est la seule qui puisse sauver les empires. » Il agit sur ce principe, et, au lieu de sauver la France, il la perdit.

Je dis : une chose est la circulation des capitaux et les frais qu'elle entraîne ; autre chose est l'intérêt des capitaux. Les capitaux d'une nation consistent en matériaux de toutes sortes, approvisionnements, outils, marchandises, espèces, et ces choses-là ne se prêtent pas pour rien. Selon que la société est plus ou moins avancée, il y a plus ou moins de facilité à faire passer un capital donné, ou sa valeur, d'un lieu à un autre lieu, d'une main à une autre main; mais cela n'a rien de commun avec l'abolition de l'intérêt. Un Parisien désire prêter, un Bayonnais désire emprunter. Mais le premier n'a pas la chose qui convient au second. D'ailleurs, ils ne connaissent pas réciproquement leurs intentions ; ils ne peuvent s'aboucher, s'accorder, conclure. Voilà les obstacles à la *circulation*. Ces obstacles vont diminuant sans cesse, d'abord par l'intervention du numéraire, puis par celle de la lettre de change, successivement par celle du banquier, de la Banque nationale, des banques libres.

C'est une circonstance heureuse pour les consommateurs des capitaux, comme il est heureux pour les consommateurs de vin, que les moyens de transport se perfectionnent. Mais, d'une part, jamais les frais de circulation ne peuvent descendre à zéro, puisqu'il y a toujours là un intermédiaire qui rend *service* ; et, d'autre part, ces frais fussent-ils complétement anéantis, l'Intérêt subsisterait encore, et n'en serait même pas sensiblement affecté. Il y a des banques libres aux États-Unis ; elles sont sous l'influence des ouvriers eux-mêmes, qui en sont les actionnaires ; et, de plus, elles sont, vu leur nombre, toujours à leur portée ; chaque jour, les uns y déposent leurs économies, les autres y reçoivent

les avances qui leur sont nécessaires ; la circulation est aussi
facile, aussi rapide que possible. Est-ce à dire que le crédit
y soit gratuit, que les capitaux ne produisent pas d'intérêt
à ceux qui prêtent, et n'en coûtent pas à ceux qui empruntent ? Non, cela signifie seulement que prêteurs et emprunteurs s'y rencontrent plus facilement qu'ailleurs.

Ainsi, gratuité absolue de la circulation, — chimère.

Gratuité du crédit, — chimère.

Imaginer que la première de ces gratuités, si elle était
possible, impliquerait la seconde, — troisième chimère.

Vous voyez que je me suis laissé entraîner sur votre terrain, et, puisque j'y ai fait trois pas, j'en ferai deux autres.

Vous voulez *organiser la circulation* de telle sorte que
chacun perçoive autant d'intérêt qu'il en paie, et c'est là ce
qui réalisera, dites-vous, l'égalité des fortunes.

Or, je dis :

Compensation universelle des intérêts, — chimère.

Égalité absolue des fortunes, comme conséquence de cette
chimère, — autre chimère.

Toute valeur se compose de deux éléments : la rémunération du travail et la rémunération du capital. Pour que ces
deux éléments entrassent, en proportion identique, dans
toutes valeurs égales, il faudrait que toute œuvre humaine
admît le même emploi de machines, la même consommation
d'approvisionnements, le même contingent de travail actuel
et de travail accumulé.

Votre banque fera-t-elle jamais que le commissionnaire du
coin, dont toute l'industrie consiste à louer son temps et ses
jambes, fasse intervenir autant de capital dans ses services
que l'imprimeur ou le fabricant de bas ? Remarquez que,
pour qu'une paire de bas de coton arrive à ce commissionnaire, il a fallu l'intervention d'une terre, qui est un capital ; d'un navire, qui est un capital ; d'une filature, qui est
un capital. Direz-vous que lorsque le commissionnaire

échange son service, estimé 3 francs, contre un livre estimé 3 francs, il est dupe en ce que l'élément *travail actuel* domine dans le service, et l'élément *travail accumulé* dans le livre? Qu'importe, si les deux objets de l'échange *se valent*, si leur équivalence est déterminée par le libre débat? Pourvu que ce qui vaut cent s'échange contre ce qui vaut cent, qu'importe la proportion des deux éléments qui constituent chacune de ces valeurs égales? Nierez-vous la légitimité de la rémunération afférente au capital? Ce serait revenir sur un point déjà acquis à la discussion. D'ailleurs, sur quel fondement le *travail ancien* serait-il, plus que le *travail actuel*, exclu de toute rétribution?

Le travail se divise en deux catégories bien distinctes :

Ou il est exclusivement consacré à la production d'un objet, comme lorsque l'agriculteur sème, sarcle, moissonne et égrène son blé, lorsque le tailleur coupe et coud un habit, etc. ;

Ou il sert à la production d'une série indéterminée d'objets semblables, comme quand l'agriculteur clôt, amende, dessèche son champ, ou que le tailleur meuble son atelier.

Dans le premier cas, tout le travail doit être payé par l'acquéreur de la récolte ou de l'habit ; dans le second, il doit être payé sur un nombre indéterminé de récoltes ou d'habits. Et certes, il serait absurde de dire que le travail de cette seconde catégorie ne doit pas être payé du tout, parce qu'il prend le nom de capital.

Or, comment parvient-il à répartir la rémunération qui lui est due sur un nombre indéfini d'acheteurs successifs? par les combinaisons de l'amortissement et de l'intérêt, combinaisons que l'humanité a inventées dès l'origine, combinaisons ingénieuses, que les socialistes seraient bien embarrassés de remplacer. Aussi tout leur génie se borne à les supprimer, et ils ne s'aperçoivent pas que c'est tout simplement supprimer l'humanité.

Mais quand on accorderait comme réalisable tout ce qui vient d'être démontré chimérique : gratuité de circulation, gratuité de prêt, compensation d'intérêts, je dis qu'on n'arriverait pas encore à l'égalité absolue des fortunes. Et la raison en est simple. Est-ce que la Banque du Peuple aurait la prétention de changer le cœur humain ? Fera-t-elle que tous les hommes soient également forts, actifs, intelligents, ordonnés, économes, prévoyants ? fera-t-elle que les goûts, les penchants, les aptitudes, les idées ne varient à l'infini ? que les uns ne préfèrent dormir au soleil, pendant que les autres s'épuisent au travail ? qu'il n'y ait des prodigues et des avares, des gens ardents à poursuivre les biens de ce monde, et d'autres plus préoccupés de la vie future ? Il est clair que l'égalité absolue des fortunes ne pourrait être que la résultante de toutes ces égalités impossibles et de bien d'autres.

Mais si l'égalité absolue des fortunes est chimérique, ce qui ne l'est pas, c'est l'approximation constante de tous les hommes vers un même niveau physique, intellectuel et moral, sous le régime de la liberté. Parmi toutes les énergies qui concourent à ce grand nivellement, une des plus puissantes, c'est celle du capital. Et puisque vous m'avez offert vos colonnes, permettez-moi d'appeler un moment l'attention de vos lecteurs sur ce sujet. Ce n'est pas tout de démontrer que l'intérêt est légitime, il faut encore prouver qu'il est utile, même à ceux qui le supportent. Vous avez dit que l'intérêt a été autrefois « un instrument d'égalité et de progrès. » Ce qu'il a été, il l'est encore et le sera toujours, parce qu'en se développant il ne change pas de nature.

Les travailleurs seront peut-être étonnés de m'entendre affirmer ceci :

De tous les éléments qui entrent dans le prix des choses, celui qu'ils doivent payer avec le plus de joie, c'est précisément l'intérêt ou la rémunération du capital, parce que ce paiement leur en épargne toujours un plus grand.

Pierre est un artisan parisien. Il a besoin qu'un fardeau soit transporté à Lille ; c'est un présent qu'il veut faire à sa mère. S'il n'y avait pas de capital au monde (et il n'y en aurait pas si toute rémunération lui était déniée), ce transport coûterait à Pierre au moins deux mois de fatigues, soit qu'il le fît lui-même, soit qu'il se fît rendre ce service par un autre ; car il ne pourrait l'exécuter lui-même qu'en charriant le fardeau par monts et par vaux, sur ses épaules, et nul ne pourrait l'exécuter pour lui que de la même manière.

Pourquoi se rencontre-t-il des entrepreneurs qui ne demandent à Pierre qu'une journée de son travail pour lui en épargner soixante ? Parce que le capital est intervenu sous forme de char, de chevaux, de rails, de wagons, de locomotives. Sans doute, Pierre doit payer tribut à ce capital ; mais c'est justement pour cela qu'il fait ou fait faire en un jour ce qui lui aurait demandé deux mois.

Jean est maréchal ferrant, fort honnête homme, mais qu'on entend souvent déclamer contre la propriété. Il gagne 3 francs par jour ; c'est peu, c'est trop peu ; mais enfin, comme le blé vaut environ 18 francs l'hectolitre, Jean peut dire qu'il fait jaillir de son enclume un hectolitre de blé par semaine ou la valeur, soit 52 hectolitres par an. Je suppose maintenant qu'il n'y eût pas de capital, et que, mettant notre maréchal en face de 1,000 hectares de terre, on lui dît : Disposez de ce sol, qui est doué d'une grande fertilité ; tout le blé que vous ferez croître est à vous. Jean répondrait sans doute : « Sans chevaux, sans charrue, sans hache, sans instruments d'aucune sorte, comment voulez-vous que je débarrasse le sol des arbres, des racines, des herbes, des pierres, des eaux stagnantes qui l'obstruent ? je n'y ferai pas pousser une gerbe de blé en dix ans. » Donc, que Jean fasse enfin cette réflexion : « Ce que je ne pourrais faire en dix ans, d'autres le font pour moi, et ne me demandent qu'une

semaine de travail. Il est clair que c'est un avantage pour
moi de rémunérer le capital, car si je ne le rémunérais pas,
il n'y en aurait pas, et les autres seraient aussi embarrassés
devant ce sol que je le suis moi-même. »

Jacques achète tous les matins, pour un sou, la *Voix du
Peuple*. Comme il gagne 100 sous par jour, ou 50 centimes
par heure, c'est six minutes de travail qu'il échange contre
le prix d'un numéro, prix dans lequel se trouvent comprises
deux rémunérations, celle du travail et celle du capital.
Comment Jacques ne se dit-il pas quelquefois : « Si aucun
capital n'intervenait dans l'impression de la *Voix du Peuple*,
je ne l'obtiendrais ni à un sou ni à 100 francs ? »]

Je pourrais passer en revue tous les objets qui satisfont
les besoins des travailleurs, et la même réflexion reviendrait
sans cesse. Donc le capital n'est pas le *tyran* que l'on dit.
Il rend des services, de grands services ; il est de toute justice qu'il en soit rémunéré. Cette rémunération diminue de
plus en plus à mesure que le capital abonde. Pour qu'il
abonde, il faut qu'on soit intéressé à le former, et pour qu'on
soit intéressé à le former, il faut être soutenu par l'espoir
d'une rémunération. Quel est l'artisan, quel est l'ouvrier qui
portera ses économies à la Caisse d'épargne, ou même qui
fera des économies, si l'on commence par déclarer que l'intérêt est un vol et qu'il faut le supprimer ?

Non, non, c'est là une propagande insensée ; elle heurte
la raison, la morale, la science économique, les intérêts du
pauvre, les croyances unanimes du genre humain manifestées par la pratique universelle. Vous ne prêchez pas,
il est vrai, la *tyrannie du capital*, mais vous prêchez la
gratuité du crédit, ce qui est tout un. Dire que toute rémunération accordée au capital est un vol, c'est dire que le
capital doit disparaitre de la surface du globe, c'est dire
que Pierre, Jean, Jacques, doivent exécuter les transports,
se procurer le blé, les livres, avec autant de travail qu'il

leur en faudrait pour produire ces choses directement et sans autre ressource que leurs mains.

Marche, marche, capital ! poursuis ta carrière, réalisant du bien pour l'humanité ! C'est toi qui as affranchi les esclaves ; c'est toi qui as renversé les châteaux forts de la féodalité ! Grandis encore ; asservis la nature ; fais concourir aux jouissances humaines la gravitation, la chaleur, la lumière, l'électricité ; prends à ta charge ce qu'il y a de répugnant et d'abrutissant dans le travail mécanique ; élève la démocratie, transforme les machines humaines en *hommes*, en hommes doués de loisirs, d'idées, de sentiment et d'espérances !

Permettez-moi, Monsieur, en finissant, de vous adresser un reproche. Au début de votre lettre, vous m'aviez promis de renoncer pour aujourd'hui à l'antinomie ; vous la terminez cependant par cette antinomie que vous appelez votre *cri de guerre : La propriété, c'est le vol.*

Oui, vous l'avez bien caractérisée ; c'est, en effet, un lugubre tocsin, un sinistre cri de guerre. Mais j'ai l'espoir que, sous ce rapport, elle a perdu quelque chose de sa puissance. Il y a dans l'esprit des masses un fond de bon sens qui ne perd pas ses droits, et se révolte enfin contre ces paradoxes étranges donnés pour de sublimes découvertes. Oh ! que n'avez-vous établi votre active propagande sur cet autre axiome, assurément plus impérissable que le vôtre : *Le vol, c'est le contraire de la propriété !* Alors, avec votre indomptable énergie, votre style populaire, votre dialectique invincible, je ne puis mesurer le bien qu'il vous eût été donné de répandre sur notre chère patrie et sur l'humanité.

FRÉDÉRIC BASTIAT.

SEPTIÈME LETTRE.

P. J. PROUDHON A F. BASTIAT.

Reproches. — Les commissionnaires de roulage et les chemins de fer.
— Excursion rétrospective chez les Hébreux, les Grecs et les Romains.
— *Nescheck, Tokos, Fœnus, Interesse.* — L'intérêt issu du contrat
de pacotille. — Intervention des monnaies et conséquences. — Moïse,
Solon, Lycurgue. — La force seule maintient l'intérêt. — Deux apo-
logues.

17 décembre 1849.

Notre discussion n'avance pas, et la faute en est à vous seul.
Par votre refus systématique de vous placer sur le terrain
où je vous appelle, et votre obstination à m'attirer sur le vôtre, vous méconnaissez en ma personne le droit qu'a tout
novateur à l'examen; vous manquez au devoir qu'impose à
tout économiste, défenseur naturel de la tradition et des
usages établis, l'apparition des idées nouvelles; vous com-
promettez, enfin, la charité publique, en m'obligeant à attaquer ce que je reconnaissais, dans une certaine mesure,
comme irréprochable et légitime.

Vous l'avez voulu : que votre désir soit accompli !

Permettez-moi d'abord de résumer notre controverse.

Dans une première lettre, vous avez essayé de montrer,
par la théorie et par de nombreux exemples, que le *prêt* était
un *service*, et que, tout service ayant une *valeur*, il avait le
droit de se faire *payer :* d'où vous déduisiez immédiatement,
contre moi, cette conclusion, que la gratuité du crédit était
une chimère, partant, le socialisme une protestation sans
principes comme sans motifs.

Ainsi peu importe de savoir si c'est vous qui avez solli-
cité l'entrée de la *Voix du Peuple,* ou si c'est moi qui vous
ai offert la publicité de ses colonnes : en fait, et chacune de

vos lettres en témoigne, vous n'avez eu d'autre but que de renverser, par une fin de non-recevoir, la théorie du crédit gratuit.

Je vous ai donc répondu, et j'ai dû vous répondre, sans entrer dans l'examen de votre théorie de l'intérêt, que si vous vouliez combattre utilement et sérieusement le socialisme, il fallait l'attaquer en lui-même et dans ses propres doctrines ; que le socialisme, sans nier d'une manière absolue la légitimité de l'intérêt considéré à un certain point de vue et à une certaine époque de l'histoire, affirmait la possibilité, dans l'état actuel de l'économie sociale, d'organiser, par le concours des travailleurs, un système de prêt sans rétribution, et, par suite, de donner à tous la garantie du crédit et du travail. J'ai dit, enfin, que c'était là ce que vous aviez à examiner, si vous vouliez que la discussion aboutit.

Dans votre seconde lettre, vous avez péremptoirement refusé de suivre cette marche, alléguant que pour vous, et d'après mon aveu, l'intérêt ne constituant dans son principe ni crime, ni délit, il était impossible d'admettre que le prêt pût s'effectuer sans intérêt ; qu'il était inconcevable qu'une chose pût être vraie et fausse tout à la fois ; bref, que tant que la criminalité de l'intérêt ne vous serait pas démontrée, vous tiendriez la théorie du crédit gratuit comme non avenue. Tout cela assaisonné de force plaisanteries sur la loi de contradiction, que vous ne comprenez point, et flanqué d'exemples très-propres, je l'avoue, à faire comprendre le mécanisme de l'intérêt, mais qui ne prouvent absolument rien contre la gratuité.

Dans ma réplique, je crois vous avoir prouvé, en me servant de votre propre méthode, que rien n'est moins rare, dans la société, que de voir une institution, un usage, d'abord libéral et légitime, devenir, avec le temps, une entrave à la liberté et une atteinte à la justice ; qu'il en était ainsi du prêt à intérêt le jour où il était démontré que le crédit peut être donné à tous sans rétribution ; que d'ores et déjà, refuser d'examiner cette possibilité du crédit gratuit constituait un déni de justice, une offense à la foi publique, un défi au prolétariat. Je renouvelai donc auprès de vous mes instances, et je vous dis : Ou vous examinerez les diverses propositions du socialisme, ou je déclare que l'intérêt de l'argent, la rente de la terre, le loyer des maisons et des capitaux, est une spoliation, et que la propriété, ainsi constituée, est un vol.

Chemin faisant, j'indiquais sommairement les causes qui, selon moi, altèrent la moralité de l'intérêt, et les moyens de le supprimer.

Certes, il semblait que, pour justifier votre théorie désormais accusée de vol et de larcin, vous ne pouviez plus vous dispenser d'aborder enfin la doctrine nouvelle, qui prétend donner l'exclusion à l'intérêt. C'était, j'ose le dire, ce à quoi s'attendaient tous nos lecteurs. En évitant de faire la critique de l'intérêt, je faisais preuve de conciliation et d'amour de la paix. Il me répugnait d'incriminer la bonne foi des capitalistes, et de jeter la suspicion sur les propriétaires. Je désirais surtout abréger une dispute fatigante, et hâter la conclusion définitive. Vraie ou fausse, vous disais-je, légitime ou illégitime, morale ou immorale, j'accepte l'usure, je l'approuve, je la loue même ; je renonce à toutes les illusions du socialisme, et me refais chrétien, si vous me démontrez que la prestation des capitaux, de même que la circulation des valeurs, ne saurait, dans aucun cas, être gratuite. C'était, comme l'on dit, faire rondement les choses, et couper court à bien des discussions tout à fait oiseuses dans un journal, et, permettez-moi de le dire, fort périlleuses en ce moment.

Est-il, oui ou non, possible d'abolir l'intérêt de l'argent, par suite, la rente de la terre, le loyer des maisons, le produit des capitaux, d'une part, en simplifiant l'impôt, et de l'autre, en organisant une banque de circulation et de crédit, au nom et pour le compte du Peuple? C'est ainsi, selon moi, que la question devait être posée entre nous. L'amour de l'humanité, de la vérité, de la concorde, nous en faisait à tous deux une loi. Que fait le Peuple depuis Février? Qu'a fait l'Assemblée constituante? Que fait aujourd'hui la Législative, si ce n'est de rechercher les moyens d'améliorer le sort du travailleur, sans alarmer les intérêts légitimes, sans infirmer le droit du propriétaire? Cherchons donc si la gratuité du crédit ne serait point, par hasard, un de ces moyens.

Telles étaient mes paroles. J'osai croire qu'elles seraient entendues. Au lieu d'y répondre, comme je l'espérais, vous vous retranchez dans votre fin de non-recevoir. A cette interrogation de ma part : « *Prouver que la gratuité du crédit* « *est chose possible, facile, pratique, n'est-ce pas prouver* « *que l'intérêt du crédit est désormais chose nuisible et illé-* « *gitime?* » — vous répondez, en retournant la phrase : « Prouver que l'intérêt est (ou a été) légitime, juste, utile, « bienfaisant, indestructible, n'est-ce pas prouver que la « gratuité du crédit est une chimère? » Vous raisonnez juste comme les entrepreneurs de roulage à l'égard des chemins de fer.

Voyez-les, en effet, adresser leurs doléances au public qui les délaisse et qui court à la concurrence : — Est-ce que le chariot et la malbrouck ne sont pas des institutions utiles, légitimes, bienfaisantes, indestructibles? Est-ce qu'en transportant vos personnes et vos produits, nous ne vous rendons pas un service? Est-ce que ce service n'est pas une valeur? Est-ce que toute valeur ne doit pas être payée? Est-ce qu'en faisant le transport à 25 c. par tonne et kilomètre, tandis que la locomotive le fait, il est vrai, à 10 c., nous sommes des voleurs? Est-ce que le commerce ne s'est pas développé perpétuellement et universellement par le roulage, la bête de somme, la navigation à voiles ou à rames? Que nous importent donc et la vapeur, et la pression atmosphérique, et l'électricité? Prouver la réalité et la légitimité de la voiture à quatre roues, n'est-ce pas prouver que l'invention des chemins de fer est une chimère?

Voilà, Monsieur, où vous conduit votre argumentation. Votre dernière lettre n'a, comme les précédentes, et du commencement à la fin, pas d'autre sens. Pour conserver au capital l'intérêt que je lui refuse, vous me répondez par la question préalable, vous opposez à mon idée novatrice votre routine; vous protestez contre le rail et la machine à vapeur. Je serais désolé de vous dire rien de blessant; mais, en vérité, Monsieur, il me semble que j'aurais le droit, dès ce moment, de briser là et de vous tourner le dos.

Je ne le ferai point : je veux vous donner satisfaction jusqu'à la fin, en vous montrant comment, pour me servir de vos paroles, *la rémunération du capital passe de la légitimité à l'illégitimité*, et comment la gratuité du crédit est la conclusion finale de la pratique de l'intérêt. Cette discussion, par elle-même, ne manque pas d'importance; je m'efforcerai surtout de la rendre pacifique.

Ce qui fait que l'intérêt du capital, excusable, juste, même, au point de départ de l'économie des sociétés, devient, avec le développement des institutions industrielles, une vraie spoliation, un vol, c'est que cet intérêt n'a pas d'autre principe, d'autre raison d'être, que la nécessité et la force. La nécessité, voilà ce qui explique l'exigence du prêteur; la force, voilà ce qui fait la résignation de l'emprunteur. Mais, à mesure que, dans les relations humaines, la nécessité fait place à la liberté, et qu'à la force succède le droit, le capitaliste perd son excuse, et la revendication s'ouvre pour le travailleur contre le propriétaire.

Au commencement, la terre est indivise; chaque famille

vit de sa chasse, pêche, cueillette, ou pâturage ; l'industrie est toute domestique ; l'agriculture, pour ainsi dire, nomade. Il n'y a ni commerce, ni propriété.

Plus tard, les tribus s'agglomérant, les nations commencent à se former ; la caste apparaît née de la guerre et du patriarcat. La propriété s'établit peu à peu ; mais, selon le droit héroïque, le maître, quand il ne cultive pas de ses propres mains, exploite par ses esclaves, comme plus tard le seigneur par ses serfs. Le fermage n'existe point encore ; la rente, qui indique ce rapport, est inconnue.

A cette époque, le commerce se fait surtout en échanges. Si l'or et l'argent apparaissent dans les transactions, c'est plutôt comme marchandise que comme agent de circulation et unité de valeur : on les pèse, on ne les compte pas. Le change, l'agio qui en est la conséquence, le prêt à intérêt, la commandite, toutes ces opérations d'un commerce développé, auxquelles donne lieu la monnaie, sont inconnues. Longtemps ces mœurs primitives se sont conservées parmi les populations agricoles. Ma mère, simple paysanne, nous racontait qu'avant 89, elle se louait l'hiver pour filer le chanvre, recevant, pour salaire de six semaines de travail, avec sa nourriture, une paire de sabots et un pain de seigle.

C'est dans le commerce de mer qu'il faut rechercher l'origine du prêt à intérêt. Le contrat à la grosse, variété ou plutôt démembrement du contrat de pacotille, fut sa première forme; de même que le bail à ferme ou à cheptel fut l'analogue de la commandite.

Qu'est-ce que le contrat de pacotille? Un traité par lequel un industriel et un patron de navire conviennent de mettre en commun, pour le commerce étranger, le premier, une certaine quantité de marchandises qu'il se charge de procurer ; le second, son travail de navigateur : le *bénéfice* résultant de la vente devant être partagé par portions égales, ou

suivant une proportion convenue ; les risques et avaries mis
à la charge de la société.

Le bénéfice ainsi prévu, quelque considérable qu'il puisse
être, est-il légitime ? On ne saurait le révoquer en doute.
Le bénéfice, à cette première époque des relations commerciales, n'est pas autre chose que l'incertitude qui règne,
entre les échangistes, sur la valeur de leurs produits res-
pectifs : c'est un avantage qui existe plutôt dans l'opinion
que dans la réalité, et qu'il n'est pas rare de voir les deux
parties, avec une égale raison, s'attribuer l'une et l'autre.
Combien une once d'or vaut-elle de livres d'étain ? Quel
rapport de prix entre la pourpre de Tyr et la peau de zibe-
line ? Nul ne le sait, nul ne le peut dire. Le Phénicien, qui,
pour un ballot de fourrures, livre dix palmes de son étoffe,
s'applaudit de son marché : autant en pense, de son côté,
le chasseur hyperboréen, fier de sa casaque rouge. Et telle
est encore la pratique des Européens avec les sauvages de
l'Australie, heureux de donner un porc pour une hache, une
poule pour un clou ou un grain de verre.

L'incommensurabilité des valeurs : telle est, à l'origine, la
source des bénéfices du commerce. L'or et l'argent entrent
donc dans le trafic, d'abord comme marchandises; puis
bientôt, en vertu de leur éminente échangeabilité, comme
termes de comparaison, comme monnaies. Dans l'un et
l'autre cas, l'or et l'argent portent bénéfice à l'échange, en
premier lieu, par le fait même de l'échange ; ensuite, pour
le risque couru. Le contrat d'assurance apparaît ici comme
le frère jumeau du contrat à la grosse ; la prime stipulée
dans le premier est corrélative, identique, à la part de bénéfice convenue dans le second.

Cette *part* de bénéfice, par laquelle s'exprime la participation du capitaliste ou industriel, qui engage ses produits
ou ses fonds, c'est tout un dans le commerce, a reçu le nom
latin d'*interesse*, c'est-à-dire participation, *intérêt*.

A ce moment donc, et dans les conditions que je viens de définir, qui pourrait accuser de dol la pratique de l'intérêt? L'intérêt, c'est l'*alea*, le gain obtenu contre la fortune ; c'est le bénéfice aléatoire du commerce, bénéfice irréprochable tant que la comparaison des valeurs n'a pas fourni les idées corrélatives de *cherté*, de *bon marché*, de proportion, de PRIX. La même analogie, la même identité, que l'économie politique a signalée de tout temps et avec raison, entre l'intérêt de l'argent et la rente de la terre, existe, au début des relations commerciales, entre ce même intérêt et le bénéfice du commerce : au fond, l'échange est la forme commune, le point de départ de toutes ces transactions.

Vous voyez, Monsieur, que l'opposition énergique que je fais au capital, ne m'empêche point de rendre justice à la bonne foi originelle de ses opérations. Ce n'est pas moi qui marchanderai jamais avec la vérité. Je vous ai dit qu'il existait dans le prêt à intérêt un côté vrai, honnête, légitime ; je viens de l'établir d'une façon qui, ce me semble, vaut encore mieux que la vôtre, en ce qu'elle ne sacrifie rien à l'égoïsme, n'ôte rien à la charité. C'est l'impossibilité d'évaluer les objets avec exactitude, qui fonde, au commencement, la légitimité de l'intérêt, comme, plus tard, c'est la recherche des métaux précieux qui la soutient. Il faut bien que le prêt à intérêt ait eu sa raison positive et nécessitante pour qu'il se soit développé et généralisé comme on l'a vu ; il le faut, dis-je, à peine de damner, avec les théologiens, l'humanité tout entière, que je fais profession, quant à moi, de considérer comme infaillible et sainte.

Mais qui ne voit déjà que le bénéfice du commerçant doit diminuer progressivement avec le risque couru et avec l'arbitraire des valeurs, pour n'être plus à la fin que le juste prix du service rendu par lui, le salaire de son travail ? Qui ne voit pareillement que l'intérêt doit s'atténuer avec les

chances que court le capital, et la privation qu'éprouve le
capitaliste ; en sorte que s'il y a garantie de remboursement
de la part du débiteur, et si la peine du créancier est zéro,
l'intérêt doit devenir zéro?

Une autre cause, qu'il importe ici de ne point omettre,
parce qu'elle marque le point de transition ou de séparation
entre la part de bénéfice, *interesse*, afférente au capitaliste
dans le contrat à la grosse, et l'usure proprement dite ; une
autre cause, dis-je, tout à fait accidentelle, contribua singu-
lièrement à vulgariser la fiction de la productivité du capital, et par suite la pratique de l'intérêt. Ce furent, chez
les gens de commerce, les exigences de la comptabilité, la
nécessité de presser les rentrées ou remboursements. Quel
stimulant plus énergique, je vous le demande, pouvait-on
imaginer à l'égard du débiteur indolent et retardataire, que
cette aggravation, *fœnus*, cet enfantement, *tokos*, incessant
du principal? Quel huissier plus inflexible que ce serpent
de l'usure, comme dit l'hébreu? L'usure, disent les vieux
rabbins, est appelée serpent, *neschek*, parce que le créancier
MORD le débiteur, lorsqu'il lui réclame plus qu'il ne lui a
donné. Et c'est cet instrument de police, cette espèce de
garde du commerce lancé par le créancier à la gorge de
son débiteur, dont on a voulu faire un principe de justice
commutative, une loi de l'économie sociale ! Il faut n'avoir
jamais mis le pied dans une maison de négoce, pour méconnaître à ce point l'esprit et le but de cette invention vraiment diabolique du génie mercantile.

Suivons maintenant le progrès de l'institution, car nous
touchons au moment où le *neschek*, le *tokos*, le *fœnus*, l'u-
sure, enfin, se distinguant du bénéfice aléatoire, ou *interesse*, de l'expéditeur, va devenir une institution : et voyons
d'abord comment s'en est généralisée la pratique. Nous tâ-
cherons, après, de déterminer les causes qui doivent en
amener l'abolition.

Nous venons de voir que ce fut chez les peuples naviga-teurs, faisant pour les autres le courtage et l'entrepôt, et opérant surtout sur les marchandises précieuses et les mé-taux, que se développa d'abord la spéculation mercantile ; et du même coup la spéculation de l'*interesse*, ou contrat à la grosse. C'est de là que l'usure, comme une peste, s'est propagée, sous toutes les formes, chez les nations agricoles.

L'opération, irréprochable en soi, de l'*interesse*, avait créé un précédent justificatif ; la méthode, qu'on pourrait appeler de coercition et sûreté, du *fœnus,* aggravation pro-gressive du capital, donnait le moyen ; la prépondérance acquise par l'or et l'argent sur les autres marchandises, le privilége qu'ils reçurent, du consentement universel, de re-présenter la richesse et de servir d'évaluateur commun à tous les produits, fournit l'occasion. Quand l'or fut devenu le roi de l'échange, le symbole de la puissance, l'instrument de toute félicité, chacun voulut avoir de l'or ; et comme il était impossible qu'il y en eût pour tout le monde, il ne se donna plus qu'avec prime ; son usage fut mis à prix. Il se loua au jour, à la semaine et à l'an, comme le joueur de flûte et la prostituée. C'était une conséquence de l'invention de la monnaie, de faire estimer à vil prix, en comparaison de l'or, tous les autres biens, et de faire consister la ri-chesse réelle, comme l'épargne, dans les écus. L'exploitation capitaliste, honnie de toute l'antiquité, mieux renseignée que nous assurément, sur cette matière, car elle touchait aux origines, fut ainsi fondée : il était réservé à notre siècle de lui fournir des docteurs et des avocats.

Tant que, se confondant avec la prime de l'assurance ou la part de bénéfice du contrat à la grosse, l'usure s'était ren-fermée dans la spéculation maritime, et n'avait eu d'action que sur l'étranger, elle avait paru inoffensive aux législa-teurs. Ce n'est que lorsqu'elle commença de s'exercer entre concitoyens et compatriotes, que les lois divines et humaines fulminèrent contre elle l'interdit. Tu ne placeras point ton argent à intérêt sur ton frère, dit la loi de Moïse, mais oui bien sur l'étranger : *Non fœnerabis proximo tuo, sed alieno.* Comme si le législateur avait dit : de peuple à peuple, le bénéfice du commerce et le croît des capitaux n'expriment qu'un rapport entre valeurs d'opinion, valeurs qui, par conséquent, s'équilibrent ; de citoyen à citoyen, le produit devant s'échanger contre le produit, le travail contre le travail, et le prêt d'argent n'étant qu'une anticipation de cet échange, l'intérêt constitué une différence qui rompt l'égalité commerciale, enrichit l'un au détriment de l'autre, et entraîne, à la longue, la subversion de la société.

Aussi fut-ce d'après ce principe que le même Moïse voulut que toute dette fût périmée et cessât d'être exigible à chaque cinquantième année : ce qui voulait dire que cinquante années d'intérêt ou cinquante annuités, en supposant que le prêt eût été fait la première année après le jubilé, remboursaient le capital.

C'est pour cela que Solon, appelé à la présidence de la république par ses concitoyens, et chargé d'apaiser les troubles qui agitaient la cité, commença par abolir les dettes, c'est-à-dire par liquider toutes les usures. La gratuité du crédit fut pour lui la seule solution du problème révolutionnaire posé de son temps, la condition *sine quâ non* d'une république démocratique et sociale.

C'est pour cela, enfin, que Lycurgue, esprit peu versé dans les questions de crédit et de finance, poussant à l'extrême ses appréhensions, avait banni de Lacédémone le commerce et la monnaie : ne trouvant pas, contre la subalternisation des citoyens et l'exploitation de l'homme par l'homme, d'autre remède que cette solution Icarienne.

Mais tous ces efforts, mal concertés, plus mal encore secondés, des anciens moralistes et législateurs, devaient rester impuissants : Le mouvement usuraire les débordait, sans

cesse activé par le luxe et la guerre, et bientôt par l'analogie tirée de la propriété elle-même. D'un côté, l'état antagonique des peuples, entretenant les périls de la circulation,
fournissait sans cesse de nouveaux prétextes à l'usure : de
l'autre, l'égoïsme des castes régnantes, devait étouffer les
principes d'organisation égalitaire. A Tyr, à Carthage, à
Athènes, à Rome, partout dans l'antiquité comme de nos
jours, ce furent les hommes libres, les patriciens, les bourgeois, qui prirent l'usure sous leur protection, et exploitè-
rent, par le capital, la plèbe et les affranchis.

Le christianisme parut alors, et après quatre siècles de
combat, commença l'abolition de l'esclavage. C'est à cette
époque qu'il faut placer la grande généralisation du prêt à
intérêt sous la forme du bail à ferme et à loyer.

J'ai dit plus haut que, dans l'antiquité, le propriétaire
foncier, lorsqu'il ne faisait pas valoir par lui-même et par
sa famille, comme cela avait lieu chez les Romains, dans les
premiers temps de la république, exploitait par ses esclave-
ves : telle fut généralement la pratique des maisons patri-
ciennes. Alors le sol et l'esclave étaient enchaînés l'un à
l'autre; le colon était dit : *adscriptus glebæ*, attaché à la
glèbe : la propriété de l'homme et de la chose était indivise.
Le prix d'une métairie était à la fois en raison, 1° de la superficie et de la qualité du sol, 2° de la quantité du bétail,
3° du nombre des esclaves.

Quand l'émancipation de l'esclave fut proclamée, le propriétaire perdit l'homme et garda la terre; absolument,
comme aujourd'hui, en affranchissant les noirs, nous
réservons au maître la propriété du sol et du matériel.
Pourtant, au point de vue de l'antique jurisprudence,
comme du droit naturel et chrétien, l'homme, né pour le
travail, ne peut se passer d'instruments de travail ; le principe de l'émancipation impliquait une loi agraire qui en fût
la garantie et la sanction; sans cela, cette prétendue éman-

cipation n'était qu'un acte d'odieuse cruauté, une infâme hypocrisie. Et si, d'après Moïse, l'intérêt ou l'annuité du capital rembourse le capital, ne pouvait-on pas dire que le servage rembourse la propriété? Les théologiens et les légistes du temps ne le comprirent pas. Par une contradiction inexplicable, et qui dure encore, ils continuèrent à déblatérer contre l'usure, mais ils donnèrent l'absolution au fermage et au loyer.

Il résulta de là que l'esclave émancipé, et quelques siècles plus tard, le serf affranchi, sans moyens d'existence, dut se faire fermier et payer tribut. Le maître ne s'en trouva que plus riche. Je te fournirai, dit-il, la terre ; tu fourniras le travail : et nous partagerons. C'était une imitation rurale des us et coutumes du négoce : je te prêterai dix talents, disait au travailleur l'homme aux écus ; tu les feras valoir : et puis, ou nous partagerons le bénéfice ; ou bien, tant que tu garderas mon argent, tu me paieras un 20ᵉ ; ou bien, enfin, si tu l'aimes mieux, à l'échéance tu me rendras le double. De là naquit la rente foncière, inconnue des Russes et des Arabes. L'exploitation de l'homme par l'homme, grâce à cette métamorphose, passa en force de loi: l'usure, condamnée dans le prêt à intérêt, tolérée dans le contrat à la grosse, fut canonisée dans le fermage. Dès lors les progrès du commerce et de l'industrie ne servirent qu'à la faire entrer de plus en plus dans les mœurs. Il fallait qu'il en fût ainsi pour mettre en lumière toutes les variétés de la servitude et du vol, et poser la vraie formule de la liberté humaine.

Une fois engagée dans cette pratique de l'*interesse*, si étrangement compris, si abusivement appliqué, la société commença de tourner dans le cercle de ses misères. C'est alors que l'inégalité des conditions parut une loi de la civilisation, et le mal une nécessité de notre nature.

Deux issues, cependant, semblaient ouvertes aux travail-

leurs, pour s'affranchir de l'exploitation du capitaliste : c'é-
taient d'une part, comme nous l'avons dit plus haut, l'équi-
libration progressive des valeurs, et, par suite, la baisse de
prix des capitaux ; de l'autre, la réciprocité de l'intérêt.

Mais il est évident que le revenu du capital, représenté
surtout par l'argent, ne peut totalement s'annihiler par la
baisse ; car, comme vous le dites très-bien, Monsieur, si
mon capital ne doit me rapporter plus rien, au lieu de le
prêter, je le garde, et, pour avoir voulu refuser la dîme, le
travailleur chômera. Quant à la réciprocité des usures, on ·
conçoit, à toute force, qu'elle puisse exister d'entrepreneur
à entrepreneur, de capitaliste à capitaliste, de propriétaire à
propriétaire ; mais de propriétaire, capitaliste ou entrepreneur, à celui qui n'est qu'ouvrier, cette réciprocité est impossible. Il est impossible, dis-je, que, l'intérêt du capital
s'ajoutant, dans le commerce, au salaire de l'ouvrier pour
composer le prix de la marchandise, l'ouvrier puisse racheter ce qu'il a lui-même produit. *Vivre en travaillant* est un
principe qui, sous le régime de l'intérêt, implique contradiction.

La société une fois acculée dans cette impasse, l'absurdité de la théorie capitaliste est démontrée par l'absurdité
de ses conséquences ; l'iniquité, en soi, de l'intérêt résulte
de ses effets homicides ; et, tant que la propriété aura pour
corollaire et *postulatum* la rente et l'usure, son affinité avec
le vol sera établie. Peut-elle exister dans d'autres conditions? Quant à moi, je le nie; mais cette recherche est
étrangère à la question qui nous occupe en ce moment; et
je ne m'y engagerai point.

Considérez, maintenant, dans quelle situation se trouvent
à la fois, — par suite de l'invention de la monnaie, de la
prépondérance du numéraire, et de l'assimilation faite entre
le prêt d'argent et la location de la terre et des immeubles,
— et le capitaliste et le travailleur.

Le premier, — car je tiens à le justifier, même à vos yeux, — obligé par le préjugé monétaire, ne peut se dessaisir gratuitement de son capital en faveur de l'ouvrier. Non que ce dessaisissement lui cause une privation, puisque, dans ses mains, le capital est stérile ; non qu'il coure risque de le perdre, puisque, par les précautions de l'hypothèque, il est assuré du remboursement ; non que cette prestation lui coûte la moindre peine, à moins que vous ne considériez comme peine le compte des écus et la vérification du gage ; mais c'est qu'en se dessaisissant, pour un temps quelconque, de son argent, de cet argent qui, par sa prérogative, est, comme on l'a si justement dit, du *pouvoir*, le capitaliste diminue sa puissance et sa sécurité.

Ce serait tout autre chose, si l'or et l'argent n'étaient qu'une marchandise ordinaire, si l'on ne tenait pas plus à la possession des écus qu'à celle du blé, du vin, de l'huile ou du cuir ; si la simple faculté de travailler donnait à l'homme la même sécurité que la possession de l'argent. Sous ce monopole de la circulation et de l'échange, l'usure devient, pour le capitaliste, une nécessité. Son intention, devant la justice, n'est point incriminable : dès que son argent est sorti de son coffre, il n'est plus en sûreté.

Or, cette nécessité qui, par le fait d'un préjugé involontaire et universellement répandu, incombe au capitaliste, constitue pour le travailleur la plus indigne spoliation, comme la plus odieuse des tyrannies, la tyrannie de la force.

Quelles sont, en effet, pour la classe travailleuse, pour cette partie vivante, productrice, morale, des sociétés, les conséquences théoriques et pratiques du prêt à intérêt et de son analogue, le fermage ? Je me borne, pour aujourd'hui, à vous en énumérer quelques-unes, sur lesquelles j'appelle votre attention, et qui pourront, si vous y tenez, devenir l'objet ultérieur de notre débat.

C'est qu'en vertu du principe de l'intérêt, ou du produit *net*, un individu peut réellement et légitimement vivre sans travailler : c'est la conclusion de votre avant-dernière lettre, et telle est, en effet, la condition à laquelle aujourd'hui tout le monde aspire.

C'est que, si le principe du produit *net* est vrai de l'individu, il doit l'être aussi de la nation ; qu'ainsi, le capital mobilier et immobilier de la France, par exemple, étant évalué à 132 milliards, ce qui donne, à 5 pour 100 par an d'intérêt, 6 milliards 600 millions, la moitié au moins du peuple français pourrait, si elle voulait, vivre sans rien faire ; qu'en Angleterre, où le capital accumulé est beaucoup plus considérable qu'en France, et la population beaucoup moindre, il ne tiendrait qu'à la nation toute entière, depuis la reine Victoria jusqu'au dernier rattacheur de fils de Liverpool, de vivre en rentière, se promenant la canne à la main, ou grognant dans les meetings. Ce qui conduit à cette proposition, évidemment absurde, que, grâce à son capital, une nation a plus de revenu que son travail n'en produit.

C'est que la totalité des salaires en France, étant annuellement d'environ 6 milliards, et la somme des revenus du capital aussi de 6 milliards, ce qui porte à 12 milliards la valeur marchande de la production annuelle, le peuple producteur, qui est en même temps le peuple consommateur, peut et doit acheter, avec 6 milliards de salaires qui lui sont alloués, les 12 milliards que le commerce lui demande pour prix de ses marchandises, sans quoi le capitaliste se trouverait sans revenu.

C'est que l'intérêt étant de sa nature perpétuel, et ne pouvant, en aucun cas, ainsi que le voulait Moïse, être porté en remboursement du capital ; de plus, chaque année d'intérêt pouvant être replacée à usure, et former un nouveau prêt, et engendrer, par conséquent, un nouvel intérêt, le plus petit capital peut, avec le temps, produire des sommes prodigieuses, que ne représenterait pas même une masse d'or aussi grosse que le globe que nous habitons. Price l'a démontré dans sa théorie de l'amortissement.

C'est que la productivité du capital étant la cause immédiate, unique, de l'inégalité des fortunes et de l'accumulation incessante des capitaux dans un petit nombre de mains, il faut admettre, malgré le progrès des lumières, malgré la révélation chrétienne et l'extension des libertés publiques, que la société est naturellement et nécessairement divisée en deux castes, une caste de capitalistes exploiteurs, et une caste de travailleurs exploités.

C'est que ladite caste de capitalistes, disposant souverainement, par la prestation intéressée de ses capitaux, des instruments de production et des produits, a le droit, selon son bon plaisir, d'arrêter le travail et la circulation, comme nous la voyons faire depuis deux ans, au risque de faire mourir le peuple ; — de changer la direction naturelle des choses, comme cela se voit dans les États du Pape, où la terre cultivable est, depuis un temps immémorial, livrée, pour la convenance des propriétaires, à la vaine pâture, et où le peuple ne vit que des aumônes et de la curiosité des étrangers ; — de dire à une masse de citoyens : *Vous êtes de trop sur la terre ; au banquet de la vie, il n'y a pas de place pour vous*, comme fit la comtesse de Strafford, lorsqu'elle expulsa de ses domaines, en une seule fois, 17,000 paysans ; et comme fit, l'année dernière, le gouvernement français, quand il transporta en Algérie, 4,000 familles de bouches inutiles.

Je vous le demande à présent : si le préjugé de l'or, si la fatalité de l'institution monétaire excuse, justifie le capitaliste, n'est-il pas vrai qu'elle crée pour le travailleur ce régime de force brutale, qui ne se distingue de l'esclavage antique que par une plus profonde et une plus scélérate hypocrisie !

La FORCE, Monsieur, voilà le premier et le dernier mot d'une société organisée sur le principe de l'intérêt, et qui, depuis 3,000 ans, fait effort contre l'intérêt. Vous le constatez vous-même, sans retenue comme sans scrupule, quand vous reconnaissez avec moi que le capitaliste *ne se prive point ;* avec J. B. Say, que sa fonction est de *ne rien faire ;* quand vous lui faites tenir ce langage effronté que réprouve toute conscience humaine :

« Je ne vous impose rien malgré vous. Dès que vous ne
« voyez pas dans le prêt un service, abstenez-vous d'em-
« prunter, comme moi de prêter. Que si la *société* vous of-
« fre des *avantages* sans *rétribution*, adressez-vous à elle,
« c'est bien plus commode. Et quant à *organiser la circu-*
« *lation des capitaux*, ainsi que vous me sommez de le faire,
« si vous entendez par là que les miens vous arrivent gratis
« par l'intermédiaire de la société, j'ai contre ce procédé
« indirect tout juste les mêmes objections qui m'ont fait
« vous refuser le prêt direct et gratuit. »

Prenez-y garde, Monsieur ; le peuple n'est que trop disposé à croire que c'est uniquement par amour de ses priviléges que la caste capitaliste, en ce moment dominante, repousse l'organisation du crédit qu'il réclame ; et le jour où le mauvais vouloir de cette caste lui serait démontré, toute excuse disparaissant à ses yeux, sa vengeance ne connaîtrait plus de bornes.

Voulez-vous savoir quelle démoralisation épouvantable vous créez parmi les travailleurs, avec votre théorie du capital, qui n'est autre, comme je viens de vous le dire, que la théorie du droit de la FORCE ? Il me suffira de reproduire vos propres arguments. Vous aimez les apologues : je vais, pour concréter ma pensée, vous en proposer quelques-uns.

Un millionnaire se laisse tomber dans la rivière. Un prolétaire vient à passer ; le capitaliste lui fait signe : le dialogue suivant s'établit :

LE MILLIONNAIRE. Sauvez-moi, ou je péris.

LE PROLÉTAIRE. Je suis à vous, mais je veux pour ma peine un million.

LE MILLIONNAIRE. Un million pour tendre la main à ton frère qui se noie ! Qu'est-ce que cela te coûte ? Une heure de retard ! Je te rembourserai, je suis généreux, un quart de journée.

LE PROLÉTAIRE. Dites-moi, n'est-il pas vrai que je vous rends un service en vous tirant de là ?

LE MILLIONNAIRE. Oui.

LE PROLÉTAIRE. Tout service a-t-il droit à une récompense ?

LE MILLIONNAIRE. Oui.

LE PROLÉTAIRE. Ne suis-je pas libre ?

LE MILLIONNAIRE. Oui.

LE PROLÉTAIRE. Alors, je veux un million : c'est mon dernier prix. Je ne vous force pas, je ne vous impose rien malgré vous ; je ne vous empêche point de crier : *A la barque !* et d'appeler quelqu'un. Si le pêcheur, que j'aperçois là-bas, à une lieue d'ici, veut vous faire cet avantage sans rétribution, adressez-vous à lui : c'est plus commode.

LE MILLIONNAIRE. Malheureux ! tu abuses de ma position. La religion, la morale ! l'humanité !...

LE PROLÉTAIRE. Ceci regarde ma conscience. Au reste, l'heure m'appelle, finissons-en. Vivre prolétaire, ou mourir millionnaire : lequel voulez-vous ?

Sans doute, Monsieur, vous me direz que la religion, la morale, l'humanité, qui nous commandent de secourir notre semblable dans la détresse, n'ont rien de commun avec l'intérêt. Je le pense comme vous : mais que trouvez-vous à redire à l'exemple suivant ?

Un missionnaire anglais, allant à la conversion des infidèles, fait naufrage en route, et aborde dans un canot, avec sa femme et quatre enfants, à l'île de... — Robinson, propriétaire de cette île par droit de première occupation, par droit de conquête, par droit de travail, ajustant le naufragé avec son fusil, lui défend de porter atteinte à sa propriété. Mais comme Robinson est humain, qu'il a l'âme chrétienne, il veut bien indiquer à cette famille infortunée un rocher voisin, isolé au milieu des eaux, où elle pourra se sécher et reposer, sans crainte, de l'Océan.

Le rocher ne produisant rien, le naufragé prie Robinson de lui prêter sa bêche et un petit sac de semences.

J'y consens, dit Robinson ; mais à une condition : c'est que tu me rendras 99 boisseaux de blé sur 100 que tu récolteras.

LE NAUFRAGÉ. C'est une avanie ! Je vous rendrai ce que vous m'aurez prêté, et à charge de revanche.

ROBINSON. As-tu trouvé un grain de blé sur ton rocher ?

LE NAUFRAGÉ. Non.

ROBINSON. Est-ce que je te rends service en te donnant les moyens de cultiver ton île, et de vivre en travaillant ?

LE NAUFRAGÉ. Oui.

ROBINSON. Tout service mérite-t-il rémunération ?

LE NAUFRAGÉ. Oui.

ROBINSON. Eh bien ! la rémunération que je demande, c'est 99 pour 100. Voilà mon prix.

LE NAUFRAGÉ. Transigeons : je rendrai le sac de blé et la bêche, avec 5 pour 100 d'intérêt. C'est le taux légal.

ROBINSON. Oui, taux légal, lorsqu'il y a concurrence, et que la marchandise abonde, comme le prix légal du pain est de 30 centimes le kilogramme, quand il n'y a pas disette.

LE NAUFRAGÉ. 99 pour 100 de ma récolte ! mais c'est un vol, un brigandage !

ROBINSON. Est-ce que je te fais violence ? est-ce que je t'oblige à prendre ma bêche et mon blé ? Ne sommes-nous pas libres l'un et l'autre ?

LE NAUFRAGÉ. Il le faut. Je périrai à la tâche ; mais ma

femme, mes enfants!... Je consens à tout; je signe. Prêtez-moi, par-dessus le marché, votre scie et votre hache, pour que je me fasse une cabane.

ROBINSON. Oui-dà! J'ai besoin de ma hache et de ma scie. Il m'en a coûté huit jours de peine pour les fabriquer. Je te les prêterai cependant, mais à la condition que tu me donneras 99 planches sur 100 que tu fabriqueras.

LE NAUFRAGÉ. Eh parbleu! je vous rendrai votre hache et votre scie, et vous ferai cadeau de cinq de mes planches en reconnaissance de votre peine.

ROBINSON. Alors, je garde ma scie et ma hache. Je ne t'oblige point. Je suis libre.

LE NAUFRAGÉ. Mais vous ne croyez donc point en Dieu! Vous êtes un exploiteur de l'humanité, un malthusien, un juif!

ROBINSON. La religion, mon père, nous enseigne que « l'homme a une noble destination, qui n'est point circons-« crite dans l'étroit domaine de la production industrielle. « Quelle est cette fin? Ce n'est pas en ce moment le lieu de « soulever cette question. Mais, quelle qu'elle soit, ce que « je puis te dire, c'est que nous ne pouvons l'atteindre, si, « courbés sous le joug d'un travail inexorable et inces-« sant, il ne nous reste aucun loisir pour développer nos « organes, nos affections, notre intelligence, notre sens du « beau, ce qu'il y a de plus pur et de plus élevé dans notre « nature... Quelle est donc la puissance qui nous donnera « ce loisir bienfaisant, image et avant-goût de l'éternelle « félicité? C'est le capital. » J'ai travaillé jadis; j'ai épargné, précisément en vue de te prêter: tu feras un jour comme moi.

LE NAUFRAGÉ. Hypocrite!

ROBINSON. Tu m'injuries: adieu! Tu n'as qu'à couper les arbres avec tes dents, et scier tes planches avec tes ongles.

LE NAUFRAGÉ. Je cède à la force. Mais, du moins, faites-moi l'aumône de quelques médicaments pour ma pauvre fille qui est malade. Cela ne vous coûtera aucune peine; j'irai les cueillir moi-même dans votre propriété.

ROBINSON. Halte-là! ma propriété est sacrée. Je te défends d'y mettre le pied : sinon tu auras affaire avec ma carabine. Cependant, je suis bon homme; je te permets de venir cueillir tes herbes : mais tu m'amèneras ton autre fille, qui me paraît jolie...

LE NAUFRAGÉ. Infâme! tu oses tenir à un père un pareil langage!

ROBINSON. Est-ce un service que je vous rends à tous, à toi et à tes filles, en vous sauvant la vie par mes remèdes? Oui ou non?

LE NAUFRAGÉ. Assurément; mais le prix que tu y mets?

ROBINSON. Est-ce que je la prends de force, ta fille? — N'est-elle pas libre? ne l'es-tu pas toi-même?... Et puis, ne sera-t-elle pas heureuse de partager mes loisirs? Ne prendra-t-elle pas sa part du revenu que tu me paies? En faisant d'elle ma fille de compagnie, ne deviens-je pas votre bienfaiteur? Va, tu n'es qu'un ingrat!

LE NAUFRAGÉ. Arrête, propriétaire! J'aimerais mieux voir ma fille morte que déshonorée. Mais je la sacrifie pour sauver l'autre. Je ne te demande plus qu'une chose : c'est de me prêter tes outils de pêche; car avec le blé que tu nous laisses, il nous est impossible de vivre. Un de mes fils, en pêchant, nous procurera quelque supplément.

ROBINSON. Soit : je te rendrai encore ce service. Je ferai plus : je te débarrasserai de ton autre fils, et me chargerai de sa nourriture et de son éducation. Il faut que je lui apprenne à tirer le fusil, à manier le sabre, et à vivre comme moi, sans rien faire. Car, comme je me défie de vous tous, et que vous pourriez fort bien ne me pas payer, je suis bien aise, à l'occasion, d'avoir main-forte. Coquins de pauvres, qui prétendez qu'on vous prête sans intérêt! Impies, qui

11.

ne voulez pas de l'exploitation de l'homme par l'homme !

Un jour, Robinson, s'échauffant à la chasse, prend un refroidissement, et tombe malade. Sa concubine, dégoûtée de lui, et qui entretenait, avec son jeune compagnon, des relations intimes, lui dit : Je vous soignerai et vous guérirai, mais à une condition : c'est que vous me férez donation de tous vos biens. Autrement, je vous laisse.

ROBINSON. O toi que j'ai tant aimée, à qui j'ai sacrifié honneur, conscience, humanité, voudrais-tu me laisser sur le lit de douleur ?

LA-SERVANTE. Et moi, je ne vous aimais pas, c'est pour cela que je ne vous dois rien. Si vous m'avez entretenue, je vous ai livré ma personne : nous sommes quittes. Ne suis-je pas libre ? Et suis-je obligée, après vous avoir servi de maîtresse, de vous servir encore de garde-malade ?

ROBINSON. Mon enfant, ma chère enfant, je te prie, calme-toi. Sois bonne, sois douce, sois gentille ; je vais, en ta faveur, faire mon testament.

LA SERVANTE. Je veux une donation, ou je pars.

ROBINSON. Tu m'assassines ! Dieu et les hommes m'abandonnent. Malédiction sur l'univers ! Que le tonnerre m'écrase, et que l'enfer m'engloutisse !

Il meurt désespéré.

P. J. PROUDHON.

SEPTIÈME LETTRE.

F. BASTIAT A P. J. PROUDHON.

La preuve de l'impossibilité dispense d'examiner la possibilité. — Protestation contre le fatalisme. — Vérités immuables. — Jugement sur les pérégrinations à travers les champs de l'histoire. — Apologues retournés contre leur auteur. — Lois des capitaux résumées en cinq propositions.

24 décembre 1849.

La gratuité du crédit est-elle possible ?

La gratuité du crédit est-elle impossible ?

Il est clair que, résoudre une de ces questions, c'est résoudre l'autre.

Vous me reprochez de manquer à la charité parce que je maintiens le débat sur la seconde.

Voici mon motif :

Rechercher si la gratuité du crédit est *possible*, c'eût été me laisser entraîner à discuter la *Banque du Peuple*, l'impôt sur le capital, les *ateliers nationaux*, l'organisation du travail, en un mot, les mille moyens par lesquels chaque école prétend réaliser cette gratuité. Tandis que, pour s'assurer qu'elle est *impossible*, il suffisait d'analyser la nature intime du capital ; ce qui atteint mon but, et, à ce qu'il me semble, le vôtre.

On pose à Galilée cinquante arguments contre la rotation de la terre. Faut-il qu'il les réfute tous ? Non ; il prouve qu'elle tourne, et tout est dit : *E pur si muove.*

Comme novateur, dites-vous, j'ai droit à l'examen. — Sans doute ; mais, avant tout, la société, comme défenderesse, a droit qu'on lui prouve son tort. Vous traduisez le capital et l'intérêt au tribunal de l'opinion, les accusant d'injustice, de spoliation. A vous à prouver leur culpabilité ;

à eux à prouver leur innocence. — Vous avez, dites-vous, plusieurs moyens de les faire rentrer dans le droit. Il faut d'abord savoir s'ils en sont sortis. L'examen de vos inventions ne peut venir qu'après, puisqu'il suppose l'accusation fondée, ce qu'ils nient.

Cette marche est tellement logique, que vous y acquiescez en ces termes :

« Vraie ou fausse, légitime ou illégitime, morale ou im-
« morale, j'accepte l'usure, je l'approuve, je la loue même ;
« je renonce à toutes les illusions du socialisme, et me
« refais chrétien, si vous me démontrez que la prestation
« des capitaux, de même que la circulation des valeurs, ne
« saurait, en aucun cas, être gratuite. »

Or, que fais-je autre chose ? C'est bien là mon terrain : prouver que le capital porte en lui-même l'indestructible principe de la rémunérabilité.

Cette doctrine, vous l'avez d'abord combattue par la théorie des *contradictions*, ensuite par celle des *distinctions*. L'intérêt, avez-vous dit, a eu sa raison d'existence autrefois, il ne l'a plus aujourd'hui. Il fut un instrument d'égalité et de progrès, il n'est plus que vol et oppression. — Et, là-dessus, vous citez plusieurs institutions et usages d'abord légitimes et libéraux, devenus plus tard injustes et funestes à la liberté, entre autres, la torture, le jugement par l'eau bouillante, l'esclavage, etc.

Je repousse, quant à moi, ce fatalisme cruel qui consiste à justifier tous les excès comme ayant servi la cause de la civilisation. L'esclavage, la torture, les épreuves judiciaires, n'ont pas avancé, mais retardé la marche de l'humanité. Il en eût été de même de l'intérêt, s'il n'avait été, comme vous le dites, qu'un abus de la force.

En outre, s'il y a des choses qui changent, il y en a qui ne changent pas. Depuis la création, il a été vrai que les trois angles d'un triangle sont égaux à deux angles droits, et cela sera vrai jusqu'au jugement dernier et au delà. De même, il a toujours été vrai, il le sera toujours, que le *travail accumulé*, ou le capital, mérite récompense.

Vous comparez ma logique à celle d'un entrepreneur qui dirait : « Que m'importent la vapeur, la pression atmosphérique, l'électricité ? Prouver la légitimité du char à quatre roues, n'est-ce pas prouver que l'invention des chemins de fer est une chimère ? »

J'accepte la similitude ; mais voici comment :

Je reconnais que le chemin de fer est un progrès. Je me réjouis de ce qu'il fait baisser le prix des transports ; mais si l'on en voulait conclure à la *gratuité des transports*, si l'on disait : un prix quelconque pour les transports a pu être légitime autrefois, mais le temps est venu où ils doivent s'exécuter gratuitement, je répondrais : la conclusion est fausse. De progrès en progrès, ce prix peut diminuer sans cesse, mais il ne peut arriver à zéro, parce qu'il y aura toujours là une intervention de travail humain, un *service* humain, qui porte en lui-même le principe de la rémunérabilité.

De même, je reconnais que le loyer des capitaux va baissant en raison de leur abondance. Je le reconnais et m'en réjouis, car ils pénètrent ainsi de plus en plus dans toutes les classes, et les soulagent, pour chaque satisfaction donnée, du poids du travail. Mais, de cette baisse constante de l'intérêt, je ne puis conclure à son anéantissement absolu, parce que jamais les capitaux ne naîtront spontanément, qu'ils seront toujours un service plus ou moins grand, et que dès lors ils portent en eux-mêmes, ainsi que les transports, le principe de la rémunérabilité.

Ainsi, Monsieur, je ne vois aucun motif de déplacer ce débat au moment de le clore ; et il me semble qu'il n'est pas un de nos lecteurs qui ne considérât ma tâche comme remplie, si je prouvais ces propositions :

Tout capital (quelle que soit sa forme, moissons, outils, machines, maisons, etc.), tout capital résulte d'un travail antérieur, et féconde un travail ultérieur.

Parce qu'il résulte d'un travail antérieur, celui qui le cède reçoit une rémunération.

Parce qu'il féconde un travail ultérieur, celui qui l'emprunte doit une rémunération.

Et vous le dites vous-même : « Si la peine du créancier est zéro, l'intérêt doit devenir zéro. »

Donc, qu'avons-nous à rechercher? Ceci :

Est-il possible qu'un capital se forme sans peine?

Si c'est possible, j'ai tort; le crédit doit être gratuit.

Si c'est impossible, c'est vous qui avez tort, le capital doit être rémunéré. Vous avez beau faire; la question se réduit à ces termes : Le temps est-il arrivé, arrivera-t-il jamais où les capitaux écloront spontanément sans la participation d'aucun effort humain ?.

Mais, dans une revue rétrospective pleine de verve, vous élançant vers la Palestine, vers Athènes, Sparte, Tyr, Rome, Carthage, vous m'entraînez par la tangente hors du cercle où je ne puis vous retenir. Eh bien! avant d'y rentrer, j'essaierai, sinon de vous suivre, du moins de faire quelques pas avec vous.

Vous débutez ainsi :

« Ce qui fait que l'intérêt du capital, excusable, juste
« même au point de départ de l'économie des sociétés,
« devient, avec le développement des institutions indus-
« trielles, une vraie spoliation, un vol, c'est que cet intérêt
« n'a pas d'autre principe, d'autre raison d'être, que la
« nécessité et la force. La nécessité, voilà ce qui explique
« l'exigence du prêteur; la force, voilà ce qui fait la rési-
« gnation de l'emprunteur. Mais à mesure que, dans les re-
« lations humaines, la nécessité fait place à la vérité, et qu'à
« la force succède le droit, le capitaliste perd son excuse. »

Il perd plus que cela; il perd le seul titre que vous lui reconnaissez. Si, sous l'empire de la liberté et du droit, l'intérêt persiste, c'est sans doute qu'il a, quoi que vous en disiez, une autre *raison d'être* que la *force*.

En vérité, je ne comprends plus votre *distinguo*. Vous disiez : «.L'intérêt a été juste autrefois, il ne l'est plus aujourd'hui. » Et quelle raison en donnez-vous? Celle-ci : « Jadis la force régnait, aujourd'hui c'est le droit. » Loin de conclure de là que l'intérêt a passé de la légitimité à l'illégitimité, n'est-ce pas le contraire qui se déduit de vos prémisses?

Et certes, le fait confirmerait cette déduction; car l'usure a pu être odieuse quand on devenait capitaliste par la rapine, et l'intérêt est justifié depuis qu'on le devient par le travail.

« C'est dans le commerce de mer qu'il faut chercher « l'origine de l'intérêt. Le contrat à la grosse, variété ou « plutôt démembrement du contrat de pacotille, fut sa « première forme. »

Je crois que le capital a une nature qui lui est propre, parfaitement indépendante de l'élément par lequel les hommes exécutent leurs transports. Qu'ils voyagent et fassent voyager leurs marchandises par terre, par eau ou par l'air, en char, en barque ou en ballon, cela ne confère ni ne retire aucun droit au capital.

Il est d'ailleurs permis de penser que la pratique de l'intérêt a été antérieure à celle du commerce maritime. Très-probablement le patriarche Abraham ne prêtait pas des troupeaux sans se réserver une part quelconque dans le croît, et ceux qui, après le déluge, bâtirent à Babylone les premières maisons, n'en cédaient sans doute pas l'usage sans rétribution.

Eh quoi! Monsieur, ces transactions, qui ont prévalu et s'accomplissent volontairement depuis le commencement du monde, sous les noms de location, intérêt, fermage, baux, loyer, ne seraient pas sorties des entrailles mêmes de l'humanité! Elles seraient nées du *Contrat de pacotille!*

Ensuite, à propos du contrat à la grosse, vous faites une théorie du bénéfice qu'en vérité je crois inadmissible. — Mais la discuter ici, ce serait nous écarter du sujet.

Enfin vous arrivez à cette tige de toutes les erreurs économiques, à savoir : la confusion entre les capitaux et le numéraire; confusion à l'aide de laquelle il est aisé d'embrouiller la question. Mais vous n'y croyez pas vous-même, et je n'en veux pour preuve que ce que vous disiez naguère à M. Louis Blanc : « L'argent n'est pas une richesse pour la « société : c'est tout simplement un moyen de circulation « qui pourrait très-avantageusement être remplacé par du « papier, par une substance *de nulle valeur*. »

Veuillez donc croire que lorsque je parle de la productivité du capital (outils, instruments, etc.) mis en œuvre par le travail, je n'entends pas attribuer une merveilleuse vertu prolifique à l'argent.

Vous suivrai-je, Monsieur, en Palestine, à Athènes et Lacédémone? Vraiment, cela n'est pas nécessaire. Un mot seulement sur le *Non fœnerabis* de Moïse.

J'admire la dévotion qui a saisi certains socialistes (avec lesquels je ne vous confonds pas), depuis qu'ils ont découvert, à l'appui de leur thèse, quelques textes dans l'Ancien et le Nouveau Testament, les conciles et les Pères de l'Église. Je me permettrai de leur adresser cette question : Entendent-ils nous donner ces autorités comme infaillibles en matière de sciences et d'économie sociale?

Certes, ils n'iront pas jusqu'à me répondre : Nous tenons pour infaillibles les textes qui nous conviennent, et pour faillibles ceux qui ne nous conviennent pas. — Quand on invoque les livres sacrés, à ce titre et comme dépositaires de la volonté indiscutable de Dieu, il faut tout prendre, sous

peine de jouer une puérile comédie. Eh bien ! sans parler
d'une multitude de sentences de l'Ancien Testament, qui ne
peuvent, sans danger, être prises au pied de la lettre, il y
a, dans l'Evangile, d'autres textes que le fameux *Mutuum
date*, dont ils veulent déduire la gratuité du crédit, entre
autres ceux-ci :

« Heureux ceux qui pleurent.

« Heureux ceux qui souffrent.

« Il y aura toujours des pauvres parmi vous.

« Rendez à César ce qui appartient à César.

« Obéissez aux puissances.

« Ne vous préoccupez pas du lendemain.

« Faites comme le lis, qui ne file ni ne tisse.

« Faites comme l'oiseau, qui ne laboure ni ne sème.

« Si on vous frappe sur la joue gauche, tendez encore la
joue droite. .

« Si on vous vole votre manteau, donnez encore votre robe. »
Que diraient messieurs les socialistes, si nous fondions
sur un de ces textes la politique et l'économie sociale ?

Il est permis de croire que lorsque le fondateur du christianisme a dit à ses disciples : *Mutuum date*, il a entendu
leur donner un conseil de charité et non faire un cours d'é-
conomie politique. Jésus était charpentier, il travaillait
pour vivre. Dès lors, il ne pouvait faire du *don* une pres-
cription absolue. Je crois pouvoir ajouter, sans irrévérence,
qu'il se faisait payer très-légitimement, non-seulement pour
le travail consacré à faire des planches, mais aussi pour
le travail consacré à faire des scies et des rabots, c'est-à-dire
pour le capital.

Enfin, je ne dois pas laisser passer les deux apologues par
lesquels vous terminez votre lettre, sans vous faire observer
que, loin d'infirmer ma doctrine, ils condamnent la vôtre ;
car on n'en peut déduire la *gratuité du crédit* qu'à la condition d'en déduire aussi la *gratuité du travail*. Votre second

drame me porte un grand coup d'épée; mais, par le premier, vous m'avez charitablement muni d'une cuirasse à
toute épreuve.

En effet, par quel artifice voulez-vous m'amener à reconnaître qu'il est des circonstances où on est tenu en conscience
de prêter gratuitement? Vous imaginez une de ces situations
extraordinaires qui font taire tous les instincts personnels et
mettent en jeu le principe sympathique, la pitié, la commi-
sération, le dévouement, le sacrifice. — Un insulaire est
bien pourvu de toutes choses. Il rencontre des naufragés
que la mer a jetés nus sur la plage. Vous me demandez s'il
est permis à cet insulaire de tirer, dans son intérêt, tout le
parti possible de sa position, de pousser ses exigences jusqu'aux dernières limites, de demander mille pour cent de ses
capitaux, et même de les louer au prix de l'honneur.

Je vois le piège. Si je réponds : Oh! dans ce cas, il faut
voler, sans conditions, au secours de son frère, partager
avec lui jusqu'à la dernière bouchée de pain. Vous triom-
pherez, disant : Enfin mon adversaire a avoué qu'il est des
occasions où le crédit doit être gratuit.

Heureusement, vous m'avez fourni vous-même la réponse
dans le premier apologue, que j'aurais inventé, si vous ne
m'aviez prévenu.

Un homme passe sur le bord d'un fleuve. Il aperçoit un
de ses frères qui se noie, et, pour le sauver, n'a qu'à lui
tendre la main. Pourra-t-il, en conscience, profiter de l'occasion pour stipuler les conditions les plus extrêmes, pour
dire au malheureux qui se débat dans le torrent : Je suis
libre, je dispose de mon travail. Meurs, ou donne-moi toute
ta fortune !

Je me figure, Monsieur, que si un brave ouvrier se rencontre dans ces circonstances, il se jettera dans l'eau sans
hésiter, sans calculer, sans spéculer sur son salaire et même
sans y songer.

Mais ici, veuillez le remarquer, il n'est pas question de capital; il s'agit de travail. C'est du travail qui, en conscience, doit être sacrifié. Est-ce que vous déduirez de là, comme règle normale des transactions humaines, comme loi de l'économie politique, la *gratuité du travail?* Et parce que, dans un cas extrême, le service doit être gratuit, renoncerez-vous théoriquement à votre axiome : *mutualité des services?*

Et cependant, si de votre second apologue vous concluez qu'on est toujours tenu de *prêter* pour rien, du premier vous devez conclure qu'on est toujours obligé de *travailler* gratis.

La vérité est que, pour élucider une question d'économie politique, vous avez imaginé deux cas où toutes les lois de l'économie politique sont suspendues. Qui jamais a songé à nier que, dans certaines circonstances, nous ne soyons tenus de sacrifier capital, intérêt, travail, vie, réputation, affections, santé, etc.? Mais est-ce là la loi des transactions ordinaires? Et recourir à de tels exemples pour faire prévaloir la gratuité du crédit, ou la gratuité du travail, n'est-ce pas avouer son impuissance à faire résulter cette gratuité de la marche ordinaire des choses?

Vous recherchez, Monsieur, quelles sont, pour la classe travailleuse, les conséquences du prêt à intérêt, et vous en énumérez quelques-unes, m'invitant à en faire l'objet ultérieur de ce débat.

Je ne disconviens pas que, parmi vos objections, il n'y en ait de très-spécieuses et même de très-sérieuses. Il est même impossible, dans une lettre, de les relever une à une; j'essaierai de les réfuter toutes à la fois, par la simple exposition de la loi selon laquelle se répartissent, suivant moi, entre le capital et le travail, les produits de leur coopération; et c'est par là que je rentrerai dans ma modeste circonférence économique.

Permettez-moi d'établir cinq propositions qui me semblent susceptibles d'être mathématiquement démontrées.

1° *Le capital féconde le travail.*

Il est bien clair qu'on obtient de plus grands résultats
avec une charrue que sans charrue; avec une scie que sans
scie ; avec une route que sans route ; avec des approvisionnements que sans approvisionnements, etc., d'où nous pouvons conclure que l'intervention du capital accroît la masse
des produits à partager.

2° *Le capital est du travail.*

Charrues, scies, routes, approvisionnements, ne se font
pas tout seuls, et le travail à qui on les doit a droit à être
rémunéré.

Je suis obligé de rappeler ici ce que j'ai dit dans ma
dernière lettre sur la différence dans le mode de rétribution quand elle s'applique au capital ou au travail.

La peine que prend chaque jour le porteur d'eau doit lui
être payée par ceux qui profitent de cette peine quotidienne. Mais la peine qu'il a prise pour fabriquer sa brouette
et son tonneau doit lui être payée par un nombre indéterminé de consommateurs.

De même l'ensemencement, le labourage, le sarclage, la
moisson, ne regardent que la récolte actuelle. Mais les clôtures, les défrichements, les desséchements, les bâtisses entrent dans le prix de revient d'une série indéfinie de récoltes successives.

Autre chose est le travail actuel du cordonnier qui fait
des souliers, du tailleur qui fait des habits, du charpentier
qui fait des madriers, de l'avocat qui fait des mémoires;
autre chose est le travail accumulé qu'ont exigé la forme,
l'établi, la scie, l'étude du droit.

C'est pourquoi le travail de la première catégorie se ré-
munère par le salaire, celui de la seconde catégorie par les
combinaisons de l'intérêt et de l'amortissement, qui ne sont

autre chose qu'un salaire ingénieusement réparti sur une multitude de consommateurs.

3° *A mesure que le capital s'accroît l'intérêt baisse, mais de telle sorte que le revenu total du capitaliste augmente.*

Ce qui a lieu sans injustice et sans préjudice pour le travail, parce que, ainsi que nous allons le voir, l'excédant de revenu du capitaliste est pris sur l'excédant de produit dû au capital.

Ce que j'affirme ici, c'est que, quoique l'intérêt baisse, le revenu total du capitaliste augmente de toute nécessité, et voici comment :

Soit 100 le capital, et le taux de l'intérêt 5. Je dis que l'intérêt ne peut descendre à 4 sans que le capital s'accumule au moins au-dessus de 120. En effet, on ne serait pas stimulé à accroître le capital, s'il en devait résulter diminution, ou même stationnement du revenu. Il est absurde de dire que le capital étant 100 et le revenu 5, le capital peut être porté à 200 et le taux descendre à 2; car, dans le premier cas, on aurait 5 francs de rente, et dans le second on n'aurait que 4 francs. Le moyen serait trop simple et trop commode : on mangerait la moitié du capital pour faire reparaître le revenu.

Ainsi, quand l'intérêt baisse de 5 à 4, de 4 à 3, de 3 à 2, cela veut dire que le capital s'est accru de 100 à 200, de 200 à 400, de 400 à 800, et que le capitaliste touche successivement pour revenu 5, 8 et 12. Et le travail n'y perd rien, bien au contraire : car il n'avait à sa disposition qu'une force égale à 100, puis il a eu une force égale à 200, et enfin une force égale à 800, avec cette circonstance qu'il paie de moins en moins cher une quantité donnée de cette force.

Il suit de là que ces calculateurs sont bien malhabiles qui vont disant : « L'intérêt baisse, donc il doit cesser. » Eh morbleu ! il baisse, relativement à chaque 100 fr.; mais c'est justement parce que le nombre de 100 fr. augmente que l'intérêt baisse. Oui, le multiplicateur s'amoindrit, mais ce n'est que par la raison même qui fait grossir le multiplicande, et je défie le dieu de l'arithmétique lui-même d'en conclure que le produit arrivera ainsi à zéro (¹).

4° *A mesure que les capitaux augmentent* (et avec eux les

---

¹ Cette loi, d'une décroissance qui, quoique indéfinie, n'arrive jamais à zéro, loi bien connue des mathématiciens, gouverne une foule de phénomènes économiques et n'a pas été assez observée.

Citons-en un exemple familier.

Tout le monde sait que dans une grande ville, dans un quartier riche et populeux, on peut gagner davantage tout en réduisant les prix de vente. C'est ce qu'on exprime familièrement par cette locution : *Se retrouver sur la quantité.*

Supposons quatre marchands de couteaux, l'un au village, l'autre à Bayonne, le troisième à Bordeaux, le quatrième à Paris.

Nous pourrons avoir le tableau suivant :

	Nombre des couteaux vendus.	Bénéfice par couteau.	Bénéfice total.
Village.......	100	1 fr. »	100 fr.
Bayonne......	200	» 75	150
Bordeaux.....	400	» 50	200
Paris.........	1,000	» 25	250

On voit ici un multiplicateur (deuxième colonne) décroître sans cesse, parce que le multiplicande (première colonne) s'accroît toujours ; la progression constante du produit total (troisième colonne) exclut l'idée que le multiplicateur arrive jamais à zéro, alors même qu'on passerait de Paris à Londres, et à des villes de plus en plus grandes et riches.

Ce qu'il faut bien observer ici, c'est que l'acheteur n'a pas à se plaindre de l'accroissement progressif du bénéfice total réalisé par le marchand, car ce qui l'intéresse, lui acheteur, c'est le profit proportionnel prélevé sur lui comme rémunérateur du service rendu, et ce profit diminue sans cesse. Ainsi, à des points de vue divers, le vendeur et l'acheteur progressent en même temps.

C'est la loi des capitaux. Bien connue, elle révèle aussi l'harmonie des intérêts entre le capitaliste et le prolétaire, et leur progrès simultané.

produits), *la* PART ABSOLUE *qui revient au capital augmente,
et sa* PART PROPORTIONNELLE *diminue.*

Cela n'a plus besoin de démonstration. Le capital retire
successivement 5, 4, 3 pour chaque 100 fr. qu'il met dans
l'association ; donc son prélèvement *relatif* diminue. Mais
comme il met successivement dans l'association 100 fr.
200 fr., 400 fr., il se trouve qu'il retire, pour sa part totale,
d'abord 5, puis 8, ensuite 12, et ainsi de suite ; donc son
prélèvement *absolu* augmente.

5° *A mesure que les capitaux augmentent* (et avec eux les
produits), *la part proportionnelle et la part absolue du travail,
augmentent.*

Comment pourrait-il en être autrement ? puisque le capital voit grossir sa part absolue, encore qu'il ne prélève successivement que 1/2, 1/3, 1/4, 1/5 du produit total, le
travail, à qui successivement il revient 1/2, 2/3, 3/4, 4/5,
entre évidemment dans le partage pour une part progressive, dans le sens proportionnel comme dans le sens absolu.

La loi de cette répartition peut être figurée aux yeux par
les chiffres suivants, qui n'ont pas la prétention d'être précis, mais que je produis pour élucider ma pensée.

	Produit total.	Part du capital.	Part du travail.
1re période.	1000	1/2 ou 500	1/2 ou 500
2e —	1800	1/3 ou 600	2/3 ou 1200
3e —	2800	1/4 ou 700	3/4 ou 2100
4e —	4000	1/5 ou 800	4/5 ou 3200

On voit par là comment l'accroissement successif des
produits, correspondant à l'accumulation progressive des
capitaux, explique ce double phénomène, à savoir, que la
part absolue du capital augmente, encore que sa part proportionnelle diminue, tandis que la part du travail augmente
à la fois dans les deux sens.

De tout ce qui précède, il résulte ceci :

Pour que le sort des masses s'améliore, il faut que le loyer des capitaux baisse.

Pour que l'intérêt baisse, il faut que les capitaux se multiplient.

Pour que les capitaux se multiplient, il faut cinq choses : *activité*, *économie*, *liberté*, *paix* et *sécurité*.

Et ces biens, qui importent à tout le monde, importent encore plus à la classe ouvrière.

Ce n'est pas que je nie les souffrances des travailleurs, mais je dis qu'ils sont sur une fausse piste quand ils les attribuent à l'*infâme* capital.

Telle est ma doctrine. Je la livre avec confiance à la bonne foi des lecteurs. On a dit que je m'étais constitué l'avocat du *privilége capitaliste*. Ce n'est pas à moi, c'est à elle de répondre.

Cette doctrine, j'ose le dire, est consolante et concordante. Elle tend à l'union des classes ; elle montre l'accord des principes ; elle détruit l'antagonisme des personnes et des idées ; elle satisfait l'intelligence et le cœur.

En est-il de même de celle qui sert de nouveau pivot au socialisme ? qui dénie au capital tout droit à une récompense ? qui ne voit partout que contradiction, antagonisme et spoliation ? qui irrite les classes les unes contre les autres ? qui représente l'iniquité comme un fléau universel, dont tout homme, à quelque degré, est coupable et victime ?

Que si néanmoins le principe de la gratuité du crédit est vrai, il faut bien l'admettre : *Fiat justitia, ruat cœlum.* Mais s'il est faux !!

Quant à moi, je le tiens pour faux, et, en terminant, je vous remercie de m'avoir loyalement fourni l'occasion de le combattre.

FRÉDÉRIC BASTIAT.

NEUVIÈME LETTRE.

P. J. PROUDHON A F. BASTIAT.

Grave imputation. — Négation de cinq propositions. — Arguments tirés
des opérations de la Banque de France. — Méfaits de cette Banque.

31 décembre 1849.

Vous m'avez trompé.

J'attendais de vous une controverse sérieuse : vos lettres
ne sont qu'une perpétuelle et insipide mystification. Quand
vous auriez fait un pacte avec l'usure, pour embrouiller la
question et empêcher notre débat d'aboutir, en l'embarras-
sant d'incidents, de hors-d'œuvre, de vétilles et de chicanes,
vous n'eussiez pu vous y prendre autrement.

De quoi s'agit-il entre nous, s'il vous plaît? de savoir si
l'intérêt de l'argent doit ou non être aboli. Je vous l'ai dit
moi-même : c'est là le pivot du socialisme, la cheville ouvrière de la Révolution.

Une question préjudicielle s'élève donc tout d'abord, celle
de savoir si, en fait, il y a possibilité d'abolir cet intérêt.
Vous le niez; je l'affirme : lequel croire de nous deux? Évidemment, ni l'un ni l'autre. Il faut examiner la chose : voilà
ce que dicte le sens commun, ce que la plus simple notion
d'équité prescrit. Vous, au contraire, vous repoussez cet
examen. Depuis deux mois que nous avons ouvert, dans la
Voix du Peuple, cette assise solennelle où le capital devait
être jugé, et l'usure condamnée ou absoute, vous ne cessez
de me répéter sur tous les tons cette ritournelle :

« Le capital, tel que je le comprends, tel qu'il m'apparaît
dans sa nature intime, est productif. Cette conviction me
suffit : je ne veux pas en savoir davantage. D'ailleurs, vous
reconnaissez qu'en prêtant à intérêt, je rends service et ne

suis point voleur; qu'ai-je donc besoin de vous entendre?
Quand j'ai prouvé, dans mon système, que la gratuité du
crédit est impossible, et que vous accordez qu'un honnête
homme peut, en toute sûreté de conscience, tirer de son
fonds un revenu, vous devez tenir cette même gratuité pour
impossible. Ce qui est démontré vrai, dans un système, ne
peut devenir faux dans un autre : autrement, il faudrait dire
qu'une même chose peut être vraie et fausse tout à la fois,
ce que mon esprit se refuse absolument à comprendre. Je
ne sors pas de là. »

Où donc, monsieur, avez-vous appris, je ne dis pas à raisonner, car il appert dès le commencement de cette polémique que le raisonnement en vous se réduit à affirmer et
confirmer toujours votre proposition, sans infirmer celle de
votre adversaire, mais à discuter? Le dernier clerc de
procureur vous dirait qu'en tout débat, il faut examiner
successivement et contradictoirement le dire de chaque partie ; et, puisque nous avons pris le public pour juge, il est
évident qu'une fois votre système exposé et débattu, il faut
aborder le mien.

Avec vous les choses ne se passent point ainsi. Satisfait de
la concession que je vous ai faite, à savoir, que dans l'état
actuel des choses le prêt à intérêt ne peut être considéré
comme un acte illicite, vous tenez la nécessité de l'intérêt
pour démontrée; et là-dessus, sous prétexte que vous n'entendez rien à l'antinomie, me fermant la bouche, vous faites
défaut au débat. Est-ce discuter, je vous le demande?

Forcé par une conduite si étrange, je fais alors un pas
vers vous. Ma méthode de démonstration avait paru vous
faire quelque peine : je quitte cette méthode, et vous montre, en employant la forme ordinaire de raisonnement, que
tout change dans la société ; que ce qui à une époque fut un
progrès, à une autre devient une entrave; qu'ainsi, en faisant abstraction du temps, la même idée, le même fait,

change complétement de caractère, selon l'aspect sous lequel on le considère ; que rien n'empêche de croire que l'intérêt soit précisément dans ce cas ; qu'en conséquence votre fin de non-recevoir ne peut être admise, et qu'il faut décidément examiner avec moi l'hypothèse de la gratuité du crédit, de l'abolition de l'intérêt.

A cela que répondez-vous ? c'est à peine si j'ose vous le rappeler. Parce que, par égard pour vous, j'avais cru devoir changer de méthode, vous m'accusez, d'abord de *tergiversation*, ensuite de *fatalisme !* J'ai fait avec vous, permettez-moi cette comparaison, ce que le professeur de mathématiques fait avec ses élèves, lorsqu'à une démonstration difficile, il en substitue une autre plus saisissable à leur intelligence. Car, sachez-le bien, monsieur, la dialectique hégélienne, qui cependant n'est pas toute la logique, est au syllogisme et à l'induction ce que le calcul différentiel est à la géométrie ordinaire. Il vous est permis d'en rire ; c'est le droit de l'esprit humain de rire de tout ce qu'il a une fois compris et deviné ; mais il faut comprendre, sans quoi le rire n'est que la grimace de l'insensé. Et vous, pour prix de ma complaisance, vous me décernez le sarcasme : je ne suis, à vous entendre, qu'un sophiste. Est-ce sérieux ?

Je fais plus encore. Vous aviez dit, — je cite vos propres paroles : — *Montrez-moi comment l'intérêt, de légitime devient illégitime, et je consens à discuter la théorie du crédit gratuit.*

Pour satisfaire à ce désir, d'ailleurs très-légitime, je fais l'historique de l'intérêt, j'écris la biographie de l'usure. Je montre que cette pratique a sa cause dans un concours de circonstances politiques et économiques, indépendant de la volonté des contractants, et inévitable à l'origine des sociétés, savoir : 1° L'incommensurabilité des valeurs, résultant de la non-séparation des industries, et de l'absence des termes de comparaison ; 2° les risques du commerce ; 3° l'ha-

bitude, introduite de bonne heure parmi les négociants et
devenue peu à peu constante et générale, de compter un
excédant proportionnel à titre d'amende ou indemnité (*dom-
mage-intérêt*), à tout débiteur retardataire; 4° la prépondérance des métaux précieux et monnayés sur les autres
marchandises ; 5° la pratique combinée des contrats de *pacotille*, d'*assurance*, et *à la grosse ;* 6° enfin, l'établissement
de la rente foncière, imitée de l'intérêt de l'argent, et qui,
admise sans contestation par les casuistes, devait servir plus
tard à la justification de ce même intérêt.

Pour rendre la démonstration complète, je prouve ensuite, par un simple rapport arithmétique, que l'intérêt,
excusable comme *accident*, dans les conditions où il a pris
naissance, et où il s'est ensuite développé, devient absurde
et spoliateur, dès qu'on prétend le généraliser et en faire
une RÈGLE d'économie publique ; qu'il est en contradiction
formelle avec le principe économique, que dans la société
le produit *net* est identique au produit *brut*, en sorte que
tout prélèvement exercé par le capital sur le travail constitue, dans la balance sociale, une erreur de compte et une
impossibilité. Je prouve, enfin, que si, à une autre époque,
l'intérêt a servi de mobile à la circulation des capitaux, il
n'est plus aujourd'hui pour cette circulation, de même que
l'impôt sur le sel, le vin, le sucre, la viande, de même que
la douane elle-même, qu'une entrave ; que c'est à lui qu'il
faut rapporter la stagnation des affaires, le chômage de l'industrie, la détresse de l'agriculture, et l'imminence toujours
grandissante d'une banqueroute universelle.

Tout cela était d'histoire, de théorie et de pratique, comme
de calcul : vous avez remarqué vous-même que je n'avais
pas une seule fois fait appel, contre l'intérêt, à la fraternité,
à la philanthropie, à l'autorité de l'Evangile et des Pères de
l'Eglise. J'ai peu de foi à la philanthropie ; quant à l'Église,
elle n'a jamais rien entendu à cette matière, et sa casuisti-

que, depuis le Christ jusqu'à Pie IX, est tout simplement absurde. Absurde, dis-je, soit quand elle condamne l'intérêt, sans aucune considération des circonstances qui l'excusent, qui l'exigent; soit quand elle restreint ses anathèmes à l'usure d'argent, et fait, pour ainsi dire, acception de l'usure terrienne.

A cette exposition, dont vous avez vous-même apprécié l'intérêt, que répondez-vous, dans votre quatrième lettre ? — Rien.

Niez-vous l'histoire ? — Point.

Contestez-vous mes calculs ? — Non.

Que dites-vous donc ? — Vous rebattez votre éternel refrain : Celui qui prête rend service; dès lors il est prouvé que *le capital porte en soi l'indestructible principe de la rémunération*. Sur quoi, vous me donnez, comme expression de la sagesse des siècles, cinq ou six aphorismes, excellents pour endormir les mauvaises consciences, mais qui, je vous le prouverai tout à l'heure, sont tout ce que la routine la plus brute a fait jamais dire de plus absurde. Puis, faisant votre signe de croix, vous déclarez la discussion close. *Amen !*

Vous êtes économiste, monsieur Bastiat, membre de l'Académie des sciences morales et politiques, membre du comité des finances, membre du congrès de la Paix, membre de la ligue anglo-française pour le libre-échange, et, ce qui vaut mieux que tout cela, honnête homme et homme d'esprit. Eh bien ! je suis forcé, pour mettre à couvert votre intelligence et votre loyauté, de vous prouver, par A plus B, que vous ne savez pas le premier mot des choses dont vous avez entrepris de parler, ni du capital, ni de l'intérêt, ni du prix, ni de la valeur, ni de la circulation, ni de la finance, ni de toute l'économie politique, pas plus que de la métaphysique allemande.

Avez-vous, dans votre vie, entendu parler de la Banque de France ? Faites-moi le plaisir, quelque jour, d'y jeter le pied; ce n'est pas loin de l'Institut. Vous trouverez là

12.

M. d'Argout, qui, en fait de capital et d'intérêt, en sait plus que vous et que tous les économistes de Guillaumin. La Banque de France est une compagnie de capitalistes, formée, il y a une cinquantaine d'années, à la sollicitation de l'État, et par privilége de l'État, pour exercer l'usure sur tout le territoire de France. Depuis sa fondation, elle n'a cessé de prendre de continuels accroissements : la révolution de Février en a fait, par l'adjonction des banques départementales, le premier pouvoir de la République. Le principe sur lequel cette compagnie s'est formée est exactement le vôtre. Ils ont dit : Nous avons acquis nos capitaux par notre travail, ou par le travail de nos pères. Pourquoi donc, en les faisant servir à la circulation générale, en les mettant au service de notre pays, n'en tirerions-nous pas un salaire légitime, quand le propriétaire foncier tire un revenu de sa terre ; quand le constructeur de maisons tire loyer de ses maisons ; quand l'entrepreneur tire de sa marchandise un bénéfice supérieur aux frais de sa gestion ; quand l'ouvrier qui assemble nos parquets fait entrer dans le prix de sa journée un *quantum* pour l'usure de ses outils, lequel *quantum* dépasse assurément ce qui serait nécessaire pour amortir la somme qu'ils lui ont coûtée ?

Cette argumentation, vous le voyez, est on ne peut plus plausible. C'est celle qu'on a opposée de tout temps, et avec juste raison, à l'Église, quand elle a voulu condamner l'intérêt exclusivement à la rente ; c'est le thème qui revient dans chacune de vos lettres.

Or, savez-vous où ce beau raisonnement a conduit les actionnaires, que je tiens tous, ainsi que M. d'Argout, pour très-honnêtes gens, de la Banque de France ? — Au vol, oui, monsieur, au vol le plus manifeste, le plus éhonté, le plus détestable ; car c'est ce vol qui, lui seul, depuis Février, arrête le travail, empêche les affaires, fait périr le peuple du choléra, de la faim et du froid, et qui, dans le

but secret d'une restauration monarchique, souffle le désespoir parmi les classes travailleuses.

C'est ici surtout que je me propose de vous faire voir
comment l'intérêt, de légitime devient illégitime ; et, ce qui
vous surprendra bien davantage encore, comment le crédit
payé, dès l'instant qu'il ne se fait pas voler, qu'il ne réclame que le prix qui lui est légitimement dû, devient crédit gratuit.

Quel est le capital de la Banque de France ?

D'après le dernier inventaire, 90 millions.

Quel est le taux légal, convenu entre la Banque et l'Etat,
pour les escomptes ? — 4 p. 100 l'an.

Donc le produit annuel, légal et légitime de la Banque de
France, le juste prix de ses services, c'est, pour un capital
de 90 millions à 4 p. 100 l'an, 3 millions 600 mille francs
de revenu.

3,600,000 francs, voilà suivant la fiction de la productivité du capital, ce que le commerce français doit chaque
année à la Banque de France en rémunération de son capital, qui est de 90 millions.

Dans ces conditions, les actions de la Banque de France
sont comme des immeubles qui rendraient régulièrement
40 francs de revenu : émises à 1,000 francs, elles valent
1,000 francs.

Or, savez-vous ce qui arrive ?

Consultez le même inventaire : vous y verrez que lesdites
actions, au lieu d'être cotées 1,000 fr., le sont à 2,400. —
Elles étaient, la semaine dernière, à 2,445 ; et, pour peu que
le portefeuille se remplît, elles monteraient à 2,500 et
3,000 fr. — Ce qui veut dire que le capital de la Banque,
au lieu de lui rapporter 4 pour 100, taux légal et convenu,
produit 8, 10 et 12 pour 100.

Le capital de la Banque s'est donc doublé, triplé ? —
C'est, en effet, ce qui devrait avoir lieu d'après la théorie

énoncée dans vos troisième et quatrième propositions, savoir, que *l'intérêt baisse à mesure que le capital s'accroît,
mais de telle sorte que le revenu total du capitaliste augmente.*

Eh bien, il n'en est rien. Le capital de la Banque est resté
le même, 90 millions. Seulement, la Compagnie, en vertu
de son privilége, et à l'aide de son mécanisme financier, a
trouvé moyen d'opérer avec le commerce comme si son capital était, non plus seulement de 90 millions, mais de 450,
c'est-à-dire cinq fois plus grand.

Est-il possible, direz-vous? — Voici le procédé ; il est
fort simple, et j'en puis parler : c'est précisément un de
ceux que se proposait d'employer la *Banque du Peuple,*
pour arriver à l'annihilation de l'intérêt.

Pour éviter les ports d'espèces, et la manipulation encom-
brante des écus, la Banque de France fait usage de bons
de crédit, représentatifs de l'argent qu'elle a dans ses caves,
et qu'on appelle *Billets de Banque.* Ce sont ces billets
qu'elle remet d'ordinaire à ses clients, contre les lettres de
change et billets à ordre qu'ils lui portent, et dont elle se
charge d'opérer, sous garantie toutefois des tireurs comme
des tirés, le recouvrement.

.Le papier de la Banque a, de la sorte, un double gage :
le gage des écus qui sont dans la caisse, et le gage des valeurs de commerce qui sont dans le portefeuille. La sécurité
donnée par ce double gage est si grande, qu'il est reçu dans
le commerce de préférer le papier aux espèces, que chacun
aime autant savoir à la Banque que dans le tiroir de sa
commode.

.On conçoit même, en thèse absolue, qu'à l'aide de ce
procédé, la Banque de France puisse se passer entièrement
de capital et faire l'escompte sans numéraire : en effet, les
valeurs de commerce qu'elle reçoit à l'escompte, et contre
lesquelles elle donne ses billets, devant lui être remboursées,

à l'échéance, par pareille somme, soit en argent, soit en billets, il suffirait que les porteurs de billets n'eussent jamais la fantaisie de les convertir en écus, pour que le roulement s'effectuât tout en papier. Alors, la circulation aurait pour base, non plus le crédit de la Banque, dont le capital serait ainsi hors de service, mais le crédit public, par l'acceptation générale des billets.

Dans la pratique, les faits ne se passent pas tout à fait comme l'indique la théorie. Jamais on n'a vu le papier de Banque se substituer entièrement au numéraire ; il y a seulement *tendance* à cette substitution. Or, voici ce qui résulte de cette tendance.

La Banque spéculant, et avec pleine sécurité, sur le crédit public, sûre d'ailleurs de ses recouvrements, ne limite pas ses escomptes au montant de son encaisse ; elle émet toujours plus de billets qu'elle n'a d'argent : ce qui signifie que pour une partie de ses crédits, au lieu de remettre une valeur réelle et d'opérer un véritable change, elle ne fait qu'un transport d'écritures, ou virement de parties, sans aucun emploi de capital. Ce qui tient ici lieu de capital à la Banque, c'est, je le répète, l'usage établi, la confiance du commerce, en un mot, le crédit public.

Il semble donc qu'alors le taux de l'escompte doive baisser dans la proportion de la surémission des billets ; que si, par exemple, le capital de la Banque est 90 millions, et la somme des billets 112 millions, le capital fictif étant le quart du capital réel, l'intérêt de 4 pour 100 devra se réduire, pour les escomptes, à 3. Quoi de plus juste, en effet ? Le crédit public n'est-il pas une propriété publique ? Les billets surémis par la Banque n'ont-ils pas pour gage unique les obligations réciproques des citoyens ? L'acceptation de ce papier, sans gage métallique, ne repose-t-elle pas exclusivement sur leur confiance mutuelle ? N'est-ce pas cette confiance qui crée seule toute la probabilité du signe ? En quoi le capital de la Banque y est-il intervenu ? En quoi la garantie y paraît-elle ?

Vous pouvez déjà, par ce simple aperçu, juger combien est fausse votre proposition n° 3, suivant laquelle : baisse d'intérêt suppose augmentation corrélative de capitaux. Rien n'est plus faux que cette proposition : il est démontré, au contraire, par la théorie et par la pratique de toutes les banques, qu'une banque peut très-bien tirer un intérêt de 4 pour 100 de ses capitaux en mettant à 3 pour 100 le taux de ses escomptes : nous verrons tout à l'heure qu'elle peut descendre beaucoup plus bas.

Pourquoi donc la Banque, qui, avec 90 millions de capital, émet, par hypothèse, pour 112 millions de billets : qui, par conséquent, opère, à l'aide du crédit public, comme si son capital s'était accru de 90 millions à 112 ; pourquoi, dis-je, ne réduit-elle pas ses escomptes dans la même proportion ? Pourquoi cet intérêt de 4 pour 100, encaissé par la Banque, pour loyer d'un capital qui n'est pas le sien ? Me donnerez-vous une raison qui justifie ce trop perçu de 1 pour 100 sur 112 millions ? Quant à moi, monsieur,

J'appelle un chat un chat, et Rollet un fripon.

et je dis tout uniment que la Banque VOLE.

Mais ceci n'est rien.

Tandis que la Banque de France émet, en place d'écus, des billets, une partie de ses recouvrements continue à s'opérer en numéraire : en sorte que, le capital de fondation restant toujours le même, 90 millions, l'encaisse, soit le montant des espèces présentes à la Banque, s'élève progressivement à 100, 200, 300 millions : il est aujourd'hui de 431 millions !

Cette accumulation d'espèces, dont certaines gens ont la manie de s'affliger, est le fait décisif qui anéantit la théorie de l'intérêt, et qui démontre de la manière la plus palpable la nécessité du crédit gratuit. Il est facile de s'en rendre compte.

C'est un point admis en théorie, que l'échange des produits peut très-bien s'opérer sans monnaie : vous le reconnaissez vous-même, et tous les économistes le savent. Or, ce que démontre la théorie est justement ce que la pratique réalise sous nos yeux. La circulation fiduciaire remplaçant peu à peu la circulation métallique, le papier étant préféré à l'écu, le public aimant mieux s'acquitter avec le numéraire qu'avec les billets, et la Banque étant toujours provoquée, soit par les besoins de l'Etat qui lui emprunte, soit par ceux du commerce qui vient en masse à l'escompte, soit par toute autre cause, à faire sans cesse des émissions nouvelles ; il en résulte que l'or et l'argent sortent de la circulation et vont s'engouffrer à la Banque, et que là, s'ajoutant sans cesse à l'encaisse, la faculté de multiplier les billets devient littéralement illimitée.

C'est par cette conversion que l'encaisse de la Banque est arrivé à la somme énorme de 431 millions. De ce fait, il résulte que la compagnie de la Banque, malgré le renouvellement de son privilége, n'est plus seule en titre : elle a acquis, par le fait de l'augmentation de son encaisse, un associé plus puissant qu'elle : cet associé, c'est le pays, le pays, qui figure chaque semaine, dans le bilan de la Banque de France, pour un capital variable de 340 à 350 millions. Et, comme les intérêts sont conjoints et indivisibles, on peut dire, en toute vérité, que ce n'est plus la compagnie privilégiée de 1803, qui est banquière ; ce n'est pas non plus l'Etat qui lui a donné son brevet : c'est le commerce, c'est l'industrie, ce sont les producteurs, c'est toute la nation, qui, en acceptant le papier de la Banque, de préférence aux écus, l'a véritablement gagée, et fondée, à la place de l'ancienne Banque de France, au capital de 90 millions, une Banque nationale au capital de 431.

Un décret de l'Assemblée nationale, qui aurait pour objet de rembourser les actions de la Banque de France, et de la convertir en une Banque centrale, commanditée par tous les citoyens français, ne serait qu'une déclaration de ce fait, maintenant accompli, de l'absorption de la compagnie dans la nation.

Ceci posé, je reprends mon raisonnement de tout à l'heure.

L'intérêt, convenu entre la Compagnie et l'État, est 4 pour 100 l'an de son capital.

Ce capital est de 90 millions.

L'encaisse est aujourd'hui, 31 décembre 1849, de 431 millions ;

Le montant des billets émis, de 436 millions .

Le capital, réel ou fictif, sur lequel la Banque opère, ayant presque quintuplé, le taux de l'escompte devrait être réduit au cinquième de l'intérêt stipulé dans le contrat d'institution de la Banque, quelque chose comme 3/4 pour 100.

Vous devez vous apercevoir, monsieur, qu'il s'en faut que vos propositions soient aussi sûres que celles d'Euclide. Il n'est pas vrai, et les faits que je viens de vous citer le prouvent sans réplique, que l'intérêt ne baisse qu'au fur et à mesure de l'augmentation des capitaux. Entre le *prix* de la marchandise et l'*intérêt* du capital, il n'y a point la moindre analogie ; la loi de leurs oscillations n'est pas la même ; et tout ce que vous avez ressassé depuis six semaines, à propos du capital et de l'intérêt, est entièrement dépourvu de raison. La pratique universelle des banques et la raison spontanée du peuple vous donnent, sur tous ces points, le plus humiliant démenti.

Croiriez-vous maintenant, monsieur, car, en vérité, vous ne me paraissez au courant de rien, que la Banque de France, compagnie d'honnêtes gens, de philanthropes, d'hommes craignant Dieu, incapables de transiger avec leur conscience, continue à prendre 4 p. 100 sur tous ses escomptes, sans faire jouir le public de la plus légère bonification? Croiriez-vous que c'est sur ce pied de 4 p. 100 sur un capital de 431 millions, dont elle n'est pas propriétaire, qu'elle règle les dividendes de ses actionnaires, et qu'elle fait coter ses actions à la Bourse? Est-ce du vol, cela, oui ou non?

Nous ne sommes pas au bout. Je ne vous ai dit que la moindre partie des méfaits de cette société d'agioteurs, instituée par Napoléon tout exprès dans le but de faire fleurir le parasitisme gouvernemental et propriétaire, et de sucer le sang du peuple. Ce ne sont pas quelques millions de plus ou de moins qui peuvent atteindre d'une manière dangereuse un peuple de 36 millions d'hommes. Ce que je vous ai révélé des larcins de la Banque de France n'est que bagatelle : ce sont les conséquences qu'il faut surtout considérer.

La Banque de France tient aujourd'hui dans ses mains la fortune et la destinée du pays.

Si elle faisait remise à l'industrie et au commerce d'une différence sur le taux de ses escomptes, proportionnelle à l'augmentation de son encaisse; si, en autres termes, le prix de son crédit était réduit à 3/4 p. 100, ce qu'elle devrait faire pour s'exempter de tout vol, cette réduction produirait instantanément, sur toute la face de la République, et en Europe, des conséquences incalculables. Un livre ne suffirait pas à les énumérer : je me bornerai à vous en signaler quelques-unes.

Si donc le crédit de la Banque de France, devenue Banque nationale, était de 3/4 p. 100 au lieu de 4, les banquiers ordinaires, les notaires, les capitalistes, et jusqu'aux actionnaires de la Banque même, seraient bientôt forcés, par la concurrence, de réduire leurs intérêts, escomptes et dividendes au maximum de 1 p. 100, frais d'acte et commission compris. Quel mal, pensez-vous, ferait cette ré-

duction aux débiteurs chirographaires, ainsi qu'au commerce et à l'industrie, dont la charge annuelle, de ce seul
fait, est d'au moins deux milliards?

Si la circulation financière s'opérait à un taux d'escompte
représentant seulement les frais d'administration et de rédaction, enregistrement, etc., l'intérêt compté dans les
achats et ventes qui se font à terme, tomberait à son tour
de 6 p. 100 à zéro, ce qui veut dire qu'alors les affaires se
feraient au comptant : il n'y aurait plus de dettes. De combien pensez-vous encore que s'en trouverait diminué le
chiffre honteux des suspensions de payements, faillites et
banqueroutes ?

Mais, de même que dans la société le produit *net* ne se
distingue pas du produit *brut* ; de même, dans l'ensemble
des faits économiques, le capital ne se distingue pas du
produit. Ces deux termes ne désignent point en réalité
deux choses distinctes ; ils ne désignent que des relations.
Produit, c'est capital ; capital, c'est produit : il n'y a de différence entre eux que dans l'économie domestique ; elle est
nulle dans l'économie publique. Si donc l'intérêt, après
être tombé, pour le numéraire, à 3/4 p. 100, c'est-à-dire à
zéro, puisque 3/4 p. 100 ne représentent plus que le service
de la Banque, tombait encore à zéro pour les marchandises ;
par l'analogie des principes et des faits, il tomberait encore
à zéro pour les immeubles : le fermage et le loyer finiraient
par se confondre dans l'amortissement. — Croyez-vous,
monsieur, que cela empêchât d'habiter les maisons et de
cultiver la terre ?...

Si, grâce à cette réforme essentielle de l'appareil circula-
toire, le travail n'avait plus à payer au capital qu'un intérêt
représentant le juste prix du service que rend le capitaliste,
l'argent et les immeubles n'ayant plus aucune valeur reproductive, n'étant plus estimés que comme *produits*, comme
choses consommables et fongibles, la faveur qui s'attache à

l'argent et aux capitaux se porterait tout entière sur les produits ; chacun, au lieu de resserrer sa consommation, ne songerait qu'à l'étendre. Tandis qu'aujourd'hui, grâce à l'interdiction mise sur les objets de consommation par l'intérêt, le débouché reste toujours, et de beaucoup, insuffisant; ce serait la production qui, à son tour, ne suffirait pas : le travail serait donc de fait, comme de droit, garanti.

La classe travailleuse gagnant d'un seul coup 3 milliards environ d'intérêt, qu'on lui prend sur les 10 qu'elle produit, plus 5 milliards que le même intérêt lui fait perdre en chômage, plus 5 milliards que la classe parasite, coupée aux vivres, serait alors forcée de produire: la production nationale se trouverait doublée, et le bien-être du travailleur quadruplerait. — Et vous, monsieur, que le culte de l'intérêt n'empêche point d'élever votre pensée vers un autre monde, que dites-vous de cet amendement aux choses d'ici-bas? Est-il clair, à présent, que ce n'est pas la multiplication des capitaux qui fait baisser l'intérêt, mais bien, au contraire, la baisse de l'intérêt qui multiplie les capitaux ?

Mais tout cela déplaît à MM. les capitalistes, et n'est point du goût de la Banque. La Banque tient à la main la corne d'abondance que lui a confiée le peuple : ce sont ces 341 millions de numéraire accumulé dans ses caves, et qui témoignent si haut de la puissance du crédit public. Pour ranimer le travail et répandre partout la richesse, la Banque n'aurait à faire qu'une chose : ce serait de réduire le taux de ses escomptes au chiffre voulu pour la production d'un intérêt à 4 pour 100 sur 90 millions. Elle ne le veut pas. Pour quelques millions de plus à distribuer à ses actionnaires, et qu'elle vole, elle préfère faire perdre au pays, sur la production de chaque année, 10 milliards. Afin de payer le parasitisme, de solder les vices, d'assouvir la crapule de deux millions de fonctionnaires, d'agioteurs, d'usuriers, de prostituées, de mouchards, et d'entretenir cette lèpre du gouvernement, elle fera pourrir, s'il le faut, dans la misère, trente-quatre millions d'hommes. — Encore une fois, est-ce du vol, cela ? Est-ce de la rapine, du brigandage, de l'assassinat avec préméditation et guet-apens ?

Ai-je tout dit ? — Non ; j'en aurais pour dix volumes ; mais il faut en finir. Je terminerai par un trait qui me paraît, à moi, le chef-d'œuvre du genre, et sur lequel j'appelle toute votre attention. Avocat du capital, vous ne connaissez pas toutes les roueries du capital.

La somme de numéraire, je ne dirai pas existant, mais circulant en France, y compris l'encaisse de la Banque, ne dépasse pas, suivant l'évaluation la plus commune, 1 milliard.

A 4 pour 100 d'intérêt, — je raisonne toujours dans l'hypothèse du crédit payé, — c'est donc une somme de 40 millions que le peuple travailleur doit chaque année pour le service de ce capital.

Sauriez-vous, monsieur, me dire pourquoi, au lieu de 40 millions, nous payons 1,600 millions, — je dis *seize cents millions*, — le louage dudit capital ?

1,600 millions, 160 pour 100 ! dites-vous : Impossible !... — Quand je vous dis, monsieur, que vous n'entendez rien à l'économie politique. Voici le fait qui, pour vous, j'en suis sûr, est encore une énigme.

La somme des créances hypothécaires, d'après les auteurs les mieux informés, est de 12 milliards, quelques-uns la portent à 16 milliards, ci : 12 milliards.

Celle des créances chirographaires, au moins .6

La commandite, environ 2

A quoi il convient d'ajouter la dette publique, 8

Total. 28 milliards,

que l'agriculture, l'industrie, le commerce, en un mot, le travail, qui produit tout, et l'État, qui ne produit rien, et pour qui le travail paye, doivent au capital.

Toutes ces dettes, notez ce point, proviennent d'argent prêté, ou censé l'avoir été, qui à 4 pour 100, qui à 5, qui à 6, qui à 8, qui à 12, et jusqu'à 15.

Je prends pour moyenne de l'intérêt, en ce qui concerne les trois premières catégories, 6 pour 100 : soit donc, sur 20 milliards, 1,200 millions. — Ajoutez l'intérêt de la dette publique, environ 400 millions : en tout 1,600 millions d'intérêt annuel, pour un capital de 1 milliard.

Or çà, dites-moi, est-ce aussi la rareté de l'argent qui est cause de la multiplication exorbitante de ces usures? Non, puisque toutes ces sommes ont été prêtées, comme nous venons de le dire, à un taux moyen de 6 pour 100. Comment donc un intérêt, stipulé à 6 pour 100, est-il devenu un intérêt de 160 pour 100 ? Je m'en vais vous le dire.

Vous saurez, monsieur, vous qui croyez que tout capital est naturellement et nécessairement productif, que cette productivité n'a pas lieu également pour tous ; qu'elle ne s'exerce d'habitude que sous deux espèces, l'espèce dite immeubles (terre et maison), quand on en trouve le placement, ce qui n'est ni toujours facile, ni toujours sûr ; et l'espèce argent. L'argent, l'argent surtout ! Voilà le capital par excellence, le capital qui se prête, c'est-à-dire qui se loue, qui se fait payer, qui produit toutes ces merveilles financières, que nous voyons s'élaborer à la Banque, à la Bourse, dans tous les ateliers de l'usure et de l'intérêt.

Mais l'argent n'est point chose qui s'exploite comme la terre, ni qui se consomme par l'usage comme une maison ou un habit. Ce n'est pas autre chose qu'un *bon d'échange*, ayant créance chez tous les négociants et producteurs, et avec lequel, vous qui faites des sabots, vous pouvez vous procurer une casquette. En vain, par le ministère de la

Banque, le papier se substitue peu à peu, et du consentement de tous, au numéraire : le préjugé tient bon, et si le
papier de banque est reçu à l'égal de l'argent, c'est qu'on
se flatte de pouvoir, à volonté, l'échanger contre de l'argent.
On ne veut que de l'argent.

Lorsque je loue de l'argent, c'est donc, au fond, la faculté d'échanger mon produit, présent ou futur, mais non
encore vendu, que je loue : l'argent, en lui-même, m'est
inutile. Je ne le prends que pour le dépenser; je ne le consomme ni ne le cultive. L'échange conclu, l'argent redevient
disponible, capable, par conséquent, de donner lieu à une
nouvelle location. C'est aussi ce qui a lieu ; et comme, par
l'accumulation des intérêts, le capital argent, d'échange en
échange, revient toujours à sa source, il s'ensuit que la re-
location, toujours faite par la même main, profite toujours
au même personnage.

Direz-vous que, l'argent servant à l'échange des capitaux
et des produits, l'intérêt qu'on lui paye s'adresse moins à lui
qu'aux capitaux échangés ; et qu'ainsi 1,600 millions d'intérêts payés pour 1 milliard de numéraire, représentent en
réalité le loyer de 25 à 30 milliards de capitaux ? Cela a été
dit ou écrit quelque part par un économiste de votre
école [1].

Une pareille allégation ne peut se soutenir un instant.
D'où vient, je vous prie, que les maisons se louent, que les
terres s'afferment, que les marchandises vendues à terme
portent intérêt ? Cela vient précisément de l'usage de l'argent;
de l'argent, qui intervient, comme un agent fiscal, dans toutes

[1] Que M. Proudhon se soit fait illusion sur la valeur très-douteuse des
chiffres et des arguments employés dans cette lettre, cela se conçoit à la
rigueur. Mais il est bien difficile de regarder comme une erreur involontaire l'incroyable confusion qu'il fait ici entre *le numéraire* et *le capital*
de la nation.

(*Note de l'éditeur.*)

les transactions ; de l'argent, qui empêche les maisons et les terres, au lieu de se louer, de s'échanger, et les marchandises de se placer au comptant. L'argent donc, intervenant partout comme capital supplémentaire, agent de circulation, instrument de garantie, c'est bien lui qu'il s'agit de payer, c'est bien le service qu'il rend qu'il est question de rémunérer.

Et, puisque d'un autre côté nous avons vu, d'après l'exposé du mécanisme de la Banque de France et les conséquences de l'accumulation de son encaisse, qu'un capital de 90 millions espèces, devant produire un intérêt de 4 p. 100 l'an, ne comporte, selon la masse d'affaires traitées par la Banque, qu'un escompte de 3, de 2, de 1, de 3/4 p. 100, il est bien évident que les 1,600 millions d'intérêts que le peuple paye à ses usuriers, banquiers, rentiers, notaires et commanditaires ont uniquement pour objet d'acquitter le loyer d'un milliard, or et argent, à moins que vous ne préfériez reconnaître, avec moi, que ces 1,600 millions sont le produit du vol...

Je vous l'ai dit, monsieur, dès le commencement de cette dispute, et je le répète, il n'est jamais entré dans ma pensée d'accuser les hommes. Ce que j'incrimine, ce sont les idées et les institutions. Sous ce rapport, j'ai été, dans toute cette discussion, plus juste que l'Église, plus charitable que l'Évangile même. Vous avez vu avec quel soin j'ai séparé, dans la question du prêt à intérêt, l'homme de l'institution, la conscience de la théorie. Jamais je n'accuserai la société : en dépit de tous les crimes de mes semblables, et des vices de mon propre cœur, je crois à la sainteté du genre humain.

Cependant, quand je réfléchis que c'est contre des folies pareilles que la Révolution se débat aujourd'hui ; quand je vois des millions d'hommes sacrifiés à de si exécrables utopies, je suis près de céder à ma misanthropie, et je ne me sens plus le courage de la réfutation. Alors, j'essaye d'élever et d'ennoblir, par la sublimité de la dialectique, les misères de mon sujet : votre impitoyable routine me ramène sans cesse à la hideuse réalité.

La production à doubler,

Le bien-être du travailleur à quadrupler :

Voilà ce qu'en vingt-quatre heures, par une simple réforme de banque, nous pourrions, si nous le voulions, réaliser, sans dictature, sans communisme, sans phalanstère, sans Icarie et sans Triade. Un décret, en douze articles, de l'Assemblée nationale ; une simple déclaration de ce fait, que la Banque de France, par l'augmentation de son numéraire, est devenue Banque nationale ; qu'en conséquence elle doit fonctionner au nom et pour le compte de la nation, et le taux des escomptes être réduit à 3/4 p. 100, — et la Révolution est aux trois quarts faite.

Mais c'est ce que nous ne voulons pas, ce que nous refusons de comprendre, tant nos bavardages politiques et nos hâbleries parlementaires ont étouffé en nous à la fois le sens moral et le sens pratique ;

C'est ce que ne veut pas la Banque de France, citadelle du parasitisme ;

Ce que ne veut pas le gouvernement, créé tout exprès pour soutenir, protéger, encourager le parasitisme ;

Ce que ne veut pas la majorité de l'Assemblée nationale, composée de parasites et de fauteurs de parasites ;

Ce que ne veut pas la minorité, entêtée de gouvernement, et qui se demande ce que deviendra la société quand elle n'aura plus de parasites ;

Ce que ne veulent pas les socialistes eux-mêmes, prétendus révolutionnaires, à qui la liberté, l'égalité, la richesse, le travail, ne sont rien, s'il leur faut abandonner ou seulement ajourner leurs chimères, et renoncer à l'espoir du gouvernement ;

Ce que ne sait pas demander le prolétariat, ahuri de théories sociales, de toasts à l'amour et d'homélies fraternelles.

Va donc, capital ; va, continue d'exploiter ce misérable peuple ! Consume cette bourgeoisie hébétée, pressure l'ouvrier, rançonne le paysan, dévore l'enfance, prostitue la femme, et garde tes faveurs pour le lâche qui dénonce, pour le juge qui condamne, pour le soldat qui fusille, pour l'esclave qui applaudit. La morale des marchands de cochons est devenue celle des honnêtes gens. Malédiction sur mes contemporains !

P. J. PROUDHON.

DIXIÈME LETTRE.

F. BASTIAT A P. J. PROUDHON.

A qui le droit de se plaindre d'avoir été trompé ? Dialogue. — Les inductions tirées d'un établissement privilégié, la Banque de France, ne prouvent rien dans le débat. — Ouvertures conciliantes. — Prendre la liberté du crédit pour juge en dernier ressort de la question de gratuité. — Souvenir à l'antinomie.

6 janvier 1850.

Je vous ai trompé, dites-vous ; non, je me suis trompé.

Admis sous votre tente, à votre foyer, pour discuter, au milieu de vos propres amis, une question grave, si mes arguments tombaient sous votre critique, je devais croire, du moins, que ma personne vous serait sacrée. Vous négligez mes arguments et qualifiez ma personne. Je me suis trompé.

En écrivant dans votre journal, m'adressant à vos lecteurs, mon devoir était de me renfermer sévèrement dans le sujet en discussion. J'ai cru que, comprenant la gêne de

13.

ma position, vous vous croiriez tenu de vous imposer, chez vous, sous votre toit, la même gêne. — Je me suis trompé.

Je me disais : M. Proudhon a un esprit indépendant. Rien au monde ne l'entraînera à manquer aux devoirs de l'hospitalité. Mais M. Louis Blanc vous ayant fait honte de votre urbanité *envers un économiste*, vous en avez eu honte, en effet. — Je me suis trompé.

Je me disais encore : la discussion sera loyale. *Le droit à une rémunération est-il inhérent au capital comme au travail lui-même ?* Telle était la question à résoudre, afin d'en conclure pour ou contre la gratuité du crédit. Sans espérer tomber d'accord avec vous sur la solution, je croyais du moins que nous nous accorderions sur la question. Mais voici, chose étrange, que ce que vous me reprochez sans cesse avec amertume, presque avec colère, c'est de l'approfondir et de m'y renfermer. Nous avions avant tout à vérifier un PRINCIPE d'où dépend, selon vous, la valeur du socialisme, et vous redoutez la lumière que je cherche à concentrer sur ce principe. Vous êtes mal à l'aise sur le terrain du débat ; vous le fuyez sans cesse. — Je me suis trompé.

Quel singulier spectacle ne donnons-nous pas à nos lecteurs, et sans qu'il y ait de ma faute, par ce débat qui peut se résumer ainsi :

— Il fait jour.

— Il fait nuit.

— Voyez : le soleil brille au-dessus de l'horizon. Tous les hommes, sur la surface entière du pays, vont, viennent, marchent, se conduisent de manière à rendre témoignage à la lumière.

— Cela prouve qu'*il fait jour*. Mais j'affirme qu'en même temps *il fait nuit*.

— Comment cela se peut-il ?

— En vertu de la belle loi des *Contradictions*. N'avez-

vous pas lu *Kant*, et ne savez-vous pas qu'il n'y a de vrai au
monde que les propositions qui se contredisent ?

— Alors, cessons de discuter ; car, avec cette logique,
nous ne saurions nous entendre.

— Eh bien ! puisque vous ne comprenez pas la sublime
clarté des *contradictions*, je vais condescendre à votre ignorance et vous prouver ma thèse par la méthode des *distinctions*. Il y a du jour qui éclaire et du jour qui n'éclaire pas.

— Je ne suis pas plus avancé.

— Il me reste encore pour ressource le système des *di-
gressions*. Suivez-moi, et je vous ferai faire du chemin.

— Je n'ai pas à vous suivre. J'ai prouvé qu'*il fait jour ;*
vous en convenez, tout est dit.

— Vous ressassez toujours même assertion et mêmes
preuves : vous avez prouvé qu'*il fait jour*, soit ; maintenant, prouvez-moi qu'*il ne fait pas nuit*.

— Cela est-il sérieux ?

Quand un homme se lève, et, s'adressant au peuple, lui
dit : Le moment est venu où la *société* te doit le capital gratis,
où tu dois avoir des maisons, des outils, des instruments,
des matériaux, des approvisionnements *pour rien ;* quand
un homme, dis-je, tient ce langage, il doit s'attendre à rencontrer un adversaire qui lui demande quelle est la nature
intime du capital. Vous aurez beau invoquer la *contradiction*, la *distinction* et la *digression*, je vous ramènerai au
sujet principal et essentiel. C'est mon rôle ; et peut-être,
est-ce le vôtre de dire que je suis un ignorant opiniâtre, et
que je ne sais pas raisonner.

Car enfin, pour qu'il y ait entre nous une divergence si
profonde, il faut bien que nous ne nous entendions pas sur
la signification de ce mot : Capital.

Dans votre lettre du 17 décembre vous disiez : « Si la
peine du créancier est zéro, l'intérêt du créancier doit devenir zéro. »

Soit. Mais il en résulte ceci :

Si la peine du créancier est quelque chose, l'intérêt doit être quelque chose.

Prouvez donc que le temps est venu où les maisons, les outils, les provisions naissent spontanément. Hors de là, vous n'êtes pas fondé à dire que la peine du capitaliste est zéro, et que, par ce motif, sa rémunération doit être zéro.

En vérité, je ne sais pas ce que vous entendez par ce mot : Capital; car vous en donnez, dans votre lettre, deux définitions toutes différentes.

D'un côté, le capital d'une nation, ce serait le *numéraire* qu'elle possède. C'est de cette donnée que vous partez pour prouver que le taux de l'intérêt, en France, est de 160 pour 100. Vous calculez ainsi : La somme du numéraire est de un milliard. On paye pour les intérêts de toutes les dettes hypothécaires, chirographaires, commanditaires et publiques 1,600 millions. Donc le capital se fait payer au taux de 100 pour 100.

Il résulte de là qu'à vos yeux *capital* et *numéraire* c'est une seule et même chose.

Partant de cette donnée, je trouve votre évaluation de l'intérêt bien modérée. Vous eussiez dû dire que le capital prélève encore quelque chose sur le prix de tout produit, et vous seriez arrivé ainsi à estimer l'intérêt à 4 ou 500 pour 100.

Mais voici qu'après avoir raisonné de la sorte sur cette singulière définition du capital, vous la renversez vous-même en ces termes :

« Le capital ne se distingue pas du produit. Ces deux termes ne désignent point, en réalité, deux choses distinctes ; ils ne désignent que des relations. Produit, c'est capital ; capital, c'est produit. »

Voici une base autrement large que celle du numéraire. Si le Capital est le produit ou l'ensemble des produits (terres, maisons, marchandises, argent, etc.), assurément le capital national est de plus d'un milliard, et votre évaluation du taux de l'intérêt est un non-sens.

Convaincu que tout ce débat repose sur la notion du capital, souffrez que, au risque de vous ennuyer, je dise ce que j'en pense, non par voie de définition, mais par voie de description.

Un menuisier travaille pendant trois cents jours, gagne et dépense 5 fr. par jour.

Cela veut dire qu'il rend des services à la société et que la société lui rend des services équivalents, les uns et les autres estimés 1,500 fr., les pièces de cent sous n'étant ici qu'un moyen de faciliter les échanges.

Supposons que cet artisan économise 1 franc par jour. Qu'est-ce que cela signifie ? Cela signifie qu'il rend à la société des services pour 1,500 francs, et qu'il n'en retire actuellement des services que pour 1,200. Il acquiert le droit de puiser dans le milieu social, où, quand et sous la forme qu'il lui plaira, des services, bien et dûment gagnés, jusqu'à concurrence de 300 fr. Les soixante pièces de cent sous qu'il a conservées sont à la fois le titre et le moyen d'exécution de son droit.

Au bout de l'an, notre menuisier peut donc, s'il le juge à propos, revendiquer son droit acquis sur la société. Il peut lui demander des satisfactions. Il peut choisir entre le cabaret, le spectacle, la boutique ; il peut encore augmenter son outillage, acquérir des instruments plus parfaits, se mettre à même de rendre son travail ultérieur plus productif. C'est ce *droit acquis* que j'appelle *capital*.

Les choses en sont là, quand le forgeron, son voisin, vient dire au menuisier : Tu as acquis, par ton travail, tes économies, tes *avances*, le droit de retirer du milieu social des services jusqu'à concurrence de 300 fr. ; substitue-moi à ton droit pour un an ; car j'en userai de manière à avoir plus de marteaux, plus de fer, plus de houille, en un mot, à améliorer ma condition et mon industrie.

— Je suis dans le même cas, dit le menuisier; cependant je veux bien te céder mes droits et m'en priver pour un an, si tu veux me faire participer pour quelque chose à l'*excédant* des profits que tu vas faire.

Si ce marché, profitable aux deux parties, est librement conclu, qui osera le déclarer illégitime ?

Voilà donc l'intérêt défini, et, comme vous l'avez dit, il a dû se présenter, à l'origine, sous forme d'un partage de bénéfices, d'une part accordée au capital sur l'*excédant* des profits qu'il a aidé à réaliser.

C'est cette part afférente au capital que je dis être d'autant plus grande ou plus petite, que le capital lui-même est plus rare ou plus abondant.

Plus tard, les parties contractantes, pour leur commodité, pour n'avoir pas à se surveiller réciproquement, à débattre des comptes, etc., ont traité à *forfait* sur cette part. Comme le métayage s'est transformé en fermage, la prime incertaine de l'assurance en prime fixe ; de même l'intérêt, au lieu d'être une participation variable aux bénéfices, est devenu une rémunération déterminée. Il a un taux, et ce taux, grâce au ciel, tend à baisser en proportion de l'ordre, de l'activité, de l'économie, de la sécurité qui règnent dans la société !

Et certes, si vous voulez la gratuité du crédit, vous êtes tenu de prouver que le capital n'est pas né du travail de celui qui le prête et qu'il ne féconde pas le travail de celui qui l'emprunte.

Qu'on dise donc qui perd à cet arrangement. Est-ce le menuisier qui en tire un profit ? Est-ce le forgeron qui y trouve un moyen d'accroître la production et ne cède qu'une partie de l'excédant ? Est-ce un tiers quelconque dans la société ? Est-ce la société elle-même qui obtient de la forge plus de produits et des produits moins chers?

Il est vrai que les transactions relatives au capital peuvent donner lieu à des tromperies, à des abus de force ou de ruse, à des escroqueries, à des extorsions. L'ai-je jamais nié et est-ce là l'objet de notre débat? N'y a-t-il pas beaucoup de transactions relatives au travail, où le capital n'est pour rien, et auxquelles on peut adresser le même reproche? Et serait-il plus logique de conclure de ces abus, dans le premier cas, à la *gratuité du crédit*, que dans le second à la *gratuité du travail*?

Ceci m'amène à dire quelques mots de la nouvelle série d'arguments que vous cherchez dans les procédés de la Banque de France. Si même je me décide à revenir sur la résolution que j'avais prise de clore cette discussion, c'est que je suis bien aise de saisir cette occasion de protester énergiquement contre une imputation qui a été mal à propos dirigée contre moi.

On a dit que je m'étais constitué le défenseur du *privilége capitaliste*.

Non; je ne défends aucun privilége; je ne défends autre chose que les droits du capital considéré en lui-même. Vous serez assez juste, monsieur, pour reconnaître qu'il ne s'agissait pas entre nous de questions de faits particuliers, mais d'une question de science.

Ce que je défends, c'est la liberté des transactions.

Par votre théorie des *contradictions*, vous rendez contradictoire ce qui est identique, est-ce que vous voudriez aussi, par une théorie de *conciliation* non moins étrange, rendre identique ce qui est contradictoire; par exemple, la liberté et le privilége?

Qu'avait donc à faire le privilége de la Banque de France dans notre débat? Quand, où ai-je justifié ce privilége et le mal qu'il engendre? Ce mal a-t-il été contesté par aucun de mes amis? Lisez plutôt le livre de M. Ch. Coquelin.

Mais quand, pour atteindre la légitime rémunération du capital, vous frappez les illégitimes extorsions du privilége, cet artifiçe ne renferme-t-il pas l'aveu que vous êtes impuissant contre les droits du Capital exercés sous l'empire de la liberté?

L'émission d'une chose que le public recherche, — à savoir, les *Bons au porteur*, — est interdite à tous les Français, hors un. Ce privilége met celui qui en est investi en situation de faire de gros profits. Quel rapport cela a-t-il avec la question de savoir si le capital a droit de recevoir une récompense *librement* consentie?

Remarquez ceci : le capital, qui, comme vous dites, ne se distingue pas du produit, représente du travail, tellement que, depuis le début de cette discussion, vous ne portez jamais un coup à l'un qui ne retombe sur l'autre ; c'est ce que je vous ai montré, dans ma dernière lettre, à propos de deux apologues : Pour prouver qu'il est des cas où on est tenu, en conscience, de prêter gratis, vous supposez un riche capitaliste en face d'un pauvre naufragé. — Et vous-même, un instant avant, vous aviez placé un ouvrier en présence d'un capitaliste près d'être englouti dans les flots. Que s'ensuit-il? qu'il est des circonstances où le capital, comme le travail, doivent se *donner*. Mais on n'en peut pas plus conclure à la gratuité normale de l'un, qu'à la gratuité normale de l'autre.

Maintenant, vous me parlez des méfaits du capital, et me citez en exemple un *capital privilégié*. Je vous répondrai, en vous citant du *travail privilégié*.

Je suppose qu'un réformateur, plus radical que vous, se lève au milieu du peuple et lui dise : « Le travail doit être gratuit ; le salaire est un vol. *Mutuum date, nil indè sperantes.* Et, pour vous prouver que les produits du travail sont illégitimes, je vous signale cet agent de change qui exploite le privilége exclusif de faire des courtages, ce boucher qui a le droit exclusif d'alimenter la ville, ce fabricant qui a fait fermer toutes les boutiques, excepté la sienne : vous voyez bien que le travail ne porte pas en lui-même le principe de la rémunération, qu'il vole tout ce qu'on lui paye, et que le salaire doit être aboli. »

Assurément, en entendant le réformateur assimiler les rétributions *forcées* aux rétributions *libres*, vous seriez fondé à lui adresser cette question : Où avez-vous appris à raisonner?

Eh bien ! monsieur, si vous concluez du privilége de la Banque à la gratuité du crédit, je crois pouvoir retourner contre vous cette question que vous m'adressez dans votre dernière lettre : Où avez-vous appris à raisonner ?

« Dans Hégel, direz-vous. Il m'a fourni une logique infaillible. » Malebranche aussi avait imaginé une méthode de raisonnement, au moyen de laquelle il ne devait jamais se tromper... et il s'est trompé toute sa vie, au point qu'on a pu dire de ce philosophe :

> Lui qui voit tout en Dieu, n'y voit pas qu'il est fou.

Laissons donc là la Banque de France. Que vous appréciiez bien ou mal ses torts, que vous exagériez ou non son action funeste, elle a un privilége, cela suffit pour qu'elle ne puisse en rien éclairer ce débat.

Peut-être, néanmoins, pourrions-nous trouver là un terrain de conciliation. N'y a-t-il pas un point sur leque lnous sommes d'accord? C'est de réclamer et poursuivre avec énergie la liberté des transactions, aussi bien celles qui sont relatives aux capitaux, au numéraire, aux billets de banque, que toutes les autres. Je voudrais qu'on pût librement ouvrir partout des boutiques d'argent, des bureaux de prêt et d'emprunt, comme on ouvre boutique de souliers ou de comestibles.

Vous croyez à la gratuité du crédit; je n'y crois pas. Mais

enfin, à quoi bon disputer, si nous sommes d'accord sur ce fait que les transactions de crédit doivent être libres?

Assurément, s'il est dans la nature du capital de se prêter gratuitement, ce sera sous le régime de la liberté, et sans doute vous ne demandez pas cette révolution à la contrainte.

Attaquons donc le privilége de la Banque de France, ainsi que tous les priviléges. Réalisons la liberté et laissons-la agir. Si vous avez raison, s'il est dans la nature du crédit d'être gratuit, la liberté développera cette nature, — et soyez bien convaincu que je serai, si je vis encore, le premier à m'en réjouir. J'emprunterai gratis, et pour le reste de mes jours, une belle maison sur le boulevard, avec un mobilier assorti et un million au bout. Mon exemple sera sans doute contagieux, et il y aura force emprunteurs dans le monde. Pourvu que les prêteurs ne fassent pas défaut, nous mènerons tous joyeuse vie.

Et puisque le sujet m'y entraîne, voulez-vous, tout profane que je suis, que je dise un mot, en terminant, de la métaphysique des *antinomies ?* Je n'ai pas étudié Hégel, mais je vous ai lu, et voici l'idée que je m'en suis formée.

Oui, il est une multitude de choses dont on peut dire avec vérité qu'elles sont un *bien* et un *mal*, selon qu'on les considère dans leur rapport avec l'infirmité humaine ou au point de vue de la perfection absolue.

Nos jambes sont un bien, car elles nous permettent de nous transporter d'un lieu à un autre. Elles sont un mal aussi, car elles attestent que nous n'avons pas le don de l'ubiquité.

Il en est ainsi de tout remède douloureux et efficace; il est un bien et un mal : un bien parce qu'il est efficace ; un mal parce qu'il est douloureux.

Il est donc vrai que l'on peut voir des *antinomies* dans chacune de ces idées : *Capital, intérêt, propriété, concurrence, machines, État, travail*, etc.

Oui, si l'homme était absolument parfait, il n'aurait pas à payer d'intérêts, car les capitaux naîtraient pour lui spontanément et sans mesure, ou plutôt il n'aurait pas besoin de capitaux.

Oui, si l'homme était absolument parfait, il n'aurait pas à travailler : un *fiat* suffirait à satisfaire ses désirs.

Oui, si l'homme était absolument parfait, nous n'aurions que faire de gouvernement ni d'État. Comme il n'y aurait pas de procès, il ne faudrait pas de juges. Comme il n'y aurait ni crimes ni délits, il ne faudrait pas de police. Comme il n'y aurait pas de guerres, il ne faudrait pas d'armées.

Oui, si l'homme était absolument parfait, il n'y aurait pas de propriété, car chacun ayant, comme Dieu, la plénitude des satisfactions, on ne pourrait imaginer la distinction du *tien* et du *mien*.

Les choses étant ainsi, on conçoit qu'une métaphysique subtile, abusant du dogme incontestable de la perfectibilité humaine, vienne dire : Nous marchons vers un temps où le crédit sera gratuit, où l'État sera anéanti. Ce n'est même qu'alors que la société sera parfaite, car les idées *intérêt*, *État*, sont exclusives de l'idée : *Perfection*.

Autant elle en pourrait dire des idées : *travail, bras, jambes, yeux, estomac, intelligence, vertu*, etc.

Et certes, cette métaphysique tomberait dans le plus grossier sophisme, si elle ajoutait : Puisque la société ne sera arrivée à la perfection que lorsqu'elle ne connaîtra plus l'intérêt et l'État, supprimons l'État et l'intérêt, et nous aurons la société parfaite.

C'est comme si elle disait : Puisque l'homme n'aura plus que faire de ses jambes quand il aura le don de l'ubiquité, pour le rendre ubiquiste, coupons-lui les jambes.

Le sophisme consiste à dissimuler que ce qu'on nomme ici un mal est un remède; que ce n'est pas la suppression du remède qui fait la perfection, que c'est, au contrai re, la perfection qui rend le remède inutile [1].

Mais on conçoit combien la métaphysique dont je parle peut troubler et égarer les esprits, si elle est habilement maniée par un vigoureux publiciste.

Il lui sera aisé, en effet, de montrer, tour à tour, comme un *bien* et comme un *mal*, la propriété, la liberté, le travail, les machines, le capital, l'intérêt, la magistrature, l'État.

Il pourra intituler son livre : *Contradictions économiques*. Tout y sera alternativement attaqué et défendu. Le faux y revêtira toujours les couleurs du vrai. Si l'auteur est un grand écrivain, il couvrira les principes du bouclier le plus solide, en même temps qu'il tournera contre eux les armes les plus dangereuses.

Son livre sera un inépuisable arsenal pour et contre toutes les causes. Le lecteur arrivera au bout sans savoir où est la vérité, où est l'erreur. Effrayé de se sentir envahi par le scepticisme, il implorera le maître et lui dira ce qu'on disait à Kant : *De grâce, dégagez l'inconnue.* Mais l'inconnue ne se dégagera pas.

Que si, jouteur téméraire, vous entrez dans la lice, vous ne saurez par où prendre le terrible athlète, car celui-ci s'est ménagé, par son système, un monde de refuges.

Lui direz-vous : Je viens défendre la propriété ? Il vous répondra : Je l'ai défendue mieux que vous. — Et cela est vrai. Lui direz-vous : Je viens attaquer la propriété ? Il vous répondra : Je l'ai attaquée avant vous. — Et c'est encore vrai. Soyez pour ou contre le crédit, l'État, le travail, la religion, vous le trouverez toujours prêt à approuver ou à contredire, son livre à la main.

Et tout cela, pour avoir faussement conclu de la perfecti-

---

[1] L'auteur avait déjà présenté, sous une autre forme, la réfutation de ce sophisme. Voy. page 57.　　　　　(*Note de l'éditeur.*)

bilité indéfinie à la perfection absolue, ce qui n'est, certes jamais permis, quand on traite de l'homme.

Mais ce que vous pouvez dire, monsieur Proudhon, et ce que ma faible voix répétera avec vous, c'est ceci : Approchons de la perfection, pour rendre de plus en plus inutiles l'intérêt, l'État, le travail, tous les remèdes onéreux et ouloureux.

Créons autour de nous l'ordre, la sécurité, les habitudes d'économie et de tempérance, afin que les capitaux se multiplient et que l'INTÉRÊT baisse.

Créons parmi nous l'esprit de justice, de paix et de concorde, afin de rendre de plus en plus inutiles l'armée, la marine, la police, la magistrature, la répression, en un mot l'ÉTAT.

Et surtout, réalisons la LIBERTÉ, par qui s'engendrent toutes les puissances civilisatrices.

Aujourd'hui même, 6 janvier 1850, *la Voix du Peuple* interpelle *la Patrie* en ces termes :

« La *Patrie* veut-elle demander avec nous la suppression du privilége des banques, la suppression des monopoles des notaires, des agents de change, des avoués, des huissiers, des imprimeurs, des boulangers; la liberté du transport des lettres, de la fabrication des sels, des poudres et des tabacs; l'abolition de la loi sur les coalitions, l'abolition de la douane, de l'octroi, de l'impôt sur les boissons, de l'impôt sur les sucres? La *Patrie* veut-elle appuyer l'impôt sur le capital, le seul proportionnel; le licenciement de l'armée et son remplacement par la garde nationale; la substitution du jury à la magistrature, la liberté de l'enseignement à tous les degrés? »

C'est mon programme; je n'en eus jamais d'autre. Qu'en résulte-t-il? C'est que le capital doit se prêter non *gratuitement*, mais *librement*.

FRÉDÉRIC BASTIAT.

ONZIÈME LETTRE.

P. J. PROUDHON A F. BASTIAT.

Maintien de l'imputation d'ignorance. — Définition du CAPITAL substituée aux définitions inexactes des économistes. — Appel à l'autorité de la tenue des livres en partie double. — Comptabilité des classes sociales. — Preuve qui en dérive. — Concession conciliante sur le risque des capitaux. — Révolution politique, économique et scientifique.

21 janvier 1850.

Vous ne m'avez pas trompé : le ton de bonne foi et d'extrême sincérité, qui éclate à chaque ligne de votre dernière lettre, m'en est une preuve. Aussi est-ce avec une joie bien franche que je rétracte mes paroles.

Je ne vous ai pas trompé non plus; je n'ai pas manqué, comme vous dites, au devoir de l'hospitalité. Toutes vos lettres ont été, comme je l'avais promis, religieusement insérées dans *la Voix du Peuple*, sans réserves, sans réflexions, sans commentaires. De mon côté, j'ai fait les plus grands efforts pour donner à la discussion une marche régulière, me plaçant, pour cela, tantôt dans la métaphysique, tantôt dans l'histoire, tantôt, enfin, dans la pratique, dans la routine même. Vous seul, et nos lecteurs en sont témoins, avez résisté à toute espèce de méthode. Enfin, quant au ton général de notre polémique, vous reconnaissez que la manière dont j'en ai usé avec vous défenseur du capital, a fait envie à ceux de mes coreligionnaires qui soutiennent en ce moment contre moi une cause plus malheureuse encore que celle de l'intérêt, et qui, par malheur, ont à défendre, dans cette cause, quelque chose de plus que leur opinion, qui ont à venger leur amour-propre. Si, dans ma dernière réplique, mon style s'est empreint de quelque amertume, vous ne devez l'attribuer qu'à l'impatience, certes bien naturelle, où j'étais de voir mes efforts se briser sans cesse contre cette obstination, cette force d'inertie intellectuelle qui, ne faisant compte ni de la philosophie, ni du progrès, ni de la finance, se borne à reproduire éternellement cette question puérile : Quand j'ai épargné cent écus, et que pouvant les utiliser dans mon industrie, je les prête moyennant intérêt ou part de bénéfice, est-ce que je vole?...

Je rends donc pleine justice à votre loyauté ; j'ose dire que ma courtoisie vis-à-vis de vous ne s'est pas démentie un instant. Mais, aujourd'hui plus que jamais, je suis forcé d'insister sur mon dernier jugement : Non, monsieur Bastiat, vous ne savez pas l'économie politique.

Laissons de côté, je vous prie, la loi de contradiction, à laquelle, décidément, votre esprit répugne ; laissons l'histoire, ou plutôt le progrès, dont vous méconnaissez la tendance, dont vous récusez l'autorité ; laissons la Banque, au moyen de laquelle je vous prouve que l'on peut, sans y rien changer, réduire instantanément l'intérêt des capitaux à 1/2 pour 100. Je vais, puisque tel est votre désir, me renfermer dans la notion pure du capital. J'analyserai cette notion ; j'en ferai, au point de vue de l'intérêt, la déduction théorique et mathématique ; après avoir établi ma thèse par la métaphysique, par l'histoire et par la Banque, je l'établirai une quatrième fois ; je justifierai chacune de mes assertions, par la comptabilité, cette science modeste et trop dédaignée, qui est à l'économie sociale ce que l'algèbre est à la géométrie. Peut-être, cette fois, mon esprit parviendra-t-il à saisir le vôtre : mais qui me garantit que vous n'allez pas me reprocher encore de changer, pour la quatrième fois, de méthode ?

Qu'est-ce que le *capital* ?

Les auteurs ne sont point d'accord de la définition : à peine s'ils s'entendent même sur la chose.

J. B. Say définit le capital : La *simple accumulation des produits*.

Rossi : *Un produit épargné, et destiné à la reproduction.*

J. Garnier, qui les cite : *Du travail accumulé ;* ce qui rentre dans la définition de J. B. Say, *accumulation des produits*.

Ce dernier, toutefois, s'exprime ailleurs d'une façon plus explicite : On entend, dit-il, par capital, *une somme de valeurs consacrées à faire des avances à la production.*

Suivant vous enfin, le capital est un *excédant* ou *reste de produit non consommé, et destiné à la reproduction.* — C'est ce qui résulte de votre apologue de l'ouvrier qui gagne 1,500 fr. par an, en consomme 1,200, et réserve les 300 fr. restants, soit pour les mettre dans son fonds d'exploitation, soit, ce qui revient, selon vous, au même, pour les prêter à intérêt.

Il est visible, d'après cette incertitude des définitions, que la notion de capital conserve quelque chose de louche, et la grande majorité de nos lecteurs ne sera pas peu surprise d'apprendre que l'économie politique, science, suivant ceux qui font profession de l'enseigner, et vous êtes du nombre, positive, réelle, exacte, en est encore à trouver ses définitions !

J. Garnier désespérant, par la parole, de donner l'idée de la chose, essaye, comme vous, de la montrer : « Ce sont « produits, dit-il, tels que marchandises, outils, bâtiments, « bestiaux, sommes de monnaie, etc., fruits d'une industrie « antérieure, et qui servent à la reproduction. »

Plus loin il fait observer, tant il y a d'hésitation en son esprit, que dans la notion de *capital* entre celle d'*avance*. « Or, qu'est-ce qu'une *avance ?* — Une avance est une va- « leur employée de telle sorte qu'elle se trouvera rétablie plus « tard. » Ainsi dit M. Garnier ; et je pense que le lecteur, après cette explication, n'en sera lui-même guère plus avancé.

Essayons de venir au secours des économistes.

Ce qui résulte jusqu'ici des définitions des auteurs, c'est qu'ils ont tous le *sentiment* d'un quelque chose qui a nom CAPITAL; mais ce quelque chose, ils sont impuissants à le déterminer, ils ne le *savent* pas. A travers le fatras de leurs explications, on entrevoit l'idée qui leur est commune, mais cette idée, faute de philosophie, ils ne savent point la dégager, ils n'en trouvent pas le mot, la formule. Eh bien, Monsieur, vous allez voir que la dialectique, même hégélienne, peut être bonne à quelque chose.

Vous remarquerez d'abord que l'idée de *produit* se trouve implicitement ou explicitement dans toutes les définitions qu'on a essayé de donner du capital. C'est déjà un premier pas. Mais à quelle condition, comment et quand le *produit* peut-il se dire CAPITAL? Voilà ce qu'il s'agit de déterminer. Reprenons nos auteurs, et, corrigeant leurs définitions les unes par les autres, nous viendrons peut-être à bout de leur faire nommer ce que tous ont dans la conscience, mais que l'esprit d'aucun d'eux ne perçoit.

Ce qui fait le capital, suivant J. B. Say, c'est *la simple* ACCUMULATION *des produits.*

L'idée d'accumulation, comme celle de produit, entre donc dans la notion de capital. Voilà un second pas. Or, tous les produits sont susceptibles d'accumulation; donc tous les produits peuvent devenir capitaux; donc l'énumération que M. Joseph Garnier a faite des différentes formes que prend le capital, est incomplète, partant inexacte, en ce qu'elle exclut de la notion les produits servant à la subsistance des travailleurs, tels que blé, vin, huile, provisions de bouche, etc. Ces produits peuvent être réputés capitaux aussi bien que les bâtiments, les outils, les bestiaux, l'argent, et tout ce que l'on considère comme instrument ou matière première.

V.   14

Rossi : Le capital est *un produit épargné, destiné à la* REPRODUCTION.

La *reproduction*, c'est-à-dire la destination du produit, voilà une troisième idée contenue dans la notion de capital. *Produit, accumulation, reproduction :* trois idées qui entrent déjà dans la notion de capital.

Or, de même que tous les produits peuvent être accumulés, de même ils peuvent servir, et servent effectivement, quand c'est le travailleur qui les consomme, à la reproduction. Le pain qui sustente l'ouvrier, le fourrage qui alimente les animaux, la houille qui produit la vapeur, aussi bien que la terre, les chariots et les machines, tout cela sert à la reproduction, tout cela, au moment où il se consomme, est du capital. Tout ce qui se consomme, en effet, se consomme, du moins est censé se consommer reproductivement. Ce qui sert à entretenir ou à faire mouvoir l'instrument, aussi bien que l'instrument même ; ce qui nourrit le travailleur, aussi bien que la matière même du travail. Tout produit devient donc, à un moment donné, capital : la théorie qui distingue entre consommation *productive* et *improductive*, et qui entend par celle-ci la consommation quotidienne du blé, du vin, de la viande, des vêtements, etc., est fausse. Nous verrons plus bas qu'il n'y a de consommation improductive que celle du capitaliste même.

Ainsi le capital n'est point chose spécifique et déterminée, ayant une existence ou réalité propre, comme la *terre*, qui est une chose ; le *travail*, qui en est une autre ; et le *produit*, qui est la façon donnée par le travail aux choses de la nature, lesquelles deviennent par là une troisième chose. Le capital ne forme point, comme l'enseignent les économistes, une quatrième catégorie avec la terre, le travail et le produit : il indique simplement, comme j'ai dit, un état, un rapport ; c'est, de l'aveu de tous les auteurs, du produit accumulé et destiné à la reproduction.

Un pas de plus, et nous tenons notre définition.

Comment le produit devient-il capital ? Car il ne suffit pas, il s'en faut bien, que le produit ait été accumulé, emmagasiné, pour être censé capital. Il ne suffit pas même qu'il soit destiné à la reproduction : tous les produits ont cette destination. N'entendez-vous pas dire tous les jours que l'industrie regorge de produits, tandis qu'elle manque de capitaux ? Or, c'est ce qui n'aurait pas lieu si la simple accumulation de produits, comme dit Say, ou la destination reproductive de ces produits, comme le veut Rossi, suffisait à les faire réputer capitaux. Chaque producteur n'aurait alors qu'à reprendre son propre produit, et à se créditer lui-même de ce que ce produit lui coûte, pour être en mesure de produire encore, sans fin et sans limite. Je réitère donc ma question : Qu'est-ce qui fait que la notion de produit se transforme tout à coup en celle de capital ? Voilà ce que les économistes ne disent pas, ce qu'ils ne savent point, je dirai même, ce qu'aucun d'eux ne se demande.

C'est ici que se place une idée intermédiaire dont la vertu particulière est de convertir le produit en capital, comme, au souffle du vent d'ouest, la neige, tombée à Paris ces jours derniers, est passée à l'état de liquide : cette idée est l'idée de VALEUR.

Voilà ce qu'entrevoyait Garnier, quand il définissait le capital *une somme de* VALEURS *consacrées à faire des avances à la production;* — ce que vous sentiez vous-même, quand vous cherchiez la notion de capital, non pas simplement, avec J. B. Say, dans l'*accumulation des produits*, ni, avec Rossi, dans l'*épargne destinée à la reproduction*, mais dans la partie non consommée du salaire de l'ouvrier, c'est-à-dire, évidemment, dans la valeur de son travail ou produit.

Cela veut dire que le produit, pour devenir capital, doit avoir passé par une évaluation authentique, avoir été acheté, vendu, apprécié ; son prix débattu et fixé par une sorte de convention légale. En sorte que l'idée de capital indique un rapport essentiellement social, un acte synallagmatique, hors duquel le produit reste produit.

Ainsi le cuir, sortant de la boucherie, est le produit du boucher : quand vous en empliriez une halle, ce ne serait jamais que du cuir, ce ne serait point une valeur, je veux dire une valeur *faite;* ce ne serait point capital, ce serait toujours produit. — Ce cuir est-il acheté par le tanneur, aussitôt celui-ci le porte, ou, pour parler plus exactement, en porte la *valeur* à son fonds d'exploitation, dans son avance, conséquemment la répute capital. Par le travail du tanneur, ce capital redevient produit; lequel produit, acquis à son tour, à prix convenu, par le bottier, passe de nouveau à l'état de capital, pour redevenir encore, par le travail du bottier, produit. Ce dernier produit n'étant plus susceptible de recevoir une façon nouvelle, sa consommation est dite, par les économistes, improductive, ce qui est une aberration de la théorie. La chaussure faite par le bottier, et acquise par le travailleur, devient, par le fait de cette acquisition, comme le cuir passant du boucher au tanneur, et du tanneur au bottier, de simple produit valeur : cette valeur entre dans l'avance de l'acheteur, et lui sert, comme les autres objets de sa consommation, comme le logement qu'il habite, comme les outils dont il se sert, mais d'une autre manière, à créer de nouveaux produits. La consommation est donc toujours production; il suffit, pour cela, que le consommateur travaille. Ce mouvement, une fois commencé, se perpétue à l'infini.

Tel est le capital. Ce n'est pas simplement une accumulation de produits, comme dit Say : — ce n'est pas même encore une accumulation de produits faite en vue d'une reproduction ultérieure, comme le veut Rossi : tout cela ne répond point à la notion du capital. Pour que le capital existe, il faut que le produit ait été, si j'ose ainsi dire, authentiqué par l'échange. C'est ce que savent parfaitement tous les comptables, lorsque, par exemple, ils portent dans leurs écritures, les cuirs verts achetés par le tanneur, à son *débit*, ce qui veut dire à son capital; et les cuirs tannés ou corroyés à son *crédit* ou *avoir*, ce qui veut dire à son produit; ce que comprennent encore mieux le commerçant et l'industriel, quand, à la moindre émotion de la politique, ils se voient périr à côté des marchandises accumulées dans leurs magasins, sans qu'ils puissent les employer à aucune reproduction : situation douloureuse, que l'on exprime en disant que le capital *engagé* ne se dégage plus.

Tout ce qui est capital est nécessairement produit ; mais tout ce qui est produit, même accumulé, même destiné à la reproduction, comme les instruments de travail qui sont dans les magasins des constructeurs, n'est pas pour cela capital. Le capital, encore une fois, suppose une évaluation préalable, opération de change, ou mise en circulation, hors de laquelle pas de capital. S'il n'existait au monde qu'un seul homme, un travailleur unique, produisant tout pour lui seul, les produits qui sortiraient de ses mains resteraient produits : ils ne deviendraient pas capitaux. Son esprit ne distinguerait point entre ces termes : *produit, valeur, capital, avance, reproduction, fonds de consommation, fonds de roulement*, etc. De telles notions ne naîtraient jamais dans l'esprit d'un solitaire.

Mais, dans la société, le mouvement d'échange une fois établi, la valeur contradictoirement fixée, le produit de l'un devient incessamment le capital de l'autre ; puis, à son tour, ce capital, soit comme matière première, soit comme instrument de travail, soit comme subsistance, se transforme de nouveau en produit. En deux mots, la notion de capital, opposée à celle de produit, indique la situation des échangistes les uns à l'égard des autres. Quant à la société, l'homme collectif, qui est justement ce travailleur solitaire, dont je parlais tout à l'heure, la distinction n'existe plus ; il y a identité entre le capital et le produit, de même qu'entre le produit net et le produit brut.

J'ai donc eu raison de dire, et je m'étonne qu'après l'exégèse que vous avez faite vous-même du capital, vous n'ayez su comprendre mes paroles :

« Le capital ne se distingue pas du produit. Ces deux
« termes ne désignent point, en réalité, deux choses dis-
« tinctes ; ils ne désignent que des relations. Produit, c'est
« capital ; capital, c'est produit. »

Et mon ami Duchêne, soutenant la même thèse comme Louis Blanc, a eu bien plus raison encore de dire :

« Les distinctions de *capital* et de *produit*, retenez-le
« bien une fois pour toutes, n'indiquent que des relations
« d'individu à individu : dans la société, il y a simplement
« *production, consommation, échange*. On peut dire de toutes
« les industries qu'elles créent des capitaux ou des produits,
« indistinctement. Le mécanicien est fabricant de capitaux
« pour les chemins de fer, les usines, les manufactures ; le
« drapier 'est fabricant de capitaux pour les tailleurs ; le
« taillandier est fabricant de capitaux pour la menuiserie,
« la charpente, la maçonnerie ; une charrue est produit
« pour le charron qui la vend, et capital pour le cultivateur
« qui l'achète. Toutes les professions ont besoin de *produits*
« *pour produire*, ou, ce qui revient au même, de *capitaux*
« *pour confectionner des capitaux*. »

Cela vous semblerait-il donc inintelligible ? Il n'y a pas d'antinomie, cependant.

Au point de vue des intérêts privés, le capital indique un rapport d'échange, précédé d'une évaluation synallagmatique. C'est le produit apprécié, pour ainsi dire, juridiquement, par deux arbitres responsables, qui sont le vendeur et l'acheteur, et déclaré, à la suite de cette appréciation, instrument ou matière de reproduction. — Au point de vue social, capital et produit ne se distinguent plus. *Les produits s'échangent contre des produits*, ou bien : *Les capitaux s'échangent contre les capitaux*, sont deux propositions parfaitement synonymes. Quoi de plus simple, de plus clair, de plus positif, de plus scientifique, enfin, que tout cela. .

J'appelle donc capital, *toute valeur faite, en terres, instruments de travail, marchandises, subsistances, ou monnaies, et servant ou étant susceptible de servir à la production.*

La langue usuelle confirme cette définition. Le capital est dit *libre,* quand le produit, quel qu'il soit, ayant été seulement évalué entre les parties, peut être considéré comme réalisé, ou immédiatement réalisable, c'est-à-dire converti en tel autre produit qu'on voudra : dans ce cas, la forme que le capital affecte le plus volontiers, est celle de monnaie. Le capital est dit *engagé,* au contraire, quand la valeur qui le constitue est entrée définitivement dans la production : dans ce cas, il prend toutes les formes possibles.

La pratique est aussi d'accord avec moi. Dans toute entreprise qui se fonde, l'entrepreneur qui, au lieu d'argent, engage dans son industrie des instruments ou des matières premières, commence par en faire l'estimation vis-à-vis de lui-même, à ses risques et périls ; et cette estimation pour ainsi dire unilatérale, *constitue son capital,* ou sa mise de fonds : c'est la première chose dont il soit passé écriture.

Nous savons ce qu'est le capital : il s'agit maintenant de tirer les conséquences de cette notion, en ce qui concerne l'intérêt. Ce sera peut-être un peu long, quant à l'exposé graphique, mais très-simple de raisonnement.

Les produits s'échangent contre les produits, a dit J. B. Say ; ou bien, les capitaux s'échangent contre des capitaux ; ou bien encore, les capitaux s'échangent contre des produits, et *vice versa* : voilà le fait brut.

La condition absolue, *sine quà non,* de cet échange ; ce qui en fait l'essence et la règle, est l'évaluation contradictoire et réciproque des produits. Otez de l'échange l'idée de prix, et l'échange disparaît. Il y a transposition ; il n'y a pas transaction, il n'y a pas échange. Le produit, sans le prix, est comme s'il n'existait pas : tant qu'il n'a pas reçu, par le contrat de vente et d'achat, sa valeur authentique, il est censé non avenu, il est nul. Voilà le fait intelligible.

Chacun donne et reçoit, d'après la formule de J. B. Say, énonciative du fait matériel ; — mais, d'après la notion du capital, telle que nous la fournit l'analyse, chacun doit donner et recevoir une valeur égale. Un échange inégal est une idée contradictoire : le consentement universel l'a appelé fraude et vol.

Or, de ce fait primitif que les producteurs sont entre eux en rapport perpétuel d'échange, qu'ils sont les uns pour les autres, tour à tour et tout à la fois producteurs et consommateurs, travailleurs et capitalistes, et de l'appréciation numériquement égalitaire qui constitue l'échange, il résulte que les comptes de tous les producteurs et consommateurs doivent se balancer les uns les autres ; que la société, considérée au point de vue de la science économique, n'est autre chose que cet équilibre général des produits, services, salaires, consommations et fortunes ; que, hors de cet équilibre, l'économie politique n'est qu'un mot, et l'ordre public, le bien-être des travailleurs, la sécurité des capitalistes et propriétaires, une utopie.

Or, cet équilibre, duquel doivent naître l'accord des intérêts et l'harmonie dans la société, aujourd'hui n'existe pas : il est rompu par diverses causes, selon moi, faciles à détruire, et au nombre desquelles je signale, en première ligne, l'usure, l'intérêt, la rente. Il y a, comme je l'ai dit tant de fois, erreur et malversation dans les comptes, falsification dans les écritures de la société : de là le luxe mal acquis des uns, la misère croissante des autres ; de là, dans les sociétés modernes, l'inégalité des fortunes et toutes les agitations révolutionnaires. Je vais, Monsieur, vous en donner, par écriture de commerce, la preuve et la contre-preuve.

Constatons d'abord les faits.

Les produits s'échangent contre des produits, ou, pour parler plus juste, les valeurs s'échangent contre les valeurs : telle est la loi.

Mais cet échange ne se fait pas toujours, comme l'on dit, *donnant donnant ;* la tradition des objets échangés n'a pas toujours lieu simultanément de part et d'autre ; souvent, et c'est le cas le plus ordinaire, il y a entre les deux livraisons, un intervalle. Or, il se passe dans cet intervalle des choses curieuses, des choses qui dérangent l'équilibre, et faussent la balance. Vous allez voir.

Tantôt l'un des échangistes n'a pas le produit qui convient à l'autre, ou, ce qui revient au même, celui-ci, qui consent bien à vendre, veut se réserver d'acheter. Il veut bien recevoir le prix de sa chose, mais il ne veut, pour le moment du moins, rien accepter en échange. Dans l'un et l'autre cas, les échangistes ont recours à une marchandise intermédiaire, faisant dans le commerce l'office de proxénète, toujours acceptable et toujours acceptée : c'est la monnaie. Et comme la monnaie, recherchée de tout le monde, manque pour tout le monde, l'acheteur s'en procure, contre son obligation, auprès du banquier, moyennant une prime plus ou moins considérable, appelée *escompte*. — L'escompte se compose de deux parties : la *commission*, qui est le salaire du service rendu par le banquier, et l'*intérêt*. Nous dirons tout à l'heure ce que c'est que l'*intérêt*.

Tantôt l'acheteur n'a ni produit, ni argent à donner en échange du produit ou du capital dont il a besoin, mais il offre de payer dans un certain laps de temps, en un ou plusieurs termes. Dans les deux cas sus-mentionnés la vente était faite *au comptant ;* dans celui-ci, elle a lieu *à crédit*.

Ici donc, la condition du vendeur était moins avantageuse
que celle de l'acheteur, on compense l'inégalité en faisant
porter au produit vendu, et jusqu'à parfait paiement, un
intérêt. C'est cet intérêt compensatoire, origine première
de l'usure, que j'ai signalé dans une de mes précédentes
lettres comme l'agent coercitif du remboursement. Il dure
autant que le crédit ; il est la rémunération du crédit : mais
il a surtout pour objet, notez ce point, *d'abréger la durée du
crédit*. Tel est le sens, la signification légitime de l'intérêt.

Souvent il arrive, et c'est l'extrémité où se trouvent généralement les travailleurs, que le capital est absolument indispensable au producteur, et que cependant celui-ci n'espère pouvoir de longtemps, ni par son travail, ni par son
épargne, bien moins encore par les sommes de monnaie
dont il dispose, en recomposer l'équivalent, en un mot, le
rembourser. Il lui faudrait 20 ans, 30 ans, 50 ans, un siècle
quelquefois ; et le capitaliste ou propriétaire ne veut point
accorder un si long terme. Comment sortir de cette difficulté ?

Ici commence la spéculation usuraire. Tout à l'heure
nous avons vu l'intérêt imposé au débiteur comme indemnité du crédit, et moyen de hâter le remboursement : à présent nous allons voir l'intérêt cherché pour lui-même, l'u-
sure pour l'usure, comme la guerre pour la guerre, ou l'art
pour l'art. Par convention expresse, légale, authentique,
consacrée par toutes les jurisprudences, toutes les législations, toutes les religions, le demandeur s'engage envers le
bailleur à lui payer — *à perpétuité*, l'intérêt de son capital,
terre, meuble ou argent ; il s'inféode, corps et âme, lui et
les siens, au capitaliste, et devient son tributaire *ad vitam
æternam*. C'est ce qu'on appelle *Constitution de rente*, et,
dans certains cas, *emphytéose*. Par cette espèce de contrat,
l'objet passe en la possession du demandeur, qui n'en peut
plus être dépossédé ; qui en jouit comme acquéreur et pro-

priétaire; mais qui en doit, à tout jamais, payer le revenu, comme un amortissement sans fin. Telle est l'origine économique du système féodal.

Mais voici qui est mieux.

La constitution de rente et l'emphytéose sont aujourd'hui, presque partout, hors d'usage. On a trouvé qu'un produit ou capital échangé contre un intérêt perpétuel était encore trop de la part du capitaliste : le besoin d'un perfectionnement se faisait sentir dans le système. De nos jours, les capitaux et immeubles ne se placent plus en rente perpétuelle, si ce n'est sur l'État : ils se LOUENT, c'est-à-dire se prêtent, toujours contre intérêt, mais à courte échéance. Cette nouvelle espèce d'usure a nom *loyer* ou *fermage*.

Concevez-vous, Monsieur, ce que c'est que le prêt à intérêt (loyer ou fermage) à courte échéance? Dans l'emphytéose et la constitution de rente, dont je parlais tout à l'heure, si la rente était perpétuelle, la cession du capital l'était aussi : entre le paiement et la jouissance, il y avait encore une sorte de parité. Ici, le capital ne cesse jamais d'appartenir à celui qui le loue et qui peut en exiger, à volonté, la restitution. En sorte que le capitaliste n'échange point capital contre capital, produit contre produit : il ne donne rien, il garde tout, ne travaille pas, et vit de ses loyers, intérêts et usures, comme 1,000, 10,000 et 100,000 travailleurs réunis ne vivent pas de leur production.

Par le prêt à intérêt, — fermage ou loyer, — avec faculté d'exiger, à volonté, le remboursement de la somme prêtée, et d'éliminer le fermier ou locataire, le capitaliste a imaginé quelque chose de plus grand que l'espace, de plus durable que le temps. Il n'y a pas d'infini qui égale l'infini de l'usure locative, de cette usure qui dépasse autant la perpétuité de la rente, que la perpétuité de la rente elle-même dépasse le remboursement à terme et au comptant. L'emprunteur à intérêt et courte échéance paie, paie encore, paie toujours; et il ne jouit point de ce qu'il paie; il n'en a que la vue, il n'en possède que l'ombre. N'est-ce pas à cette image de l'usurier, que le théologien a imaginé son Dieu, ce Dieu atroce, qui fait éternellement payer le pécheur, et qui jamais ne lui fait remise de sa dette ! Toujours! Jamais ! Voilà le Dieu du catholicisme, voilà l'usurier !...

Eh bien, je dis que tout échange de produits et de capitaux peut s'effectuer au comptant;

Qu'en conséquence, l'escompte du banquier doit se réduire aux frais de bureaux et à l'indemnité du métal improductivement engagé dans la monnaie.

Partant, que tout intérêt, loyer, fermage ou rente, n'est qu'un déni de remboursement, un vol à l'égard de l'emprunteur ou locataire, la cause première de toutes les misères et subversions de la société.

Je vous ai prouvé, en dernier lieu, par l'exemple de la Banque de France, que c'était chose facile et pratique d'organiser l'égalité dans l'échange, soit la circulation gratuite des capitaux et des produits. Vous n'avez voulu voir, dans ce fait catégorique et décisif, qu'un cas particulier de monopole, étranger à la théorie de l'intérêt. Que me fait, répondez-vous avec nonchalance, la Banque de France et son privilége ? Je vous parle de l'intérêt des capitaux. — Comme si le crédit foncier et commercial étant organisé partout sur le pied de 1/2 pour 100, il pouvait exister quelque part encore un intérêt !... Je vais vous montrer à présent, à la façon des teneurs de livres, que ce solde particulier, qui vient se placer constamment entre les deux termes de l'échange, ce péage imposé à la circulation, ce droit établi sur la conversion des produits en valeurs, et des valeurs en capitaux, cet intérêt, enfin, ou pour l'appeler par son nom, cet entremetteur (*interesse*) du commerce, dont vous vous obstinez à prendre la défense, est précisément le grand faussaire qui, pour s'approprier, frauduleusement et sans travail, des produits qu'il ne crée pas, des services qu'il ne rend jamais, falsifie les comptes, fait des surcharges et des suppositions dans les écritures, détruit l'équilibre des transactions, met le désordre dans les affaires, et produit fatalement dans les nations le désespoir et la misère.

Vous trouverez, dans ce qui va suivre, la représentation graphique des opérations de la société, exposées tour à tour dans les deux systèmes, le système de l'*intérêt*, actuellement régnant, et le système de la *gratuité*, qui est celui que je propose. Tout raisonnement, toute dialectique, toute controverse tombe devant cette image intelligible du mouvement économique.

I. — Système de l'intérêt.

Dans ce système, la production, la circulation et la consommation des richesses s'opèrent par le concours de deux classes de citoyens, distinctes et séparées : les propriétaires, capitalistes et entrepreneurs d'une part, et les travailleurs salariés d'autre part. Ces deux classes, quoique en état flagrant d'antagonisme, constituent ensemble un organisme clos, qui agit en lui-même, sur lui-même, et par lui-même.

Il suit de là que toutes les opérations d'agriculture, de commerce, d'industrie, qui peuvent se traiter dans un pays, tous les comptes de chaque manufacture, fabrique, banque, etc., peuvent se résumer et être représentés par un seul compte, dont je vais donner les parties.

Je désigne par A la classe entière des propriétaires, capitalistes et entrepreneurs que je considère comme une personne unique; et par B, C, D, E, F, G, H, I, K, L, la classe des travailleurs salariés.

COMPTES

entre A, *propriétaire-capitaliste-entrepreneur*, et B, C, D, E, F, G, H,
I, K, L, *travailleurs salariés.*

CHAPITRE PREMIER.

Compte et résumé des opérations personnelles à A, *propriétaire-
capitaliste-entrepreneur.*

À l'ouverture du compte, A commence sa spéculation
avec un capital que je suppose de 10,000 fr. Cette somme
forme sa mise de fonds ; c'est avec cela qu'il va travailler et
entamer des opérations de commerce. Cet acte d'installation
de A s'exprime de la manière suivante :

1. *Caisse doit à A.*
1ᵉʳ janvier, compte de capital................ ..... 10,000 fr.

Le capital formé, que va faire A ? Il louera des ouvriers,
dont il payera les produits et services avec ses 10,000 fr. ;
c'est-à-dire qu'il convertira ces 10,000 fr. en marchandises,
ce que le comptable exprime comme suit :

2. *Marchandises générales, à Caisse.*
Achat au comptant, ou par anticipation, des produits de l'année cou-
rante, des travailleurs ci-après dénommés :

De B, x (journées de travail ou produit) : ensemble.			1,000 fr.
De C,	—	—	1,000
De D,	—	—	1,000
De E,	—	—	1,000
De F,	—	—	1,000
De G,	—	—	1,000
De H,	—	—	1,000
De I,	—	—	1,000
De K,	—	—	1,000
De L,	—	—	1,000
		Total........	10,000 fr.

L'argent converti en marchandises, il s'agit, pour le propriétaire-capitaliste-entrepreneur A, de faire l'opération inverse, et de convertir ses marchandises en argent. Cette
conversion suppose un bénéfice (agio, intérêt, etc.), puis-

que, par l'hypothèse et d'après la théorie de l'intérêt, la terre et les maisons ne se prêtent pas pour rien, les capitaux pour rien, la garantie et la considération de l'entrepreneur pour rien. Admettons, suivant les règles ordinaires du commerce, que le bénéfice soit 10 pour 100.

A qui se fera la vente des produits de A ? Nécessairement à B, C, D, etc., travailleurs : puisque la société tout entière se compose de A, propriétaire-capitaliste-entrepreneur, et de B, C, D, etc., travailleurs salariés, hors desquels il n'y a personne. Voici comment s'établit le compte :

3. *Les Suivants*, à *Marchandises générales :*

B, mes ventes à lui faites dans le courant de l'année,			1,100 fr.
C,	—	—	1,100
D,	—	—	1,100
E,	—	—	1,100
F,	—	—	1,100
G,	—	—	1,100
H,	—	—	1,100
I,	—	—	1,100
K,	—	—	1,100
L,	—	—	1,100
		Total.......	11,000 fr.

La vente terminée, reste à faire l'encaissement des sommes dues par les acheteurs. Nouvelle opération que le comptable couche sur son livre, en la façon ci-après :

4. *Doit Caisse aux Suivants :*

à B, son versement en espèces pour solde de son compte au 31 décembre..................			1,100 fr.
à C,	—	—	1,100
à D,	—	—	1,100
à E,	—	—	1,100
à F,	—	—	1,100
à G,	—	—	1,100
à H,	—	—	1,100
à I,	—	—	1,100
à K,	—	—	1,100
à L,	—	—	1,100
		Somme égale........	11,000 fr.

Ainsi, le capital avancé par A, — après conversion de ce capital en produits, puis vente de ces produits aux travailleurs-consommateurs B, C, D, etc., et, enfin, payement de la vente, — lui rentre augmenté d'un dixième, ce qui s'exprime à l'inventaire par la balance ci-dessous :

5. *Résumé des opérations de* A, *propriétaire-capitaliste-entrepreneur,* *pour son inventaire au* 31 *décembre.*

Doivent.	MARCHANDISES GÉNÉRALES.		Avoir.
10,000 fr.	Débit de ce compte au 31 décembre.	Crédit de ce compte au 31 décembre...	11,000 fr.
1,000	Bénéfice sur ce compte à porter au crédit du compte du capital A.		
11,000 fr.		Balance.....	11,000 fr.

On voit ici, pour le dire en passant, comment et à quelle condition les produits deviennent capitaux. Ce ne sont pas les marchandises en magasin qui, à l'inventaire, sont portées au crédit du compte de capital, c'est le *bénéfice*. Le bénéfice, c'est-à-dire le produit vendu, livré, dont le prix a été encaissé ou doit l'être prochainement : en deux mots, c'est le produit fait *valeur*.

Passons à la contre-partie de ce compte, au compte des travailleurs.

CHAPITRE DEUXIÈME.

Compte des opérations de B, *travailleur, avec* A, *propriétaire-capitaliste-entrepreneur.*

B, travailleur, sans propriété, sans capital, sans ouvrage, est embauché par A, qui lui donne de l'occupation et acquiert son produit. Première opération, que l'on fait figurer au compte de B, ainsi :

1. Doit Caisse, 1er janvier, à B. — Compte de Capital.
Vente au comptant ou par anticipation de tout le produit de

son travail de l'année, à A, propriétaire-capitaliste-entrepreneur, ci .... 1,000 fr.

En échange de son produit, le travailleur reçoit donc 1,000 fr., somme égale à celle que nous avons vue figurer au chapitre précédent, art. 2, *Compte de marchandises générales.*

Mais B vit de son salaire, c'est-à-dire qu'avec l'argent que lui donne A, propriétaire-capitaliste-entrepreneur, il se pourvoit chez ledit A de tous les objets nécessaires à la consommation de lui B, objets qui lui sont facturés, comme nous l'avons vu plus haut, chap. 1er, art. 3, à 10 pour 100 de bénéfice en sus du prix de revient. L'opération a donc pour B le résultat que voici :

2. Doit B, compte de Capital, à A, propriétaire-capitaliste-entrepreneur :

Montant des fournitures de toute espèce de ce dernier dans le cours de l'année................... 1,100 fr.

3. *Résumé des opérations de B, pour son inventaire :*

Doit.	COMPTE DE CAPITAL.	Avoir.
1,100 fr.	Débit de ce compte au 31 décembre.	
	Crédit de ce compte au 31 décembre.....	1,000 fr.
	Perte sur ce compte, que B ne peut payer qu'au moyen d'un emprunt..........	100
1,100 fr.		1,100 fr.

Tous les autres travailleurs se trouvant dans les mêmes conditions que B, leurs comptes présentent individuellement le même résultat. Pour l'intelligence du fait que j'ai voulu faire ressortir, savoir : le défaut d'équilibre dans la circulation générale, par suite des prélèvements du capital, il est donc inutile de reproduire chacun de ces comptes.

Le tableau qui précède, bien autrement instructif et démonstratif que celui de Quesnay, est l'image fidèle, pré-

sentée algébriquement, de l'économie actuelle de la société. C'est là qu'on peut se convaincre que le prolétariat
et la misère sont l'effet, non pas seulement de causes accidentelles, telles qu'inondation, guerre, épidémie ; mais
qu'ils résultent aussi d'une cause organique, inhérente à la
constitution de la société.

Par la fiction de la productivité du capital et par les
prérogatives sans nombre que s'arroge le monopoleur, il
arrive toujours et nécessairement l'une de ces deux choses :

Ou bien c'est le monopoleur qui enlève au salarié partie
de son capital social. B, C, D, E, F, G, H, I, K, L, ont produit dans l'année comme 10, et ils n'ont consommé que
comme 9. En autres termes, le capitaliste a mangé un travailleur. — En outre, par la capitalisation de l'intérêt, la
position des travailleurs s'aggrave chaque année de plus en
plus ; de telle sorte qu'en poussant la démonstration jusqu'au bout, on arrive, vers la septième année, à trouver
que tout l'apport primitif des travailleurs est passé, à titre
d'intérêts et de bénéfices, entre les mains du propriétaire-
capitaliste-entrepreneur, ce qui signifie que les travailleurs
salariés, s'ils voulaient payer leurs dettes, devraient travailler chaque septième année pour rien.

Ou bien, c'est le travailleur qui, ne pouvant donner de
son produit que le prix qu'il en a lui-même reçu, pousse le
monopoleur à la baisse, et par conséquent le met à découvert de tout le montant des intérêts, loyers et bénéfices
dont l'exercice de la propriété lui faisait un droit et une nécessité.

On est donc amené à reconnaître que le crédit, dans le
système de l'intérêt, a pour résultat inévitable la spoliation
du travailleur, et, pour correctif non moins inévitable, la
banqueroute de l'entrepreneur, la ruine du capitaliste propriétaire. L'intérêt est comme une épée à deux tranchants :
de quelque côté qu'il frappe, il tue.

Je viens de vous montrer comment les choses se passent dans le régime de l'intérêt. Voyons maintenant comment elles se passeraient sous le régime de la gratuité.

II. — Système de gratuité.

D'après la théorie du crédit gratuit, la qualité de travailleur salarié et celle de propriétaire-capitaliste-entrepreneur sont identiques l'une à l'autre et adéquates : elles se confondent sous celle de *producteur-consommateur*. L'effet de ce changement est de ramener toutes les opérations du crédit actuel, prêt, vente à terme, agio, loyer, fermage, etc., à la simple forme de l'échange; comme toutes les opérations de banque à un simple virement de parties.

Admettons donc que la Banque de France, organe principal de ce système, ait été réorganisée suivant les idées du crédit gratuit, et le taux de ses escomptes réduit à 1 pour 100, taux que nous regarderons provisoirement comme le juste salaire du service particulier de la Banque, et, conséquemment, comme représentant un intérêt égal à zéro. Et voyons les changements qui en résultent pour la comptabilité générale. C'est par l'entremise de la Banque et de ses succursales, remplaçant toutes les variétés du crédit usuraire, que s'effectuent désormais les transactions : c'est donc avec la Banque que B, C, D, etc., travailleurs, associés, groupés ou libres, entrent d'abord, et directement, en compte.

CHAPITRE PREMIER.

·1. *Compte des opérations de B, travailleur, avec x, Banque nationale.*

Doit Caisse, 1er janvier, à *x*, Banque nationale,

> Avance de celle-ci sur tous les produits de mon travail de l'année, à lui rembourser au fur et à mesure de mes ventes, 1,000 fr. ; escompte 1 pour 100 déduit, ci. 990 fr.

Ainsi qu'on l'a vu plus haut, B vit exclusivement de son
travail : c'est-à-dire que, sur la garantie de son produit, il
obtient de x, Banque nationale, soit des billets, soit des espèces, avec lesquels il achète chez A, — travailleur comme
lui, mais qui, dans les opérations de vente ou échange dont
nous parlerons tout à l'heure, remplit le rôle de propriétaire-capitaliste-entrepreneur, — tous les objets nécessaires à son industrie et à sa consommation. Par le fait, B
achète tous ces objets au comptant : il peut donc, et d'autant plus rigoureusement, en débattre le prix.

Cet achat, fait avec les billets ou espèces de la Banque,
donne ouverture au compte suivant sur les livres de B :

2. *Doivent Marchandises générales à Caisse,*
    Achat au comptant, chez A, de toute ma consommation de
    l'année . . . . 990 fr.

Au fur et à mesure de sa fabrication, B vend ses produits.
Mais la production se règle sur la consommation : or, celle-
ci n'étant plus entravée, comme sous le régime de l'intérêt,
par l'usure, c'est-à-dire par la vente à terme, par le loyer
des instruments de travail et les charges qui en résultent,
surtout par le préjugé de la monnaie, devenue improductive, et même inutile ; il s'ensuit que B, comme tous les
autres travailleurs, peut non-seulement racheter, à une fraction minime près, son propre produit, mais donner carrière à son énergie, à sa puissance productive, sans crainte
de créer des non-valeurs ou d'amener l'avilissement des
prix, avec l'espoir légitimement fondé, au contraire, de se
compenser, par ce surcroît de production et d'échange, de
la faible rétribution qu'il paye à la Banque, pour la négociation de ses valeurs. C'est ce qui va paraître dans l'article
suivant du compte de B.

Tout travail doit laisser un excédant ; cet aphorisme est
un des premiers de l'économie politique. Il est fondé sur

ce principe que, dans l'ordre économique, quel que soit le capital mis en œuvre, *toute valeur est créée, par le travail, de rien ;* de même que, selon la théologie chrétienne, toutes choses dans la nature ont été créées de Dieu, également de rien. En effet, le produit étant défini : *l'utilité ajoutée par le travail aux objets que fournit la nature* (J. B. Say et tous les économistes), il est clair que le produit tout entier est le fait des travailleurs ; et si l'objet auquel s'ajoute l'utilité nouvelle est déjà lui-même un produit, la valeur reproduite est nécessairement plus grande que la valeur consommée. Admettons que, par son travail, B ait augmenté de 10 pour 100 la valeur qu'il consomme, et constatons, par ses écritures, le résultat :

3. *Doit Caisse à Marchandises générales,*
Mes ventes au comptant à divers, courant de l'année,   1,089 fr.

Il appert de ce compte que l'usure est une cause de misère, en ce qu'elle empêche la consommation et la reproduction, d'abord en élevant le prix de vente des produits d'une quantité plus forte que l'excédant obtenu par le travail reproducteur : la somme des usures, en France, sur un produit total de 10 milliards, est de 6 milliards, 60 pour 100 ; — puis, en entravant la circulation par toutes les formalités de l'escompte, de l'intérêt, du loyer, du fermage, etc. : — toutes difficultés qui disparaissent sous le régime du crédit gratuit.

Nous voici au moment où B a réalisé tout le produit de son travail de l'année. Il faut qu'il se liquide avec x, Banque nationale, ce qui donne lieu à l'opération que voici :

4. Doit x, Banque nationale, à Caisse,
Mon versement pour solde.................   1,000 fr.

Maintenant B doit se rendre compte : il le fait de la manière suivante :

5. *Résumé des opérations de B pour son inventaire.*

Doit.	COMPTE DE MARCHANDISES GÉNÉRALES.		Avoir.
990 fr.	Débit de ce compte au 31 décembre.	Crédit de ce compte au 31 décembre...	1,089 fr.
99	Bénéfice sur ce compte.		
1,089 fr.	Somme égale.		1,089 fr.

L'année suivante, B, au lieu d'opérer sur un produit de 1,000, opérera sur un produit de 1,089, ce qui lui donnera un nouveau surcroît de bénéfice ; puis le même mouvement se renouvelant la 3e, la 4e, la 5e, etc., année, le progrès de sa richesse suivra le progrès de son industrie ; il ira à l'infini.

Les autres travailleurs, C, D, E, F, etc., étant dans les mêmes conditions que B, leurs comptes présentent individuellement le même résultat ; il est inutile de les reproduire.

Je passe à la contre-partie des comptes ouverts chez B, et tout d'abord à celui de la Banque.

CHAPITRE II.

On a vu plus haut que x, Banque nationale, a fait à B une avance sur son travail ou produit ; qu'elle en a usé de même avec tous les autres travailleurs ; et qu'ensuite elle s'est couverte et rémunérée, par le remboursement des valeurs qu'ils lui avaient remises, et par la déduction, faite à son profit, de 1 pour 100 d'escompte. Voici comment se traduiraient ces diverses opérations sur les livres de la Banque.

Doivent les Suivants à Caisse :

B, mes avances sur le produit de son travail de l'année, contre son engagement de 1,000 fr.; escompte déduit... 990 fr.

C,	—	—	990
D,	—	—	990
E,	—	—	990
F,	—	—	990
G,	—	—	990
H,	—	—	990
I,	—	—	990
K,	—	—	990
L,	—	—	990

9,900 fr.

Lors du remboursement par les débiteurs, nouvelle opération que le comptable coucherait sur les livres comme suit :

Doit Caisse aux Suivants :

à B, son versement pour solde....................			990 fr.
à C,	—	—	990
à D,	—	—	990
à E,	—	—	990
à F,	—	—	990
à G,	—	—	990
à H,	—	—	990
à I,	—	—	990
à K,	—	—	990
à L,	—	—	990

à Profits et pertes, reçu desdits pour escompte
1 pour 100.. 100

Total......... 10,000 fr.

Le crédit donné par *x*, Banque nationale, — après conversion de la somme créditée, en produits, puis vente de ces produits à tous les membres de la société, producteurs-consommateurs, depuis A jusqu'à L, et enfin payement de la vente au moyen de la même somme fournie par la Banque ; — ce crédit, disons-nous, lui rentre, sous forme de billets ou espèces, augmenté de l'escompte de 1 pour 100, avec lequel la Banque paye ses employés et acquitte ses frais. Si même, après avoir couvert ses dépenses, il restait à la Banque un bénéfice net tant soit peu considérable, elle réduirait proportionnellement le taux de son escompte, de manière à ce qu'il lui restât toujours, pour intérêt du capital, zéro.

Résumé des opérations de x, *Banque nationale, pour son inventaire au* 31 *décembre.*

Doit.	PROFITS ET PERTES.	*Avoir.*
100 fr. Bénéfice sur ce compte.	Produit des escomptes de l'année............	100 fr.

En se reportant au compte de *Caisse* de *x*, Banque nationale, on voit tout d'abord que l'excédant du débit de ce compte sur le crédit est de fr. 100, somme égale à celle du bénéfice d'escompte constatée par le compte de *Profits et pertes.*

CHAPITRE III.

Venons enfin au compte de A, propriétaire-capitaliste-entrepreneur, lequel ne se distingue plus, comme nous l'avons dit, de B, C, D, etc., travailleurs salariés, et ne prend ce titre que fictivement, par suite de ses opérations avec ces derniers.

Dans le régime du crédit gratuit, A ne prête plus les matières premières, l'instrument du travail, le capital, en un mot ; il ne le donne pas non plus pour rien ; il le vend. Dès qu'il en a reçu le prix, il est déchu de ses droits sur son capital ; il ne peut plus s'en faire payer éternellement, et au delà de l'éternité même, l'intérêt.

Voyons donc comment se comportera le compte de A, dans ce nouveau système.

D'abord, la monnaie n'étant qu'un instrument de circulation, devenu, par son accumulation à la Banque et la substitution presque générale du papier au numéraire, une propriété commune, dont l'usage, partout dédaigné, est gratuit, les producteurs-consommateurs B, C, D, etc., n'ont plus que faire des écus de A. Ce qu'il leur faut, ce sont les matières premières, instruments de travail et subsistances dont A est détenteur.

A commence donc ses opérations avec son capital, *marchandises*, que par hypothèse nous fixerons à 10,000 fr. Cette ouverture d'opérations de A s'exprime sur ses livres de la manière suivante :

1. **Doit Marchandises générales à A, compte de Capital :**
   Marchandises en magasin, au 1er janvier dernier, suivant inventaire................................... 10,000 fr.

Que fera A de cette marchandise? Il la vend aux travailleurs B, C, D, etc., c'est-à-dire à la société consommatrice et reproductrice qu'ici ils représentent, de même que lui, A, représente, pour le moment, la société capitaliste et propriétaire. C'est ce que le comptable de A constatera comme suit :

2. Vente au comptant à	B.....................	990
—	à C.....................	990
—	à D.....................	990
—	à E.....................	990
—	à F.....................	990
—	à G.....................	990
—	à H.....................	990
—	à I.....................	990
—	à K.....................	990
—	à L.....................	990
	Total..........	9,900 fr.

Mais si les travailleurs B, C, D, etc., consomment les articles de A, à son tour le propriétaire-capitaliste-entrepreneur A consomme les produits des travailleurs B, C, D, etc., de qui il doit les acheter, comme ils achètent eux-mêmes les siens. Or, nous avons vu, chapitre 1er, article 3, que la mieux-value donnée aux valeurs consommées par B, C, D, etc., étant, par hypothèse, dans un régime exempt de tout chômage, stagnation, avilissement de prix, de 10 pour 100, le capital de 990 fr. que B a obtenu, par crédit, de la Banque, reproductivement consommé, se transforme en un autre de 1,089 fr. : c'est donc d'après ce prix que A fait ses achats auprès de B, et en acquitte les factures. Ce qui se traduit dans les écritures comme suit :

3. *Doit Marchandise générale à Caisse :*
Achat au comptant, aux travailleurs ci-après :

à B,	ses livraisons de divers articles pour ma consommation			1,089 fr.
C,	—	—	—	1,089
D,	—	—	—	1,089
E,	—	—	—	1,089
F,	—	—	—	1,089
G,	—	—	—	1,089
H,	—	—	—	1,089
I,	—	—	—	1,089
K,	—	—	—	1,089
L,	—	—	—	1,089
			Total.......	10,890 fr.

Pour achever la démonstration, nous n'avons plus qu'à dresser l'inventaire de A.

Résumé des opérations de A, propriétaire-capitaliste-entrepreneur ·pour son inventaire au 31 décembre.

Doit.	MARCHANDISES GÉNÉRALES.		Avoir.
10,890 fr.	Débit de ce compte au 31 décembre.	Crédit de ce compte au 31 décembre...	9,900 fr.
		Restant en magasin des marchandises inventoriées au 1er janvier dernier....	100
		Perte sur ce compte..	890
10,890 fr.		Somme égale.	10,890 fr.

Maintenant que nous avons établi notre double comptabilité, rapprochons les comptes, et notons les différences :

1° Sous le régime de l'*usure*, le compte de chaque travailleur se solde par une perte de 100 fr., soit pour les 10 :   1,000 fr.

En même temps, celui de A, propriétaire-capitaliste-entrepreneur, se solde par un bénéfice de 1,000 fr.; ce qui prouve que dans la société capitaliste le déficit, soit la misère, est en raison de l'agio.

2° Sous le régime du *crédit gratuit*, au contraire, le compte de chaque travailleur se solde par un boni de 99 fr., soit pour les dix, 990 fr.; et celui de A, propriétaire-capitaliste, par un déficit de 890 fr., qui, avec les 100 fr. de marchandises restant en magasin et venant en couverture du déficit de l'année, font bien les 990 fr. dont la fortune des dix travailleurs s'est augmentée. Ce qui prouve que, dans la société mutuelliste, c'est-à-dire de l'égal échange, la fortune de l'ouvrier augmente en raison directe de son travail, tandis que celle du capitaliste diminue aussi en raison directe de sa consommation improductive, et qui détruit le reproche que m'adressait Pierre Leroux, qu'il n'a cessé depuis deux mois de reproduire dans sa polémique, savoir, que le crédit gratuit, la Banque du peuple, la mutualité ne sont aussi que du *propriétarisme*, du *bourgeoisisme*, de l'exploitation, enfin, comme le régime que la Banque du peuple avait la prétention d'abolir.

Dans le régime mutuelliste, la fortune de l'ouvrier augmente en raison directe de son travail; tandis que celle du propriétaire-capitaliste diminue en raison directe de sa consommation improductive : — cette proposition, mathématiquement démontrée, répond à toutes les divagations de Pierre Leroux et de Louis Blanc, sur la communauté, la fraternité et la solidarité.

Renversons maintenant la formule :

Sous le régime de l'usure, la fortune de l'ouvrier décroît en raison directe de son travail, tandis que celle du propriétaire-capitaliste augmente en raison directe de sa consommation improductive : — cette proposition, démontrée comme la précédente, mathématiquement, répond à toutes les divagations des jésuites, malthusiens et philanthropes, sur l'inégalité des talents, les compensations de l'autre vie, etc., etc.

Comme corollaire à ce qui précède, et en nous basant toujours sur la logique des chiffres, nous disons encore :

Dans la société capitaliste, l'ouvrier ne pouvant jamais racheter son produit pour le prix qu'il l'a vendu, est constamment en déficit. D'où, nécessité pour lui de réduire indéfiniment sa consommation, et, par suite, nécessité pour la société entière de réduire indéfiniment la production ; partant, interdiction de la vie, obstacle à la formation des capitaux, comme des subsistances.

Dans la société mutuelliste, au contraire, l'ouvrier échangeant, sans retenue, produit contre produit, valeur contre valeur, ne supportant qu'un droit léger d'escompte largement compensé par l'excédant que lui laisse, au bout de l'année son travail, l'ouvrier profite exclusivement de son produit. D'où, faculté pour lui de produire indéfiniment, et, pour la société, accroissement indéfini de la vie et de la richesse.

Diriez-vous qu'une pareille révolution dans les rapports économiques ne ferait, après tout, que déplacer la misère ; qu'au lieu de la misère du travailleur salarié, qui ne peut racheter son propre produit, et qui devient d'autant plus pauvre qu'il travaille davantage, nous aurions la misère du propriétaire-capitaliste-entrepreneur, qui se verrait forcé d'entamer son capital, et, partant, de détruire incessamment, avec la matière du produit, l'instrument du travail même ?

Mais qui ne voit que si, comme cela est inévitable dans le régime de la gratuité, les deux qualités de *travailleur salarié* d'une part, et de *propriétaire-capitaliste-entrepreneur*, de l'autre, deviennent égales et inséparables dans la personne de chaque ouvrier, le déficit qu'éprouve A dans les opérations qu'il fait comme capitaliste, il le couvre immédiatement par le bénéfice qu'il obtient à son tour comme travailleur : de sorte que, tandis que, d'un côté, par l'annihilation de l'intérêt, la somme des *produits* du travail s'accroît indéfiniment ; de l'autre, par les facilités de la circulation, ces produits se convertissent incessamment en VALEUR, et les valeurs en CAPITAUX ?

Que chacun, au lieu de crier à la spoliation contre le socialisme, fasse donc son propre compte ; que chacun dresse l'inventaire de sa fortune et de son industrie, de ce qu'il gagne comme capitaliste-propriétaire, et de ce qu'il peut obtenir comme travailleur; et, je me trompe fort, ou, sur les 10 millions de citoyens inscrits sur les listes électorales, il ne s'en trouvera pas 200,000, 1 sur 50, qui aient intérêt à conserver le régime usuraire et à repousser le crédit gratuit. Quiconque, encore une fois, gagne plus par son travail, par son talent, par son industrie, par sa science, que par son capital, est directement et surabondamment intéressé à l'abolition la plus immédiate et la plus complète de l'usure ; celui-là, dis-je, qu'il le sache ou qu'il l'ignore, est, au premier chef, partisan de la *République démocratique et sociale ;* il est, dans l'acception la plus large, la plus conservatrice, RÉVOLUTIONNAIRE. Quoi donc ! Serait-il vrai, parce qu'ainsi l'a dit Malthus et qu'ainsi le veut, à sa suite, une poignée de pédants, que 10 millions de travailleurs, avec leurs enfants et leurs femmes, doivent servir éternellement de pâture à 200,000 parasites, et que c'est afin de protéger cette exploitation de l'homme par l'homme, que l'État existe, qu'il dispose d'une force armée de 500,000 soldats, d'un million de fonctionnaires et que nous lui payons deux milliards d'impôts ?...

Mais qu'ai-je besoin, après tout ce qui a été dit dans le cours de cette polémique, d'entretenir plus longtemps l'opposition purement factice de *travailleurs-salariés* et *capitalistes-propriétaires?* Le moment est venu de faire cesser tout antagonisme entre les classes, et d'intéresser à l'abolition de la rente et de l'intérêt, jusqu'aux propriétaires et aux capitalistes eux-mêmes. La Révolution, ayant assuré son triomphe par la justice, peut, sans manquer à sa dignité, s'adresser aux intérêts.

N'avons-nous pas vu que l'intérêt est né des risques de l'industrie et du commerce, qu'il s'est manifesté d'abord dans les contrats plus ou moins aléatoires de *pacotille* et *à la grosse ?* Or, ce qui fut au commencement l'effet inévitable de l'état de guerre, ce qui devait, de toute nécessité, apparaître dans une société antagoniste, se reproduira encore et toujours, dans la société harmonique et pacifiée. Le progrès, dans l'industrie comme dans la science, est sans fin ; le travail ne connaît pas de bornes à ses aventureuses entreprises. Mais qui dit entreprise, dit toujours chose plus ou moins aléatoire, par conséquent, risque plus ou moins grand du capital engagé, partant nécessité d'un intérêt compensateur.

Au loyer, au fermage, à la rente, au prêt sur hypothèque, à l'agio mercantile, aux spéculations de bourse, à la spoliation bancocratique, doit succéder pour le capital, dans des conditions de plus en plus heureuses, la *Commandite*. Alors le capital, divisé par actions et fourni par les masses ouvrières, au lieu de spolier le travail, produira pour le travail; alors le dividende ne sera qu'une manière de faire participer la société tout entière aux bénéfices des spéculations privées : ce sera le gain légitime du génie contre la fortune. Que les capitalistes actuels, au lieu de s'entasser à la Bourse, de comprimer la révolution et de mettre l'embargo sur les bras, osent donc se faire nos chefs de file; qu'ils deviennent, comme en 92, nos généraux dans cette nouvelle guerre du travail contre la misère, dans cette grande croisade de l'industrie contre la nature. N'y a-t-il donc plus rien à découvrir, plus rien à oser, plus rien à faire pour le développement de notre nationalité, pour l'augmentation de notre richesse et de notre gloire?...

Je m'arrête : il est temps. Malgré moi, Monsieur, vous m'avez poussé à cette déduction abstraite, fatigante pour le public et peu facile pour les colonnes d'un journal populaire. Fallait-il donc m'entraîner à cette dissertation épineuse, quand il était si facile, si simple de nous renfermer dans cette question péremptoire autant que positive : *Le crédit peut-il ou ne peut-il pas être gratuit ?* Au risque de rebuter les lecteurs de la *Voix du Peuple*, j'ai voulu satisfaire à votre désir : vous me direz, si vous le jugez convenable, ce que vous trouvez à reprendre, d'abord à l'analyse que j'ai faite de la notion de *capital ;* puis à la définition que j'en ai fait sortir; enfin aux théorèmes et aux corollaires qui en ont fait le développement.

Dans ce que vous venez de lire il y a, vous ne le nierez pas, toute une révolution non-seulement politique et économique, mais encore, ce qui doit vous être, ainsi qu'à moi-même, beaucoup plus sensible, scientifique. A vous de voir si vous acceptez, pour votre compte et pour celui de vos coreligionnaires, la conclusion qui ressort avec éclat de toute cette discussion, savoir, que ni vous, monsieur Bastiat, ni personne de votre école, n'entendez rien à l'économie politique.

Je suis, etc.

P. J. PROUDHON.

DOUZIÈME LETTRE.

F. BASTIAT A P. J. PROUDHON.

Le système de la gratuité du crédit se réduit au papier-monnaie. — Quelles conséquences tirer de la comptabilité établie par M. Proudhon ? — Des billets de banque. — Des profits qu'ils procurent. — Pénétration de J. B. Say. — Le vrai moyen de faire profiter du crédit le public, qui lui-même l'accorde, c'est la liberté. — Analyse du crédit et de l'intérêt. — Exhortation à M. Proudhon de changer sa bannière.

4 février 1850.

Vous venez de rendre à la société un signalé service. Jusqu'ici la *gratuité du crédit* était demeurée enveloppée de nuages philosophiques, métaphysiques, économiques, antinomiques, historiques. En la soumettant à la simple épreuve de la comptabilité, vous la faites descendre de ces vagues régions ; vous l'exposez nue à tous les regards ; chacun pourra la reconnaître : c'est la *monnaie de papier*.

Multiplier et égaliser les richesses sur la terre en y jetant une pluie de *papier-monnaie*, voilà tout le mystère. Voilà le *conclusum*, l'*ultimatum* et le *desideratum* du socialisme.

La *gratuité du crédit*, c'est son dernier mot, sa dernière formule, son dernier effort. Vous l'avez dit cent fois avec raison. D'autres, il est vrai, donnent à ce mot un autre sens. Est socialiste, disait, ces jours-ci, la *Démocratie pacifique*, quiconque aspire à réaliser un peu de bien. — Certes, si la définition est vague, elle est du moins compréhensive et surtout prudente. Ainsi défini, le socialisme est impérissable.

Mais un désir, non plus que vingt aspirations qui s'entre-détruisent, ne constituent pas une science. Qu'est devenue l'*Icarie ?* Où en sont le *phalanstère*, l'*atelier national*, la *triade*? Ces formules sont mortes, et vous n'avez pas peu contribué à les tuer. Si quelques autres ont fait récemment leur entrée dans le monde, sous des noms sanscrits (que j'ai oubliés), il est permis de croire qu'elles ne sont pas nées viables. Une seule survivait encore : *gratuité du crédit*. Il m'a semblé qu'elle puisait sa vie dans le mystère. Vous l'exposez au grand jour : survivra-t-elle longtemps ?.

L'altération des monnaies, pouvant aller jusqu'à la monnaie fictive, c'est une invention qui n'est ni neuve, ni d'origine très-démocratique. Jusqu'ici cependant, on avait pris la peine de donner ou de supposer au *papier-monnaie* quelques garanties, les futures richesses du Mississipi, le sol national, les forêts de l'État, les biens des émigrés, etc. On comprenait bien que le papier n'a pas de valeur intrinsèque, qu'il ne vaut que comme *promesse*, et qu'il faut que cette promesse inspire quelque confiance pour que le papier qui la constate soit volontairement reçu en échange de réalités. De là le mot *crédit* (*credere*, croire, avoir foi). Vous ne paraissez pas vous être préoccupé de ces nécessités. Une fabrique inépuisable de papier-monnaie, voilà votre solution.

Permettez-moi d'intervertir l'ordre de la discussion que vous m'indiquez, et d'examiner d'abord votre mécanisme social, exposé sous ce titre : *Gratuité du crédit*.

Il est bon de constater que vous définissez ainsi le capital : *Toute valeur faite, en terres, instruments de travail, marchandises, subsistances ou monnaies, et servant ou pouvant servir à la production*. Cette définition, je l'accepte. Elle suffit à la discussion actuelle.

Ceci posé, A, B, C, D, E, F, G, H, I, K, L, etc., sont tout à la fois capitalistes et travailleurs.

Vous faites le compte de l'un d'eux, A, pris en sa qualité de capitaliste ; puis celui de B, représentant tous les travailleurs ; enfin vous dressez la comptabilité de la Banque.

A est détenteur de capitaux, de *valeurs faites*, en terres, instruments, subsistances, etc. ; B désire se les approprier, mais il n'a rien à donner en échange et ne doit pas les emprunter sous peine de payer un intérêt.

Il se présente à la Banque et lui dit : Livrez-moi pour mille francs de billets, je vous rembourserai sur le produit de mon travail futur au fur et à mesure de mes ventes. La Banque s'exécute et donne des billets pour 990 fr. (¹). Muni de ces précieux talismans, B se présente à A et lui dit : « Vous espériez peut-être me *prêter* vos capitaux, mais vous voilà réduit à me les *vendre*, car je suis en mesure de les payer. » A s'empresse de livrer ses capitaux (terres, marchandises, subsistances) à B contre les billets. B entreprend son travail. En vertu de l'aphorisme : *Tout travail doit laisser un excédant*, il ajoute 10 pour 100 à la valeur qu'il vient d'acheter, court à la Banque payer (en billets sans doute) les 990 fr. qu'il lui doit, et se trouve avoir réalisé 99 fr. de profits. Ainsi de C, D, E, F, etc., en un mot de tous les hommes.

Ayant imaginé ces données, vous dressez la comptabilité de A, de B et celle de la Banque. Certes, cette comptabilité, les données étant admises, est irréprochable.

Mais peut-on admettre vos données ? Sont-elles conformes à la nature des hommes et des choses ? C'est ce qu'il s'agit d'examiner.

Les billets de la Banque offriront-ils quelques garanties ? en d'autres termes, inspireront-ils ou non de la confiance ? En d'autres termes encore, la Banque aura-t-elle ou n'aura-t-elle pas un capital primitif et des *valeurs faites* suffisantes pour répondre de toutes ses émissions ?

Comment réunira-t-elle le capital en *valeurs faites ?* Si

---

¹ Cette retenue de 10 fr., n'ayant pour objet que les frais de bureau, est improprement nommée *escompte*. Elle pourrait être réduite à quelques centimes. Peut-être même cût-il mieux valu, dans la théorie et la comptabilité, ne point s'en préoccuper.

elle a des actionnaires, dans l'ordre de choses actuel, qui est notre point de départ, ils voudront toucher un intérêt, et comment la Banque prêtera-t-elle à titre gratuit ce qu'elle emprunte à titre onéreux?

On s'emparera du capital de la Banque de France, dites-vous, et on remboursera les actionnaires en rentes sur l'État. Ceci recule la difficulté sans la résoudre. C'est la masse, la nation qui empruntera le capital à 5 pour 100 pour le prêter gratis. L'intérêt ne sera pas anéanti, mais mis sur le dos du contribuable.

Mais enfin, admettons que ce capital de 10,000 fr., sur lequel vous opérez fictivement, soit réuni, et mettons de côté ce cercle vicieux qui consiste à *supposer* la gratuité pour la *réaliser*. Puisque vous l'avez cru nécessaire, vous jugez sans doute indispensable qu'il se conserve.

Pour cela vous raisonnez sur cette hypothèse que B, C, D, E, etc., rembourseront chaque année à la Banque les billets qu'ils lui auront pris. Mais si cette hypothèse fait défaut? Si B est un débauché qui va dépenser ses 1,000 fr. au cabaret? Si C les donne à sa maîtresse? Si D les jette dans une entreprise ridicule? Si E fait une fugue en Belgique? etc., etc., que deviendra la Banque? A qui A s'adressera-t-il pour avoir la contre-valeur des capitaux dont il se sera défait?

Car enfin votre Banque n'aura pas la vertu de changer notre nature, de réformer nos mauvaises inclinations. Bien au contraire, et il faut reconnaître que l'extrême facilité de se procurer du *papier-monnaie*, sur la simple promesse de travailler à le rembourser ultérieurement, serait un puissant encouragement au jeu, aux entreprises folles, aux opérations hasardeuses, aux spéculations téméraires, aux dépenses immorales ou inconsidérées. C'est une chose grave que de placer tous les hommes en situation de se dire : Tentons la fortune avec le bien d'autrui ; si je réussis, tant mieux pour moi ; si j'échoue, tant pis pour les autres. » Je ne puis concevoir, quant à moi, le jeu régulier des transactions humaines en dehors de la loi de responsabilité. Mais, sans rechercher ici les effets moraux de votre invention, toujours est-il qu'elle ôte à la Banque nationale toute condition de *crédit* et de durée.

Vous me direz peut-être qu'avant de livrer ses billets la Banque s'enquerra avec soin du degré de confiance que méritent les demandeurs. Propriété, moralité, activité, intelligence, prudence, tout sera scruté et pesé avec soin. Mais prenez garde; si, d'un côté, vous exigez que la Banque ait un capital primitif de garantie, si, de l'autre, elle ne prête qu'en toute sécurité, que fera-t-elle de plus que ne font aux Etats-Unis les Banques libres ? Et celui qui est pauvre diable aujourd'hui ne sera-t-il pas pauvre diable sous votre régime ?

Je ne crois pas que vous puissiez sortir de ces alternatives :

Ou la Banque aura un capital dont elle payera l'intérêt, et alors elle ne pourra, sans se ruiner, prêter sans intérêt ;

Ou elle disposera d'un capital gratuit, et, en ce cas, expliquez-nous d'où elle le tirera, en dehors de A, B, C, D, etc., qui forment toute la nation ?

Dans l'une et l'autre hypothèse, ou elle prêtera avec mesure et discernement, et alors vous n'aurez pas le crédit universel ; ou elle prêtera sans garantie, et en ce cas elle fera faillite avant deux mois.

Mais passons sur ces premières difficultés.

A; que vous mettez en scène, est capitaliste, partant avisé, prudent, timoré, peureux même. Ce n'est pas vous qui le nierez. Après tout, cela lui est bien permis. Tout ce qu'il a, il l'a acquis au prix de ses sueurs, et ne veut pas s'exposer à le perdre. Ce sentiment, au point de vue social, est éminemment conservateur. Avant donc de livrer ses ca-

pitaux contre des billets, A tournera et retournera bien souvent ces billets dans ses mains. Peut-être finira-t-il par les
refuser, et voilà votre système en fumée. Que ferez-vous?
Décréterez-vous le *cours forcé*? Que devient alors la liberté,
dont vous êtes le champion? Après avoir fait de la Banque
une inquisition, en ferez-vous une gendarmerie? Ce n'était
pas la peine de supprimer l'État.

Mais je vous concède, pour la discussion seulement, le
cours forcé. Vous n'empêcherez pas A de calculer ses risques. Il est vrai qu'il n'y a guère de risques qu'un vendeur
n'affronte, pourvu qu'il trouve dans l'élévation du prix une
prime d'assurance satisfaisante. A, capitaliste, c'est-à-dire
menuisier, cordonnier, forgeron, tailleur, etc., etc., dira
donc à B, C, D : Messieurs, si vous voulez mes meubles, mes
souliers, mes clous, mes habits, qui sont des *valeurs faites*,
donnez-moi une *valeur faite*, c'est-à-dire 20 fr. en argent.
— Voilà 20 fr. en billets, répond B. — Ce n'est qu'une promesse, répond A, et je n'y ai pas confiance. — Le cours
forcé est décrété, réplique B. — Soit, riposte A, mais je
veux 100 fr. de ma marchandise.

Comment arrêterez-vous cette hausse de prix, évidemment destructive de tous les bienfaits que vous attendez de
la Banque? Que ferez-vous? Décréterez-vous le *maximum*?

L'universelle cherté se manifestera encore par une autre
cause. Certes, vous ne doutez pas que la Banque, dès qu'elle
aura fait battre le rappel par tous les organes de la publicité,
dès qu'elle aura annoncé qu'elle prête pour rien, n'attire à
elle de nombreux clients. Tous ceux qui ont des dettes,
dont ils payent l'intérêt, voudront profiter de cette belle occasion de se libérer. En voilà pour une vingtaine de milliards. L'État voudra s'acquitter aussi des 5 milliards qu'il
doit. La Banque sera encore assaillie de tout négociant qui
a conçu une opération, de tout manufacturier qui veut fonder
ou agrandir une fabrique, de tout monomane qui a fait une

découverte merveilleuse, de tout ouvrier, compagnon, ou apprenti qui veut devenir maître.

Je ne crains pas de trop m'avancer en disant que l'émission des billets, si elle a la prétention de satisfaire tous les appétits, toutes les cupidités, toutes les rêveries, dépassera 50 milliards dès les six premiers mois. Voilà de quel poids la demande des capitaux pèsera sur le marché. Mais où en sera l'offre? Dans six mois, la France n'aura pas créé assez de *valeurs faites* (terres, instruments, marchandises, subsistances), pour satisfaire à ce prodigieux accroissement de prétentions; car les valeurs faites, les réalités, ne tombent pas aussi facilement dans le tablier de dame Offre, que les valeurs fictives dans celui de dame Demande. Cependant vendre et acheter sont des termes corrélatifs; ils expriment deux actes qui s'impliquent, et, à vrai dire, ne font qu'un. Quel sera le résultat? Une hausse exorbitante de tous les prix, ou, pour mieux dire, une désorganisation sociale telle que le monde n'en a jamais vu. — Et, soyez-en sûr, si quelqu'un en réchappe, ce ne sera pas le moins fripon, ce ne sera pas surtout le pauvre diable à qui la Banque a refusé crédit.

Ainsi, mesures arbitraires pour fonder la Banque, inquisition si elle veut mesurer la confiance, cours forcé, maximum, et, en définitive, banqueroute et désorganisation, dont les plus pauvres et les moins roués seront les premières victimes; voilà les conséquences logiques du papier-monnaie. Ce n'est pas tout.

Vous pourriez me dire : Votre critique porte sur les moyens d'exécution. On y avisera. Il ne s'agit que du principe. Or, vous ne pouvez nier que ma Banque, sauf les moyens d'exécution, détruit l'intérêt. Donc la *gratuité du crédit* est au moins possible.

Je pourrais répondre : Non, si les moyens d'exécution ne le sont pas. Mais je vais droit au fond, et je dis : Votre invention n'eût-elle pas tous les dangers que j'ai signalés, n'atteint pas votre but. Elle ne réalise pas la *gratuité du crédit*.

Vous savez aussi bien que moi, Monsieur, que cette rémunération du capital, qu'on nomme intérêt, ne s'attache pas seulement au prêt. Elle est aussi comprise dans le prix de revient des produits. Et puisque vous invoquez la comptabilité, je l'invoque à mon tour. Ouvrons les livres du premier entrepreneur venu. Nous y verrons qu'il n'opère jamais sans s'être assuré non-seulement le salaire de son travail, mais encore la rentrée, l'amortissement et l'intérêt de son capital. Cet intérêt se trouve confondu dans le prix de vente. En réduisant toutes les transactions à des achats et des ventes, votre Banque ne résout donc pas, ne touche même pas le problème de la suppression de l'intérêt.

Eh quoi ! Monsieur, vous prétendez arriver à des arrangements tels, que celui qui travaille sur son propre capital ne gagne pas plus que celui qui travaille sur le capital d'autrui emprunté pour rien ! Vous poursuivez une impossibilité et une injustice.

Je vais plus loin, et je dis qu'eussiez-vous raison sur tout le reste, vous auriez encore tort de prendre pour devise ces mots : *gratuité du crédit*. Prenez-y garde en effet, vous n'aspirez pas à rendre le crédit *gratuit*, mais à le *tuer*. Vous voulez tout réduire à des achats et des ventes, à des virements de parties. Vous croyez que, grâce à votre papier-monnaie, il n'y aura plus occasion de prêter ni d'emprunter ; que tout crédit sera inutile, nul, aboli, éteint faute d'occasion. Mais peut-on dire d'une chose qui n'existe pas, ou qui a cessé d'exister, qu'elle est gratuite ?

Et ceci n'est point une querelle de mots. Après tout, d'ailleurs, les mots sont les véhicules des idées. En annonçant la *gratuité du crédit*, vous donnez certainement à entendre, que ce soit ou non votre intention, que chacun pourra jouir, pendant un temps indéterminé, de la propriété d'autrui sans rien payer. Les malheureux, qui n'ont pas le temps d'approfondir les choses et de discerner en quoi vos expressions manquent d'exactitude, ouvrent de grands yeux. Ils sentent se remuer en eux les plus déplorables appétits. Mettre la main sur le bien d'autrui, et cela sans injustice, quelle attrayante perspective! Aussi vous avez eu et vous deviez avoir d'abord beaucoup d'adeptes.

Mais si votre mot d'ordre eût été *anéantissement du crédit*, qui exprime votre pensée réelle, on aurait compris que, sous votre régime, on n'aura rien pour rien. La cupidité, ce grand organe de la créance, comme dit Pascal, eût été neutre. On se serait borné à examiner froidement, d'abord, si votre système est un progrès sur ce qui est, ensuite, s'il est praticable. Le mot *gratuité* est toujours fort séduisant; mais je ne crains pas de dire que, s'il a été un leurre pour beaucoup de vos adeptes, il a été un piége pour votre esprit.

Il explique les hésitations qu'on a pu remarquer dans votre polémique. Quand je m'attachais à circonscrire le débat dans cette question de la *gratuité*, vous étiez mal à l'aise. Vous sentiez bien, au fond de votre conscience et de votre science, que le crédit, *tant qu'il existe*, ne peut être gratuit; que le remboursement d'une valeur empruntée ne peut être identique, soit qu'on l'opère immédiatement, soit qu'on l'ajourne indéfiniment. Vous faisiez à cet égard des concessions loyales qui vous ont été reprochées dans votre église. D'un autre côté, entraîné, engagé par votre devise : *gratuité du crédit*, vous faisiez des efforts incroyables pour vous tirer de ce mauvais pas. Vous invoquiez l'*antinomie*, vous alliez jusqu'à dire que le *oui* et le *non* peuvent être vrais de la même chose et en même temps. Après la dialectique, venait la rhétorique. Vous apostrophiez l'intérêt, le qualifiant de vol, etc., etc.

Et tout cela pour avoir revêtu votre pensée d'une expression fausse. Notre débat eût été bien abrégé, si vous m'aviez dit : Tant que le crédit existe, il ne peut être gratuit; mais j'ai trouvé le moyen de faire qu'il n'existe pas, et dorénavant j'écrirai sur mon drapeau, au lieu de ces mots : *Gratuité du crédit*, ceux-ci : *Anéantissement du crédit*.

La question ainsi posée, je n'aurais eu qu'à examiner vos moyens d'exécution. C'est ce que, par votre dernière lettre, vous m'avez mis à même de faire. J'ai prouvé que ces moyens d'exécution se résument en un mot : *papier-monnaie*.

J'ai prouvé, en outre :

Que, pour que les billets d'une Banque soient reçus, il faut qu'ils inspirent confiance ;

Que, pour qu'ils inspirent confiance, il faut que la Banque ait des capitaux ;

Que, pour que la Banque ait des capitaux, il faut qu'elle les emprunte précisément à A, B, C, D, qui sont le peuple, et en paye l'intérêt au cours;

Que si elle en paye l'intérêt, elle ne peut les prêter sans intérêt;

Que, si elle les prête à A, B, C, D, gratis, après les leur avoir pris de force sous forme de contribution, il n'y a rien de changé dans le monde, si ce n'est une oppression de plus;

Et enfin que, dans aucune hypothèse, même en réduisant toutes les transactions à des ventes, vous ne détruisez pas cette rémunération du capital, toujours confondue avec le prix de vente.

Il résulte de là, que si votre Banque n'est qu'une fabrique de papier-monnaie, elle amènera la désorganisation sociale.

Que si, au contraire, elle est établie sur les bases de la justice, de la prudence et de la raison, elle ne fera rien que ne puisse faire mieux qu'elle la *liberté des Banques*.

16.

Est-ce à dire, Monsieur, qu'il n'y ait rien de vrai, selon moi, dans les idées que vous soutenez? En m'expliquant à cet égard, je vais faire un mouvement vers vous. Puisse-t-il vous déterminer à en faire un vers moi, ou plutôt vers la vraie solution : la liberté des Banques!

Mais, pour être compris, j'ai besoin, au risque de me répéter, d'établir quelques notions fondamentales sur le *crédit*.

Le Temps est précieux. Time is money, disent les Anglais. *Le temps, c'est l'étoffe dont la vie est faite*, dit le Bonhomme Richard.

C'est de cette vérité incontestable que se déduit la notion et la pratique de l'intérêt.

Car faire crédit, c'est accorder du temps.

Sacrifier du temps à autrui, c'est lui sacrifier une chose précieuse, et il n'est pas possible de soutenir qu'en affaires un tel sacrifice doive être gratuit.

A dit à B : Consacrez cette semaine à faire pour moi un chapeau ; je l'emploierai à faire pour vous des souliers. — Souliers et chapeau se valent, répond B, j'accepte.

Un instant après, B s'étant ravisé dit à A : J'ai réfléchi que le temps m'est précieux ; je désire me consacrer à moi-même cette semaine et les suivantes ; ainsi, faites-moi les souliers tout de suite, je vous ferai le chapeau dans un an. — J'y consens, répond A, mais, dans un an, vous me donnerez une semaine et deux heures.

Je le demande à tout homme de bonne foi, A fait-il acte de piraterie en plaçant une nouvelle condition à son profit à côté d'une nouvelle condition à sa charge?

Ce fait primitif contient en germe toute la théorie du crédit.

Je sais que, dans la société, les transactions ne sont pas aussi simples que celle que je viens de décrire, mais elles sont identiques par leur essence.

Ainsi, il est possible que A vende les souliers à un tiers

pour 10 fr. et remette cette somme à B en lui disant : Donnez-moi le chapeau immédiatement, ou, si vous voulez un
délai d'un an, vous me restituerez une semaine de travail,
plus deux heures, ou bien 10 fr., plus un vingtième en sus.
Nous rentrons tout à fait dans l'hypothèse précédente.

D'accord, je l'espère du moins, sur la légitimité du crédit, voyons maintenant à quels arrangements il peut donner
lieu.

B peut n'avoir pris qu'un engagement verbal, et cependant, il n'est pas impossible que A ne le transmette et ne
l'escompte. Il peut dire à C : Je vous dois 10 fr. B m'a
donné sa parole qu'il me donnerait 10 fr. et 10 sous dans
un an. Voulez-vous accepter en payement mes droits
sur B ? — Si C a confiance, s'il croit, l'opération pourra se
faire. Mais qui oserait dire que, pour multiplier les souliers
et les chapeaux, il suffit de multiplier les promesses de ce
genre, indépendamment de la confiance qui s'y attache ?

B peut livrer un titre écrit. Le titre, sous cette forme,
évitera les contestations et dénégations ; il inspirera plus de
confiance et circulera plus facilement que la promesse ver-
bale. Mais ni la nature ni les effets du crédit n'auront changé.

Enfin un tiers, une Banque, peut garantir B, se charger
de son titre et émettre à la place son propre billet. Ce sera
une nouvelle facilité à la circulation. Mais pourquoi ? précisément parce que la signature de la Banque inspire au public plus de confiance que celle de B. Comment donc peut-
on penser qu'une Banque soit bonne à quelque chose, si
elle n'a pas pour base la confiance, et comment l'aurait-
elle, si ses billets offrent moins de garantie que ceux
de B ?

Il ne faut donc pas que ces titres divers nous fassent illusion. Il ne faut pas y voir une valeur propre, mais la
simple promesse de livrer une valeur, promesse souscrite
par quelqu'un qui est en mesure de la tenir.

Mais ce que je veux faire remarquer, car c'est ici que s'opère le rapprochement que j'ai annoncé entre votre opinion et la mienne, c'est un singulier déplacement du droit à l'intérêt, qui s'opère par l'intervention des Banques.

Dans le cas d'un billet à ordre ou d'une lettre de change, qui paye l'intérêt ? Évidemment l'emprunteur, celui à qui d'autres ont sacrifié du temps. Et qui profite de cet intérêt ? Ceux qui ont fait ce sacrifice. Ainsi, si B a emprunté, pour un an, 1,000 fr. à A, et lui a souscrit un billet de 1,040 fr., c'est A qui profite des 40 fr. S'il négocie immédiatement ce billet, à 4 pour 100 d'escompte, c'est le preneur qui gagne l'intérêt, comme il est juste, puisque c'est lui qui fait l'*avance* ou le sacrifice du temps. Si A négocie son billet au bout de six mois à C, celui-ci ne lui en donne que 1,020 fr., et l'intérêt se partage entre A et C, parce que chacun a sacrifié six mois.

Mais quand la Banque intervient, les choses se passent différemment.

C'est toujours B, l'emprunteur, qui paye l'intérêt. Mais ce n'est plus A et C qui en profitent, c'est la Banque.

En effet, A vient de recevoir son titre. S'il le gardait, à quelque époque qu'il le négociât, il toucherait toujours l'intérêt pour tout le temps où il aurait été privé de son capital. Mais il le porte à la Banque. Il remet à celle-ci un titre de 1,040 fr., et elle lui donne en échange un billet de 1,000 fr. C'est donc elle qui gagne les 40 fr.

Quelle est la raison de ce phénomène ? Il s'explique par la disposition où sont les hommes de faire des sacrifices à la commodité. Le billet de banque est un titre très-commode. Quand on le prend, on ne se propose pas de le garder. On se dit : Il ne restera pas en mes mains plus de huit à dix jours, et je puis bien sacrifier l'intérêt de 1,000 fr. pendant une semaine en vue des avantages que le billet me procure. Au reste, les billets ont cela de commun avec l'argent ; celui qu'on a dans sa bourse ou dans sa caisse ne rapporte pas d'intérêt, ce qui montre, pour le dire en passant, l'absurdité des personnes qui déclament sans cesse contre la productivité de l'argent, rien au monde n'étant plus improductif d'intérêts que la monnaie.

Ainsi, si un billet de banque reste un an dans la circulation, et passe par quarante mains, séjournant neuf jours dans chacune, c'est quarante personnes qui ont renoncé, en faveur de la Banque, aux droits qu'elles avaient sur les 40 fr. d'intérêts dus et payés par B. Chacune d'elles a fait un sacrifice de 1 fr.

Dès lors on a pu se demander si cet arrangement était juste, s'il n'y aurait pas moyen d'organiser une Banque nationale, commune, qui fît profiter le public du sacrifice supporté par le public, en un mot, qui ne perçût pas d'intérêts.

Si je ne me trompe, Monsieur, c'est sur l'observation de ce phénomène que se fonde votre invention. Elle n'est pas nouvelle. Ricardo avait conçu un plan moins radical, mais analogue (1), et je trouve dans Say (*Commentaires sur Storch*) ces lignes remarquables :

« Cette idée ingénieuse ne laisse qu'une question non résolue. Qui devra jouir de l'intérêt de cette somme considérable mise dans la circulation ? Serait-ce le Gouvernement ? Ce ne serait pour lui qu'un moyen d'augmenter les abus, tels que les sinécures, la corruption parlementaire, le nombre des délateurs de la police et les armées permanentes. Serait-ce une compagnie financière, comme la Banque d'Angleterre, la Banque de France ? Mais à quoi bon faire à une compagnie financière déjà riche le cadeau des intérêts *payés en détail par le public ?*... Telles sont les questions qui naissent à ce sujet. Peut-être ne sont-elles pas insolubles. Peut-être y a-t-il des moyens de rendre hautement *profitable au public* l'économie qui en résulterait ; mais je ne suis pas appelé à développer ici ce nouvel ordre d'idées.

1 *Proposals for an economical and secure currency.*

Puisque c'est le *public* qui paye en détail ces intérêts,
c'est au *public* d'en profiter. Certes, il n'y avait qu'un pas
de ces prémisses à la conclusion. Quant au moyen, je le
crois tout trouvé ; ce n'est pas la Banque nationale, mais la
liberté des banques.

Remarquons d'abord que la Banque ne bénéficie pas de
la totalité de l'intérêt.

Outre les frais, elle a un capital. Et puis elle est dans la
nécessité de tenir toujours prête dans ses caisses, une
somme d'argent improductive.

Les billets d'une banque, on ne saurait trop le répéter,
sont des titres de confiance. Le jour où elle les émet, la
Banque proclame hautement qu'elle est prête à les rembourser à bureau ouvert et à toute heure. Rigoureusement,
elle devrait donc tenir toujours en disponibilité une *valeur
faite* égale à la *valeur représentative* lancée dans la circulation, et alors l'intérêt payé par B serait perdu pour tout
le monde. Mais l'expérience ayant appris à la Banque que
ses billets courent le monde pendant un temps déterminé,
elle ne prend ses précautions qu'en conséquence. Au lieu
de garder 1,000 fr. elle n'en garde que 400 (par hypothèse), et fait valoir 600 fr. C'est l'intérêt de ces 600 fr.
qui est supporté par le public, par les détenteurs successifs du billet, et gagné par la Banque.

Or, cela ne devrait pas être. Elle ne devrait gagner que
ses frais, l'intérêt de tout capital de fondation, et les justes
profits de tout travail, de toute spéculation. C'est ce qui
arriverait avec la liberté des banques ; car la concurrence,
tendant à rendre uniforme le taux de l'intérêt, ne permet-
trait pas aux actionnaires d'une banque d'être mieux traités que les actionnaires de toute autre entreprise analogue.
En d'autres termes, les banques rivales seraient forcées de
réduire le taux des escomptes à ce qui est nécessaire pour
placer leurs capitaux dans la condition commune, et ce

phénomène étrange que j'ai signalé, je veux dire l'abandon volontaire des intérêts, auxquels se soumettent les détenteurs successifs de ces billets, profiterait au *public* sous forme de réduction dans le taux des escomptes. Pour être plus précis, je dirai que l'intérêt d'un billet de 1,000 fr. mis en circulation, se partagerait. Une partie irait à la Banque pour couvrir la somme qu'elle est obligée de tenir en réserve, les frais, et la rente de son capital primitif; — l'autre partie serait forcée, par la concurrence, à se convertir en diminution d'escompte.

Et cela, prenez-y garde, ne veut pas dire que l'intérêt tendra à devenir gratuit ou à s'anéantir. Cela veut dire seulement qu'il tendrait à être perçu par celui qui y a droit.

Mais le privilége est intervenu qui en a disposé autrement, et la Banque de France, n'ayant pas de concurrents, au lieu de retenir la partie, empoche le tout.

Je voudrais, Monsieur, montrer la liberté des banques sous un autre aspect; mais cette lettre est déjà trop longue. Je me bornerai à indiquer ma pensée.

Ce qu'on nomme vulgairement l'intérêt (1) comprend trois éléments qu'on a trop l'habitude de confondre :

1° L'intérêt proprement dit, qui est la rémunération du délai, le prix du temps ;

2° Les frais de circulation ;

3° La prime d'assurance.

La liberté des banques agirait à la fois d'une manière favorable, et dans le sens de la réduction, sur ces trois éléments. Elle maintiendrait au taux le plus bas, par les raisons que j'ai dites, l'intérêt proprement dit, sans jamais l'anéantir. Elle ferait tomber les frais de circulation à un chiffre qui, dans la pratique, se confondrait avec zéro. Enfin

---

1 Quant à la rémunération du capital indépendante de la circonstance du prêt, voyez, à la quatrième lettre, les pages 140 et suiv.

(*Note de l'éditeur.*)

elle tendrait à diminuer et surtout à égaliser la prime d'assurance, qui est de beaucoup l'élément le plus onéreux, — principalement pour les classes laborieuses, — dont se compose l'intérêt total.

Si, en effet, les hommes qui jouissent de la plénitude du crédit en France, comme les Mallet, les Hottinger, les Rothschild, trouvent des capitaux à 3 pour 100, on peut dire que c'est là l'élément *intérêt*, et que tout ce que les autres payent en sus représente l'élément *frais*, et surtout l'élément *prime d'assurance ;* ce n'est plus le *prix du temps*, c'est le prix du *risque*, ou de la difficulté et de l'incertitude du recouvrement.

Comment la liberté des banques améliorerait-elle et égaliserait-elle la condition des emprunteurs sous ces rapports ? Que le lecteur veuille bien résoudre la question. J'aime mieux lui laisser cette fatigue que de la lui donner.

En cette matière, comme en toutes, la véritable solution est donc la liberté. La liberté fera surgir des banques partout où il y a un centre d'activité, et associera ces banques entre elles ; elle mettra à portée de chaque marchand, de chaque artisan, ces deux grands leviers du progrès, l'épargne et le crédit. Elle restreindra l'intérêt au taux le plus bas où il puisse descendre. Elle répandra les habitudes les plus favorables à la formation des capitaux. Elle fera disparaître toute ligne de démarcation entre les classes et réalisera la *mutualité des services*, sans anéantir ce *prix du temps*, qui est un des éléments légitimes et nécessaires des transactions humaines.

Liberté des banques ! Liberté du crédit ! Oh ! pourquoi, monsieur Proudhon, votre brûlante propagande n'a-t-elle pas pris cette direction ? Est-ce qu'à tous autres égards, vous ne réclamez pas ce qui est pour tous les hommes un droit, un attribut, un enseignement, la liberté ? Est-ce que vous ne demandez pas la liberté des achats et des ventes ? Et qu'est-ce, après tout, que le prêt, si ce n'est la vente d'un usage; la vente du temps? Pourquoi faut-il que cette trans-action seule soit réglementée par l'État ou renfermée dans le cercle de vos conceptions? Avez-vous foi dans l'huma-nité? Travaillez à faire tomber ses chaînes et non à lui en forger de nouvelles. Admettez que le mobile qui la pousse vers son perfectionnement indéfini réside en elle-même et non dans le cerveau du législateur. Réalisons la liberté, et l'humanité saura bien en faire sortir tout le progrès que sa nature comporte. S'il est possible et bon que le crédit soit jamais gratuit ou anéanti, comme vous le croyez, l'huma-nité libre accomplira cette œuvre plus sûrement que votre banque. Si cela n'est ni bon ni possible, comme j'en suis convaincu, l'humanité libre évitera les abîmes où votre banque la pousse.

Au nom du droit, au nom de la justice, au nom de votre foi dans les destinées humaines, au nom de cette concor-dance qu'il est toujours désirable de mettre entre toutes les parties d'une propagande, je vous adjure donc de substi-tuer sur votre drapeau à ces mots : *Gratuité du crédit*, ceux de *Liberté du crédit*. — Mais j'oublie qu'il ne m'appartient pas de donner des conseils. D'ailleurs à quoi serviraient-ils? A-t-on jamais vu un chef d'école revenir sur ses pas et bra-ver ce mot injuste, mais terrible : Apostasie? — Il y en a qui ont fait dans leur vie bien des témérités ; ils ne feront pas celle-là, encore qu'elle soit plus digne que toutes les au-tres de flatter l'orgueil d'un noble cœur.

Frédéric Bastiat.

TREIZIÈME LETTRE.

P. J. PROUDHON A F. BASTIAT.

Consultation psychologique. — Récapitulation. — La comptabilité est une méthode infaillible. — Clôture de la discussion.

11 février 1850.

MONSIEUR BASTIAT,

Votre dernière lettre justifie toutes mes prévisions. J'étais si sûr de ce qui m'arrive, qu'avant même d'avoir reçu la *Voix du Peuple* du 4 février, j'avais écrit les trois quarts de la réponse que vous allez lire, et à laquelle je n'ai plus qu'à mettre une fin.

Vous êtes de bonne foi, monsieur Bastiat, vous ne souffrez pas qu'on en doute ; je l'ai d'ailleurs reconnu et ne prétends point me rétracter. Mais il faut bien que je vous le dise, votre intelligence sommeille, ou plutôt elle n'a jamais vu le jour : c'est ce que je vais avoir l'honneur de vous démontrer à vous-même, en faisant le résumé de notre débat. Je souhaite que l'espèce de consultation psychologique à laquelle vous allez assister, et dont le sujet sera votre propre esprit, commence pour vous cette éducation intellectuelle, sans laquelle un homme, quelque dignité de caractère qui le distingue, quelque talent qu'il déploie, n'est et ne sera jamais autre chose qu'un *animal parlant*, comme dit Aristote.

Ce qui constitue dans l'homme l'intelligence, c'est l'exercice complet, harmonique, suivi, des quatre facultés suivantes : *Attention*, *Comparaison*, *Mémoire*, *Jugement*. — Voilà du moins ce qu'on m'a appris au collége, et que vous trouverez dans toutes les philosophies.

Deux ou plusieurs jugements enchaînés l'un à l'autre, et formant un tout systématique sont une *opération*. — Les opérations de l'entendement sont de plusieurs espèces, syllogisme, induction, sorite, dilemme, etc. On leur donne à toutes le nom commun de *raisonnement*.

L'art de raisonner s'appelle la *logique* : c'est, à proprement parler, la mécanique intellectuelle. — L'ensemble des facultés est la RAISON.

L'induction de Platon, le syllogisme d'Aristote, la contradiction des sophistes, l'identité de Condillac, l'antinomie de Kant et Hégel, ne sont que des formes variées du raisonnement, des applications particulières de la logique : c'est ainsi que l'emploi de la vapeur comme force motrice a fait inventer des machines de toute espèce, locomotives, bateaux à vapeur, machines fixes, machines à haute ou basse pression, etc.; mais qui toutes découlent du même principe, la vapeur.

Toutes les sciences, sans exception, sont fondées sur la logique, c'est-à-dire sur l'exercice des quatre facultés primordiales : attention, comparaison, mémoire, jugement. C'est pourquoi la science est essentiellement démonstrative : la spontanéité, l'intuition, l'imagination, ne sont d'aucune autorité scientifique. C'est pour cela aussi, c'est en vertu de leurs facultés rationnelles, que les hommes deviennent capables de se communiquer leurs pensées et de converser entre eux : ôtez-leur l'attention, la comparaison, la mémoire et le jugement; ils parlent l'un après l'autre ou tous à la fois, ils ne se répondent pas, ils ne s'entendent plus.

Appliquons ces règles de la raison humaine, notre commun criterium.

Dès le commencement de cette dispute, répondant catégoriquement à la question que vous m'avez posée, savoir, *si l'intérêt du prêt est légitime*, je vous ai dit que, dans les conditions économiques actuelles, et tant que le crédit ne serait pas démocratiquement organisé, l'affirmative me paraissait indubitable; qu'ainsi les démonstrations que vous preniez la peine de me faire étaient inutiles ; que je les acceptais d'avance ; que toute la question, pour moi, était de savoir si le milieu économique pouvait être changé, et que le socialisme, au nom duquel je prenais la parole, affirmait cette possibilité. J'ajoutais que le changement des conditions du crédit était une nécessité de la tradition elle-même, le dernier terme de cette routine que vous défendez avec tant d'obstination et si peu de philosophie.

Ainsi donc, à la question que vous m'adressiez, l'intérêt du capital est-il légitime? j'ai répondu sans hésiter : — Oui, dans l'ordre actuel des choses, l'intérêt est légitime. Mais j'affirme que cet ordre peut et doit être modifié, et qu'inévitablement, de gré ou de force, il le sera. Était-ce donc une réponse obscure? Et n'avais-je pas le droit d'espérer qu'après avoir répondu si nettement à votre question, vous répondriez à votre tour à la mienne ?

Mais j'avais affaire à un homme dont l'intelligence est hermétiquement fermée, et pour qui la logique n'existe pas. C'est en vain que je vous crie : Oui, l'intérêt est légitime dans certaines conditions indépendantes de la volonté du capitaliste; non, il ne l'est pas dans telles autres, qu'il dépend aujourd'hui de la société de faire naître ; et c'est pour cela que l'intérêt, excusable dans le prêteur, est, au point de vue de la société et de l'histoire, une spoliation ! Vous n'entendez rien, vous ne comprenez pas, vous n'écoutez seulement pas ma réponse. Vous manquez de la première faculté de l'intelligence, l'attention.

C'est ce qui résulte, au surplus, de votre seconde lettre, dont voici le début : « Monsieur, vous me posez sept ques-« tions. Rappelez-vous qu'il ne s'agit en ce moment que « d'une seule : *L'intérêt du capital est-il légitime?* » Tout le reste de votre épître n'est qu'une reproduction des arguments de la première ; arguments auxquels je n'avais pas répondu, parce que je n'avais que faire d'y répondre. Changez le milieu, vous disais-je, et vous changez le principe, vous changez la pratique. — Vous n'avez pas tenu compte de mes paroles. Vous avez cru plus utile de plaisanter sur la contradiction et l'antinomie, sur la thèse, l'antithèse et la synthèse, mettant de votre côté, à si peu de frais, les usuriers et les sots, heureux de rire de ce qu'ils tremblent de concevoir.

Que fais-je alors ?

Pour exciter en vous cette attention rebelle, je prends divers termes de comparaison. Je vous montre, par l'exemple de la monarchie, de la polygamie, du combat judiciaire, des corporations industrielles, qu'une même chose peut très-bien avoir été bonne, utile, légitime, respectable, puis après devenir mauvaise, illicite et funeste, tout cela suivant les circonstances qui l'environnent ; que le progrès, la grande loi de l'humanité, n'est pas autre chose que cette transformation incessante du bien en mal, et du mal en bien ; qu'il en est ainsi, entre autres, de l'intérêt ; que l'heure est venue pour lui de disparaître, ainsi qu'il est facile d'en juger aux signes politiques, historiques et économiques, que je me contente de vous indiquer en les résumant.

C'était faire appel à la plus précieuse de vos facultés. C'était vous dire : Quand j'affirme que les conditions qui rendent le prêt excusable et licite ont disparu, je n'affirme point une chose extraordinaire, je ne fais qu'énoncer un cas particulier du progrès social. Observez, comparez ; et, la comparaison faite, l'analogie reconnue, revenons à la question posée par moi à la suite de la vôtre. Les formes du crédit peuvent-elles, doivent-elles être modifiées, de manière à amener la suppression de l'intérêt ? Voilà, sans

préjudice de l'absolution que la science doit à tous prêteurs, spéculateurs, capitalistes et usuriers, ce que nous
avons à examiner.

Mais, bah ! est-ce que M. Bastiat compare, lui ? Est-ce que
seulement il est capable de comparaison, plus que d'attention ? Les analogies de l'histoire, vous ne les saisissez point ;
le mouvement des institutions et la loi générale qui en
ressort, vous l'appelez du *fatalisme.* — « *Je veux*, dites-
vous dans votre troisième lettre, *rester sur mon terrain !* »
Et là-dessus, faisant tourner votre crécelle, vous accro-
chant à tous les mots qui peuvent vous fournir un prétexte,
vous reproduisez, comme arguments nouveaux, quelques
faits dont je n'attaque point la légitimité dans la routine
établie, mais dont je conteste la nécessité, dont, par conséquent, je demande la révision, la réforme.

Quand un homme, qui se dit économiste, qui a la prétention de raisonner, de démontrer, de soutenir une discussion scientifique, en est là, j'ose dire, Monsieur, que c'est
un homme désespéré. Ni *attention*, ni *comparaison ;* inca-
pacité absolue d'écouter et de répondre ! Que puis-je désormais tirer de vous ? Vous êtes hors de la philosophie,
hors de la science, hors de l'humanité.

Cependant je ne me rebute pas. Peut-être, me dis-je,
l'attention et la comparaison s'éveilleront-elles en M. Bastiat, à l'aide d'une autre faculté. Observer avec attention
une idée, comparer ensuite cette idée avec une autre, c'est
chose trop subtile, trop abstraite. Essayons de l'histoire :
l'histoire est la série des observations et des expériences du
genre humain. Montrons à M. Bastiat le progrès : pour
saisir le progrès dans son unité, et conséquemment dans
sa loi, il ne faut que de la *mémoire.*

Quand je parle de la mémoire, comme faculté de l'entendement humain, je la distingue essentiellement du *souvenir.* Les animaux se souviennent, ils n'ont pas la mé-

moire. La mémoire est la faculté d'enchaîner et de classer les souvenirs ; de considérer plusieurs faits consécutifs comme un seul et même fait; d'y mettre de la série et de l'unité. C'est l'attention appliquée à une suite de choses accomplies dans le temps et généralisées.

J'écris donc la monographie de l'usure. Je vous montre l'usure dans son origine, ses causes, ses prétextes, ses analogies, son développement, ses effets, ses conséquences. Je prouve que les résultats du principe de l'usure sont tout à l'impossible et à l'absurde, qu'ils engendrent fatalement l'immoralité et la misère. Cela fait, je vous dis : Vous voyez que l'ordre et la conservation de la société sont désormais incompatibles avec l'usure ; que les conditions du crédit ne peuvent plus rester les mêmes ; que l'intérêt, licite au commencement, excusable encore aujourd'hui dans le prêteur, dont il ne dépend pas de s'en priver, est devenu, au point de vue de la conscience sociale, une loi spoliatrice, une institution monstrueuse, qui appelle invinciblement une réforme.

C'était le cas, si je ne me trompe, d'étudier enfin l'histoire, les conditions nouvelles du crédit, la possibilité, attestée par moi, de le rendre gratuit. Et rappelez-vous qu'écartant avec le plus grand soin la question de personnes, je vous disais sans cesse : Je n'accuse point les capitalistes; je ne me plains pas des propriétaires ; je n'ai garde de condamner, comme a fait l'Église, les banquiers et les usuriers : je reconnais la bonne foi de tous ceux qui profitent de l'intérêt. Je dénonce une erreur exclusivement collective, une utopie antisociale et pleine d'iniquité. Eh bien ! m'avez-vous seulement compris ? Car pour ce qui est de me réfuter, vous n'y songez seulement pas.

J'ai sous les yeux votre quatrième lettre : y a-t-il ombre de cette aperception historique, qui est, comme je vous le dis, la mémoire ? Non. Les faits accomplis existent pour

vous uniquement comme souvenirs : c'est-à-dire qu'ils ne
sont rien. Vous ne les niez point : mais comme il vous est
impossible d'en suivre la filière et de les généraliser, vous
n'en dégagez pas le contenu; leur intelligence vous échappe.
Votre faculté mnémonique, comme votre faculté d'attention et de comparaison, est nulle. Vous ne savez que répéter toujours la même chose : Celui qui prête à intérêt n'est
point un voleur; et nul ne peut être contraint de prêter.
Que sert, après cela, de savoir si le crédit peut être organisé sur d'autres bases, ou d'examiner ce qui résulte pour
les classes travailleuses de la pratique de l'intérêt? — Votre
thème est fait : vous ne vous en départez point. Et sur
cela, après avoir exposé la routine usuraire, sous forme
d'exemples, vous la reproduisez sous forme de propositions,
et vous dites : Voilà la science !

Je vous l'avoue, Monsieur, j'ai douté un instant qu'il y
eût sur la terre un homme aussi disgracié de la nature sous
le rapport de l'intellect, et j'ai accusé votre volonté. Pour
ma part, je préférerais mille fois être suspecté dans ma franchise, que de me voir dépouillé du plus bel apanage de
l'homme, de ce qui fait sa force et son essence [1]. C'est.

---

[1] Quelques mois après la clôture de cette discussion, M. Proudhon,
au nom d'une compagnie industrielle, demandait au gouvernement une
garantie de 5 pour °/₀ d'intérêt, pour certaine entreprise de transports,
entre Châlons et Avignon. Choqué d'une telle demande de la part de
l'apôtre du *crédit gratuit* et de *l'anarchie*, Bastiat manifesta son
impression par une lettre restée inédite, dont nous reproduisons les dernières lignes.

« M. Proudhon, déplorant la faiblesse de mes facultés intellectuelles,
« disait : — Pour ma part, je préférerais mille fois être suspecté dans
« ma franchise que de me voir dépouillé du plus bel apanage de
« l'homme, de ce qui fait sa force et son essence. — Que M. Proudhon
« le sache bien : j'accepte le partage. A moi l'humble intelligence qu'il
« a plu à Dieu de me départir; à lui, puisqu'il le préfère, d'être suspecté
« dans sa franchise. »

(*Note de l'éditeur.*)

sous cette impression pénible qu'a été écrite ma lettre du
31 décembre, dont il vous est facile à présent d'apprécier
la signification.

Je me suis dit : Puisque M. Bastiat ne daigne ni honorer
de son attention ma réponse, ni comparer les faits qui la
motivent, ni faire état du mouvement historique qui met
à néant sa théorie; puisqu'il est incapable d'entrer avec
moi en dialogue et d'entendre les raisons de son contra-
dicteur, il faut croire qu'il y a en lui excès de personnalité.
C'est un homme, comme l'on dit, qui abonde dans son propre jugement, et qui, à force de n'écouter que soi, s'est
séquestré de toute conversation avec ses semblables. Attaquons-le donc dans son jugement, c'est-à-dire dans sa
conscience, dans sa personnalité, dans son *moi.*

Voilà comment, Monsieur, j'ai été conduit à m'en prendre, non plus à vos raisonnements, radicalement nuls dans
la question, mais à votre volonté. J'ai accusé votre bonne
foi : c'était une expérience, je vous en demande pardon,
que je me permettais sur votre individu. Pour donner corps
et figure à mon accusation, j'ai concentré toute notre discussion sur un fait contemporain, palpable, décisif, avec
lequel j'ai identifié, non-seulement votre théorie, mais vous-
même, sur la Banque de France.

La Banque de France, vous ai-je fait observer, est la
preuve vivante de ce que je ne cesse de vous répéter depuis
six semaines, savoir, que si l'intérêt fut un jour nécessaire
et licite, il y a aujourd'hui, pour la société, devoir et possibilité de l'abolir.

Il est prouvé, en effet, par la comparaison du capital de
la Banque avec son encaisse, que tout en servant à ses actionnaires l'intérêt dudit capital à 4 pour 100, elle peut faire
le crédit et l'escompte à 1 pour 100, et réaliser encore de
beaux bénéfices. Elle le peut, elle le doit : en ne le faisant
pas, elle vole. Elle est cause, par son refus, que le taux des

intérêts, loyers et fermages, qui devrait descendre partout
à 1 pour 100, en maximum, reste élevé à 3, 4, 5, 6, 7, 8, 10,
12 et 15 pour 100. Elle est cause que le peuple paie chaque année aux classes improductives plus de six milliards
de gratifications et pots-de-vin, et que, tandis qu'il pourrait
produire chaque année vingt milliards de valeurs, il n'en
produit que dix. Donc, ou vous justifierez la Banque de
France, ou, si vous ne le pouvez pas, si vous ne l'osez pas,
vous reconnaîtrez que la pratique de l'intérêt n'est qu'une
pratique de transition, qui doit disparaître dans une société
supérieure. .

Voilà, monsieur, ce que je vous ai dit, et en termes assez
vifs pour provoquer de votre part, à défaut d'attention, de
comparaison, de mémoire, sur la question tout historique
que je vous avais jusqu'alors soumise, cet acte simple et
tout intuitif de la pensée, lorsqu'elle se trouve en présence
d'un fait, et interrogée par *oui* ou par *non*, je veux dire, un
jugement. Vous n'aviez qu'à répondre, en deux mots, *cela
est*, ou *cela n'est pas*, et le procès était fini.

Cela est, c'est-à-dire, oui, la Banque de France peut, sans
faire tort à ses actionnaires et se nuire à elle-même, faire
l'escompte à 1 pour 100 ; elle peut donc en vertu, de la
concurrence qu'elle créerait par cette diminution, faire
baisser le loyer de tous les capitaux, et du sien propre, au-
dessous de 1 pour 100. Et puisque le mouvement de décroissance, une fois commencé, ne s'arrêterait plus, elle
peut, si elle veut, faire disparaître tout à fait l'intérêt. Donc
le crédit payé, quand il ne prend que ce qui lui est dû,
mène droit au crédit gratuit ; donc l'intérêt n'est qu'un fait
d'ignorance et de barbarie ; donc l'usure et la rente, dans
une démocratie organisée, sont illicites.

Cela n'est pas, c'est-à-dire, non, il n'est pas vrai, quoi
qu'en dise le bilan publié chaque semaine par la Banque
de France, qu'elle ait un capital de 90 millions et un encaisse

de 460 millions; il n'est pas vrai que cet encaisse énorme vienne de la substitution du papier de banque au numéraire dans la circulation commerciale, etc. etc. Dans ce cas, je vous renvoyais à M. d'Argout, à qui revenait le débat.

L'eût-on jamais cru, si vous ne nous l'aviez fait voir? À ce fait si catégorique, si palpitant de la Banque de France, vous ne répondez ni *oui* ni *non*. Vous ne vous doutez seulement pas de l'identité qui existe entre le fait soumis à votre jugement et votre théorie de l'intérêt. Vous n'apercevez point la synonymie de ces deux propositions : Oui, la Banque de France peut faire crédit à 1 pour 100, donc ma théorie est fausse; — Non, la Banque de France ne peut pas faire crédit à 1 pour 100, donc ma théorie est vraie.

Votre réponse, monument irrécusable d'une intelligence que le Verbe divin n'illumina jamais, c'est : qu'il ne s'agit pas pour vous de la Banque de France, mais du capital; que vous ne défendez point le privilége de la Banque, mais seulement la légitimité de l'intérêt; que vous êtes pour la liberté des banques, comme pour la liberté du prêt; que, s'il est possible à la Banque de France de faire le crédit et l'escompte pour rien, vous ne l'empêchez point; que vous vous bornez à affirmer une chose, à savoir, que la notion du capital suppose et implique nécessairement celle de l'intérêt; que le premier ne va pas sans le second, bien que le second existe quelquefois sans le premier, etc.

Ainsi, vous êtes aussi impuissant à juger qu'à observer, comparer et vous remémorer. Il vous manque cette conscience juridique qui, en présence de deux faits identiques ou contraires, prononce : Oui, l'identité existe; non, l'identité n'existe pas. Sans doute, puisque vous êtes un être pensant, vous avez des intuitions, des illuminations, des révélations; je ne me charge pas, quant à moi, de dire ce qui se passe dans votre cerveau. Mais, à coup sûr, vous ne raisonnez pas, vous ne réfléchissez pas. Quelle espèce d'homme êtes-vous, monsieur Bastiat ? Êtes-vous seulement un homme ?...

Comment! après m'avoir abandonné successivement la métaphysique, à laquelle vous n'entendez rïen ; la philoso- phie de l'histoire, que vous traitez de fatalisme ; le progrès économique, dont le dernier terme est la réduction à l'ab- surde de l'intérêt ; vous m'abandonnez encore la pratique financière, dont le plus magnifique corollaire est précisé- ment la conversion du crédit payé en crédit gratuit ; et vous n'en persistez pas moins à soutenir la vérité absolue de votre théorie, que vous avez ainsi détruite de vos propres mains ! Vous lâchez pied partout ; la métaphysique, l'histoire, l'é- conomie sociale, la banque, font successivement défaut à votre thèse, comme l'attention, la comparaison, la mémoire et le jugement à votre intelligence ? encore une fois, quelle dialectique est la vôtre, et comment voulez-vous qu'on vous prenne ?

Et cependant, je ne me suis point découragé. J'ai voulu aller jusqu'au bout et tenter un dernier effort. J'ai cru que cette inertie des facultés intellectuelles pouvait provenir de l'absence de notions, et je me suis flatté de l'espérance de faire jaillir enfin l'étincelle dans votre âme. Vous-même pa- raissiez m'indiquer cette marche, quand vous me disiez : *Convaincu que tout ce débat repose sur la* notion *du capital ;* et, qu'en conséquence, vous essayiez de m'expliquer ce que vous entendez par capital ; puis donc qu'il est inabordable par la logique, me dis-je, attaquons-le par les notions. Il serait honteux qu'une pareille discussion finît sans que les deux adversaires pussent se rendre le témoignage, que s'ils n'ont pu s'accorder, au moins ils se sont compris !

J'analyse donc, pour vous exprès, la notion du capital. Cette analyse terminée, je donne la définition ; j'en déduis les corollaires ; puis, afin de ne laisser aucune ambiguïté dans les termes, j'appelle à moi la science du comptable.

Je représente par écritures de commerce, sur deux tableaux comparatifs, d'un côté, la théorie du capital d'après vos idées ; de l'autre, cette même théorie d'après les miennes. Je consacre treize colonnes de la *Voix du Peuple* à cette exposition, toute de complaisance, mais de laquelle, selon moi, doit sortir une révolution économique, mieux que cela, une science nouvelle.

C'était une dernière fois vous dire :

Prenez garde ! les temps sont changés. Le principe de l'intérêt a épuisé toutes ses conséquences ; elles sont aujourd'hui reconnues immorales, destructives de la félicité publique, mathématiquement fausses ; la tenue des livres les dément, et, ce qui ne vous laisse aucune ressource, avec la tenue des livres, la notion même du capital. Pour Dieu, soyez donc attentif aux faits que je vous signale ; observez, comparez, synthétisez, jugez, remontez aux notions : alors seulement vous aurez le droit d'exprimer une opinion. Vous persisterez dans votre erreur, sans doute, mais du moins votre erreur sera raisonnée ; vous vous tromperez en connaissance de cause.

Comment êtes-vous sorti de cette épreuve? C'est ce que je vais examiner, en répondant à votre dernière.

Je laisse de côté votre exorde, magnifique et pompeux, dans lequel vous félicitez la société du service que je lui ai rendu en dévoilant le dernier mot du socialisme, et célébrez votre victoire. Je ne relèverai pas davantage certaines plaisanteries sur les *hésitations* et oscillations de ma polémique : nos lecteurs sont à cet égard suffisamment instruits. Ils savent que ce que vous appelez en moi hésitation, n'est autre que la distinction fondamentale que j'ai faite, dès le premier jour, sur le *passé* et le *présent* de l'économie des sociétés, distinction que j'ai appuyée successivement de toutes les preuves que me fournissaient la métaphysique, l'histoire, le progrès, la routine même, et sur laquelle je m'efforce, mais inutilement, depuis deux mois, d'appeler votre attention. Je néglige, en un mot, tout ce qui, dans votre épître, n'a point directement trait à la question, et ne m'attache qu'à l'essentiel.

J'avais défini le capital : TOUTE VALEUR FAITE, *en terres, instruments de travail, marchandises, subsistances, ou monnaies, et servant, ou pouvant servir à la production.*

Chose singulière ! cette définition vous agrée ; vous l'acceptez, vous vous en emparez. Hélas ! mieux eût valu pour vous cent fois la rejeter, avec l'antinomie et la philosophie de l'histoire, que d'encombrer d'une pareille formule votre entendement ! Il faut voir quel affreux ravage cette terrible définition a fait sur votre esprit !

D'abord, vous ne l'avez point du tout comprise. Malgré la peine que je me suis donnée de vous l'expliquer, vous ignorez ce que c'est qu'une *valeur faite :* sans cela, eussiez-vous fait tenir, à l'un des personnages que vous mettez en scène, le discours suivant : « Messieurs, si vous voulez mes « meubles, mes souliers, mes clous, mes habits, *qui sont* « *des valeurs faites,* donnez-moi une valeur faite, c'est-à-« dire vingt francs d'argent ? »

On appelle *valeur faite,* dans le commerce, une lettre de change, par exemple, ayant une cause réelle, revêtue des formes légales, émanée d'une source connue et solvable; acceptée, et au besoin endossée par des personnes également solvables et connues, offrant ainsi triple, quadruple, etc., garantie, et susceptible, par le nombre et la solidité des cautions, de circuler comme numéraire. Plus il y a de cautions et d'acceptations, mieux la valeur est faite : elle serait parfaite, si elle avait pour garants et pour accepteurs tous les citoyens. Telle est la monnaie, la mieux faite de toutes les valeurs : car, outre qu'elle porte son gage en elle-même, elle est revêtue de la signature de l'État, qui la lance dans la circulation comme une lettre de change, et assurée de l'acceptation du public. Par analogie, je dis que des meubles, des souliers, et tous autres produits, sont reconnus valeurs faites, non pas lorsque là confection en est achevée et qu'ils sont exposés à là vente, comme vous le dites ; mais après qu'ils ont été appréciés contradictoirement, que la valeur en a été fixée, la livraison effectuée ; et cela encore, seulement, pour celui qui les achète, ou qui consent à les reprendre au même prix. C'est ainsi, vous ai-je dit, que le produit devient capital ; et il n'est capital que pour l'acquéreur, qui s'en fait soit un instrument, soit un élément de reproduction. Pour celui-là, dis-je, et pour lui seul, le produit devient valeur faite, en un mot, capital.

Ici, Monsieur, j'ai du moins l'avantage que vous ne me contredirez point. Je suis l'auteur de la définition ; je sais ce que j'ai voulu dire ; vos paroles déposent de ce que vous avez entendu. Vous ne me comprenez pas.

Quoi qu'il en soit, et sans y regarder de si près, vous prenez ma définition du capital pour bonne ; vous dites qu'elle suffit à la discussion. Vous reconnaissez donc, implicitement, que *capital* et *produit* sont, dans la société, termes synonymes ; conséquemment, que toute opération de crédit se résout, à peine de fraude, dans un échange : deux choses que vous aviez d'abord niées, et que je vous féliciterais d'avoir enfin comprises, s'il m'était possible de croire que vous donnez à mes paroles le sens que je leur applique. Quoi de plus fécond, en effet, que cette analyse : Puisque la valeur n'est autre chose qu'une proportion, et que tous les produits sont nécessairement proportionnels entre eux, il s'ensuit qu'au point de vue social les produits sont toujours valeurs et valeurs faites : la différence, pour la société, entre capital et produit, n'existe pas. Cette différence est toute subjective aux individus : elle vient de l'impuissance où ils se trouvent d'exprimer la proportionnalité des produits en nombre exact et de leurs efforts pour

arriver à une approximation. Car, ne l'oublions pas, la loi
secrète de l'échange, la règle absolue des transactions, loi
non écrite mais intuitive, règle non de convention mais de
nature, c'est de conformer, le plus possible, les actes de la
vie privée aux formules de la vie sociale.

Or, et c'est ce qui fait naître mes doutes, cette définition, si profonde et si nette, du capital, que vous trouvez
bon d'accepter ; cette identité du capital et du produit, du
crédit et de l'échange, tout cela, Monsieur, est la négation
de votre théorie de l'intérêt ; et certes, vous ne vous en dou-
tiez pas ? Dès lors, en effet, que la formule de J. B. Say,
les produits s'échangent contre les produits, est synonyme
de cette autre, *les capitaux s'échangent contre les capitaux ;*
que la définition du capital, par vous acceptée, n'est autre
chose que cette synonymie ; que tout concourt, dans la
société, à rendre les faits de commerce de plus en plus conformes à cette loi ; il est évident, *à priori*, qu'un jour doit
venir où les relations de prêt, loyer, fermage, intérêt, et
autres analogues, seront abolies et converties en rapports
d'échange ; et qu'ainsi la prestation des capitaux, devenant
simplement échange de capitaux, et toutes les affaires se
réglant au comptant, l'intérêt devra disparaître. L'idée
d'usure, dans cette définition du capital, implique contradiction.

C'est ce que vous eussiez infailliblement compris, si, tout
en adoptant ma définition du capital, vous lui aviez accordé une seule minute de réflexion. Mais croire que vous
allez réfléchir sur vos propres notions ; s'imaginer qu'après
avoir admis un principe, vous en adopterez les conséquences, le mouvement et les lois ; c'est, j'en ai fait la triste
expérience, se tromper étrangement. Raisonner, pour vous,
c'est contredire à tort et à travers, sans suite et sans méthode. La notion glisse sur votre esprit sans le pénétrer.
Vous prenez le mot, que vous appliquez ensuite à votre

guise, et suivant les préoccupations de votre esprit : vous laissez l'idée, le germe, qui seul féconde l'intelligence et dénoue les difficultés.

Je n'avais rien épargné, cependant, pour vous éclairer sur le sens et la portée de ma définition, et vous mettre en garde contre elle. Désespérant de vous la faire concevoir par la seule métaphysique du langage, je l'avais réduite en équations, pour ainsi dire, algébriques. Car, qu'est-ce que la science du comptable, dont j'ai fait usage à cette occasion, sinon une sorte d'algèbre ? Mais voici bien une autre affaire. Vous raisonnez de la tenue des livres absolument comme de la valeur faite : il vous était réservé, après avoir accepté une définition sans en comprendre les termes, sans en apercevoir les conséquences, d'en nier encore la démonstration. Mais, Monsieur, la démonstration, c'est la définition : où donc en êtes-vous ?

Je lis dans votre lettre du 3 février :

« Ayant imaginé ces données, vous dressez la compta-« bilité de A, de B, et celle de la Banque. *Certes cette* « *comptabilité, les données étant admises, est irréprochable.* « *Mais peut-on admettre vos données ?* sont-elles conformes à « la nature des hommes et des choses ? »

Ceci, j'ose vous le dire, est le renversement de l'arithmé-tique et du sens commun. Mais, Monsieur, si vous aviez eu la plus légère teinture de comptabilité, vous n'eussiez pas écrit de pareilles lignes. Vous auriez su que si, comme vous êtes forcé de l'avouer, *ma comptabilité est irréprochable*, les données économiques sur lesquelles je l'ai établie sont, dans le premier système, qui est le vôtre, nécessairement fausses ; dans le second, qui est le mien, nécessairement vraies. Telle est l'essence de la comptabilité, qu'elle ne dé-pend pas de la certitude de ses données ; elle ne souffre pas de *données fausses ;* elle est, par elle-même, et malgré la volonté du comptable, la démonstration de la vérité ou de la fausseté de ses propres données. C'est en vertu de cette propriété que les livres du négociant font foi en justice, non-seulement pour lui, mais contre lui ; l'erreur, la fraude, le mensonge, les fausses données, enfin, sont incompatibles avec la tenue des livres. Le banqueroutier est condamné sur le témoignage de ses écritures beaucoup plus que sur la dénonciation du ministère public. Telle est, vous dis-je, l'incorruptibilité de cette science, que j'ai signalée, dans mon *Système des contradictions économiques*, comme la plus belle application de la métaphysique moderne.

Vous parlez de *fausses données*. Mais la donnée sur laquelle j'ai établi ma comptabilité est précisément la vôtre, la donnée du *capital productif d'intérêt*. Cette donnée étant pour vous réputée vraie, je la soumets à l'épreuve de la comptabilité. J'en fais autant pour la donnée contraire, qui est celle que je défends. L'opération faite, vous la proclamez irréprochable ; mais comme elle conclut contre vous, vous vous récriez que *les données sont fausses*. Je vous demande, monsieur Bastiat, ce que vous avez voulu dire ?

Certes, je ne m'étonne plus, à présent, qu'à force de ne pas voir dans une définition ce qui y est, vous ayez fini par découvrir ce qui n'y est point, et que, de bévue en bévue, vous soyez tombé dans la plus inconcevable hallucination. Où donc avez-vous vu, dans cette comptabilité irréprochable, bien que, selon vous, la donnée en soit fausse, que le système de crédit que je défends, c'est le *papier-monnaie* ? Je vous défie de citer un seul mot de moi, dans cette longue controverse, qui vous autorise à dire, comme vous le faites, et, je crois, pour vous tirer d'embarras, que la théorie du crédit gratuit, c'est la théorie des assignats. Je n'ai pas dit un mot du système que je voudrais voir substitué à celui qui nous gouverne et dans lequel je persiste à voir la cause de tous les malheurs de la société. Vous n'avez pas

voulu qu'il fût mis en discussion, ce système ; *vous êtes
resté sur votre terrain ;* tout ce que j'ai pu faire, ç'a été de
vous prouver, sans toutefois me faire comprendre, que la
pratique de l'intérêt mène droit à la pratique de la gratuité, et que l'heure est sonnée d'accomplir cette révolution.
De mon système, à moi, il n'en a jamais été question. J'ai
raisonné constamment sur vos données ; je me suis tenu,
avec vous, dans les us et coutumes du capital. Relisez ma
lettre du 31 décembre ; il ne s'agit point là de la *Banque du
Peuple*, mais bien de la BANQUE DE FRANCE, de cette Banque
privilégiée, gouvernée par M. d'Argout, que vous ne soup-
çonnez point, sans doute, d'être partisan du papier-monnaie, ni de la monnaie de papier, ni des assignats ; de
cette Banque, enfin, qui, depuis la réunion des Banques
départementales, et l'émission des billets à 100 francs, a
vu continuellement augmenter son encaisse ; qui possède
aujourd'hui 460 millions de lingots et d'espèces ; qui finira
par engloutir dans ses caves un milliard de numéraire, pour
peu que l'administration réduise encore la coupure des
billets, établisse d'autres succursales, et que les affaires re-
prennent ; c'est de cette Banque-là que je vous ai entretenu :
l'auriez-vous prise, par hasard, pour une hypothèse, et
ses 460 millions d'espèces pour une utopie ? »

Voici ce que je vous ai dit :

Le capital de la Banque de France est de 90 millions ;
son encaisse de 4C0 millions ; ses émisions de 472 : soit donc
un capital, réalisé ou garanti, de 382 millions, appartenant
au peuple français, et sur lequel la Banque ne doit percevoir
aucun intérêt.

Or, les intérêts dus par la Banque à ses actionnaires étant
de 4 pour 100 sur un capital de 90 millions ; les frais d'administration, risques compris, 1/2 pour 100 ; l'accumulation
des espèces se faisant d'une manière progressive, et la
somme des émissions pouvant, sans danger, être d'un tiers

supérieure à celle de l'encaisse : je dis que la Banque de
France peut, que si elle peut elle doit, à peine de concussion
et de vol, réduire le taux de ses escomptes à 1 pour 100,
et organiser le crédit foncier, en même temps que le crédit
commercial. Que me parlez-vous donc de papier-monnaie,
d'assignats, de cours forcé, de maximum, de débiteurs insolvables, d'emprunteurs sans bonne foi, de travailleurs
débauchés, et autres balivernes ? Que la Banque de France
fasse son métier avec prudence et sévérité, comme elle a
fait jusqu'à présent ; ce n'est pas mon affaire. Je dis qu'elle
a le pouvoir et le devoir de faire le crédit et l'escompte, à
ceux à qui elle a coutume de le faire, à 1 pour 100 l'an,
commission comprise. M. Bastiat me fera-t-il une fois l'honneur de m'entendre ?

M. Bastiat. « Pour que les billets d'une Banque soient
« reçus, il faut qu'ils inspirent confiance ;

« Pour qu'ils inspirent confiance, il faut que la Banque ait
des capitaux ;

« Pour que la Banque ait des capitaux, il faut qu'elles les
« emprunte, et conséquemment qu'elle en paie l'intérêt ;

« Si elle en paie l'intérêt, elle ne peut les prêter sans
« intérêt. »

Moi. Eh bien ! Monsieur, la Banque de France a trouvé
des capitaux sans intérêts ; elle possède, en ce moment,
382 millions qui ne lui appartiennent pas ; elle en aura,
quand elle voudra, le double à pareille condition. — Doit-
elle faire payer un intérêt ?

M. Bastiat. « Le temps est précieux. Le temps, c'est de
« l'argent, disent les Anglais. Le temps, c'est l'étoffe dont
« la vie est faite, dit le Bonhomme Richard.

« Faire crédit, c'est accorder du temps.

« Sacrifier du temps à autrui, c'est lui sacrifier une chose
« précieuse ; un pareil sacrifice ne peut être gratuit. »

Moi. Vous n'y arriverez donc jamais ! Je vous ai dit, et

je vous répète, qu'en matière de crédit, ce qui fait qu'on a besoin de temps, c'est la difficulté de se procurer de l'argent; que cette difficulté tient surtout à l'intérêt exigé par les détenteurs d'argent; en sorte que si l'intérêt était zéro, le temps du crédit serait aussi zéro. Or, la Banque de France, dans les conditions que lui fait le public depuis la révolution de Février, peut réduire son intérêt presque à zéro; qui de vous ou de moi tourne dans le cercle?

M. Bastiat. « Ah! oui... il me semble... je crois com-
« prendre enfin ce que vous voulez dire. Le public a re-
« noncé, en faveur de la Banque, à l'intérêt de 382 millions
« de billets qui circulent sous sa seule garantie. Vous de-
« mandez s'il n'y aurait pas moyen de faire profiter le pu-
« blic de cet intérêt, ou, ce qui revient au même, d'orga-
« niser une Banque nationale qui ne perçût pas d'intérêts.
« Si je ne me trompe pas, c'est sur l'observation de ce
« phénomène que se fonde votre invention. Ricardo avait
« conçu un plan moins radical, mais analogue, et je trouve
« dans Say ces lignes remarquables :

Cette idée ingénieuse ne laisse qu'une question non résolue. Qui devra jouir de l'intérêt de cette somme considérable, mise dans la circulation ? Serait-ce le gouvernement ? Ce ne serait pour lui qu'un moyen d'aug-menter les abus, tels que les sinécures, la corruption parlementaire, le nombre des délateurs de la police, et les armées permanentes. Serait-ce une compagnie financière, comme la Banque d'Angleterre, la Banque de France ? Mais à quoi bon faire à une compagnie financière le cadeau des intérêts payés en détail par le public ?... Telles sont les questions qui naissent à ce sujet : peut-être ne sont-elles pas insolubles. Peut-être y a-t-il des moyens de rendre hautement profitable au public l'économie qui en résulterait ; mais je ne suis pas appelé à développer ici ce nouvel ordre d'idées.

Moi. Eh ! Monsieur, votre J. B. Say, avec tout son génie, est un imbécile. La question est toute résolue ; c'est que le peuple, qui fait les fonds, le peuple, qui est ici le seul

capitaliste, le seul commanditaire, le vrai propriétaire ; le
peuple, qui seul doit profiter de l'intérêt, le peuple, dis-je,
ne doit pas payer d'intérêts. Est-il au monde quelque chose
de plus simple et de plus juste?

Ainsi, vous convenez, sur la foi de Ricardo et de J. B. Say,
qu'il existe *un moyen de faire profiter le public*, je cite vos
propres expressions, *des intérêts qu'il paie à la Banque*, et
que ce moyen, c'est d'organiser une Banque nationale, faisant crédit à zéro d'intérêt?

M. BASTIAT. Non pas cela, Dieu m'en préserve ! Je reconnais, il est vrai, que la Banque ne doit pas profiter des intérêts payés par le public pour un capital appartenant au
public ; je conviens de plus qu'il existe un moyen de faire
profiter desdits intérêts le public. Mais je nie que ce moyen
soit celui que vous indiquez ; à savoir, l'organisation d'une
Banque nationale ; je dis et j'affirme que ce moyen, c'est la
liberté des Banques !

« Liberté des banques ! Liberté du crédit ! Oh ! pourquoi,
monsieur Proudhon, votre brûlante propagande n'a-t-elle
pas pris cette direction ? »

Je fais grâce au lecteur de votre péroraison, dans laquelle
vous déplorez mon endurcissement, et m'adjurez, avec un
sérieux comique, de substituer à ma formule : *Gratuité du
crédit*, la vôtre : *Liberté du crédit*, comme si le crédit
pouvait être plus libre que lorsqu'il ne coûte rien ! Je n'ai
veine au corps, sachez-le bien, qui résiste à la liberté du
crédit : en fait de banque, comme en fait d'enseignement,
là liberté est ma loi suprême. Mais je dis que, jusqu'à ce
que la liberté des banques et la concurrence des banquiers
fassent jouir le public des intérêts qu'il leur paie, il serait bon,
utile, constitutionnel, et d'une économie tout à fait républicaine, de créer, au milieu des autres banques, et en concurrence avec elles, une Banque nationale faisant provisoirement crédit à 1 ou 1/2 pour 100, au risque de ce qui en

arriverait. Vous répugne-t-il de faire de la Banque de France, par le remboursement de ses actionnaires, cette Banque nationale que je propose? Alors que la Banque de France restitue les 382 millions d'espèces qui appartiennent au public, et dont elle n'est que la détentrice. Avec 382 millions on peut très-bien organiser une banque; qu'en pensez-vous? Et la plus grosse de l'univers. En quoi donc cette banque, formée par la commandite de tout le peuple, ne serait-elle pas libre? Faites cela seulement, et quand vous aurez attaché ce grelot révolutionnaire, quand vous aurez de la sorte édicté le premier acte de la République démocratique et sociale, je me charge de vous déduire les conséquences de cette grande innovation. Vous saurez alors quel est mon système.

Quant à vous, monsieur Bastiat, qui, économiste, vous moquez de la métaphysique, dont l'économie politique n'est que l'expression concrète ; qui, membre de l'Institut, ne savez pas même où en est la philosophie de votre siècle ; qui, auteur d'un livre intitulé *Harmonies économiques*, probablement par opposition aux *Contradictions économiques* [1], ne concevez rien aux harmonies de l'histoire, et ne voyez dans le progrès qu'un désolant fatalisme; qui, champion du capital et de l'intérêt, ignorez jusqu'aux principes de la comptabilité commerciale; qui, concevant enfin, à travers les ambages d'une imagination effarée, et sur la foi de vos auteurs beaucoup plus que d'après votre intime conviction, qu'il est possible d'organiser, avec les fonds du

---

[1] M. Proudhon s'est trompé dans sa conjecture. Bastiat n'a pas écrit les *Harmonies* par opposition aux *Contradictions économiques*, car, le 5 juin 1845, c'est-à-dire antérieurement à l'apparition des *Contradictions*, il communiquait par lettre à un ami le projet d'écrire les *Harmonies sociales*. Rappelons aussi que Bastiat était seulement membre *correspondant* de l'Institut.

(*Note de l'éditeur.*)

public, une banque faisant crédit sans intérêt, continuez cependant à protester, au nom de la *Liberté du Crédit*, contre la GRATUITÉ DU CRÉDIT : vous êtes sans doute un bon et digne citoyen, un économiste honnête, un écrivain consciencieux, un représentant loyal, un républicain fidèle, un véritable ami du peuple : mais vos dernières paroles me donnent le droit de vous le dire, scientifiquement, monsieur Bastiat, vous êtes un homme mort.

P. J. PROUDHON.

QUATORZIÈME LETTRE.

F. BASTIAT A P. J. PROUDHON.

Droit légitime de la défense. — Origine et résumé d'une discussion, dont le public est le seul juge.

7 mars 1850.

La cause est entendue et le débat est clos, dit M. Proudhon, de partie se faisant juge. M. Bastiat est condamné... à mort. Je le condamne dans son intelligence; je le condamne dans son attention, dans ses comparaisons, dans sa mémoire et dans son jugement; je le condamne dans sa raison; je le condamne dans sa logique ; je le condamne par induction, par syllogisme, par contradiction, par identité et par antinomie.

Oh ! monsieur Proudhon, vous deviez être bien en colère quand vous avez jeté sur moi ce cruel anathème !

Il me rappelle la formule de l'excommunication :

Maledictus sit vivendo, moriendo, manducando, bibendo.

Maledictus sit intus et exterius.

Maledictus sit in capillis et in cerebro.

Maledictus sit in vertice, in oculis, in auriculis, in brachiis, etc., etc. ; maledictus sit in pectore et in corde, in renibus, in genubus, in cruribus, in pedibus, et in unguibus.

Hélas ! toutes les Églises se ressemblent, quand elles ont tort, elles se fâchent.

Cependant je récuse l'arrêt, et je proteste contre la clôture du débat.

Je récuse l'arrêt, parce qu'il n'appartient pas à mon adversaire de le prononcer. Je ne reconnais pour juge que le public.

Je proteste contre la clôture du débat, parce que, défendeur, je dois avoir le dernier mot. M. Chevé m'a écrit, j'ai répondu ; — M. Proudhon m'a écrit, j'ai répondu ; — il m'a écrit de nouveau, j'ai répondu derechef ; — il lui plaît de m'adresser une quatrième, une cinquième, une sixième lettre. Il me convient de lui faire autant de réponses ; et il a beau dire, à moins que la justice et les convenances ne soient aussi des *antinomies,* je suis dans mon droit.

Au reste, je me bornerai à me résumer. Outre que je ne puis continuer à discuter avec M. Proudhon, malgré lui, et moins encore quand les personnalités commencent à remplacer les arguments, je serais aujourd'hui dans une situation trop défavorable.

M. Proudhon est persécuté ; partant toutes les préventions, toutes les sympathies publiques passeraient de son côté. Il avait compromis la cause du crédit gratuit, voici que le pouvoir la relève en la plaçant sur le piédestal de la persécution. Je n'avais qu'un adversaire, j'en aurais trois : M. Proudhon, la police et la popularité.

M. Proudhon me reproche deux choses : d'abord, de m'en tenir toujours à défendre mon assertion, la *légitimité de l'intérêt ;* ensuite, de ne pas discuter son système, la *gratuité du crédit.*

v.   18

Oui, dans chacune de mes lettres, je me suis attaché à pénétrer, sous des points de vue divers, la nature intime du capital pour en déduire la légitimité de l'intérêt. Pour tout esprit logique, cette manière de procéder était décisive : car il est bien clair que la chimère du crédit gratuit s'évapore, si une fois il est démontré que l'intérêt est légitime, utile, indestructible, de même essence que toute autre rémunération, profit où salaire ; — la juste récompense d'un sacrifice de temps et de travail, volontairement allouée à celui qui fait le sacrifice par celui qui en profite ; — en d'autres termes, que le *prêt* est une des variétés de la *vente.* D'ailleurs, ne devais-je pas m'efforcer de donner à cette polémique une portée utile ? Et quand les classes laborieuses égarées attribuent leurs souffrances au Capital, quand les flatteurs du peuple, abondant lâchement dans le sens de ses préjugés, ne cessent de l'irriter contre l'*infâme* capital, l'*infernal* capital, que pouvais-je faire de mieux que d'exposer à tous les yeux l'origine et les effets de cette puissance si mal comprise, puisque aussi bien j'atteignais du même coup l'objet précis de notre polémique ?

En procédant ainsi, j'ai fait quelque preuve de patriotisme et d'abnégation. Si je n'avais écouté que l'amour-propre de l'écrivain, je me serais borné à discuter et réfuter les arguties de M. Proudhon. Critiquer est un rôle facile et brillant ; exposer une doctrine sans y être obligé, c'est abandonner ce beau rôle pour le céder à son adversaire. Je l'ai fait, cependant, parce que je me préoccupais plus de la polémique que du polémiste, et des lecteurs que de moi-même [1].

[1] Quelques personnes ont trouvé excessive la patience de Bastiat pendant le cours de cette discussion. Ce paragraphe et le précédent motivent parfaitement son attitude. Il attachait un grand prix à faire pénétrer, parmi les ouvriers, quelques vérités salutaires, à l'aide même de la *Voix du Peuple.* Ce résultat, il fut encouragé bientôt à s'applau-

Est-ce à dire que j'aie négligé les arguments de M. Proudhon? Je montrerai que j'ai répondu à tous, et d'une manière si catégorique, qu'il les a tous successivement abandonnés. Je n'en veux que cette preuve : M. Proudhon a fini par où on finit quand on a tort; il s'est fâché.

Je reprends donc la même marche, et après avoir de nouveau appelé l'attention du lecteur sur la nature du capital, je passerai en revue les arguments de M. Proudhon.

Qu'on me permette de remonter un peu haut, seulement... au Déluge.

Les eaux s'étant retirées, Deucalion jeta derrière lui des pierres, et il en naquit des hommes.

Et ces hommes étaient bien à plaindre, car ils n'avaient pas de capital. Ils étaient dépourvus d'armes, de filets, d'instruments, et ils ne pouvaient en fabriquer, parce que, pour cela, il aurait fallu qu'ils eussent quelques provisions. Or, c'est à peine s'ils réussissaient à prendre chaque jour assez de gibier pour satisfaire la faim de chaque jour. Ils se sentaient dans un cercle difficile à franchir, et ils comprenaient qu'ils n'en auraient été tirés, ni par tout l'or de la Cali-

---

dir de l'avoir poursuivi. Un matin, peu de jours avant la clôture du débat, il reçut la visite de trois ouvriers, délégués d'un certain nombre de leurs camarades qui s'étaient rangés sous la bannière *du Crédit gratuit*. Ces ouvriers venaient le remercier de ses bonnes intentions, de ses efforts pour les éclairer sur une question importante. Ils n'étaient point convertis à la légitimité et à l'utilité de l'intérêt; mais leur foi dans le principe contraire était fort ébranlée et ne tenait plus qu'à leurs vives sympathies pour M. Proudhon. « Il nous veut beaucoup de bien, M. Proudhon, disaient-ils, et nous « lui devons une grande reconnaissance. C'est dommage qu'il aille « souvent chercher des mots et des phrases si difficiles à compren- « dre; » Finalement, ils émirent le vœu que MM Bastiat et Proudhon pussent se mettre d'accord, et se déclarèrent prêts à accepter les yeux fermés une solution quelconque, si elle était proposée de concert par l'un et l'autre.

(*Note de l'éditeur.*)

fornie, ni par autant de billets que la Banque du peuple en
pourrait imprimer dans un an, et ils se disaient entre eux :
le capital n'est pas ce qu'on dit.

Cependant, un de ces infortunés, nommé Hellen, plus
énergique que les autres, se dit : je me lèverai plus matin,
je me coucherai plus tard ; je ne reculerai devant aucune
fatigue ; je souffrirai la faim et ferai tant que j'aurai une
avance de trois jours de vivres. Ces trois jours, je les consacrerai à fabriquer un arc et des flèches.

Et il réussit. A force de travailler et d'épargner, il eut
une provision de gibier. C'est le premier capital qui ait
paru dans le monde depuis le déluge. C'est le point de
départ de tous les progrès.

Et plusieurs se présentèrent pour l'emprunter. Prêtez-
nous ces provisions, disaient-ils à Hellen, nous vous en
rendrons tout juste autant dans un an. — Mais Hellen répondit : Si je vous prêtais mes provisions, je demanderais
à partager les avantages que vous en retireriez ; mais j'ai
un dessein, j'ai pris assez de peine pour me mettre en
mesure de l'accomplir, et je l'accomplirai.

Et, en effet, il vécut trois jours sur son *travail accumulé*,
et, pendant ces trois jours, il fit un arc et des flèches.

Un de ses compagnons se présenta de nouveau, et lui
dit : Prête-moi tes armes, je te les rendrai dans un an. A
quoi Hellen répondit : Mon capital est précieux. Nous
sommes mille ; un seul peut en jouir, et il est naturel que
ce soit moi, puisque je l'ai créé.

Mais, grâce à son arc et à ses flèches, Hellen put beaucoup plus facilement que la première fois accumuler d'autres provisions et fabriquer d'autres armes.

C'est pourquoi il prêtait les unes ou les autres à ses
compagnons, stipulant chaque fois une part pour lui dans
l'excédant de gibier qu'il les mettait à même de prendre.

Et malgré ce partage, les emprunteurs voyaient leur travail facilité. Ils accumulaient aussi des provisions, ils fabriquaient aussi des flèches, des filets et d'autres instruments, en sorte que le capital, devenant de plus en plus abondant, se louait à des conditions de moins en moins onéreuses. Le premier mouvement avait été imprimé à la roue du progrès, elle tournait avec une rapidité toujours croissante.

Cependant, et bien que la facilité d'emprunter s'accrût sans cesse, les retardataires se mirent à murmurer, disant : Pourquoi ceux qui ont des provisions, des flèches, des filets, des haches, des scies, stipulent-ils une part pour eux quand ils nous prêtent ces choses ? N'avons-nous pas aussi le droit de vivre et de bien vivre ? La société ne doit-elle pas nous donner tout ce qui est nécessaire au développement de nos facultés physiques, intellectuelles et morales? Évidemment, nous serions plus heureux si nous empruntions pour rien. C'est donc l'infâme capital qui cause notre misère.

Et Hellen les ayant assemblés leur dit : Examinez attentivement ma conduite et celle de tous ceux qui, comme moi, ont réussi à se créer des ressources ; vous resterez convaincus que, non-seulement elle ne vous fait aucun tort, mais qu'elle vous est utile, alors même que nous aurions assez mauvais cœur pour ne pas le vouloir. Quand nous chassons ou pêchons, nous attaquons une classe d'animaux que vous ne pouvez atteindre, de telle sorte que nous vous avons délivré de notre rivalité. Il est vrai que, quand vous venez nous emprunter nos instruments, nous nous réservons une part dans le produit de votre travail. Mais d'abord cela est juste, car il faut bien que le nôtre ait aussi sa récompense. Ensuite, cela est nécessaire, car si vous décidez que désormais on prêtera les armes et les filets pour rien, qui fera des armes et des filets? Enfin, et c'est ici ce qui vous intéresse surtout, malgré la rémunéra-

18.

tion convenue, l'emprunt, quand vous le faites, vous est toujours profitable, sans quoi vous ne le feriez pas. Il peut améliorer votre condition, il ne peut jamais l'empirer ; car, considérez que la part que vous cédez n'est qu'une portion de l'excédant que vous obtenez du fait de notre capital. Ainsi, après cette part payée, il vous reste *plus*, grâce à l'emprunt, que si vous ne l'aviez pas fait, et cet excédant vous facilite les moyens de faire vous-mêmes des provisions et des instruments, c'est-à-dire du capital. D'où il suit que les conditions du prêt deviennent tous les jours plus avantageuses aux emprunteurs, et que vos fils seront, à cet égard, mieux partagés que vous.

Ces hommes primitifs se mirent à réfléchir sur ce discours, et ils le trouvèrent sensé.

Depuis, les relations sociales se sont bien compliquées. Le capital a pris mille formes diverses : les transactions ont été facilitées par l'introduction de la monnaie, des promesses écrites, etc., etc. ; mais à travers toutes ces complications, il est deux faits qui sont restés et resteront éternellement vrais, savoir :

1° Chaque fois qu'un *travail antérieur* et un *travail actuel* s'associent dans l'œuvre de la production, le produit se partage entre eux, selon certaines proportions.

2° Plus le capital est abondant, plus sa part proportionnelle dans le produit est réduite. Et comme les capitaux, en augmentant, augmentent la facilité d'en créer d'autres, il s'ensuit que la condition de l'emprunteur s'améliore sans cesse.

J'entends qu'on me dit : Qu'avons-nous à faire de vos démonstrations ? Qui vous conteste l'utilité du capital ?

Aussi, ce sur quoi j'appelle la réflexion du lecteur, ce n'est pas sur l'utilité absolue et non contestée du capital, ni même sur son utilité relativement à celui qui le possède, mais bien sur *l'utilité dont il est à ceux qui ne le possèdent pas.* C'est là qu'est la science économique, c'est là que se montre l'harmonie des intérêts.

Si la science est impassible, le savant porte dans sa poitrine un cœur d'homme ; toutes ses sympathies sont pour les déshérités de la fortune, pour ceux de ses frères qui succombent sous le triple joug des nécessités physiques, intellectuelles et morales non satisfaites. Ce n'est pas au point de vue de ceux qui regorgent de richesses que la science des richesses offre de l'intérêt. Ce que nous désirons, c'est l'approximation constante de tous les hommes vers un niveau qui s'élève toujours. La question est de savoir si cette évolution humanitaire s'accomplit par la liberté ou par la contrainte. Si donc je n'apercevais pas distinctement comment le capital profite à ceux même qui ne le possèdent pas, comment, sous un régime libre, il s'accroît, s'universalise et se nivelle sans cesse ; si j'avais le malheur de ne voir dans le capital que l'avantage des capitalistes, et de ne saisir ainsi qu'un côté, et, assurément, le côté le plus étroit et le moins consolant de la science économique, je me ferais Socialiste ; car, de manière ou d'autre, il faut que l'inégalité s'efface progressivement, et si la liberté ne renfermait pas cette solution, comme les socialistes je la demanderais à la loi, à l'État, à la contrainte, à l'art, à l'utopie. Mais c'est ma joie de reconnaître que les arrangements artificiels sont superflus là où la liberté suffit, que la pensée de Dieu est supérieure à celle du législateur, que la vraie science consiste à comprendre l'œuvre divine, non à en imaginer une autre à la place ; car c'est bien Dieu qui a créé les merveilles du monde social comme celles du monde matériel, et sans doute il n'a pas moins souri à un de ces ouvrages qu'à l'autre : *Et vidit Deus quod esset bonum.* Il ne s'agit donc pas de changer les lois naturelles, mais de les connaître pour nous y conformer.

Le capital est comme la lumière.

Dans un hospice, il y avait des aveugles et des clair-voyants. Ceux-là étaient sans doute plus malheureux, mais leur malheur ne provenait pas de ce que d'autres avaient la faculté de voir. Bien au contraire, dans les arrangements journaliers, ceux qui voyaient rendaient à ceux qui ne voyaient pas des services que ceux-ci n'auraient jamais pu se rendre à eux-mêmes, et que l'habitude les empêchait d'assez apprécier.

Or, la haine, la jalousie, la défiance vinrent à éclater entre les deux classes. Les clairvoyants disaient : Gardons-nous de déchirer le voile qui couvre les yeux de nos frères. Si la vue leur était rendue, ils se livreraient aux mêmes tra-vaux que nous ; ils nous feraient concurrence, ils paieraient moins cher nos services, et que deviendrions-nous ?

De leur côté, les aveugles s'écriaient : Le plus grand des biens, c'est l'égalité ; et, si comme nos frères, nous ne pou-vons voir, il faut que, comme nous, ils perdent la vue.

Mais un homme, qui avait étudié la nature et les effets des transactions qui s'accomplissaient dans cet hospice, leur dit :

La passion vous égare. Vous qui voyez, vous souffrez de la cécité de vos frères, et la communauté atteindrait à une somme de jouissances matérielles et morales bien supérieure, bien moins chèrement achetée, si le don de voir avait été fait à tous. Vous qui ne voyez pas, rendez grâces au Ciel de ce que d'autres voient. Ils peuvent exé-cuter, et vous aider à exécuter une multitude de choses dont vous profitez et dont vous seriez éternellement privés.

La comparaison cependant pèche par un point essentiel. La solidarité entre les aveugles et les clairvoyants est loin d'être aussi intime que celle qui lie les prolétaires aux capi-talistes ; car si ceux qui voient rendent des services à ceux qui ne voient pas, ces services ne vont pas jusqu'à leur rendre la vue, et l'égalité est à jamais impossible. Mais les capitaux de ceux qui possèdent, outre qu'ils sont actuellement utiles à ceux qui ne possèdent pas, facilitent à ces derniers les moyens d'en acquérir.

Il serait donc plus juste de comparer le capital au langage. Quelle folie ne serait-ce pas aux enfants [1] de jalouser, dans les adultes, la faculté de parler, et de voir là un principe d'inégalité irrémédiable ; puisque c'est précisément parce que les adultes parlent aujourd'hui que les enfants parleront demain !

Supprimez la parole chez les adultes, et vous aurez l'égalité dans l'abrutissement. Laissez la parole libre, et vous ouvrez des chances à l'égalité dans le progrès intellectuel.

De même, supprimez le capital (et ce serait certes le supprimer que d'en supprimer la récompense), et vous aurez l'égalité dans la misère. Laissez le capital libre, et vous aurez la plus grande somme possible de chances d'égalité dans le bien-être.

Voilà l'idée que je me suis efforcé de faire sortir de cette polémique. M. Proudhon me le reproche. Si j'ai un regret, c'est de n'avoir pas donné à cette idée assez de place. J'en ai été empêché par la nécessité de répondre aux arguments de mon adversaire qui me reproche maintenant de n'y avoir rien répondu. C'est ce qui nous reste à voir.

La première objection qui m'a été adressée (elle est de M. Chevé) consiste à dire que je confonds la *propriété* avec l'*usage*. Celui qui prête, disait-il, ne cède que l'*usage* d'une propriété et ne peut recevoir, en retour, une *propriété définitive*.

J'ai répondu que l'échange est légitime quand il se fait librement et volontairement entre deux *valeurs* égales, que l'une de ces valeurs fût attachée ou non à un objet matériel. Or, l'usage d'une propriété utile a une *valeur*. Si je prête,

---

[1] Enfant, *in fans*, non parlant.

pour un an, le champ que j'ai clos, défriché, desséché ; j'ai
droit à une rémunération susceptible d'être *évaluée.* Pourvu
qu'elle soit évaluée librement, encore qu'on me la paie en
objets matériels, comme du froment et de la monnaie,
qu'avez-vous à dire ? Voulez-vous donc prohiber les trois
quarts des transactions que les hommes font volontairement entre eux et probablement parce que cela leur convient ? Vous nous parlez toujours de nous affranchir, et ne
nous présentez jamais que de nouvelles entraves.

Ici, M. Proudhon intervenant, a abandonné la théorie
de M. Chevé et m'a opposé l'*antinomie.* L'intérêt est à la
fois légitime et illégitime, a-t-il dit. Il implique une contradiction, comme la propriété, comme la liberté, comme
tout ; car *la contradiction est l'essence même des phénomènes.*
J'ai répondu que, sur ce principe, ni lui, ni moi, ni aucun
homme, ne pouvait jamais avoir ni tort ni raison, sur ce
sujet ; qu'adopter ce point de départ, c'était s'interdire
d'arriver jamais à aucune solution, puisque c'était proclamer
d'avance que toute proposition est à la fois vraie et fausse.
Un e telle théorie ne discrédite pas seulement tout raisonnement, mais elle récuse jusqu'à la faculté de raisonner.
Quel est, dans une discussion, le signe auquel on peut reconnaître qu'un des deux adversaires a tort ? C'est d'être
forcé d'avouer que ses propres arguments se contredisent.
Or, c'est justement quand M. Proudhon en est réduit là
qu'il triomphe. Je me contredis, donc je suis dans le vrai,
car la contradiction est l'essence des phénomènes. Certes, je
pouvais refuser le combat, si M. Proudhon eût insisté à
m'imposer pour arme une telle logique.

J'ai été plus loin, cependant, et je me suis donné la
peine de rechercher comment M. Proudhon avait succombé à la théorie des contradictions. Je l'attribue à ce
qu'il conclut de la perfectibilité à la perfection absolue.
Or, il est très-vrai que la perfection absolue est pour nous

contradictoire et incompréhensible; et c'est pourquoi nous croyons en Dieu, mais nous ne pouvons l'expliquer. Nous ne pouvons rien concevoir sans limites, et toute limite est une imperfection. Oui, l'intérêt atteste une imperfection sociale. Il en est de même du travail. Nos membres, nos organes, nos yeux, nos oreilles, notre cerveau, nos nerfs attestent de même une imperfection humaine. L'être parfait n'est pas emprisonné dans de tels appareils.

Mais il n'y a pas de raisonnement plus vicieux que celui qui consisterait à dire : Puisque l'intérêt atteste une imperfection sociale, pour réaliser la perfection sociale, supprimons l'intérêt. C'est justement supprimer le remède au mal. Autant vaudrait dire, puisque nos nerfs, nos organes, notre cerveau attestent une limite, et par suite une imperfection humaine, supprimons toutes ces choses, et l'homme sera parfait.

Voilà ce que j'ai répondu, et M. Proudhon, que je sache, n'a pas répliqué.

Il n'a pas répliqué, mais il a invoqué la théorie des *compensations*.

Nous ne demandons pas, dit-il, qu'on prête pour rien, mais qu'il n'y ait plus occasion de prêter. Ce à quoi nous aspirons, ce n'est pas précisément l'abolition, mais la compensation des intérêts. Nous voulons arriver à ce que, dans tout échange, la mise en capital et travail soit la même de toutes parts.

Chimère et despotisme, ai-je répondu. Vous ne ferez jamais qu'un facteur de M. Bidault fasse entrer dans ses services du *travail accumulé* et du *travail actuel* en mêmes proportions que le fabricant de bas. Pourvu que les *valeurs* échangées soient égales, que vous importe le reste? Vous voulez la compensation? mais vous l'avez sous le régime de l'échange libre. *Évaluer*, c'est comparer du travail actuel à du travail actuel, du travail antérieur à du travail antérieur, ou bien enfin, dû travail *actuel à du travail antérieur*. De quel droit voulez-vous supprimer cette dernière nature d'é-valuation ; et en quoi les hommes seront-ils plus heureux quand ils seront moins libres?

Voilà ce que j'ai répondu, et M. Proudhon, que je sache, n'a rien répliqué.

Il n'a rien répliqué, mais se fendant à fond contre le capitaliste, il lui a porté cette botte terrible et bien connue : Le capitaliste n'a pas droit à une rémunération, parce qu'*il ne se prive pas*. Il ne se prive pas de la chose qu'il cède, puisqu'il ne pourrait l'utiliser *personnellement*.

J'ai répondu que c'était là une misérable équivoque, qui incrimine la vente aussi bien que le prêt. Si l'homme n'é-tait pas un être sociable, il serait obligé de produire direc-tement tous les objets nécessaires à la satisfaction de ses besoins. Mais il est sociable : il échange. De là la division du travail, et la séparation des occupations. C'est pourquoi chacun ne fait qu'une chose, et en fait beaucoup plus qu'il n'en peut personnellement consommer. Cet excédant, il le troque contre d'autres choses qu'il ne fait pas, et qui lui sont indispensables. Il travaille pour les autres et les autres travaillent pour lui. Sans doute, celui qui a fait deux mai-sons et n'en habite qu'une *ne se prive pas* personnellement, en louant l'autre. Il ne s'en priverait pas davantage en la vendant ; et si, par ce motif, le prix de location est un vol, il en est de même du prix de vente. Le chapelier, qui a cent chapeaux dans sa boutique, quand il en vend un, *ne se prive pas* personnellement, dans ce sens qu'il ne se réduit pas à aller tête nue. L'éditeur des livres de M. Proudhon, qui en a mille exemplaires dans ses magasins, *ne se prive pas per-sonnellement*, à mesure de ses ventes, car un seul exemplaire suffirait à son instruction ; l'avocat et le médecin qui don-nent des conseils, *ne se privent pas*. Ainsi votre objection attaque non-seulement l'intérêt, mais le principe même des transactions et de la société. C'est certainement une chose déplorable d'en être réduit, au dix-neuvième siècle, à réfuter sérieusement de telles équivoques, de telles puérilités. Voilà ce que j'ai répondu, et M. Proudhon, que je sache, n'a rien répliqué.

Il n'a rien répliqué; mais il s'est mis à invoquer ce qu'on pourrait appeler la doctrine des métamorphoses :

L'intérêt était légitime autrefois, du temps où la violence entachait toutes les transactions. Il est illégitime aujourd'hui sous le régime du droit. Combien n'y a-t-il pas d'institutions qui ont été bonnes, justes, utiles à l'humanité, et seraient maintenant abusives? Tels sont l'esclavage, la torture, la polygamie, le combat judiciaire, etc. *Le progrès, la grande loi de l'humanité, n'est pas autre chose que cette transformation du bien en mal et du mal en bien.*

J'ai répondu que c'était là un *fatalisme* aussi pernicieux en morale que l'*antinomie* est funeste en logique. Quoi! selon le caprice des circonstances, ce qui était respectable devient odieux, et ce qui était inique devient juste! Je repousse de toutes mes forces cette indifférence au bien et au mal. Les actes sont bons ou mauvais, moraux ou immoraux, légitimes ou illégitimes par eux-mêmes, par les mobiles qui les déterminent, par les conséquences qu'ils entraînent, et non par des considérations de temps et de lieux. Jamais je ne conviendrai que l'esclavage ait été autrefois légitime et bon; qu'il a été utile que des hommes en réduisissent d'autres en servitude. Jamais je ne conviendrai que soumettre un accusé à d'inexprimables tourments, ait été un moyen légitime et bon de lui faire dire la vérité. Que l'humanité n'ait pu échapper à ces horreurs, soit: La perfectibilité étant son essence, le mal doit se trouver à ses commencements; mais il n'en est pas moins le mal, et au lieu de seconder la civilisation, il la retarde.

La rémunération volontairement attribuée au travail an-

V.   19

térieur, la récompense librement accordée à un sacrifice de temps, en un mot, l'intérêt est-il une atrocité comme l'esclavage, une absurdité comme la torture? Il ne suffit pas de l'affirmer, il faut le prouver. De ce qu'il y avait dans l'antiquité des abus qui ont cessé, il ne s'ensuit pas que tous les usages de ces époques étaient des abus et doivent cesser.

Voilà ce que j'ai répondu à M. Proudhon, qui n'a pas insisté.

Il n'a pas insisté; mais il a fait une nouvelle et non moins étrange fugue dans l'histoire.

L'intérêt, a-t-il dit, est né du *contrat de pacotille*. Quand, pour une expédition maritime, un homme donnait Navire et Marchandises, et un autre Talent et Travail, le profit se partageait entre eux dans des proportions convenues.

Rien de plus naturel et de plus juste, ai-je répondu, qu'un tel partage. Seulement, il n'est pas nécessairement attaché aux opérations qui se font par mer. Il embrasse la totalité des transactions humaines. Vous faites ici une exception de ce qui est la règle universelle; et par là vous sapez l'intérêt, parce que l'exception est toujours prévenue d'être illégitime, tandis que rien ne prouve mieux la légitimité d'une règle que son universalité. Le jour où un sauvage a prêté ses armes sous condition d'avoir une part dans le gibier, le jour où un pasteur a prêté son troupeau à la condition d'avoir une part dans le croît; ce jour-là, et il remonte sans doute à l'origine des sociétés, le principe de l'intérêt est né; car l'intérêt n'est que cet arrangement fait entre le travail antérieur et le travail actuel, qu'il s'agisse d'exploiter la terre, la mer ou l'air. Depuis, et quand l'expérience a permis ce progrès, la part du capital, d'aléatoire qu'elle était, est devenue fixe, comme le métayage s'est transformé en fermage; l'intérêt s'est régularisé sans changer de nature.

Voilà ce que j'ai répondu, et M. Proudhon n'a pas répliqué.

Il n'a pas répliqué; mais il s'est jeté, contre son habitude, dans l'argument *sentimentaliste*. Il fallait qu'il fût bien à bout de ressources pour recourir à celle-là.

Donc, il m'a proposé des cas extrêmes, où un homme ne pourrait, sans faire horreur, exiger du prêt une rémunération. Par exemple, un riche propriétaire habitant la côte, qui recueillerait un naufragé et lui prêterait des vêtements, pourrait-il pousser ses exigences jusqu'à l'extrême limite?

J'ai répondu à M. Proudhon... ou plutôt M. Proudhon s'était répondu à lui-même par un autre exemple, d'où il résulte que dans certains cas extrêmes, la rémunération de la vente, ou même celle du travail, serait tout aussi abominable que celle du prêt. Il en serait ainsi de l'homme qui, pour tendre la main à son frère près d'être englouti dans les flots, exigerait le plus grand prix qu'on puisse obtenir dans ces circonstances.

Ainsi cet argument de M. Proudhon n'attaque pas seulement l'intérêt, mais toute rémunération : moyen certain d'établir la *gratuité* universelle.

De plus, il ouvre la porte à toutes ces théories sentimentalistes (que M. Proudhon combat avec tant de force et de raison) qui veulent à toute force faire reposer les affaires de ce monde sur le principe de l'abnégation.

Enfin, comme le Protée de la Fable, dont on disait : « Pour le vaincre, il faut l'épuiser, » M. Proudhon, chassé de la *contradiction* à la *compensation*, de la compensation à la *privation*, de la privation à la *transformation*, de la transformation à l'*abnégation*, a quitté tout à coup la controverse et est venu à l'*exécution*.

Le moyen d'exécution qu'il propose pour réaliser la gratuité du crédit, c'est le *papier-monnaie*. — Je ne l'ai pas nommé, dit-il. — C'est vrai. Mais qu'est-ce donc qu'une

banque nationale prêtant à qui en désire, et gratuitement,
de prétendus *capitaux* sous forme de billets?

Evidemment nous retrouvons ici cette erreur funeste et
si invétérée qui fait confondre l'instrument de l'échange
avec les objets échangés, erreur dont M. Proudhon, dans
ses précédentes lettres, laissait apercevoir le germe, quand
il disait : Ce ne sont pas les choses qui font la richesse,
mais la circulation. — Et encore, quand il calculait que
l'intérêt en France était à 160 pour 100, parce qu'il com-
parait toutes les rentes payées au capital en numéraire.

J'avais posé à M. Proudhon ce dilemme : ou votre Banque nationale prêtera indistinctement des billets à tous ceux
qui se présenteront; et en ce cas, la circulation en sera tellement saturée, qu'ils seront dépréciés, — ou bien elle ne
les livrera qu'avec discernement; et alors votre but n'est
pas atteint.

Il est clair, en effet, que si chacun peut aller se pourvoir
gratis de monnaie fictive à la Banque, et si cette monnaie
est reçue à sa valeur normale, les émissions n'auront pas de
limite et s'élèveront à plus de cinquante milliards, dès la
première année. L'effet sera le même que si l'or et l'argent
devenaient aussi communs que la boue. — L'illusion qui
consiste à croire que la richesse se multiplie, ou même que
la circulation s'active à mesure qu'on accroît l'instrument
de l'échange, ne devrait pas entrer dans la tête d'un publiciste qui, de nos jours, discute des questions économiques. Nous savons tous, par notre propre expérience, que
le numéraire, non plus que les billets de banque, ne portant
pas intérêt, chacun n'en garde dans son coffre ou son portefeuille que le moins possible; et par conséquent la quantité que le public en demande est limitée. On ne peut l'accroître sans la déprécier, et tout ce qui résulte de cet
accroissement, c'est que, pour chaque échange, il faut deux
écus ou deux billets au lieu d'un.

Ce qui se passe à la Banque de France est une leçon qui ne peut être perdue. Elle a émis depuis deux ans beaucoup de billets. Mais le nombre des transactions ne s'en est pas accru. Il dépend d'autres causes, et ces causes ont agi dans le sens d'une diminution d'affaires. Aussi, qu'est-il arrivé? C'est qu'à mesure que la Banque émettait des billets, le numéraire affluait dans ses caves, de telle sorte qu'un instrument d'échange s'est substitué à un autre. Voilà tout.

Je vais plus loin, il se peut que les transactions augmentent sans que l'instrument des échanges s'accroisse. Il se fait plus d'affaires en Angleterre qu'en France, et cependant la somme réunie des billets et des espèces y est moindre. Pourquoi? Parce que les Anglais, par l'intermédiaire des banquiers, font beaucoup de compensations, de virements de parties.

Dans les idées de M. Proudhon, sa banque a pour objet de réduire les payements à des virements de parties. C'est précisément ce que font les écus, d'une manière, à la vérité, assez dispendieuse. Les billets de banque sont un appareil qui arrive au même résultat à moins de frais; et le *Clearing-House* des Anglais est moins coûteux encore. Mais de quelque manière qu'on s'y prenne pour compenser les payements, qu'ont de commun ces procédés divers, plus ou moins perfectionnés, avec le principe de l'intérêt? Y en a-t-il un seul qui fasse que le travail antérieur ne doive pas être rémunéré et que le temps n'ait pas son prix?

Gorger la circulation de billets n'est donc le moyen ni d'accroître la richesse, ni de détruire la rente. De plus, livrer des billets à tout venant, c'est mettre la banque en faillite avant six mois.

Aussi M. Proudhon fuit le premier membre de mon dilemme et se réfugie dans le second.

« Que la Banque fasse son métier avec prudence et sévérité, dit-il, comme elle a fait jusqu'à présent. Cela ne me regarde pas. »

Cela ne vous regarde pas ! Quoi ! vous imaginez une banque nouvelle qui doit réaliser le crédit gratuit pour tout le monde, et quand je vous demande si elle prêtera à tout le monde, vous me répondez, pour échapper à la conclusion dont je vous menace, cela ne me regarde pas !

Mais tout en disant que cela ne vous regarde pas, vous ajoutez « que la nouvelle banque fera son métier avec prudence et sévérité. » Cela ne signifie rien, ou cela veut dire qu'elle prêtera à ceux qui peuvent répondre du remboursement.

Mais alors que devient l'Égalité qui est votre idole ? et ne voyez-vous pas qu'au lieu de rendre les hommes égaux devant le crédit, vous constituez une inégalité plus choquante que celle que vous prétendez détruire ?

En effet, dans votre système, les riches emprunteront gratis, et les pauvres ne pourront emprunter à aucun prix.

Quand un riche se présentera à la banque, on lui dira : Vous êtes solvable, voilà des capitaux, nous vous les prêtons pour rien.

Mais qu'un ouvrier ose se montrer. On lui dira : Où sont vos garanties, vos terres, vos maisons, vos marchandises ? — Je n'ai que mes bras et ma probité. — Cela ne nous rassure pas, nous devons agir avec prudence et *sévérité*, nous ne pouvons vous prêter gratis. — Eh bien ! prêtez-nous, à mes compagnons et à moi, aux taux de 4, 5 et 6 pour cent, ce sera une prime d'assurance dont le produit couvrira vos risques. — Y pensez-vous ? notre loi est de prêter gratis ou de ne prêter pas du tout. Nous sommes trop bons philanthropes pour rien faire payer à qui que ce soit, pas plus au pauvre qu'au riche. Voilà pourquoi le riche obtient chez nous du crédit gratuit, et pourquoi vous n'en aurez ni en payant ni sans payer.

Pour nous faire comprendre les merveilles de son invention, M. Proudhon la soumet à une épreuve décisive, celle de la *comptabilité* commerciale.

Il compare deux systèmes.

Dans l'un, le travailleur emprunte gratis (nous venons de voir comment), puis, en vertu de l'axiome, *tout travail laisse un excédant*, il réalise 10 pour cent de profit.

Dans l'autre, le travailleur emprunte à 10 pour cent. L'axiome économique ne reparaît pas, et il s'ensuit une perte.

Appliquant la comptabilité à ces hypothèses, M. Proudhon nous prouve, par des chiffres, que le travailleur est beaucoup plus heureux dans un cas que dans l'autre.

Je n'avais pas besoin de la *partie double* pour en être convaincu.

Mais je fais observer à M. Proudhon que ses comptes décident la question par la question. Je n'ai jamais mis en doute qu'il ne fût très-agréable d'avoir, sans rien payer, l'usage de maisons bien meublées, de terres bien préparées, d'outils et de machines bien puissantes. Il serait plus agréable encore que les alouettes nous tombassent toutes rôties dans la bouche, et quand M. Proudhon voudra, je le lui prouverai par *doit* et *avoir*. — La question est précisément de savoir si tous ces miracles sont possibles.

Je me suis donc permis de faire observer à M. Proudhon que je ne contestais pas l'exactitude de sa comptabilité, mais bien la réalité des données sur lesquelles elle repose.

Sa réponse est curieuse :

« Telle est l'essence de la comptabilité qu'elle ne dépend pas de la certitude de ses données. *Elle ne souffre pas de données fausses.* Elle est par elle-même, et malgré la volonté du comptable, la démonstration de la vérité ou de la fausseté de ses propres données. C'est en vertu de cette propriété que les livres du négociant font foi en justice. »

J'en demande pardon à M. Proudhon, mais je suis forcé de lui dire que la justice ne se borne pas, comme la Cour des comptes, à examiner si la tenue des livres est régulière et si les comptes se balancent. Elle recherche de plus si l'on n'y a pas introduit des données fausses.

Mais, vraiment, M. Proudhon a une imagination sans pareille pour inventer des moyens commodes de s'enrichir, et, à sa place, je me hâterais d'abandonner le *crédit gratuit*, comme un appareil suranné, compliqué et contestable. Il est distancé, et de bien loin, par la *comptabilité*, qui est par elle-même la démonstration de la vérité de ses propres données.

Ayez deux sous dans la poche, c'est tout ce qu'il faut. Achetez une feuille de papier. Ecrivez dessus un compte simulé, le plus californien que vous puissiez trouver dans votre cervelle. Supposez, par exemple, que vous achetez à bon marché et à crédit un navire, que vous le chargez de sable et de galets ramassés sur le rivage, que vous expédiez le tout en Angleterre, qu'on vous donne en échange un poids égal en or, argent, dentelles, pierres précieuses, cochenille, vanille, parfums, etc.; que de retour en France les acheteurs se disputent votre opulente cargaison. Mettez à tout cela des chiffres. Dressez votre comptabilité en parties doubles. Ayez soin qu'elle soit exacte, — et vous voilà à même de dire de Crésus ce que M. Rothschild disait d'Aguado : « Il a laissé trente millions, je le croyais plus à l'aise..» — Car votre comptabilité, si elle est conforme aux lois de M. Juvigny, impliquera la *vérité de vos données*.

Il n'est encore parvenu à ma connaissance aucun moyen de s'enrichir plus commode que celui-là ; si ce n'est pourtant celui du fils d'Eole. Je le recommande à M. Proudhon.

« Il s'avisa d'aller dans tous les carrefours, où il criait sans cesse, d'une voix rauque: Peuples de Bétique, voulez-vous être riches ? Imaginez-vous que je le suis beaucoup et que vous l'êtes beaucoup aussi. Mettez-vous tous les matins dans l'esprit que votre fortune a doublé pendant la nuit. Levez-vous ensuite, et si vous avez des créanciers, allez les payer avec ce que vous aurez imaginé, et dites-leur d'imaginer à leur tour [1]. »

Mais je laisse là M. Proudhon, et, en terminant cette polémique, je m'adresse aux socialistes, et les adjure d'examiner impartialement, non au point de vue des capitalistes, mais dans l'intérêt des travailleurs, les questions suivantes :

La rémunération légitime d'un homme doit-elle être identique, soit qu'il consacre à la production sa journée actuelle, soit qu'il y consacre, en outre, des instruments, fruit d'un travail antérieur ?

Personne n'osera le soutenir. Il y a là deux éléments de rémunération, et qui peut s'en plaindre ? Sera-ce l'acheteur du produit ? Mais qui n'aime mieux payer 3 fr. par jour à un menuisier pourvu d'une scie, que 2 f. 50 c. au même menuisier, faisant des planches avec ses dix doigts ?

Ici les deux éléments de travail et de rémunération sont dans les mêmes mains. Mais s'ils sont séparés et s'associent, n'est-il pas juste, utile, inévitable que le produit se partage entre eux selon certaines proportions?

Quand c'est le capitaliste qui fait l'entreprise à ses risques, la rémunération du travail se fixe souvent et se nomme *salaire*. Quand le travailleur entreprend et court les chances, c'est la rémunération du capital qui se fixe, et elle se nomme *intérêt* [2].

On peut croire à des arrangements plus perfectionnés, à une association de risques et de récompenses plus étroite.

---

[1] CXLII^e lettre persane.

[2] Voir le chap. SALAIRES. — *Harmonies écon.*, tome VI.

(*Note de l'éditeur.*)

C'était naguère la voie qu'explorait le socialisme. Cette fixité de l'un des deux termes lui paraissait rétrograde. Je pourrais démontrer qu'elle est un progrès; mais *non est hic locus*.

Voici une école — et elle se dit le socialisme tout entier, — qui va bien plus loin. Elle affirme que toute récompense doit être déniée à l'un des éléments de la production, au capital. Et cette école a écrit sur son drapeau : *Crédit gratuit* à la place de son ancienne devise : *La propriété, c'est le vol !*

Socialistes, j'en appelle à votre bonne foi, n'est-ce pas un même sens sous d'autres mots?

Il n'est pas possible de contester, en principe, la justice et l'utilité d'une répartition entre le capital et le travail.

Reste à savoir quelle est la loi de cette répartition.

Et vous ne tarderez pas à la trouver dans cette formule : plus l'un des deux éléments abonde relativement à l'autre, plus sa part proportionnelle se réduit, et réciproquement.

Et s'il en est ainsi, la propagande du crédit gratuit est une calamité pour la classe ouvrière.

Car, de même que les capitalistes se feraient tort à eux-mêmes si, après avoir proclamé l'illégitimité du salaire, ils réduisaient les travailleurs à mourir ou à s'expatrier; de même, les travailleurs se suicident quand, après avoir proclamé l'illégitimité de l'intérêt, ils forcent le capital à disparaître.

Si cette doctrine funeste se répand, si la voix du *suffrage universel* peut faire supposer qu'elle ne tardera pas à invoquer le secours de la loi, c'est-à-dire de la force organisée, n'est-il pas évident que le capital effrayé, menacé de perdre son droit à toute récompense, sera contraint de fuir, de se cacher, de se dissiper? Il y aura moins d'entreprises de tout genre pour un nombre de travailleurs resté le même. Le résultat peut s'exprimer en deux mots : *hausse de l'intérêt et baisse des salaires.*

Il y a des pessimistes qui affirment que c'est là ce que veulent les socialistes : que l'ouvrier souffre ; que l'ordre ne puisse renaître ; que le pays soit toujours sur le bord d'un abîme. — S'il existe des êtres assez pervers pour former de tels vœux, que la société les flétrisse et que Dieu les juge !

Quant à moi, je n'ai pas à me prononcer sur des intentions auxquelles, d'ailleurs, je ne puis croire.

Mais je dis : La gratuité du crédit, c'est l'absurdité scientifique, l'antagonisme des intérêts, la haine des classes, la barbarie.

La liberté du crédit, c'est l'harmonie sociale, c'est le droit, c'est le respect de l'indépendance et de la dignité humaine, c'est la foi dans le progrès et les destinées de la société.

FRÉDÉRIC BASTIAT.

CE QU'ON VOIT

ET

CE QU'ON NE VOIT PAS [1].

Dans la sphère économique, un acte, une habitude, une institution, une loi n'engendrent pas seulement un effet, mais une série d'effets. De ces effets, le premier seul est immédiat ; il se manifeste simultanément avec sa cause, *on le voit*. Les autres ne se déroulent que successivement, *on ne les voit pas ;* heureux si on les *prévoit*.

Entre un mauvais et un bon Économiste, voici toute la différence : l'un s'en tient à l'effet *visible ;* l'autre tient compte et de l'effet qu'on *voit* et de ceux qu'il faut *prévoir*.

Mais cette différence est énorme, car il arrive presque toujours que, lorsque la conséquence immédiate est favorable, les conséquences ultérieures sont funestes, et *vice versâ*.

---

[1] Ce pamphlet, publié en juillet 1850, est le dernier que Bastiat ait écrit. Depuis plus d'un an, il était promis au public. Voici comment son apparition fut retardée. L'auteur en perdit le manuscrit lorsqu'il transporta son domicile de la rue de Choiseul à la rue d'Alger. Après de longues et inutiles recherches, il se décida à recommencer entièrement son œuvre, et choisit pour base principale de ses démonstrations des discours récemment prononcés à l'Assemblée nationale. Cette tâche finie, il se reprocha d'avoir été trop sérieux, jeta au feu le second manuscrit et écrivit celui que nous réimprimons.

(*Note de l'éditeur.*)

— D'où il suit que le mauvais Économiste poursuit un petit bien actuel qui sera suivi d'un grand mal à venir, tandis que le vrai économiste poursuit un grand bien à venir, au risque d'un petit mal actuel.

Du reste, il en est ainsi en hygiène, en morale. Souvent, plus le premier fruit d'une habitude est doux, plus les autres sont amers. Témoin : la débauche, la paresse, la prodigalité. Lors donc qu'un homme, frappé de l'effet *qu'on voit*, n'a pas encore appris à discerner ceux *qu'on ne voit pas*, il s'abandonne à des habitudes funestes, non-seulement par penchant, mais par calcul.

Ceci explique l'évolution fatalement douloureuse de l'humanité. L'ignorance entoure son berceau ; donc elle se détermine dans ses actes par leurs premières conséquences, les seules, à son origine, qu'elle puisse voir. Ce n'est qu'à la longue qu'elle apprend à tenir compte des autres [1]. Deux maîtres, bien divers, lui enseignent cette leçon : l'Expérience et la Prévoyance. L'expérience régente efficacement mais brutalement. Elle nous instruit de tous les effets d'un acte en nous les faisant ressentir, et nous ne pouvons manquer de finir par savoir que le feu brûle, à force de nous brûler. A ce rude docteur, j'en voudrais, autant que possible, substituer un plus doux : la Prévoyance. C'est pourquoi je rechercherai les conséquences de quelques phénomènes économiques, opposant à celles *qu'on voit* celles *qu'on ne voit pas*.

I. La Vitre cassée.

Avez-vous jamais été témoin de la fureur du bon bourgeois Jacques Bonhomme, quand son fils terrible est parvenu à casser un carreau de vitre ? Si vous avez assisté à ce spectacle, à coup sûr vous aurez aussi constaté que tous les

---

[1] V. le chap. xx du tome VI.   (*Note de l'éditeur.*)

assistants, fussent-ils trente, semblent s'être donné le mot pour offrir au propriétaire infortuné cette consolation uniforme : « A quelque chose malheur est bon. De tels accidents font aller l'industrie. Il faut que tout le monde vive. Que deviendraient les vitriers, si l'on ne cassait jamais de vitres ? »

Or, il y a dans cette formule de condoléance toute une théorie, qu'il est bon de surprendre *flagrante delicto*, dans ce cas très-simple, attendu que c'est exactement la même que celle qui, par malheur, régit la plupart de nos institutions économiques.

A supposer qu'il faille dépenser six francs pour réparer le dommage, si l'on veut dire que l'accident fait arriver six francs à l'industrie vitrière, qu'il encourage dans la mesure de six francs la susdite industrie; je l'accorde, je ne conteste en aucune façon, on raisonne juste. Le vitrier va venir, il fera sa besogne, touchera six francs, se frottera les mains et bénira dans son cœur l'enfant terrible. *C'est ce qu'on voit.*

Mais si, par voie de déduction, on arrive à conclure, comme on le fait trop souvent, qu'il est bon qu'on casse les vitres, que cela fait circuler l'argent, qu'il en résulte un encouragement pour l'industrie en général, je suis obligé de m'écrier : halte-là ! Votre théorie s'arrête à *ce qu'on voit*, elle ne tient pas compte de *ce qu'on ne voit pas.*

On ne voit pas que, puisque notre bourgeois a dépensé six francs à une chose, il ne pourra plus les dépenser à une autre. *On ne voit pas* que s'il n'eût pas eu de vitre à remplacer, il eût remplacé, par exemple, ses souliers éculés ou mis un livre de plus dans sa bibliothèque. Bref, il aurait fait de ses six francs un emploi quelconque qu'il ne fera pas.

Faisons donc le compte de l'industrie *en général.*

La vitre étant cassée, l'industrie vitrière est encouragée dans la mesure de six francs ; *c'est ce qu'on voit.*

Si la vitre n'eût pas été cassée, l'industrie cordonnière (ou

toute autre) eût été encouragée dans la mesure de six-
francs ; *c'est ce qu'on ne voit pas.*

Et si l'on prenait en considération *ce qu'on ne voit pas*,
parce que c'est un fait négatif, aussi bien que *ce que l'on
voit*, parce que c'est un fait positif, on comprendrait qu'il
n'y a aucun intérêt pour l'industrie *en général*, ou pour l'ensemble du *travail national*, à ce que des vitres se cassent ou
ne se cassent pas.

Faisons maintenant le compte de Jacques Bonhomme.

Dans la première hypothèse, celle de la vitre cassée, il
dépense six francs, et a, ni plus ni moins, que devant, la
jouissance d'une vitre.

Dans la seconde, celle où l'accident ne fût pas arrivé, il
aurait dépensé six francs en chaussure et aurait eu tout à la
fois la jouissance d'une paire de souliers et celle d'une vitre.

Or, comme Jacques Bonhomme fait partie de la société,
il faut conclure de là que, considérée dans son ensemble,
et toute balance faite de ses travaux et de ses jouissances,
elle a perdu la valeur de la vitre cassée.

Par où, en généralisant, nous arrivons à cette conclusion
inattendue : « la société perd la valeur des objets inutilement détruits, » — et à cet aphorisme qui fera dresser les
cheveux sur la tête des protectionistes : « Casser, briser,
dissiper, ce n'est pas encourager le travail national, » ou
plus brièvement : « destruction n'est pas profit. »

Que direz-vous, *Moniteur industriel*, que direz-vous,
adeptes de ce bon M. de Saint-Chamans, qui a calculé avec
tant de précision ce que l'industrie gagnerait à l'incendie de
Paris, à raison des maisons qu'il faudrait reconstruire ?

Je suis fâché de déranger ses ingénieux calculs, d'autant
qu'il en a fait passer l'esprit dans notre législation. Mais je
le prie de les recommencer, en faisant entrer en ligne de
compte ce *qu'on ne voit pas* à côté de ce *qu'on voit.*

Il faut que le lecteur s'attache à bien constater qu'il n'y a pas seulement deux personnages, mais trois dans le petit drame que j'ai soumis à son attention. L'un, Jacques Bonhomme, représente le Consommateur, réduit par la destruction à une jouissance au lieu de deux. L'autre, sous la figure du Vitrier, nous montre le Producteur dont l'accident encourage l'industrie. Le troisième est le Cordonnier (ou tout autre industriel) dont le travail est découragé d'autant par la même cause. C'est ce troisième personnage qu'on tient toujours dans l'ombre et qui, personnifiant *ce qu'on ne voit pas*, est un élément nécessaire du problème. C'est lui qui nous fait comprendre combien il est absurde de voir un profit dans une destruction. C'est lui qui bientôt nous enseignera qu'il n'est pas moins absurde de voir un profit dans une restriction, laquelle n'est après tout qu'une destruction partielle. — Aussi, allez au fond de tous les arguments qu'on fait valoir en sa faveur, vous n'y trouverez que la paraphrase de ce dicton vulgaire : « *Que deviendraient les vitriers, si l'on ne cassait jamais de vitres* [1]? »

II. Le licenciement.

Il en est d'un peuple comme d'un homme. Quand il veut se donner une satisfaction, c'est à lui de voir si elle vaut ce qu'elle coûte. Pour une nation, la Sécurité est le plus grand des biens. Si, pour l'acquérir, il faut mettre sur pied cent mille hommes et dépenser cent millions, je n'ai rien à dire. C'est une jouissance achetée au prix d'un sacrifice.

Qu'on ne se méprenne donc pas sur la portée de ma thèse.

Un représentant propose de licencier cent mille hommes pour soulager les contribuables de cent millions.

Si l'on se borne à lui répondre : « Ces cent mille hommes et ces cent millions sont indispensables à la sécurité natio-

[1] V., au tome IV, le chap. xx de la 1ʳᵉ série des *Sophismes*, p. 100 et suiv.   (*Note de l'éditeur.*)

nale : c'est un sacrifice ; mais, sans ce sacrifice, la France serait déchirée par les factions ou envahie par l'étranger. »
— Je n'ai rien à opposer ici à cet argument, qui peut être vrai ou faux en fait, mais qui ne renferme pas théoriquement d'hérésie économique. L'hérésie commence quand on veut représenter le sacrifice lui-même comme un avantage, parce qu'il profite à quelqu'un.

Or, je suis bien trompé, ou l'auteur de la proposition ne sera pas plus tôt descendu de la tribune qu'un orateur s'y précipitera pour dire :

« Licencier cent mille hommes ! y pensez-vous ? Que vont-ils devenir ? de quoi vivront-ils ? sera-ce de travail ? mais ne savez-vous pas que le travail manque partout ? que toutes les carrières sont encombrées ? Voulez-vous les jeter sur la place pour y augmenter la concurrence et peser sur le taux des salaires ? Au moment où il est si difficile de gagner sa pauvre vie, n'est-il pas heureux que l'État donne du pain à cent mille individus ? Considérez, de plus, que l'armée consomme du vin, des vêtements, des armes, qu'elle répand ainsi l'activité dans les fabriques, dans les villes de garnison, et qu'elle est, en définitive, la Providence de ses innombrables fournisseurs. Ne frémissez-vous pas à l'idée d'anéantir cet immense mouvement industriel ? »

Ce discours, on le voit, conclut au maintien des cent mille soldats, abstraction faite des nécessités du service, et par des considérations économiques. Ce sont ces considérations seules que j'ai à réfuter.

Cent mille hommes, coûtant aux contribuables cent millions, vivent et font vivre leurs fournisseurs autant que cent millions peuvent s'étendre : *c'est ce qu'on voit.*

Mais cent millions, sortis de la poche des contribuables, cessent de faire vivre ces contribuables et leurs fournisseurs, autant que cent millions peuvent s'étendre : *c'est ce qu'on*

ne voit pas. Calculez, chiffrez, et dites-moi où est le profit
pour la masse ?

Quant à moi, je vous dirai où est la *perte*, et, pour sim-
plifier, au lieu de parler de cent mille hommes et de cent
millions, raisonnons sur un homme et mille francs.

Nous voici dans le village de A. Les recruteurs font la
tournée et y enlèvent un homme. Les percepteurs font leur
tournée aussi et y enlèvent mille francs. L'homme et la
somme sont transportés à Metz, l'une destinée à faire vivre
l'autre, pendant un an, sans rien faire. Si vous ne regardez
que Metz, oh ! vous avez cent fois raison, la mesure est très-
avantageuse ; mais si vos yeux se portent sur le village de
A, vous jugerez autrement, car, à moins d'être aveugle,
vous verrez que ce village a perdu un travailleur et les mille
francs qui rémunéraient son travail, et l'activité que, par la
dépense de ces mille francs, il répandait autour de lui.

Au premier coup d'œil, il semble qu'il y ait compensation. Le phénomène qui se passait au village se passe à Metz,
et voilà tout. Mais voici où est la perte. Au village, un
homme bêchait et labourait : c'était un travailleur ; à Metz,
il fait des tête droite et des tête gauche : c'est un soldat.
L'argent et la circulation sont les mêmes dans les deux cas ;
mais, dans l'un, il y avait trois cents journées de travail
productif ; dans l'autre, il y a trois cents journées de travail
improductif, toujours dans la supposition qu'une partie de
l'armée n'est pas indispensable à la sécurité publique.

Maintenant, vienne le licenciement. Vous me signalez un
surcroît de cent mille travailleurs, la concurrence stimulée
et la pression qu'elle exerce sur le taux des salaires. C'est
ce que vous voyez.

Mais voici ce que vous ne voyez pas. Vous ne voyez pas
que renvoyer cent mille soldats, ce n'est pas anéantir cent
millions, c'est les remettre aux contribuables. Vous ne voyez
pas que jeter ainsi cent mille travailleurs sur le marché, c'est

y jeter, du même coup, les cent millions destinés à payer
leur travail ; que, par conséquent, la même mesure qui
augmente l'*offre* des bras en augmente aussi la *demande ;*
d'où il suit que votre baisse des salaires est illusoire. Vous
ne voyez pas qu'avant, comme après le licenciement, il y a
dans le pays cent millions correspondant à cent mille
hommes ; que toute la différence consiste en ceci : avant,
le pays livre les cent millions aux cent mille hommes pour
ne rien faire ; après, il les leur livre pour travailler. Vous
ne voyez pas, enfin, que lorsqu'un contribuable donne son
argent, soit à un soldat en échange de rien, soit à un travailleur en échange de quelque chose, toutes les conséquences ultérieures de la circulation de cet argent sont les
mêmes dans les deux cas ; seulement, dans le second
cas, le contribuable reçoit quelque chose, dans le premier,
il ne reçoit rien. — Résultat : une perte sèche pour la
nation.

Le sophisme que je combats ici ne résiste pas à l'épreuve
de la progression, qui est la pierre de touche des principes.
Si, tout compensé, tous intérêts examinés, il y a *profit national* à augmenter l'armée, pourquoi ne pas enrôler sous
les drapeaux toute la population virile du pays ?

III. L'Impôt.

Ne vous est-il jamais arrivé d'entendre dire :

« L'impôt, c'est le meilleur placement ; c'est une rosée
fécondante ? Voyez combien de familles il fait vivre, et
suivez, par la pensée, ses ricochets sur l'industrie : c'est
l'infini, c'est la vie. »

Pour combattre cette doctrine, je suis obligé de reproduire la réfutation précédente. L'économie politique sait
bien que ses arguments ne sont pas assez divertissants pour
qu'on en puisse dire : *Repetita placent.* Aussi, comme Ba-

sile, elle a arrangé le proverbe à son usage, bien convain-
cue que dans sa bouche, *Repetita docent.*

Les avantages que les fonctionnaires trouvent à émarger,
c'est ce qu'on voit. Le bien qui en résulte pour leurs fournisseurs, *c'est ce qu'on voit encore.* Cela crève les yeux du corps.

Mais le désavantage que les contribuables éprouvent à se
libérer, *c'est ce qu'on ne voit pas,* et le dommage qui en résulte pour leurs fournisseurs, *c'est ce qu'on ne voit pas davantage,* bien que cela dût sauter aux yeux de l'esprit.

Quand un fonctionnaire dépense à son profit *cent sous de
plus,* cela implique qu'un contribuable dépense à son profit
cent sous de moins. Mais la dépense du fonctionnaire *se voit,*
parce qu'elle se fait ; tandis que celle du contribuable *ne se
voit pas,* parce que, hélas ! on l'empêche de se faire.

Vous comparez la nation à une terre desséchée et l'impôt
à une pluie féconde. Soit. Mais vous devriez vous demander
aussi où sont les sources de cette pluie, et si ce n'est pas
précisément l'impôt qui pompe l'humidité du sol et le
dessèche.

Vous devriez vous demander encore s'il est possible que
le sol reçoive autant de cette eau précieuse par la pluie
qu'il en perd par l'évaporation ?

Ce qu'il y a de très-positif, c'est que, quand Jacques Bonhomme compte cent sous au percepteur, il ne reçoit rien
en retour. Quand, ensuite, un fonctionnaire dépensant ces
cent sous, les rend à Jacques Bonhomme, c'est contre une
valeur égale en blé ou en travail. Le résultat définitif est
pour Jacques Bonhomme une perte de cinq francs.

Il est très-vrai que souvent, le plus souvent si l'on veut,
le fonctionnaire rend à Jacques Bonhomme un service équivalent. En ce cas, il n'y a pas perte de part ni d'autre, il n'y
a qu'échange. Aussi, mon argumentation ne s'adresse-t-elle
nullement aux fonctions utiles. Je dis ceci : si vous voulez
créer une fonction, prouvez son utilité. Démontrez qu'elle

vaut à Jacques Bonhomme, par les services qu'elle lui rend, l'équivalent de ce qu'elle lui coûte. Mais, abstraction faite de cette utilité intrinsèque, n'invoquez pas comme argument l'avantage qu'elle confère au fonctionnaire, à sa famille et à ses fournisseurs ; n'alléguez pas qu'elle favorise le travail.

Quand Jacques Bonhomme donne cent sous à un fonctionnaire contre un service réellement utile, c'est exactement comme quand il donne cent sous à un cordonnier contre une paire de souliers. Donnant donnant, partant quittes. Mais, quand Jacques Bonhomme livre cent sous à un fonctionnaire, pour n'en recevoir aucun service ou même pour en recevoir des vexations, c'est comme s'il les livrait à un voleur. Il ne sert de rien de dire que le fonctionnaire dépensera ces cent sous au grand profit du *travail national ;* autant en eût fait le voleur ; autant en ferait Jacques Bonhomme s'il n'eût rencontré sur son chemin ni le parasite extralégal ni le parasite légal.

Habituons-nous donc à ne pas juger des choses seulement par *ce qu'on voit,* mais encore par *ce qu'on ne voit pas.*

L'an passé, j'étais du Comité des finances, car, sous la Constituante, les membres de l'opposition n'étaient pas systématiquement exclus de toutes les Commissions ; en cela, la Constituante agissait sagement. Nous avons entendu M. Thiers dire : « J'ai passé ma vie à combattre les hommes du parti légitimiste et du parti prêtre. Depuis que le danger commun nous a rapprochés, depuis que je les fréquente, que je les connais, que nous nous parlons cœur à cœur, je me suis aperçu que ce ne sont pas les monstres que je m'étais figurés. »

Oui, les défiances s'exagèrent, les haines s'exaltent entre les partis qui ne se mêlent pas ; et si la majorité laissait pénétrer dans le sein des Commissions quelques membres de la minorité, peut-être reconnaîtrait-on, de part et d'autre,

que les idées ne sont pas aussi éloignées et surtout les intentions aussi perverses qu'on le suppose.

Quoi qu'il en soit, l'an passé, j'étais du Comité des finances. Chaque fois qu'un de nos collègues parlait de fixer à un
chiffre modéré le traitement du Président de la République, des ministres, des ambassadeurs, on lui répon-
dait :

« Pour le bien même du service, il faut entourer certaines fonctions d'éclat et de dignité. C'est le moyen d'y appeler les hommes de mérite. D'innombrables infortunes
s'adressent au Président de la République, et ce serait le
placer dans une position pénible que de le forcer à toujours
refuser. Une certaine représentation dans les salons ministériels et diplomatiques est un des rouages des gouvernements constitutionnels, etc., etc. »

Quoique de tels arguments puissent être controversés,
ils méritent certainement un sérieux examen. Ils sont fondés
sur l'intérêt public, bien ou mal apprécié ; et, quant à moi,
j'en fais plus de cas que beaucoup de nos Catons, mus par
un esprit étroit de lésinerie ou de jalousie.

Mais ce qui révolte ma conscience d'économiste, ce qui
me fait rougir pour la renommée intellectuelle de mon
pays, c'est quand on en vient (ce à quoi on ne manque jamais) à cette banalité absurde, et toujours favorablement
accueillie :

« D'ailleurs, le luxe des grands fonctionnaires encourage
les arts, l'industrie, le travail. Le chef de l'État et ses ministres ne peuvent donner des festins et des soirées sans
faire circuler la vie dans toutes les veines du corps social.
Réduire leurs traitements, c'est affamer l'industrie parisienne
et, par contre-coup, l'industrie nationale. »

De grâce, Messieurs, respectez au moins l'arithmétique
et ne venez pas dire, devant l'Assemblée nationale de
France, de peur qu'à sa honte elle ne vous approuve, qu'une

addition donne une somme différente, selon qu'on la fait de haut en bas ou de bas en haut.

Quoi ! je vais m'arranger avec un terrassier pour qu'il fasse une rigole dans mon champ, moyennant cent sous. Au moment de conclure, le percepteur me prend mes cent sous et les fait passer au ministre de l'intérieur ; mon marché est rompu, mais M. le ministre ajoutera un plat de plus à son dîner. Sur quoi, vous osez affirmer que cette dépense officielle est un surcroît ajouté à l'industrie nationale ! Ne comprenez-vous pas qu'il n'y a là qu'un simple *déplacement de satisfaction et de travail* ? Un ministre a sa table mieux garnie, c'est vrai ; mais un agriculteur a un champ moins bien desséché, et c'est tout aussi vrai. Un traiteur parisien a gagné cent sous, je vous l'accorde ; mais accordez-moi qu'un terrassier provincial a manqué de gagner cinq francs. Tout ce qu'on peut dire, c'est que le plat officiel et le traiteur satisfait, *c'est ce qu'on voit* ; le champ noyé et le terrassier désœuvré, *c'est ce qu'on ne voit pas.*

Bon Dieu ! que de peine à prouver, en économie politique, que deux et deux font quatre ; et, si vous y parvenez, on s'écrie : « c'est si clair, que c'en est ennuyeux. » — Puis on vote comme si vous n'aviez rien prouvé du tout.

IV. Théâtres, Beaux-arts.

L'État doit-il subventionner les arts ?

Il y a certes beaucoup à dire Pour et Contre.

En faveur du système des subventions, on peut dire que les arts élargissent, élèvent et poétisent l'âme d'une nation, qu'ils l'arrachent à des préoccupations matérielles, lui donnent le sentiment du beau, et réagissent ainsi favorablement sur ses manières, ses coutumes, ses mœurs et même sur son industrie. On peut se demander où en serait la musique en France, sans le Théâtre-Italien et le Conservatoire ; l'art

dramatique, sans le Théâtre-Français; la peinture et la
sculpture, sans nos collections et nos musées. On peut aller
plus loin et se demander si, sans la centralisation et par conséquent la subvention des beaux-arts, ce goût exquis se serait développé, qui est le noble apanage du travail français
et impose ses produits à l'univers entier. En présence de
tels résultats, ne serait-ce pas une haute imprudence que de
renoncer à cette modique cotisation de tous les citoyens qui,
en définitive, réalise, au milieu de l'Europe, leur supériorité
et leur gloire?

À ces raisons et bien d'autres, dont je ne conteste pas la
force, on peut en opposer de non moins puissantes. Il y a
d'abord, pourrait-on dire, une question de justice distribu-
tive. Le droit du législateur va-t-il jusqu'à ébrécher le salaire
de l'artisan pour constituer un supplément de profits à l'artiste? M. Lamartine disait : Si vous supprimez la subvention
d'un théâtre, où vous arrêterez-vous dans cette voie, et ne
serez-vous pas logiquement entraînés à supprimer vos Facultés, vos Musées, vos Instituts, vos Bibliothèques? On
pourrait répondre : Si vous voulez subventionner tout ce
qui est bon et utile, où vous arrêterez-vous dans cette voie,
et ne serez-vous pas entraînés logiquement à constituer une
liste civile à l'agriculture, à l'industrie, au commerce, à la
bienfaisance, à l'instruction? Ensuite, est-il certain que les
subventions favorisent le progrès de l'art? C'est une question qui est loin d'être résolue, et nous voyons de nos yeux
que les théâtres qui prospèrent sont ceux qui vivent de leur
propre vie. Enfin, s'élevant à des considérations plus hautes, on peut faire observer que les besoins et les désirs
naissent les uns des autres et s'élèvent dans des régions de
plus en plus épurées [1], à mesure que la richesse publique
permet de les satisfaire; que le gouvernement n'a point à

---

[1] V. le chap. III du tome VI.   (Note de l'éditeur.)

se mêler de cette correspondance, puisque, dans un état
donné de la fortune actuelle, il ne saurait stimuler, par
l'impôt, les industries de luxe sans froisser les industries de
nécessité, intervertissant ainsi la marche naturelle de la civilisation. On peut faire observer que ces déplacements artificiels des besoins, des goûts, du travail et de la population, placent les peuples dans une situation précaire et
dangereuse, qui n'a plus de base solide.

Voilà quelques-unes des raisons qu'allèguent les adversaires de l'intervention de l'Etat, en ce qui concerne l'ordre dans lequel les citoyens croient devoir satisfaire leurs
besoins et leurs désirs, et par conséquent diriger leur activité. Je suis de ceux, je l'avoue, qui pensent que le choix,
l'impulsion doit venir d'en bas, non d'en haut, des citoyens,
non du législateur ; et la doctrine contraire me semble conduire à l'anéantissement de la liberté et de la dignité
humaines.

Mais, par une déduction aussi fausse qu'injuste, sait-on
de quoi on accuse les économistes? c'est, quand nous re-
poussons la subvention, de repousser la chose même qu'il
s'agit de subventionner, et d'être les ennemis de tous les
genres d'activité, parce que nous voulons que ces activités,
d'une part soient libres, et de l'autre cherchent en elles-
mêmes leur propre récompense. Ainsi, demandons-nous
que l'Etat n'intervienne pas, par l'impôt, dans les matières
religieuses? nous sommes des athées. Demandons-nous
que l'Etat n'intervienne pas, par l'impôt, dans l'éducation?
nous haïssons les lumières. Disons-nous que l'Etat ne doit
pas donner, par l'impôt, une valeur factice au sol, à tel
ordre d'industrie? nous sommes les ennemis de la propriété et du travail. Pensons-nous que l'Etat ne doit pas
subventionner les artistes? nous sommes des barbares qui
jugeons les arts inutiles.

Je proteste ici de toutes mes forces contre ces déductions.

V.   20

Loin que nous entretenions l'absurde pensée d'anéantir la
religion, l'éducation, la propriété, le travail et les arts quand
nous demandons que l'Etat protége le libre développement
de tous ces ordres d'activité humaine, sans les soudoyer
aux dépens les uns des autres, nous croyons au contraire
que toutes ces forces vives de là société se développeraient
harmonieusement sous l'influence de la liberté, qu'aucune
d'elles ne deviendrait, comme nous le voyons aujourd'hui,
une source de troubles, d'abus, de tyrannie et de désordre.

Nos adversaires croient qu'une activité qui n'est ni sou-
doyée ni réglementée est une activité anéantie. Nous croyons
le contraire. Leur foi est dans le législateur, non dans l'humanité. La nôtre est dans l'humanité, non dans le législateur.

Ainsi, M. Lamartine disait : Au nom de ce principe, il
faut *abolir* les expositions publiques qui font l'honneur et
la richesse de ce pays.

Je réponds à M. Lamartine : A votre point de vue, *ne pas
subventionner* c'est *abolir*, parce que, partant de cette donnée que rien n'existe que par la volonté de l'Etat, vous en
concluez que rien ne vit que ce que l'impôt fait vivre. Mais
je retourne contre vous l'exemple que vous avez choisi, et
je vous fais observer que la plus grande, la plus noble des
expositions, celle qui est conçue dans la pensée la plus libérale, la plus universelle, et je puis même me servir du
mot humanitaire, qui n'est pas ici exagéré, c'est l'exposition
qui se prépare à Londres, la seule dont aucun gouvernement ne se mêle et qu'aucun impôt ne soudoie.

Revenant aux beaux-arts, on peut, je le répète, alléguer
pour et contre le système des subventions des raisons puissantes. Le lecteur comprend que, d'après l'objet spécial de
cet écrit, je n'ai ni à exposer ces raisons, ni à décider entre
elles.

Mais M. Lamartine a mis en avant un argument que je ne

puis passer sous silence, car il rentre dans le cercle très-précis de cette étude économique.

Il a dit :

La question économique, en matière de théâtres, se résume en un seul mot : c'est du travail. Peu importe la nature de ce travail, c'est un travail aussi fécond, aussi productif que toute autre nature de travaux dans une nation. Les théâtres, vous le savez, ne nourrissent pas moins, ne salarient pas moins, en France, de quatre-vingt mille ouvriers de toute nature, peintres, maçons, décorateurs, costumiers, architectes, etc., qui sont la vie même et le mouvement de plusieurs quartiers de cette capitale, et, à ce titre, ils doivent obtenir vos sympathies !

Vos sympathies ! — traduisez : vos subventions.

Et plus loin :

Les plaisirs de Paris sont le travail et la consommation des départements, et les luxes du riche sont le salaire et le pain de deux cent mille ouvriers de toute espèce, vivant de l'industrie si multiple des théâtres sur la surface de la République, et recevant de ces plaisirs nobles, qui illustrent la France, l'aliment de leur vie et le nécessaire de leurs familles et de leurs enfants. C'est à eux que vous donnerez ces 60,000 fr. (Très-bien ! très-bien ! marques nombreuses d'approbation.)

Pour moi, je suis forcé de dire : *très-mal ! très-mal !* en restreignant, bien entendu, la portée de ce jugement à l'argument économique dont il est ici question.

Oui, c'est aux ouvriers des théâtres qu'iront, du moins en partie, les 60,000 fr. dont il s'agit. Quelques bribes pourront bien s'égarer en chemin. Même, si l'on scrutait la chose de près, peut-être découvrirait-on que le gâteau prendra une autre route ; heureux les ouvriers s'il leur reste quelques miettes ! Mais je veux bien admettre que la subvention entière ira aux peintres, décorateurs, costumiers, coiffeurs, etc. *C'est ce qu'on voit.*

Mais d'où vient-elle ? Voilà le *revers* de la question, tout aussi important à examiner que la *face*. Où est la source de ces 60,000 fr.? Et *où iraient-ils*, si un vote législatif ne les dirigeait d'abord vers la rue Rivoli et de là vers la rue Grenelle? *C'est ce qu'on ne voit pas.*

Assurément nul n'osera soutenir que le vote législatif a fait éclore cette somme dans l'urne du scrutin; qu'elle est une pure addition faite à la richesse nationale; que, sans ce vote miraculeux, ces soixante mille francs eussent été à jamais invisibles et impalpables. Il faut bien admettre que tout ce qu'a pu faire la majorité, c'est de décider qu'ils seraient pris quelque part pour être envoyés quelque part, et qu'ils ne recevraient une destination que parce qu'ils seraient détournés d'une autre.

La chose étant ainsi, il est clair que le contribuable qui aura été taxé à un franc, n'aura plus ce franc à sa disposition. Il est clair qu'il sera privé d'une satisfaction dans la mesure d'un franc, et que l'ouvrier, quel qu'il soit, qui la lui aurait procurée, sera privé de salaire dans la même mesure.

Ne nous faisons donc pas cette puérile illusion de croire que le vote du 16 mai *ajoute* quoi que ce soit au bien-être et au travail national. Il *déplace* les jouissances, il *déplace* les salaires, voilà tout.

Dira-t-on qu'à un genre de satisfaction et à un genre de travail, il substitue des satisfactions et des travaux plus urgents, plus moraux, plus raisonnables? Je pourrais lutter sur ce terrain. Je pourrais dire : En arrachant 60,000 fr. aux contribuables, vous diminuez les salaires des laboureurs, terrassiers, charpentiers, forgerons, et vous augmentez d'autant les salaires des chanteurs, coiffeurs, décorateurs et costumiers. Rien ne prouve que cette dernière classe soit plus intéressante que l'autre. M. Lamartine ne l'allègue pas. Il dit lui-même que le travail des théâtres est *aussi* fécond, *aussi* productif et non *plus)* que tout autre, ce qui pourrait encore être contesté ; car la meilleure preuve que le second n'est pas aussi fécond que le premier, c'est que celui-ci est appelé à soudoyer celui-là.

Mais cette comparaison entre la valeur et le mérite intrinsèque des diverses natures de travaux n'entre pas dans mon sujet actuel. Tout ce que j'ai à faire ici, c'est de montrer que si M. Lamartine et les personnes qui ont applaudi à son argumentation ont vu, de l'œil gauche, les salaires gagnés par les fournisseurs des comédiens, ils auraient dû voir, de l'œil droit, les salaires perdus pour les fournisseurs des contribuables ; faute de quoi, ils se sont exposés au ridicule de prendre un *déplacement* pour un *gain*. S'ils étaient conséquents à leur doctrine, ils demanderaient des subventions à l'infini ; car ce qui est vrai d'un franc et de 60,000 fr., est vrai, dans des circonstances identiques, d'un milliard de francs.

Quand il s'agit d'impôts, messieurs, prouvez-en l'utilité par des raisons tirées du fond, mais non point par cette malencontreuse assertion : « Les dépenses publiques, font vivre la classe ouvrière. » Elle a le tort de dissimuler un fait essentiel, à savoir, que les *dépenses publiques* se substituent *toujours* à des *dépenses privées*, et que, par conséquent, elles font bien vivre un ouvrier au lieu d'un autre, mais n'ajoutent rien au lot de la classe ouvrière prise en masse. Votre argumentation est fort de mode, mais elle est trop absurde pour que la raison n'en ait pas raison.

V. Travaux publics.

Qu'une nation, après s'être assurée qu'une grande entreprise doit profiter à la communauté, la fasse exécuter sur le produit d'une cotisation commune, rien de plus naturel. Mais la patience m'échappe, je l'avoue, quand j'entends alléguer à l'appui d'une telle résolution cette bévue économique : « C'est d'ailleurs le moyen de créer du travail pour les ouvriers. »

20.

L'Etat ouvre un chemin, bâtit un palais, redresse une rue, perce un canal ; par là, il donne du travail à certains ouvriers, *c'est ce qu'on voit ;* mais il prive de travail certains autres ouvriers, *c'est ce qu'on ne voit pas.*

Voilà la route en cours d'exécution. Mille ouvriers arrivent tous les matins, se retirent tous les soirs, emportent leur salaire, cela est certain. Si la route n'eût pas été décrétée, si les fonds n'eussent pas été votés, ces braves gens n'eussent rencontré là ni ce travail ni ce salaire; cela est certain encore.

Mais est-ce tout? L'opération, dans son ensemble, n'embrasse-t-elle pas autre chose? Au moment où M. Dupin prononce les paroles sacramentelles : « L'Assemblée a adopté, » les millions descendent-ils miraculeusement sur un rayon de la lune dans les coffres de MM. Fould et Bineau? Pour que l'évolution, comme on dit, soit complète, ne faut-il pas que l'Etat organise la recette aussi bien que la dépense? qu'il mette ses percepteurs en campagne et ses contribuables à contribution?

Etudiez donc la question dans ses deux éléments. Tout en constatant la destination que l'Etat donne aux millions votés, ne négligez pas de constater aussi la destination que les contribuables auraient donnée — et ne peuvent plus donner — à ces mêmes millions. Alors, vous comprendrez qu'une entreprise publique est une médaille à deux revers. Sur l'une figure un ouvrier occupé, avec cette devise : *Ce qu'on voit;* sur l'autre, un ouvrier inoccupé, avec cette devise : *Ce qu'on ne voit pas.*

Le sophisme que je combats dans cet écrit est d'autant plus dangereux, appliqué aux travaux publics, qu'il sert à justifier les entreprises et les prodigalités les plus folles. Quand un chemin de fer ou un pont ont une utilité réelle, il suffit d'invoquer cette utilité. Mais si on ne le peut, que fait-on ? On a recours à cette mystification : « Il faut procurer de l'ouvrage aux ouvriers. »

Cela dit, on ordonne de faire et de défaire les terrasses du Champ de Mars. Le grand Napoléon, on le sait, croyait faire œuvre philanthropique en faisant creuser et combler des fossés. Il disait aussi : Qu'importe le résultat? Il ne faut voir que la richesse répandue parmi les classes laborieuses.

Allons au fond des choses. L'argent nous fait illusion. Demander le concours, sous forme d'argent, de tous les citoyens à une œuvre commune, c'est en réalité leur demander un concours en nature ; car chacun d'eux se procure, par le travail, la somme à laquelle il est taxé. Or, que l'on réunisse tous les citoyens pour leur faire exécuter, par prestation, une œuvre utile à tous, cela pourrait se comprendre; leur récompense serait dans les résultats de l'œuvre elle-même. Mais qu'après les avoir convoqués, on les assujettisse à faire des routes où nul ne passera, des palais que nul n'habitera, et cela, sous prétexte de leur procurer du travail : voilà qui serait absurde et ils seraient, certes, fondés à objecter : De ce travail-là nous n'avons que faire ; nous aimons mieux travailler pour notre propre compte.

Le procédé qui consiste à faire concourir les citoyens en argent et non en travail ne change rien à ces résultats généraux. Seulement, par ce dernier procédé, la perte se répartirait sur tout le monde. Par le premier, ceux que l'État occupe échappent à leur part de perte, en l'ajoutant à celle que leurs compatriotes ont déjà à subir.

Il y a un article de la Constitution qui porte :

« La société favorise et encourage le développement du travail... par l'établissement par l'État, les départements et les communes, de travaux publics propres à employer les bras inoccupés. »

Comme mesure temporaire, dans un temps de crise, pendant un hiver rigoureux, cette intervention du contribuable

peut avoir de bons effets. Elle agit dans le même sens que
les assurances. Elle n'ajoute rien au travail ni au salaire,
mais elle prend du travail et des salaires sur les temps ordinaires pour en doter, avec perte il est vrai, des époques
difficiles.

Comme mesure permanente, générale, systématique, ce
n'est autre chose qu'une mystification ruineuse, une impossibilité, une contradiction qui montre un peu de travail stimulé qu'*on voit*, et cache beaucoup de travail empêché
qu'*on ne voit pas*.

VI. Les intermédiaires.

La société est l'ensemble des services que les hommes se
rendent forcément ou volontairement les uns aux autres,
c'est-à-dire des *services publics* et des *services privés*.

Les premiers, imposés et réglementés par la loi, qu'il
n'est pas toujours aisé de changer quand il le faudrait, peuvent survivre longtemps, avec elle, à leur propre utilité, et
conserver encore le nom de *services publics*, même quand
ils ne sont plus des services du tout, même quand ils ne sont
plus que de publiques vexations. Les seconds sont du domaine de la volonté, de la responsabilité individuelle. Chacun en rend et en reçoit ce qu'il veut, ce qu'il peut, après
débat contradictoire. Ils ont toujours pour eux la présomption d'utilité réelle, exactement mesurée par leur valeur
comparative.

C'est pourquoi ceux-là sont si souvent frappés d'immobilisme, tandis que ceux-ci obéissent à la loi du progrès.

Pendant que le développement exagéré des services publics, par la déperdition de forces qu'il entraîne, tend à
constituer au sein de la société un funeste parasitisme, il est
assez singulier que plusieurs sectes modernes, attribuant ce

caractère aux services libres et privés, cherchent à transformer les professions en fonctions.

Ces sectes s'élèvent avec force contre ce qu'elles nomment les *intermédiaires*. Elles supprimeraient volontiers le capitaliste, le banquier, le spéculateur, l'entrepreneur, le marchand et le négociant, les accusant de s'interposer entre la production et la consommation pour les rançonner toutes deux, sans leur rendre aucune valeur. — Ou plutôt elles voudraient transférer à l'État l'œuvre qu'ils accomplissent, car cette œuvre ne saurait être supprimée.

Le sophisme des socialistes sur ce point consiste à montrer au public ce qu'il paye aux *intermédiaires* en échange de leurs services, et à lui cacher ce qu'il faudrait payer à l'État. C'est toujours la lutte entre ce qui frappe les yeux et ce qui ne se montre qu'à l'esprit, entre *ce qu'on voit* et *ce qu'on ne voit pas*.

Ce fut surtout en 1847 et à l'occasion de la disette que les écoles socialistes cherchèrent et réussirent à populariser leur funeste théorie. Elles savaient bien que la plus absurde propagande a toujours quelques chances auprès des hommes qui souffrent; *malesuada fames*.

Donc, à l'aide des grands mots : *Exploitation de l'homme par l'homme, spéculation sur la faim, accaparement*, elles se mirent à dénigrer le commerce et à jeter un voile sur ses bienfaits.

« Pourquoi, disaient-elles, laisser aux négociants le soin de faire venir des subsistances des États-Unis et de la Crimée? Pourquoi l'État, les départements, les communes n'organisent-ils pas un service d'approvisionnement et des magasins de réserve? Ils vendraient au *prix de revient*, et le peuple, le pauvre peuple serait affranchi du tribut qu'il paye au commerce libre, c'est-à-dire égoïste, individualiste et anarchique. »

Le tribut que le peuple paye au commerce, *c'est ce qu'on*

voit. Le tribut que le peuple payerait à l'État ou à ses agents, dans le système socialiste, *c'est ce qu'on ne voit pas.*

En quoi consiste ce prétendu tribut que le peuple paye au commerce? En ceci : que deux hommes se rendent réciproquement service, en toute liberté, sous la pression de la concurrence et à prix débattu.

Quand l'estomac qui a faim est à Paris et que le blé qui peut le satisfaire est à Odessa, la souffrance ne peut cesser que le blé ne se rapproche de l'estomac. Il y a trois moyens pour que ce rapprochement s'opère : 1° Les hommes affamés peuvent aller eux-mêmes chercher le blé ; 2° ils peuvent s'en remettre à ceux qui font ce métier ; 3° ils peuvent se cotiser et charger des fonctionnaires publics de l'opération.

De ces trois moyens, quel est le plus avantageux?

En tout temps, en tout pays, et d'autant plus qu'ils sont plus libres, plus éclairés, plus expérimentés, les hommes ayant *volontairement* choisi le second, j'avoue que cela suffit pour mettre, à mes yeux, la présomption de ce côté. Mon esprit se refuse à admettre que l'humanité en masse se trompe sur un point qui la touche de si près [1].

Examinons cependant.

Que trente-six millions de citoyens partent pour aller chercher à Odessa le blé dont ils ont besoin, cela est évidemment inexécutable. Le premier moyen ne vaut rien. Les consommateurs ne peuvent agir par eux-mêmes, force leur est d'avoir recours à des *intermédiaires*, fonctionnaires ou négociants.

Remarquons cependant que ce premier moyen serait le

---

[1] L'auteur a souvent invoqué la présomption de vérité qui s'attache au *consentement universel* manifesté par la *pratique* de tous les hommes. V. notamment au tome IV, page 79, le chap. XIII des *Sophismes*, puis la page 441 : et, au tome VI, l'appendice au chap. VI, intitulé, *Moralité de la richesse.*   (*Note de l'éditeur.*)

plus naturel. Au fond, c'est à celui qui a faim d'aller chercher son blé. C'est une *peine* qui le regarde; c'est un *service* qu'il se doit à lui-même. Si un autre, à quelque titre que ce soit, lui rend ce *service* et prend cette peine pour lui, cet autre a droit à une compensation. Ce que je dis ici, c'est pour constater que les services des intermédiaires portent en eux le principe de la rémunération.

Quoi qu'il en soit, puisqu'il faut recourir à ce que les socialistes nomment un parasite, quel est, du négociant ou du fonctionnaire, le parasite le moins exigeant?

Le commerce (je le suppose libre, sans quoi comment pourrais-je raisonner?), le commerce, dis-je, est porté, par intérêt, à étudier les saisons, à constater jour par jour l'état des récoltes, à recevoir des informations de tous les points du globe, à prévoir les besoins, à se précautionner d'avance. Il a des navires tout prêts, des correspondants partout, et son intérêt immédiat est d'acheter au meilleur marché possible, d'économiser sur tous les détails de l'opération, et d'atteindre les plus grands résultats avec les moindres efforts. Ce ne sont pas seulement les négociants français, mais les négociants du monde entier qui s'occupent de l'approvisionnement de la France pour le jour du besoin; et si l'intérêt les porte invinciblement à remplir leur tâche aux moindres frais, la concurrence qu'ils se font entre eux les porte non moins invinciblement à faire profiter les consommateurs de toutes les économies réalisées. Le blé arrivé, le commerce a intérêt à le vendre au plus tôt pour éteindre ses risques, réaliser ses fonds et recommencer s'il y a lieu. Dirigé par la comparaison des prix, il distribue les aliments sur toute la surface du pays, en commençant toujours par le point le plus cher, c'est-à-dire où le besoin se fait le plus sentir. Il n'est donc pas possible d'imaginer une *organisation* mieux calculée dans l'intérêt de ceux qui ont faim, et la beauté de cette organisation, inaperçue des socialistes, résulte précisément de ce qu'elle est libre. — A la vérité, le consommateur est obligé de rembourser au commerce ses frais de transports, de transbordements, de magasinage, de commission, etc. ; mais dans quel système ne faut-il pas que celui qui mange le blé rembourse les frais qu'il faut faire pour qu'il soit à sa portée? Il y a de plus à payer la rémunération du *service rendu* : mais, quant à sa quotité, elle est réduite au *minimum* possible par la concurrence; et, quant à sa justice, il serait étrange que les artisans de Paris ne travaillassent pas pour les négociants de Marseille, quand les négociants de Marseille travaillent pour les artisans de Paris.

Que, selon l'invention socialiste, l'État se substitue au commerce, qu'arrivera-t-il? Je prie qu'on me signale où sera, pour le public, l'économie. Sera-t-elle dans le prix d'achat? Mais qu'on se figure les délégués de quarante mille communes arrivant à Odessa à un jour donné et au jour du besoin; qu'on se figure l'effet sur les prix. Sera-t-elle dans les frais? Mais faudra-t-il moins de navires, moins de marins, moins de transbordements, moins de magasinages, ou sera-t-on dispensé de payer toutes ces choses? Sera-t-elle dans le profit des négociants ? Mais est-ce que vos délégués et vos fonctionnaires iront pour rien à Odessa? Est-ce qu'ils voyageront et travailleront sur le principe de la fraternité ? Ne faudra-t-il pas qu'ils vivent? ne faudra-t-il pas que leur temps soit payé? Et croyez-vous que cela ne dépassera pas mille fois les deux ou trois pour cent que gagne le négociant, taux auquel il est prêt à souscrire ?

Et puis, songez à la difficulté de lever tant d'impôts, de répartir tant d'aliments. Songez aux injustices, aux abus inséparables d'une telle entreprise. Songez à la responsabilité qui pèserait sur le gouvernement.

Les socialistes qui ont inventé ces folies, et qui, aux jours de malheur, les soufflent dans l'esprit des masses, se décernent libéralement le titre d'*hommes avancés*, et ce n'est pas sans quelque danger que l'usage, ce tyran des langues, ratifie le mot et le jugement qu'il implique. *Avancés !* ceci suppose que ces messieurs ont la vue plus longue que le vulgaire ; que leur seul tort est d'être trop en avant du siècle ; et que si le temps n'est pas encore venu de supprimer certains services libres, prétendus parasites, la faute en est au public qui est en arrière du socialisme. En mon âme et conscience, c'est le contraire qui est vrai, et je ne sais à quel siècle barbare il faudrait remonter pour trouver, sur ce point, le niveau des connaissances socialistes.

Les sectaires modernes opposent sans cesse l'association à la société actuelle. Ils ne prennent pas garde que la société, sous un régime libre, est une association véritable, bien supérieure à toutes celles qui sortent de leur féconde imagination.

Élucidons ceci par un exemple :

Pour qu'un homme puisse, en se levant, revêtir un habit, il faut qu'une terre ait été close, défrichée, desséchée, labourée, ensemencée d'une certaine sorte de végétaux ; il faut que des troupeaux s'en soient nourris, qu'ils aient donné leur laine, que cette laine ait été filée, tissée, teinte et convertie en drap ; que ce drap ait été coupé, cousu, façonné en vêtement. Et cette série d'opérations en implique une foule d'autres ; car elle suppose l'emploi d'instruments aratoires, de bergeries, d'usines, de houille, de machines, de voitures, etc.

Si la société n'était pas une association très-réelle, celui qui veut un habit serait réduit à travailler dans l'isolement, c'est-à-dire à accomplir lui-même les actes innombrables de cette série, depuis le premier coup de pioche qui le commence jusqu'au dernier coup d'aiguille qui le termine.

Mais, grâce à la sociabilité qui est le caractère distinctif de notre espèce, ces opérations se sont distribuées entre

une multitude de travailleurs, et elles se subdivisent de plus
en plus pour le bien commun, à mesure que, la consommation devenant plus active, un acte spécial peut alimenter
une industrie nouvelle. Vient ensuite la répartition du produit, qui s'opère suivant le contingent de valeur que chacun a apporté à l'œuvre totale. Si ce n'est pas là de l'association, je demande ce que c'est.

Remarquez qu'aucun des travailleurs n'ayant tiré du
néant la moindre particule de matière, ils se sont bornés
à se rendre des services réciproques, à s'entr'aider dans un
but commun, et que tous peuvent être considérés, les uns
à l'égard des autres, comme des *intermédiaires*. Si, par
exemple, dans le cours de l'opération, le transport devient
assez important pour occuper une personne, le filage une
seconde, le tissage une troisième, pourquoi la première serait-elle regardée comme plus *parasite* que les deux autres?
Ne faut-il pas que le transport se fasse? Celui qui le fait n'y
consacre-t-il pas du temps et de la peine? n'en épargne-t-il
pas à ses associés? Ceux-ci font-ils plus ou autre chose que
lui? Ne sont-ils pas tous également soumis pour la rémunération, c'est-à-dire pour le partage du produit, à la loi du
prix débattu? N'est-ce pas, en toute liberté, pour le bien
commun, que cette séparation de travaux s'opère et que
ces arrangements sont pris? Qu'avons-nous donc besoin
qu'un socialiste, sous prétexte d'organisation, vienne despo-
tiquement détruire nos arrangements volontaires, arrêter
la division du travail, substituer les efforts isolés aux efforts associés et faire reculer la civilisation?

L'association, telle que je la décris ici, en est-elle moins
association, parce que chacun y entre et sort librement, y
choisit sa place, juge et stipule pour lui-même sous sa responsabilité, et y apporte le ressort et la garantie de l'intérêt
personnel? Pour qu'elle mérite ce nom, est-il nécessaire
qu'un prétendu réformateur vienne nous imposer sa for-

mule et sa volonté et concentrer, pour ainsi dire, l'humanité en lui-même ?

Plus on examine ces *écoles avancées*, plus on reste convaincu qu'il n'y a qu'une chose au fond : l'ignorance se proclamant infaillible et réclamant le despotisme au nom de cette infaillibilité.

Que le lecteur veuille bien excuser cette digression. Elle n'est peut-être pas inutile au moment où, échappées des livres saint-simoniens, phalanstériens et icariens, les déclamations contre les Intermédiaires envahissent le journalisme et la tribune, et menacent sérieusement la liberté du travail et des transactions.

VII. Restriction.

M. Prohibant (ce n'est pas moi qui l'ai nommé, c'est M. Charles Dupin, qui depuis... mais alors...), M. Prohibant consacrait son temps et ses capitaux à convertir en fer le minerai de ses terres. Comme la nature avait été plus prodigue envers les Belges, ils donnaient le fer aux Français à meilleur marché que M. Prohibant, ce qui signifie que tous les Français, ou la France, pouvaient obtenir une quantité donnée de fer *avec moins de travail*, en l'achetant aux honnêtes Flamands. Aussi, guidés par leur intérêt, ils n'y faisaient faute, et tous les jours on voyait une multitude de cloutiers, forgerons, charrons, mécaniciens, maréchaux-ferrants et laboureurs, aller par eux-mêmes, ou par des intermédiaires, se pourvoir en Belgique. Cela déplut fort à M. Prohibant.

D'abord l'idée lui vint d'arrêter cet abus par ses propres forces. C'était bien le moins, puisque lui seul en souffrait. Je prendrai ma carabine, se dit-il, je mettrai quatre pistolets à ma ceinture, je garnirai ma giberne, je ceindrai ma flamberge, et je me porterai, ainsi équipé, à la frontière.

Là, le premier forgeron, cloutier, maréchal, mécanicien ou serrurier qui se présente pour faire ses affaires et non les miennes, je le tue pour lui apprendre à vivre.

Au moment de partir, M. Prohibant fit quelques réflexions qui tempérèrent un peu son ardeur belliqueuse. Il se dit : D'abord, il n'est pas absolument impossible que les acheteurs de fer, mes compatriotes et ennemis, ne prennent mal la chose, et qu'au lieu de se laisser tuer, ils ne me tuent moi-même. Ensuite, même en faisant marcher tous mes domestiques, nous ne pourrons garder tous les passages. Enfin le procédé me coûtera fort cher, plus cher que ne vaut le résultat.

M. Prohibant allait tristement se résigner à n'être que libre comme tout le monde, quand un trait de lumière vint illuminer son cerveau.

Il se rappela qu'il y a à Paris une grande fabrique de lois. Qu'est-ce qu'une loi ? se dit-il. C'est une mesure à laquelle, une fois décrétée, bonne ou mauvaise, chacun est tenu de se conformer. Pour l'exécution d'icelle, on organise une force publique, et, pour constituer ladite force publique, on puise dans la nation des hommes et de l'argent.

Si donc j'obtenais qu'il sortît de la grande fabrique parisienne une toute petite loi portant : « Le fer belge est prohibé, » j'atteindrais les résultats suivants : le gouvernement ferait remplacer les quelques valets que je voulais envoyer à la frontière par vingt mille fils de mes forgerons, serruriers, cloutiers, maréchaux, artisans, mécaniciens et laboureurs récalcitrants. Puis, pour tenir en bonne disposition de joie et de santé ces vingt mille douaniers, il leur distribuerait vingt-cinq millions de francs pris à ces mêmes forgerons, cloutiers, artisans et laboureurs. La garde en serait mieux faite; elle ne me coûterait rien, je ne serais pas exposé à la brutalité des brocanteurs, je vendrais le fer à mon prix, et je jouirais de la douce récréation de voir notre

grand peuple honteusement mystifié. Cela lui apprendrait
à se proclamer sans cesse le précurseur et le promoteur de
tout progrès en Europe. Oh ! le trait serait piquant et vaut
la peine d'être tenté.

Donc, M. Prohibant se rendit à la fabrique de lois. — Une
autre fois peut-être je raconterai l'histoire de ses sourdes
menées ; aujourd'hui je ne veux parler que de ses démar-
ches ostensibles. — Il fit valoir auprès de MM. les législateurs cette considération :

« Le fer belge se vend en France à dix francs, ce qui me
force de vendre le mien au même prix. J'aimerais mieux
le vendre à quinze et ne le puis, à cause de ce fer belge, que
Dieu maudisse. Fabriquez une loi qui dise : — Le fer belge
n'entrera plus en France. — Aussitôt j'élève mon prix de
cinq francs, et voici les conséquences :

« Pour chaque quintal de fer que je livrerai au public, au
lieu de recevoir dix francs, j'en toucherai quinze, je m'en-
richirai plus vite, je donnerai plus d'étendue à mon exploitation, j'occuperai plus d'ouvriers. Mes ouvriers et moi ferons plus de dépense, au grand avantage de nos fournisseurs
à plusieurs lieues à la ronde. Ceux-ci, ayant plus de débouchés, feront plus de commandes à l'industrie et, de proche
en proche, l'activité gagnera tout le pays. Cette bienheu-
reuse pièce de cent sous, que vous ferez tomber dans mon
coffre-fort, comme une pierre qu'on jette dans un lac, fera
rayonner au loin un nombre infini de cercles concentriques. »

Charmés de ce discours, enchantés d'apprendre qu'il est
si aisé d'augmenter législativement la fortune d'un peuple,
les fabricants de lois votèrent la Restriction. Que parle-t-on
de travail et d'économie ? disaient-ils. A quoi bon ces pénibles moyens d'augmenter la richesse nationale, puisqu'un
Décret y suffit ?

Et en effet, la loi eut toutes les conséquences annoncées
par M. Prohibant ; seulement elle en eut d'autres aussi, car,

rendons-lui justice, il n'avait pas fait un raisonnement *faux*, mais un raisonnement *incomplet*. En réclamant un privilége, il en avait signalé les effets qu'*on voit*, laissant dans l'ombre ceux qu'*on ne voit pas*. Il n'avait montré que deux personnages, quand il y en a trois en scène. C'est à nous de réparer cet oubli involontaire ou prémédité.

Oui, l'écu détourné ainsi législativement vers le coffre-fort de M. Prohibant, constitue un avantage pour lui et pour ceux dont il doit encourager le travail. — Et si le décret avait fait descendre cet écu de la lune, ces bons effets ne seraient contre-balancés par aucuns mauvais effets compensateurs. Malheureusement ce n'est pas de la lune que sort la mystérieuse pièce de cent sous, mais bien de la poche d'un forgeron, cloutier, charron, maréchal, laboureur, constructeur, en un mot, de Jacques Bonhomme, qui la donne aujourd'hui, sans recevoir un milligramme de fer de plus que du temps où il payait dix francs. Au premier coup d'œil, on doit s'apercevoir que ceci change bien la question, car, bien évidemment, le *Profit* de M. Prohibant est compensé par la *Perte* de Jacques Bonhomme, et tout ce que M. Prohibant pourra faire de cet écu pour l'encouragement du travail national, Jacques Bonhomme l'eût fait de même. La pierre n'est jetée sur un point du lac que parce qu'elle a été législativement empêchée d'être jetée sur un autre.

Donc, *ce qu'on ne voit pas* compense *ce qu'on voit*, et jusqu'ici il reste, pour résidu de l'opération, une injustice, et, chose déplorable ! une injustice perpétrée par la loi.

Ce n'est pas tout. J'ai dit qu'on laissait toujours dans l'ombre un troisième personnage. Il faut que je le fasse ici paraître, afin qu'il nous révèle une *seconde perte* de cinq francs. Alors nous aurons le résultat de l'évolution tout entière.

Jacques Bonhomme est possesseur de 15 fr., fruit de ses

sueurs. Nous sommes encore au temps où il est libre. Que fait-il de ses 15 fr. ? Il achète un article de modes pour 10 fr., et c'est avec cet article de modes qu'il paye (ou que l'Intermédiaire paye pour lui) le quintal de fer belge. Il reste encore à Jacques Bonhomme 5 fr. Il ne les jette pas dans la rivière; mais (et c'est *ce qu'on ne voit pas*) il les donne à un industriel quelconque en échange d'une jouissance quelconque, par exemple à un libraire contre le *discours sur l'Histoire universelle* de Bossuet.

Ainsi, en ce qui concerne le *travail national*, il est encouragé dans la mesure de 15 fr., savoir :

10 fr. qui vont à l'article Paris ;

5 fr. qui vont à la librairie.

Et quant à Jacques Bonhomme, il obtient pour ses 15 fr., deux objets de satisfaction, savoir :

1° Un quintal de fer ;

2° Un livre.

Survient le décret.

Que devient la condition de Jacques Bonhomme ? Que devient celle du travail national ?

Jacques Bonhomme livrant ses 15 fr. jusqu'au dernier centime à M. Prohibant, contre un quintal de fer, n'a plus que la jouissance de ce quintal de fer. Il perd la jouissance d'un livre ou de tout autre objet équivalent. Il perd 5 francs. On en convient ; on ne peut pas ne pas en convenir ; on ne peut pas ne pas convenir que, lorsque la restriction hausse le prix des choses, le consommateur perd la différence.

Mais, dit-on, le *travail national* la gagne.

Non, il ne la gagne pas ; car, depuis le décret, il n'est encouragé que comme il l'était avant, dans la mesure de 15 fr.

Seulement, depuis le décret, les 15 fr. de Jacques Bonhomme vont à la métallurgie, tandis qu'avant le décret ils se partageaient entre l'article de modes et la librairie.

La violence qu'exerce par lui-même M. Prohibant à la frontière ou celle qu'il y fait exercer par la loi peuvent être jugées fort différemment, au point de vue moral. Il y a des gens qui pensent que la spoliation perd toute son immoralité pourvu qu'elle soit légale. Quant à moi, je ne saurais imaginer une circonstance plus aggravante. Quoi qu'il en soit, ce qui est certain, c'est que les résultats économiques sont les mêmes.

Tournez la chose comme vous voudrez, mais ayez l'œil sagace et vous verrez qu'il ne sort rien de bon de la spoliation légale ou illégale. Nous ne nions pas qu'il n'en sorte pour M. Prohibant ou son industrie, ou si l'on veut pour le travail national, un profit de 5 fr. Mais nous affirmons qu'il en sort aussi deux pertes, l'une pour Jacques Bonhomme qui paye 15 fr. ce qu'il avait pour 10 ; l'autre pour le travail national qui ne reçoit plus la différence. Choisissez celle de ces deux pertes avec laquelle il vous plaise de compenser le profit que nous avouons. L'autre n'en constituera pas moins une *perte sèche*.

Moralité : Violenter n'est pas produire, c'est détruire. Oh ! si violenter c'était produire, notre France serait plus riche qu'elle n'est.

VIII. Les Machines.

« Malédiction sur les machines ! chaque année leur puissance progressive voue au Paupérisme des millions d'ouvriers, en leur enlevant le travail, avec le travail le salaire, avec le salaire le Pain ! Malédiction sur les machines ! »

Voilà le cri qui s'élève du Préjugé vulgaire et dont l'écho retentit dans les journaux.

Mais maudire les machines, c'est maudire l'esprit humain !

Ce qui me confond, c'est qu'il puisse se rencontrer un homme qui se sente à l'aise dans une telle doctrine [1].

Car enfin, si elle est vraie, quelle en est la conséquence rigoureuse? C'est qu'il n'y a d'activité, de bien-être, de richesses, de bonheur possibles que pour les peuples stupides, frappés d'immobilisme mental, à qui Dieu n'a pas fait le don funeste de penser, d'observer, de combiner, d'inventer, d'obtenir de plus grands résultats avec de moindres moyens. Au contraire, les haillons, les huttes ignobles, la pauvreté, l'inanition sont l'inévitable partage de toute nation qui cherche et trouve dans le fer, le feu, le vent, l'électricité, le magnétisme, les lois de la chimie et de la mécanique, en un mot dans les forces de la nature, un supplément à ses propres forces, et c'est bien le cas de dire avec Rousseau : « Tout homme qui pense est un animal dépravé. »

Ce n'est pas tout : si cette doctrine est vraie, comme tous les hommes pensent et inventent, comme tous, en fait, depuis le premier jusqu'au dernier, et à chaque minute de leur existence, cherchent à faire coopérer les forces naturelles, à faire plus avec moins, à réduire ou leur main-d'œuvre ou celle qu'ils payent, à atteindre la plus grande somme possible de satisfactions avec la moindre somme possible de travail, il faut bien en conclure que l'humanité tout entière est entraînée vers sa décadence, précisément par cette aspiration intelligente vers le progrès qui tourmente chacun de ses membres.

Dès lors il doit être constaté, par la statistique, que les habitants du Lancastre, fuyant cette patrie des machines, vont chercher du travail en Irlande, où elles sont incon-

---

[1] V. au tome IV, pages 86 et 94, les chap. xiv et xviii de la 1re série des *Sophismes*, et, page 538, les réflexions adressées à M. Thiers sur le même sujet ; puis, au présent volume, le chap. xi ci-après.

(*Note de l'éditeur.*)

21.

nues, et, par l'histoire, que la barbarie assombrit les époques de civilisation, et que la civilisation brille dans les
temps d'ignorance et de barbarie.

Évidemment, il y a, dans cet amas de contradictions,
quelque chose. qui choque et nous avertit que le problème
cache un élément de solution qui n'a pas été suffisamment
dégagé.

, Voici tout le mystère : derrière *ce qu'on voit* gît *ce qu'on
ne voit pas*. Je vais essayer de le mettre en lumière. Ma démonstration ne pourra être qu'une répétition de la précédente, car il s'agit d'un problème identique.

C'est un penchant, naturel aux hommes, d'aller, s'ils
n'en sont empêchés par la violence, vers le *bon marché*,
— c'est-à-dire, vers ce qui, à satisfaction égale, leur épargne du travail, — que ce bon marché leur vienne d'un
habile *Producteur étranger* ou d'un habile *Producteur mécanique*.

L'objection théorique qu'on adresse à ce penchant est la
même dans les deux cas. Dans l'un comme dans l'autre, on
lui reproche le travail qu'en apparence il frappe d'inertie.
Or, du travail rendu non *inerte*, mais *disponible*, c'est précisément ce qui le détermine.

. Et c'est pourquoi on lui oppose aussi, dans les deux cas,
le même obstacle pratique, la violence. Le législateur *prohibe* la concurrence étrangère et *interdit* la concurrence
mécanique. — Car quel autre moyen peut-il exister d'arrêter un penchant naturel à tous les hommes que de leur ôter
la liberté ?

Dans beaucoup de pays, il est vrai, le législateur ne
frappe qu'une de ces deux concurrences et se borne à gémir
sur l'autre. Cela ne prouve qu'une chose, c'est que, dans ces
pays, le législateur est inconséquent.

Cela ne doit pas nous surprendre. Dans une fausse voie,
on est toujours inconséquent, sans quoi on tuerait l'huma-

nité. Jamais on n'a vu ni on ne verra un principe faux poussé jusqu'au bout. J'ai dit ailleurs : l'inconséquence est la limite de l'absurdité. J'aurais pu ajouter : elle en est en même temps la preuve.

Venons à notre démonstration ; elle ne sera pas longue.

Jacques Bonhomme avait deux francs qu'il faisait gagner à deux ouvriers.

Mais voici qu'il imagine un arrangement de cordes et de poids qui abrége le travail de moitié.

Donc il obtient la même satisfaction, épargne un franc et congédie un ouvrier.

Il congédie un ouvrier ; *c'est ce qu'on voit.*

Et, ne voyant que cela, on dit : « Voilà comment la misère suit la civilisation, voilà comment la liberté est fatale à l'égalité. L'esprit humain a fait une conquête, et aussitôt un ouvrier est à jamais tombé dans le gouffre du paupérisme. Il se peut cependant que Jacques Bonhomme continue à faire travailler les deux ouvriers, mais il ne leur donnera plus que dix sous à chacun, car ils se feront concurrence entre eux et s'offriront au rabais. C'est ainsi que les riches deviennent toujours plus riches et les pauvres toujours plus pauvres. Il faut refaire la société. »

Belle conclusion, et digne de l'exorde !

Heureusement, exorde et conclusion, tout cela est faux, parce que, derrière la moitié du phénomène qu'*on voit*, il y a l'autre moitié qu'*on ne voit pas.*

On ne voit pas le franc épargné par Jacques Bonhomme et les effets nécessaires de cette épargne.

Puisque, par suite de son invention, Jacques Bonhomme ne dépense plus qu'un franc en main-d'œuvre, à la poursuite d'une satisfaction déterminée, il lui reste un autre franc.

Si donc il y a dans le monde un ouvrier qui offre ses bras inoccupés, il y a aussi dans le monde un capitaliste qui offre son franc inoccupé. Ces deux éléments se rencontrent et se combinent.

Et il est clair comme le jour qu'entre l'offre et la demande du travail, entre l'offre et la demande du salaire, le rapport n'est nullement changé.

L'invention et un ouvrier, payé avec le premier franc, font maintenant l'œuvre qu'accomplissaient auparavant deux ouvriers.

Le second ouvrier, payé avec le second franc, réalise une œuvre nouvelle.

Qu'y a-t-il donc de changé dans le monde? Il y a une satisfaction nationale de plus, en d'autres termes, l'invention est une conquête gratuite, un profit gratuit pour l'humanité.

De la forme que j'ai donnée à ma démonstration, on pourra tirer cette conséquence :

« C'est le capitaliste qui recueille tout le fruit des machines. La classe salariée, si elle n'en souffre que momentanément, n'en profite jamais, puisque, d'après vous-même, elles *déplacent* une portion du travail national sans le *diminuer*, il est vrai, mais aussi sans l'*augmenter*. »

Il n'entre pas dans le plan de cet opuscule de résoudre toutes les objections. Son seul but est de combattre un préjugé vulgaire, très-dangereux et très-répandu. Je voulais prouver qu'une machine nouvelle ne met en disponibilité un certain nombre de bras qu'en mettant aussi, et *forcément*, en disponibilité la rémunération qui les salarie. Ces bras et cette rémunération se combinent pour produire ce qu'il était impossible de produire avant l'invention ; d'où il suit qu'*elle donne pour résultat définitif un accroissement de satisfactions, à travail égal.*

Qui recueille cet excédant de satisfactions?

Qui? c'est d'abord le capitaliste, l'inventeur, le premier qui se sert avec succès de la machine, et c'est là la récompense de son génie et de son audace. Dans ce cas, ainsi que nous venons de le voir, il réalise sur les frais de production une économie, laquelle, de quelque manière qu'elle soit dépensée (et elle l'est toujours), occupe juste autant de bras que la machine en a fait renvoyer.

Mais bientôt la concurrence le force à baisser son prix de vente dans la mesure de cette économie elle-même.

Et alors ce n'est plus l'inventeur qui recueille le bénéfice de l'invention; c'est l'acheteur du produit, le consommateur, le public, y compris les ouvriers, en un mot, c'est l'humanité.

Et *ce qu'on ne voit pas*, c'est que l'Épargne, ainsi procurée à tous les consommateurs, forme un fonds où le salaire puise un aliment, qui remplace celui que la machine a tari.

Ainsi, en reprenant l'exemple ci-dessus, Jacques Bonhomme obtient un produit en dépensant deux francs en salaires.

Grâce à son invention, la main-d'œuvre ne lui coûte plus qu'un franc.

Tant qu'il vend le produit au même prix, il y a un ouvrier de moins occupé à faire ce produit spécial, *c'est ce qu'on voit*; mais il y a un ouvrier de plus occupé par le franc que Jacques Bonhomme a épargné : *c'est ce qu'on ne voit pas*.

Lorsque, par la marche naturelle des choses, Jacques Bonhomme est réduit à baisser d'un franc le prix du produit, alors il ne réalise plus une épargne; alors il ne dispose plus d'un franc pour commander au travail national une production nouvelle. Mais, à cet égard, son acquéreur est mis à sa place, et cet acquéreur, c'est l'humanité. Quiconque achète le produit le paye un franc de moins, épargne un franc, et tient nécessairement cette épargne au service du fonds des salaires : *c'est encore ce qu'on ne voit pas*.

On a donné, de ce problème des machines, une autre solution, fondée sur les faits.

On a dit : la machine réduit les frais de production, et fait baisser le prix du produit. La baisse du produit provoque un accroissement de consommation, laquelle nécessite un accroissement de production, et, en définitive, l'intervention d'autant d'ouvriers ou plus, après l'invention, qu'il en fallait avant. On cite, à l'appui, l'imprimerie, la filature, la presse, etc.

Cette démonstration n'est pas scientifique.

Il faudrait en conclure que, si la consommation du produit spécial dont il s'agit reste stationnaire ou à peu près, la machine nuirait au travail. — Ce qui n'est pas.

Supposons que dans un pays tous les hommes portent des chapeaux. Si, par une machine, on parvient à en réduire le prix de moitié, il ne s'ensuit pas *nécessairement* qu'on en consommera le double.

Dira-t-on, dans ce cas, qu'une portion du travail national a été frappée d'inertie ? Oui, d'après la démonstration vulgaire. Non, selon la mienne ; car, alors que dans ce pays on n'achèterait pas un seul chapeau de plus, le fonds entier des salaires n'en demeurerait pas moins sauf ; ce qui irait de moins à l'industrie chapelière se retrouverait dans l'Économie réalisée par tous les consommateurs, et irait de là salarier tout le travail que la machine a rendu inutile, et provoquer un développement nouveau de toutes les industries.

Et c'est ainsi que les choses se passent. J'ai vu les journaux à 80 fr., ils sont maintenant à 48. C'est une économie de 32 fr. pour les abonnés. Il n'est pas certain ; il n'est pas, du moins, nécessaire que les 32 fr. continuent à prendre la direction de l'industrie du journaliste ; mais ce qui est certain, ce qui est nécessaire, c'est que, s'ils ne prennent cette direction, ils en prennent une autre. L'un s'en sert pour recevoir plus de journaux, l'autre pour se mieux nourrir, un troisième pour se mieux vêtir, un quatrième pour se mieux meubler.

Ainsi les industries sont solidaires. Elles forment un vaste ensemble dont toutes les parties communiquent par des canaux secrets. Ce qui est économisé sur l'une profite à toutes. Ce qui importe, c'est de bien comprendre que jamais, au grand jamais, les économies n'ont lieu aux dépens du travail et des salaires [1].

IX. Crédit.

De tous les temps, mais surtout dans les dernières années, on a songé à universaliser la richesse en universalisant le crédit.

Je ne crois pas exagérer en disant que, depuis la révolution de Février, les presses parisiennes ont vomi plus de dix mille brochures préconisant cette solution du *Problème social*.

Cette solution, hélas ! a pour base une pure illusion d'optique, si tant est qu'une illusion soit une base.

On commence par confondre le numéraire avec les produits, puis on confond le papier-monnaie avec le numéraire, et c'est de ces deux confusions qu'on prétend dégager une réalité......

Il faut absolument, dans cette question, oublier l'argent, la monnaie, les billets et les autres instruments au moyen desquels les produits passent de main en main, pour ne voir que les produits eux-mêmes, qui sont la véritable matière du prêt.

Car, quand un laboureur emprunte cinquante francs pour acheter une charrue, ce n'est pas en réalité cinquante francs qu'on lui prête, c'est la charrue.

Et quand un marchand emprunte vingt mille francs pour

---

[1] V. au tome VI, les chap. III et VIII.   (*Note de l'éditeur.*)

acheter une maison, ce n'est pas vingt mille francs qu'il doit, c'est la maison.

L'argent n'apparaît là que pour faciliter l'arrangement entre plusieurs parties.

Pierre peut n'être pas disposé à prêter sa charrue, et Jacques peut l'être à prêter son argent. Que fait alors Guillaume? Il emprunte l'argent de Jacques et, avec cet argent, il achète la charrue de Pierre.

Mais, en fait, nul n'emprunte de l'argent pour l'argent lui-même. On emprunte l'argent pour arriver aux produits.

Or, dans aucun pays, il ne peut se transmettre d'une main à l'autre plus de produits qu'il n'y en a.

Quelle que soit la somme de numéraire et de papier qui circule, l'ensemble des emprunteurs ne peut recevoir plus de charrues, de maisons, d'outils, d'approvisionnements, de matières premières, que l'ensemble des prêteurs n'en peut fournir.

Car mettons-nous bien dans la tête que tout emprunteur suppose un prêteur, et que tout emprunt implique un prêt.

Cela posé, quel bien peuvent faire les institutions de crédit? c'est de faciliter, entre les emprunteurs et les prêteurs, le moyen de se trouver et de s'entendre. Mais, ce qu'elles ne peuvent faire, c'est d'augmenter instantanément la masse des objets empruntés et prêtés.

Il le faudrait cependant pour que le but des Réformateurs fût atteint, puisqu'ils n'aspirent à rien moins qu'à mettre des charrues, des maisons, des outils, des approvisionnements, des matières premières entre les mains de tous ceux qui en désirent.

Et pour cela qu'imaginent-ils?

Donner au prêt la garantie de l'État.

Approfondissons la matière, car il y a là quelque chose qu'*on voit* et quelque chose qu'*on ne voit pas*. Tâchons de voir les deux choses.

Supposez qu'il n'y ait qu'une charrue dans le monde et que deux laboureurs y prétendent.

Pierre est possesseur de la seule charrue qui soit disponible en France. Jean et Jacques désirent l'emprunter. Jean, par sa probité, par ses propriétés, par sa bonne renommée, offre des garanties. On *croit* en lui; il a du *crédit*. Jacques n'inspire pas de confiance ou en inspire moins. Naturellement il arrive que Pierre prête sa charrue à Jean.

Mais voici que, sous l'inspiration socialiste, l'État intervient et dit à Pierre: Prêtez votre charrue à Jacques, je vous garantis le remboursement, et cette garantie vaut mieux que celle de Jean, car il n'a que lui pour répondre de lui-même, et moi, je n'ai rien, il est vrai, mais je dispose de la fortune de tous les contribuables; c'est avec leurs deniers qu'au besoin je vous payerai le principal et l'intérêt.

En conséquence, Pierre prête sa charrue à Jacques: *c'est ce qu'on voit.*

Et les socialistes se frottent les mains, disant: Voyez comme notre plan a réussi. Grâce à l'intervention de l'État, le pauvre Jacques a une charrue. Il ne sera plus obligé à bêcher la terre; le voilà sur la route de la fortune. C'est un bien pour lui et un profit pour la nation prise en masse.

Eh non! messieurs, ce n'est pas un profit pour la nation, car voici ce qu'*on ne voit pas.*

On ne voit pas que la charrue n'a été à Jacques que parce qu'elle n'a pas été à Jean.

On ne voit pas que, si Jacques laboure au lieu de bêcher, Jean sera réduit à bêcher au lieu de labourer.

Que, par conséquent, ce qu'on considérait comme un *accroissement* de prêt n'est qu'un *déplacement* de prêt.

En outre, *on ne voit pas* que ce déplacement implique deux profondes injustices.

Injustice envers Jean qui, après avoir mérité et conquis le *crédit* par sa probité et son activité, s'en voit dépouillé.

Injustice envers les contribuables, exposés à payer une dette qui ne les regarde pas.

Dira-t-on que le gouvernement offre à Jean les mêmes facilités qu'à Jacques? Mais puisqu'il n'y a qu'une charrue disponible, deux ne peuvent être prêtées. L'argument revient toujours à dire que, grâce à l'intervention de l'État, il se fera plus d'emprunts qu'il ne peut se faire de prêts, car la charrue représente ici la masse des capitaux disponibles.

J'ai réduit, il est vrai, l'opération à son expression la plus simple : mais, éprouvez à la même pierre de touche les institutions gouvernementales de crédit les plus compliquées, vous vous convaincrez qu'elles ne peuvent avoir que ce résultat : *déplacer* le crédit, non l'*accroître*. Dans un pays et dans un temps donné, il n'y a qu'une certaine somme de capitaux en disponibilité et tous se placent. En garantissant des insolvables, l'État peut bien augmenter le nombre des emprunteurs, faire hausser ainsi le taux de l'intérêt (toujours au préjudice du contribuable), mais, ce qu'il ne peut faire, c'est augmenter le nombre des prêteurs et l'importance du total des prêts.

Qu'on ne m'impute point, cependant, une conclusion dont Dieu me préserve. Je dis que la Loi ne doit point favoriser artificiellement les emprunts ; mais je ne dis pas qu'elle doit artificiellement les entraver. S'il se trouve, dans notre régime hypothécaire ou ailleurs, des obstacles à la diffusion et à l'application du crédit, qu'on les fasse disparaître ; rien de mieux, rien de plus juste. Mais c'est là, avec la liberté, tout ce que doivent demander à la Loi des Réformateurs dignes de ce nom [1].

---

[1] V. la fin de la 12ᵉ lettre de *Gratuité du crédit*, page 282 et suiv. du présent volume.   (*Note de l'éditeur.*)

X. L'Algérie.

Mais voici quatre orateurs qui se disputent la tribune. Ils
parlent d'abord tous à la fois, puis l'un après l'autre. Qu'ont-
ils dit? de fort belles choses assurément sur la puissance et
la grandeur de la France, sur la nécessité de semer pour
récolter, sur le brillant avenir de notre gigantesque colonie,
sur l'avantage de déverser au loin le *trop-plein* de notre population, etc., etc.; magnifiques pièces d'éloquence, toujours ornées de cette péroraison :

« Votez cinquante millions (plus ou moins) pour faire en
Algérie des ports et des routes, pour y transporter des co-
lons, leur bâtir des maisons, leur défricher des champs.
Par là vous aurez soulagé le travailleur français, encouragé
le travail africain, et fait fructifier le commerce marseillais.
C'est tout profit. »

Oui, cela est vrai, si l'on ne considère lesdits cinquante
millions qu'à partir du moment où l'Etat les dépense, si l'on
regarde où ils vont, non d'où ils viennent ; si l'on tient
compte seulement du bien qu'ils feront en sortant du coffre
des percepteurs, et non du mal qu'on a produit, non plus
que du bien qu'on a empêché, en les y faisant entrer ; oui,
à ce point de vue borné, tout est profit. La maison bâtie en
Barbarie, c'est *ce qu'on voit* ; le port creusé en Barbarie,
c'est *ce qu'on voit* ; le travail provoqué en Barbarie, c'est *ce
qu'on voit*; quelques bras de moins en France, c'est *ce
qu'on voit* ; un grand mouvement de marchandises à Marseille, *c'est toujours ce qu'on voit.*

Mais il y a autre chose *qu'on ne voit pas.* C'est que les
cinquante millions dépensés par l'Etat ne peuvent plus l'ê-
tre, comme ils l'auraient été, par le contribuable. De tout le
bien attribué à la dépense publique exécutée, il faut donc

déduire tout le mal de la dépense privée empêchée ; — à moins qu'on n'aille jusqu'à dire que Jacques Bonhomme n'aurait rien fait des pièces de cent sous qu'il avait bien gagnées et que l'impôt lui ravit; assertion absurde, car s'il s'est donné la peine de les gagner, c'est qu'il espérait avoir la satisfaction de s'en servir. Il aurait fait relever la clôture de son jardin, et ne le peut plus, *c'est ce qu'on ne voit pas*. Il aurait fait marner son champ et ne le peut plus, *c'est ce qu'on ne voit pas*. Il aurait ajouté un étage à sa chaumière et ne le peut plus, *c'est ce qu'on ne voit pas*. Il aurait augmenté son outillage et ne le peut plus, *c'est ce qu'on ne voit pas*. Il se serait mieux nourri, mieux vêtu, il aurait mieux fait instruire ses fils, il aurait arrondi la dot de sa fille et ne le peut plus, *c'est ce qu'on ne voit pas*. Il se serait mis dans l'association des secours mutuels et ne le peut plus, *c'est ce qu'on ne voit pas*. D'une part, les jouissances qui lui sont ôtées, et les moyens d'action qu'on a détruits dans ses mains, de l'autre, le travail du terrassier, du charpentier, du forgeron, du tailleur, du maître d'école de son village, qu'il eût encouragé et qui se trouve anéanti, *c'est toujours ce qu'on ne voit pas*.

On compte beaucoup sur la prospérité future de l'Algérie ; soit. Mais qu'on compte aussi pour quelque chose le marasme dont, en attendant, on frappe inévitablement la France. On me montre le commerce marseillais ; mais s'il se fait avec le produit de l'impôt, je montrerai toujours un commerce égal anéanti dans le reste du pays. On dit : « Voilà un colon transporté en Barbarie ; c'est un soulagement pour la population qui reste dans le pays. » Je réponds : Comment cela se peut-il, si en transportant ce colon à Alger, on y a transporté aussi deux ou trois fois le capital qui l'aurait fait vivre en France [1] ?

___

[1] M. le ministre de la guerre a affirmé dernièrement que chaque

Le seul but que j'ai en vue, c'est de faire comprendre au lecteur que, dans toute dépense publique, derrière le bien apparent, il y a un mal plus difficile à discerner. Autant qu'il est en moi, je voudrais lui faire prendre l'habitude de voir l'un et l'autre et de tenir compte de tous deux.

Quand une dépense publique est proposée, il faut l'examiner en elle-même, abstraction faite du prétendu encouragement qui en résulte pour le travail, car cet encouragement est une chimère. Ce que fait à cet égard la dépense publique, la dépense privée l'eût fait de même. Donc l'intérêt du travail est toujours hors de cause.

Il n'entre pas dans l'objet de cet écrit d'apprécier le mérite intrinsèque des dépenses publiques appliquées à l'Algérie.

Mais je ne puis retenir une observation générale. C'est que la présomption est toujours défavorable aux dépenses collectives par voie d'impôt. Pourquoi ? Le voici :

D'abord la justice en souffre toujours quelque peu. Puisque Jacques Bonhomme avait sué pour gagner sa pièce de cent sous, en vue d'une satisfaction, il est au moins fâcheux que le fisc intervienne pour enlever à Jacques Bonhomme cette satisfaction et la conférer à un autre. Certes, c'est alors au fisc ou à ceux qui le font agir à donner de bonnes raisons. Nous avons vu que l'État en donne une détestable quand il dit : avec ces cent sous, je ferai travailler des ouvriers, car Jacques Bonhomme (sitôt qu'il n'aura plus la cataracte) ne manquera pas de répondre : « Morbleu ! avec cent sous, je les ferai bien travailler moi-même. »

Cette raison mise de côté, les autres se présentent dans

individu transporté en Algérie a coûté à l'État 8,000 fr. Or, il est positif que les malheureux dont il s'agit auraient très-bien vécu en France sur un capital de 4,000 fr. Je demande en quoi l'on soulage la population française, quand on lui ôte un homme et les moyens d'existence de deux?

toute leur nudité, et le débat entre le fisc et le pauvre Jacques s'en trouve fort simplifié. Que l'Etat lui dise : Je te
prends cent sous pour payer le gendarme qui te dispense
de veiller à ta propre sûreté ; — pour paver la rue que tu tra-
verses tous les jours ; — pour indemniser le magistrat qui fait
respecter ta propriété et ta liberté ; — pour nourrir le soldat
qui défend nos frontières, Jacques Bonhomme paiera sans
mot dire ou je me trompe fort. Mais si l'Etat lui dit : Je te
prends ces cent sous pour te donner un sou de prime, dans le
cas où tu auras bien cultivé ton champ ; — ou pour faire apprendre à ton fils ce que tu ne veux pas qu'il apprenne ; —
ou pour que M. le ministre ajoute un cent unième plat à
son dîner ; — je te les prends pour bâtir une chaumière en
Algérie, sauf à te prendre cent sous de plus tous les ans
pour y entretenir un colon ; et autres cent sous pour entretenir un soldat qui garde le colon ; et autres cent sous pour
entretenir un général qui garde le soldat, etc., etc., il me
semble entendre le pauvre Jacques s'écrier : « Ce régime
légal ressemble fort au régime de la forêt de Bondy ! » Et
comme l'Etat prévoit l'objection, que fait-il ? Il brouille
toutes choses ; il fait apparaître justement cette raison détestable qui devrait être sans influence sur la question ; il
parle de l'effet des cent sous sur le travail ; il montre le
cuisinier et le fournisseur du ministre ; il montre un colon,
un soldat, un général, vivant sur les cinq francs ; il montre
enfin, *ce qu'on voit*, et tant que Jacques Bonhomme n'aura
pas appris à mettre en regard *ce qu'on ne voit pas*, Jacques
Bonhomme sera dupe. C'est pourquoi je m'efforce de le lui
enseigner à grands coups de répétitions.

De ce que les dépenses publiques déplacent le travail
sans l'accroître, il en résulte contre elles une seconde et
grave présomption. Déplacer le travail, c'est déplacer les
travailleurs, c'est troubler les lois naturelles qui président à
la distribution de la population sur le territoire. Quand

50 millions sont laissés au contribuable, comme le contribuable est partout, ils alimentent du travail dans les quarante mille communes de France ; ils agissent dans le sens d'un lien qui retient chacun sur sa terre natale ; ils se répartissent sur tous les travailleurs possibles et sur toutes les industries imaginables. Que si l'État, soutirant ces 50 millions aux citoyens, les accumule et les dépense sur un point donné, il attire sur ce point une quantité proportionnelle de travail déplacé, un nombre correspondant de travailleurs dépaysés, population flottante, déclassée, et j'ose dire dangereuse quand le fonds est épuisé ! — Mais il arrive ceci (et je rentre par là dans mon sujet) : cette activité fiévreuse, et pour ainsi dire soufflée sur un étroit espace, frappe tous les regards, *c'est ce qu'on voit* ; le peuple applaudit, s'émerveille sur la beauté et la facilité du procédé, en réclame le renouvellement et l'extension. *Ce qu'il ne voit pas*, c'est qu'une quantité égale de travail, probablement plus judicieux, a été frappée d'inertie dans tout le reste de la France.

XI. Épargné et Luxe.

Ce n'est pas seulement en matière de dépenses publiques que *ce qu'on voit* éclipse *ce qu'on ne voit pas.* En laissant dans l'ombre la moitié de l'économie politique, ce phénomène induit à une fausse morale. Il porte les nations à considérer comme antagoniques leurs intérêts moraux et leurs intérêts matériels. Quoi de plus décourageant et de plus triste ! Voyez :

Il n'y a pas de père de famille qui ne se fasse un devoir d'enseigner à ses enfants l'ordre, l'arrangement, l'esprit de conservation, l'économie, la modération dans les dépenses.

Il n'y a pas de religion qui ne tonne contre le faste et le luxe. C'est fort bien ; mais, d'un autre côté, quoi de plus populaire que ces sentences :

« Thésauriser, c'est dessécher les veines du peuple. »

« Le Luxe des grands fait l'aisance des petits.

« Les prodigues se ruinent, mais ils enrichissent l'État. »

« C'est sur le superflu du riche que germe le pain du pauvre. »

Voilà, certes, entre l'idée morale et l'idée sociale, une flagrante contradiction. Que d'esprits éminents, après avoir constaté le conflit, reposent en paix ! C'est ce que je n'ai jamais pu comprendre; car il me semble qu'on ne peut rien éprouver de plus douloureux que d'apercevoir deux tendances opposées dans l'humanité. Quoi ! elle arrive à la dégradation par l'une comme par l'autre extrémité ! économe, elle tombe dans la misère; prodigue, elle s'abîme dans la déchéance morale !

Heureusement que les maximes vulgaires montrent sous un faux jour l'Épargne et le Luxe, ne tenant compte que de ces conséquences immédiates *qu'on voit*, et non des effets ultérieurs *qu'on ne voit pas*. Essayons de rectifier cette vue incomplète.

Mondor et son frère Ariste, ayant partagé l'héritage paternel, ont chacun cinquante mille francs de rente. Mondor pratique la philanthropie à la mode. C'est ce qu'on nomme un bourreau d'argent. Il renouvelle son mobilier plusieurs fois par an, change ses équipages tous les mois ; on cite les ingénieux procédés auxquels il a recours pour en avoir plus tôt fini : bref, il fait pâlir les viveurs de Balzac et d'Alexandre Dumas.

Aussi, il faut entendre le concert d'éloges qui toujours l'environne ! « Parlez-nous de Mondor ! vive Mondor ! C'est le bienfaiteur de l'ouvrier ; c'est la providence du peuple. A la vérité, il se vautre dans l'orgie, il éclabousse les passants ; sa dignité et la dignité humaine en souffrent quelque peu... Mais, bah ! s'il ne se rend pas utile par lui-même, il se rend utile par sa fortune. Il fait circuler l'argent ; sa cour ne désemplit pas de fournisseurs qui se retirent toujours satisfaits. Ne dit-on pas que si l'or est rond, c'est pour qu'il roule ! »

Ariste a adopté un plan de vie bien différent. S'il n'est pas un égoïste, il est au moins un *individualiste*, car il raisonne ses dépenses, ne recherche que des jouissances modérées et raisonnables, songe à l'avenir de ses enfants, et, pour lâcher le mot, il *économise*.

Et il faut entendre ce que dit de lui le vulgaire !

« A quoi est bon ce mauvais riche, ce fesse-matthieu? Sans doute il y a quelque chose d'imposant et de touchant dans la simplicité de sa vie; il est d'ailleurs humain, bienfaisant, généreux, mais il *calcule*. Il ne mange pas tous ses revenus. Son hôtel n'est pas sans cesse resplendissant et tourbillonnant. Quelle reconnaissance s'acquiert-il parmi les tapissiers, les carrossiers, les maquignons et les confiseurs ? »

Ces jugements, funestes à la morale, sont fondés sur ce qu'il y a une chose qui frappe les yeux : la dépense du prodigue ; et une autre qui s'y dérobe : la dépense égale et même supérieure de l'économe.

Mais les choses ont été si admirablement arrangées par le divin inventeur de l'ordre social, qu'en ceci, comme en tout, l'Economie politique et la Morale, loin de se heurter, concordent, et que la sagesse d'Ariste est, non-seulement plus digne, mais encore plus *profitable* que la folie de Mondor.

Et quand je dis plus profitable, je n'entends pas dire seulement profitable à Ariste, ou même à la société en général, mais plus profitable aux ouvriers actuels, à l'industrie du jour.

Pour le prouver, il suffit de mettre sous l'œil de l'esprit ces conséquences cachées des actions humaines que l'œil du corps ne voit pas.

Oui, la prodigalité de Mondor a des effets visibles à tous

les regards : chacun peut voir ses berlines, ses landaws, ses phaétons, les mignardes peintures, de ses plafonds, ses riches tapis, l'éclat qui jaillit de son hôtel. Chacun sait que ses *purs-sangs* courent sur le turf. Les diners qu'il donne à l'hôtel de Paris arrêtent la foule sur le boulevard, et l'on se dit : Voilà un brave homme, qui, loin de rien réserver de ses revenus, ébrèche probablement son capital. — *C'est ce qu'on voit.*

Il n'est pas aussi aisé de voir, au point de vue de l'intérêt des travailleurs, ce que deviennent les revenus d'Ariste. Suivons-les à la trace, cependant, et nous nous assurerons que tous, *jusqu'à la dernière obole*, vont faire travailler des ouvriers, aussi certainement que les revenus de Mondor. Il n'y a que cette différence : La folle dépense de Mondor est condamnée à décroître sans cesse et à rencontrer un terme nécessaire ; la sage dépense d'Ariste ira grossissant d'année en année.

Et s'il en est ainsi, certes, l'intérêt public se trouve d'accord avec la morale.

Ariste dépense, pour lui et sa maison, vingt mille francs par an. Si cela ne suffisait pas à son bonheur, il ne mériterait pas le nom de sage. — Il est touché des maux qui pèsent sur les classes pauvres ; il se croit, en conscience, tenu d'y apporter quelque soulagement et consacre dix mille francs à des actes de bienfaisance. — Parmi les négociants, les fabricants, les agriculteurs, il a des amis momentanément gênés. Il s'informe de leur situation, afin de leur venir en aide avec prudence et efficacité, et destine à cette œuvre encore dix mille francs. — Enfin, il n'oublie pas qu'il a des filles à doter, des fils auxquels il doit assurer un avenir, et, en conséquence, il s'impose le devoir d'épargner et placer tous les ans dix mille francs.

Voici donc l'emploi de ses revenus.

1° Dépenses personnelles.................   20,000 fr.
2° Bienfaisance   10,000
3° Services d'amitié...................   10,000
4° Épargne..........................   10,000

Reprenons chacun de ces chapitres, et nous verrons qu'une seule obole n'échappe pas au travail national.

1° Dépense personnelle. Celle-ci, quant aux ouvriers et fournisseurs, a des effets absolument identiques à une dépense égale faite par Mondor. Cela est évident de soi ; n'en parlons plus.

2° Bienfaisance. Les dix mille francs consacrés à cette destination vont également alimenter l'industrie ; ils parviennent au boulanger, au boucher, au marchand d'habits et de meubles. Seulement le pain, la viande, les vêtements ne servent pas directement à Ariste, mais à ceux qu'il s'est substitués. Or, cette simple substitution d'un consommateur à un autre n'affecte en rien l'industrie générale. Qu'Ariste dépense cent sous ou qu'il prie un malheureux de les dépenser à sa place, c'est tout un.

3° Services d'amitié. L'ami à qui Ariste prête ou donne dix mille francs ne les reçoit pas pour les enfouir ; cela répugne à l'hypothèse. Il s'en sert pour payer des marchandises ou des dettes. Dans le premier cas, l'industrie est encouragée. Osera-t-on dire qu'elle ait plus à gagner à l'achat par Mondor d'un *pur-sang* de dix mille francs qu'à l'achat par Ariste ou son ami de dix mille francs d'étoffes ? Que si cette somme sert à payer une dette, tout ce qui en résulte, c'est qu'il apparaît un troisième personnage, le créancier, qui touchera les dix mille francs, mais qui certes les emploiera à quelque chose dans son commerce, son usine ou son exploitation. C'est un intermédiaire de plus entre Ariste et les ouvriers. Les noms propres changent, la dépense reste, et l'encouragement à l'industrie aussi.

4° Épargne. Restent les dix mille francs *épargnés* ; — et

c'est ici qu'au point de vue de l'encouragement aux arts, à l'industrie, au travail, aux ouvriers, Mondor paraît très-supérieur à Ariste, encore que, sous le rapport moral, Ariste se montre quelque peu supérieur à Mondor.

Ce n'est jamais sans un malaise physique, qui va jusqu'à la souffrance, que je vois l'apparence de telles contradictions entre les grandes lois de la nature. Si l'humanité était réduite à opter entre deux partis, dont l'un blesse ses intérêts et l'autre sa conscience, il ne nous resterait qu'à désespérer de son avenir. Heureusement il n'en est pas ainsi [1]. — Et, pour voir Ariste reprendre sa supériorité économique, aussi bien que sa supériorité morale, il suffit de comprendre ce consolant axiome, qui n'en est pas moins vrai, pour avoir une physionomie paradoxale : *Épargner, c'est dépenser.*

Quel est le but d'Ariste, en économisant dix mille francs? Est-ce d'enfouir deux mille pièces de cent sous dans une cachette de son jardin? Non certes, il entend grossir son capital et son revenu. En conséquence, cet argent qu'il n'emploie pas à acheter des satisfactions personnelles, il s'en sert pour acheter des terres, une maison, des rentes sur l'État, des actions industrielles, ou bien il le place chez un négociant ou un banquier. Suivez les écus dans toutes ces hypothèses, et vous vous convaincrez que, par l'intermédiaire des vendeurs ou emprunteurs, ils vont alimenter du travail tout aussi sûrement que si Ariste, à l'exemple de son frère, les eût échangés contre des meubles, des bijoux, et des chevaux.

Car, lorsque Ariste achète pour 10,000 fr. de terres ou de rentes, il est déterminé par la considération qu'il n'a pas besoin de dépenser cette somme, puisque c'est ce dont vous lui faites un grief.

Mais, de même, celui qui lui vend la terre ou la rente

---

[1] V. la note de la page 369.   (*Note de l'éditeur.*)

est déterminé par cette considération qu'il a besoin de dépenser les dix mille francs d'une manière quelconque.

De telle sorte que la dépense se fait, dans tous les cas, ou par Ariste ou par ceux qui se substituent à lui.

Au point de vue de la classe ouvrière, de l'encouragement au travail, il n'y a donc, entre la conduite d'Ariste et celle de Mondor, qu'une différence. La dépense de Mondor étant directement accomplie par lui, et autour de lui, *on la voit.* Celle d'Ariste s'exécutant en partie par des intermédiaires et au loin, *on ne la voit pas.* Mais, au fait, et pour qui sait rattacher les effets aux causes, celle qu'on ne voit pas est aussi certaine que celle qu'on voit. Ce qui le prouve, c'est que dans les deux cas les écus *circulent,* et qu'il n'en reste pas plus dans le coffre-fort du sage que dans celui du dissipateur.

Il est donc faux de dire que l'Epargne fait un tort actuel à l'industrie. Sous ce rapport, elle est tout aussi bienfaisante que le Luxe.

Mais combien ne lui est-elle pas supérieure, si la pensée, au lieu de se renfermer dans l'heure qui fuit, embrasse une longue période!

Dix ans se sont écoulés. Que sont devenus Mondor et sa fortune, et sa grande popularité? Tout cela est évanoui, Mondor est ruiné; loin de répandre soixante mille francs, tous les ans, dans le corps social, il lui est peut-être à charge. En tout cas, il ne fait plus la joie de ses fournisseurs, il ne compte plus comme promoteur des arts et de l'industrie, il n'est plus bon à rien pour les ouvriers, non plus que sa race, qu'il laisse dans la détresse.

Au bout des mêmes dix ans, non-seulement Ariste continue à jeter tous ses revenus dans la circulation, mais il y jette des revenus croissants d'année en année. Il grossit le capital national, c'est-à-dire le fonds qui alimente le salaire, et comme c'est de l'importance de ce fonds que dépend la demande des bras, il contribue à accroître progressivement la rémunération de la classe ouvrière. Vient-il à mourir, il laisse des enfants qu'il a mis à même de le remplacer dans cette œuvre de progrès et de civilisation.

Sous le rapport moral, la Supériorité de l'Épargne sur le Luxe est incontestable. Il est consolant de penser qu'il en est de même, sous le rapport économique, pour quiconque, ne s'arrêtant pas aux effets immédiats des phénomènes, sait pousser ses investigations jusqu'à leurs effets définitifs.

XII. Droit au Travail, Droit au Profit.

« Frères, cotisez-vous pour me fournir de l'ouvrage à votre prix. » C'est le Droit au travail, le Socialisme élémentaire ou de premier degré.

« Frères, cotisez-vous pour me fournir de l'ouvrage à mon prix. » C'est le Droit au profit, le Socialisme raffiné ou de second degré.

L'un et l'autre vivent par ceux de leurs effets qu'*on voit*. Ils mourront par ceux de leurs effets qu'*on ne voit pas*.

Ce qu'on voit, c'est le travail et le profit excités par la cotisation sociale. *Ce qu'on ne voit pas*, ce sont les travaux et les profits auxquels donnerait lieu cette même cotisation si on la laissait aux contribuables.

En 1848, le Droit au travail se montra un moment sous deux faces. Cela suffit pour le ruiner dans l'opinion publique.

L'une de ces faces s'appelait : *Atelier national*. -

L'autre : *Quarante-cinq centimes*.

Des millions allaient tous les jours de la rue de Rivoli aux ateliers nationaux. C'est le beau côté de la médaille.

Mais en voici le revers. Pour que des millions sortent d'une caisse, il faut qu'ils y soient entrés. C'est pourquoi les organisateurs du Droit au travail s'adressèrent aux contribuables.

Or, les paysans disaient : Il faut que je paie 45 centimes. Donc, je me priverai d'un vêtement, je ne marnerai pas mon champ, je ne réparerai pas ma maison.

Et les ouvriers des campagnes disaient : Puisque notre bourgeois se prive d'un vêtement, il y aura moins de travail pour le tailleur ; puisqu'il ne marne pas son champ, il y aura moins de travail pour le terrassier ; puisqu'il ne fait pas réparer sa maison, il y aura moins de travail pour le charpentier et le maçon.

Il fut alors prouvé qu'on ne tire pas d'un sac deux moutures, et que le travail soldé par le gouvernement se fait aux dépens du travail payé par le contribuable. Ce fut là la mort du Droit au travail, qui apparut comme une chimère, autant que comme une injustice.

Et cependant, le droit au profit, qui n'est que l'exagération du Droit au travail, vit encore et se porte à merveille.

N'y a-t-il pas quelque chose de honteux dans le rôle que le protectioniste fait jouer à la société?

Il lui dit :

Il faut que tu me donnes du travail, et, qui plus est, du travail lucratif. J'ai sottement choisi une industrie qui me laisse dix pour cent de perte. Si tu frappes une contribution de vingt francs sur mes compatriotes et si tu me la livres, ma perte se convertira en profit. Or, le profit est un Droit ; tu me le dois.

La société qui écoute ce sophiste, qui se charge d'impôts pour le satisfaire, qui ne s'aperçoit pas que la perte essuyée par une industrie n'en est pas moins une perte, parce qu'on force les autres à la combler, cette société, dis-je, mérite le fardeau qu'on lui inflige.

Ainsi, on le voit par les nombreux sujets que j'ai parcourus : Ne pas savoir l'Économie politique, c'est se laisser éblouir par l'effet immédiat d'un phénomène; la savoir, c'est embrasser dans sa pensée et dans sa prévision l'ensemble des effets [1].

Je pourrais soumettre ici une foule d'autres questions à la même épreuve. Mais je recule devant la monotonie d'une démonstration toujours uniforme, et je termine, en appliquant à l'Economie politique ce que Chateaubriand dit de l'Histoire.

« Il y a, dit-il, deux conséquences en histoire : l'une immédiate et qui est à l'instant connue, l'autre éloignée et « qu'on n'aperçoit pas d'abord. Ces conséquences souvent « se contredisent; les unes viennent de notre courte sa- « gesse, les autres de la sagesse perdurable. L'événement « providentiel apparaît après l'événement humain. Dieu se « lève derrière les hommes. Niez tant qu'il vous plaira le « suprême conseil, ne consentez pas à son action, disputez « sur les mots, appelez force des choses ou raison ce que « le vulgaire appelle Providence; mais regardez à la fin « d'un fait accompli, et vous verrez qu'il a toujours pro- « duit le contraire de ce qu'on en attendait, quand il n'a « point été établi d'abord sur la morale et la justice. »

(CHATEAUBRIAND. *Mémoires d'outre tombe.*)

---

[1] Si toutes les conséquences d'une action retombaient sur son auteur, notre éducation serait prompte. Mais il n'en est pas ainsi. Quelquefois les bonnes conséquences visibles sont pour nous, et les mauvaises conséquences invisibles sont pour autrui, ce qui nous les rend plus invisibles encore. Il faut alors attendre que la réaction vienne de ceux qui ont à supporter les mauvaises conséquences de l'acte. C'est quelquefois fort long, et voici ce qui prolonge le règne de l'erreur.

Un homme fait un acte qui produit de bonnes conséquences égales à 10, à son profit, et de mauvaises conséquences égales à 15, réparties sur 30 de ses semblables, de manière qu'il n'en retombe sur chacun d'eux que 1/2. — Au total, il y a perte et la réaction doit nécessairement arriver. On conçoit cependant qu'elle se fasse d'autant plus attendre que le mal sera plus disséminé dans la masse et le bien plus concentré sur un point.   (*Ébauche inédite de l'auteur.*)

ABONDANCE [1].

C'est une vaste et noble science, en tant qu'exposition, que l'économie politique. Elle scrute les ressorts du mécanisme social et les fonctions de chacun des organes qui constituent ces corps vivants et merveilleux, qu'on nomme des sociétés humaines. Elle étudie les lois générales selon lesquelles le genre humain est appelé à croître en nombre, en richesse, en intelligence, en moralité. Et néanmoins, reconnaissant un libre arbitre social comme un libre arbitre personnel, elle dit comment les lois providentielles peuvent être méconnues ou violées; quelle responsabilité terrible naît de ces expérimentations fatales, et comment la civilisation peut se trouver ainsi arrêtée, retardée, refoulée et pour longtemps étouffée.

Qui le croirait? Cette science si vaste et si élevée, comme exposition, en est presque réduite, en tant que controverse, et dans sa partie polémique, à l'ingrate tâche de démontrer cette proposition, qui semble puérile à force d'être claire : « L'abondance vaut mieux que la disette. »

Car, qu'on y regarde de près, et l'on se convaincra que la plupart des objections et des doutes qu'on oppose à l'éco-

[1] Article destiné au *Dictionnaire de l'Économie politique*. Il fut écrit peu de jours avant le départ de l'auteur pour l'Italie, — d'où il ne devait pas revenir!... (*Note de l'éditeur.*)

nomie politique impliquent ce principe : « La disette vaut mieux que l'abondance. »

C'est ce qu'expriment ces locutions si populaires :

« La production surabonde. »

« Nous périssons de pléthore. »

« Tous les marchés sont engorgés et toutes les carrières encombrées. »

« La faculté de consommer ne peut plus suivre la faculté de produire. »

Voici un détracteur des machines. Il déplore que les miracles du génie de l'homme étendent indéfiniment sa puissance de produire. Que redoute-t-il? L'abondance.

Voici un protectioniste. Il gémit de la libéralité de la nature envers d'autres climats. Il craint que la France n'y participe par l'échange et ne veut pas qu'elle soit libre, parce que, si elle l'était, elle ne manquerait pas d'attirer sur elle-même le fléau de l'*invasion* et de l'*inondation*... Que redoute-t-il? L'abondance.

Voici un homme d'État. Il s'effraie de tous les moyens de satisfaction que le travail accumule dans le pays, et croyant apercevoir, dans les profondeurs de l'avenir, le fantôme d'un bien-être révolutionnaire et d'une égalité séditieuse, il imagine de lourds impôts, de vastes armées, des dissipations de produits sur une grande échelle, de grandes existences, une puissante aristocratie artificielle chargée de remédier, par son luxe et son faste, à l'insolent excès de fécondité de l'industrie humaine. Que redoute-t-il? L'abondance.

Enfin, voici un logicien qui, dédaignant les voies tortueuses et allant droit au but, conseille de brûler périodiquement Paris, pour offrir au travail l'occasion et l'avantage de le reconstruire. Que redoute-t-il? L'abondance.

Comment de telles idées ont-elles pu se former, et, il faut bien le dire, prévaloir quelquefois, non point sans doute dans la pratique personnelle des hommes, mais dans leurs théories et leurs législations? Car s'il est une assertion qui semble porter sa preuve en elle-même, c'est bien celle-ci : « En fait de choses utiles, il vaut mieux avoir que manquer. » Et s'il est incontestable que l'abondance est un fléau, quand elle porte sur des objets malfaisants, destructifs, importuns comme les sauterelles, les chenilles, la vermine, les vices, les miasmes délétères, il ne peut pas être moins vrai qu'elle est un bienfait, quand il s'agit de ces choses qui apaisent des besoins, procurent des satisfactions, — de ces objets que l'homme recherche, poursuit au prix de ses sueurs, qu'il consent à acheter par le travail ou par l'échange, qui ont de la valeur, tels que les aliments, les vêtements, les logements, les œuvres d'art, les moyens de locomotion, de communication, d'instruction, de diversion, en un mot tout ce dont s'occupe l'économie politique.

Si l'on veut comparer la civilisation de deux peuples ou de deux siècles, est-ce qu'on ne demande pas à la statistique lequel des deux présente, proportionnellement à la population, plus de moyens d'existence, plus de productions agricoles, industrielles ou artistiques, plus de routes, de canaux, de bibliothèques et de musées? Est-ce qu'on ne décide pas, si je puis m'exprimer ainsi, par l'activité comparée des consommations, c'est-à-dire par l'*abondance*?

On dira peut-être, qu'il ne suffit pas que les produits *abondent;* qu'il faut encore qu'ils soient équitablement répartis. Rien n'est plus vrai. Mais ne confondons pas les questions. Quand nous défendons l'abondance, quand nos adversaires la décrient, les uns et les autres nous sous-entendons ces mots : *cæteris paribus,* toutes choses égales d'ailleurs, l'équité dans la répartition étant supposée la même.

Et puis remarquez que l'abondance est par elle-même une cause de bonne répartition. Plus une chose abonde,

moins elle a de valeur; moins elle a de valeur, plus elle
est à la portée de tous, plus les hommes sont égaux devant elle. Nous sommes tous égaux devant l'air, parce
qu'il est, relativement à nos besoins et à nos désirs, d'une
abondance inépuisable. Nous sommes un peu moins égaux
devant l'eau, parce qu'étant moins abondante elle commence à coûter; moins encore devant le blé, devant les
fruits délicats, devant les primeurs, devant les *raretés*,
l'exclusion se faisant toujours en raison inverse de
l'ABONDANCE.

Nous ajouterons, pour répondre aux scrupules sentimentalistes de notre époque, que l'abondance n'est pas
seulement un bien matériel. Les besoins se développent,
au sein de l'humanité, dans un certain ordre; ils ne sont
pas tous également impérieux, et l'on peut même remarquer que leur ordre de priorité n'est pas leur ordre de
dignité. Les besoins les plus grossiers veulent être satisfaits
les premiers, parce qu'à cette satisfaction tient la vie, et que,
quoi qu'en disent les déclamateurs, avant de vivre digne-
ment, il faut vivre. *Primò vivere, deindè philosophare.*

Il suit de là que c'est l'abondance des choses propres
à répondre aux nécessités les plus vulgaires, qui permet
à l'humanité de spiritualiser de plus en plus ses jouissances, de s'élever dans la région du Vrai et du Beau.
Elle ne peut consacrer au perfectionnement de la forme,
au culte de l'art, aux investigations de la pensée que le
temps et les forces qui, en vertu du progrès, cessent d'être
absorbés par les exigences de la vie animale. L'abondance,
fruit de longs travaux et de patientes économies, ne peut
être instantanément universelle, dès l'origine des sociétés.
Elle ne peut se faire en même temps sur toute la ligne
des productions possibles. Elle suit un ordre successif,
passant du matériel au spirituel. Malheureux les peuples,
quand des impulsions extérieures, comme celles des gou-

vernements, s'efforcent d'intervertir cet ordre, substituent
à des désirs grossiers mais impérieux d'autres désirs plus
élevés mais prématurés, changent la direction naturelle
du travail et rompent cet équilibre des besoins et des
satisfactions, d'où naissent les garanties de la stabilité
sociale.

Au reste, si l'abondance était un fléau, cela serait aussi
malheureux qu'étrange, car, quelque facile que soit le remède (s'abstenir de produire et détruire, quoi de plus aisé?),
jamais on n'y déterminera l'individualité. On a beau déclamer contre l'abondance, la surabondance, la pléthore, l'en-
combrement, on a beau faire la théorie de la disette, lui
donner l'appui des lois, proscrire les machines, gêner, entraver, contrarier les échanges, cela n'empêche personne,
pas même les coryphées de ces systèmes, de travailler à
réaliser l'abondance. Sur toute la surface du globe, on ne
rencontrerait pas un seul homme dont la pratique ne proteste contre ces vaines théories. On n'en rencontrerait pas
un qui ne cherche à tirer le meilleur parti possible de ses
forces, à les ménager, à les économiser, à en augmenter le
résultat par la coopération des forces naturelles; on n'en
trouverait pas un, même parmi ceux qui déclament le plus
contre la liberté des transactions, qui ne se conduise sur ce
principe (tout en voulant l'interdire aux autres) : vendre le
plus cher et acheter au meilleur marché possible ; — de
telle sorte que la théorie de la disette qui prévaut dans les
livres, dans les journaux, dans les conversations, dans les
parlements, et, par là, dans les lois, est réfutée et démentie
par la manière d'agir de toutes les individualités, sans aucune exception, qui composent le genre humain, ce qui est
certes la plus péremptoire réfutation qu'il soit possible
d'imaginer.

Mais en face de ce problème : l'abondance vaut-elle
mieux que la disette, d'où vient que tous les hommes, après

V. 23

s'être virtuellement prononcés pour l'abondance, par leur manière d'agir, de travailler et d'échanger, se constituent théoriquement les défenseurs de la disette, jusque-là qu'ils forment dans ce sens l'opinion publique et en font jaillir toutes sortes de lois restrictives et compressives ?

C'est ce qu'il nous reste à expliquer.

Au fond, ce à quoi nous aspirons tous, c'est que chacun de nos efforts réalise pour nous la plus grande somme possible de bien-être. Si nous n'étions pas sociables, si nous vivions dans l'isolement, nous ne connaîtrions, pour atteindre ce but, qu'une règle : *travailler plus et mieux*, règle qui implique l'abondance progressive.

Mais, à cause de l'Échange et de la séparation des occupations, qui en est la suite, ce n'est pas immédiatement à nous-mêmes, c'est à autrui que nous consacrons notre travail, nos efforts, nos produits, nos services. Dès lors, sans perdre de vue la règle : *produire plus*, nous en avons une autre toujours plus actuellement présente à notre esprit : *produire plus de valeur*. Car c'est de là que dépend la quantité de services que nous avons à recevoir en retour des nôtres.

Or, *créer plus de produits*, ou *créer plus de valeur*, ce n'est pas la même chose. Il est bien clair que si, par force ou par ruse, nous parvenions à raréfier beaucoup le service spécial ou le produit qui font l'objet de notre profession, nous nous enrichirions sans augmenter ni perfectionner notre travail. Si un cordonnier, par exemple, pouvait, par un acte de sa volonté, faire évaporer tous les souliers du monde, excepté ceux de sa boutique, ou frapper de paralysie quiconque sait manœuvrer le tranchet et le tire-pied, il deviendrait un Crésus; son sort s'améliorerait, non point avec le sort général de l'humanité, mais en raison inverse de la destinée universelle.

Voilà tout le secret! — et tout l'odieux — de la théorie

de la disette, telle qu'elle se manifeste dans les restrictions, les monopoles et les priviléges. Elle ne fait que traduire et voiler, par un commentaire scientifique, ce sentiment égoïste que nous portons tous au fond du cœur : les concurrents m'importunent.

Quand nous apportons un produit sur le marché, deux circonstances sont également de nature à en surhausser la valeur : la première, c'est qu'il y rencontre une très-grande abondance des choses contre lesquelles il peut s'échanger, c'est-à-dire de tout; la seconde, c'est qu'il y rencontre une très-grande rareté de ses similaires.

Or, ni par nous-mêmes, ni par l'intermédiaire des lois et de la force publique, nous ne pouvons rien sur la première de ces circonstances. L'abondance universelle ne se décrète malheureusement pas; il y faut d'autres façons; les législateurs, les douaniers et les entraves n'y peuvent rien.

Si donc nous voulons élever artificiellement la valeur du produit, force nous est d'agir sur l'autre élément de cette valeur. En ceci, la volonté individuelle n'est pas aussi impuissante. Avec des lois *ad hoc*, avec de l'arbitraire, avec des baïonnettes, avec des chaînes, avec des entraves, avec des châtiments et des persécutions, il n'est pas impossible de chasser les concurrents, de créer la rareté et cette hausse artificielle qui est l'objet de nos désirs.

Les choses étant ainsi, il est aisé de comprendre ce qui peut et doit arriver dans un temps d'ignorance, de barbarie et de cupidité effrénée.

Chacun s'adresse à la législature, et par cet intermédiaire à la force publique, pour lui demander de créer artificiellement, par tous les moyens en son pouvoir, la rareté de la chose qu'il produit. L'agriculteur demande la rareté du blé; l'éleveur, la rareté du bétail; le maître de forges, la rareté du fer; le colon, la rareté du sucre; le tisseur, la rareté du drap, etc., etc. Chacun donne les mêmes raisons, ce qui finit par faire un corps de doctrine qu'on peut bien appeler la théorie de la disette ; et la force publique emploie le fer et le feu au triomphe de cette théorie.

Mais, sans parler des masses, ainsi soumises au régime de la privation universelle, il est aisé de voir à quelle mystification viennent se heurter les inventeurs de ce régime, et quel terrible châtiment attend leur rapacité sans scrupule.

Nous avons vu que, relativement à chaque produit spécial, la valeur avait deux éléments : 1° la rareté de ce qui lui est similaire ; 2° l'abondance de tout ce qui ne lui est pas similaire.

Or, qu'on veuille bien remarquer ceci : par cela même que la législature, esclave de l'égoïsme individuel, travaille à réaliser le premier de ces deux éléments de la valeur, elle détruit le second, sans pouvoir l'éviter, puisque c'est une seule et même chose. Elle a successivement satisfait les vœux de l'agriculteur, de l'éleveur, du maître de forges, du fabricant, du colon, en produisant artificiellement la rareté du blé, de la viande, du fer, du drap, du sucre, etc. ; mais cela qu'est-ce autre chose que détruire cette *abondance générale*, qui est la seconde condition de la valeur de chaque produit particulier? Ainsi, après avoir soumis la communauté à des privations effectives, impliquées dans la disette, dans le but d'exhausser la valeur des produits, il se trouve qu'on n'a pas même réussi à atteindre cette ombre, à étreindre ce fantôme, à exhausser cette valeur nominale, parce que précisément ce que la rareté du produit spécial opère en sa faveur, dans ce sens, la rareté des autres produits le neutralise. Est-il donc si difficile de comprendre que le cordonnier dont nous parlions tout à l'heure, parvînt-il à détruire, par un seul acte de sa volonté, tous les souliers du monde, excepté ceux de sa façon, ne serait pas plus avancé, même au point de vue puéril de la valeur nominale, si du même coup tous les objets, contre lesquels les souliers s'échangent, se raréfiaient dans la même proportion? Il n'y aurait que ceci de changé : tous les hommes, y compris notre cordonnier, seraient plus mal chaussés, vêtus, nourris, logés, encore que les produits conservassent entre eux la même valeur relative.

Et il faut bien qu'il en soit ainsi. Où en serait la société, si l'injustice, l'oppression, l'égoïsme, la cupidité et l'ignorance n'entraînaient aucun châtiment? Heureusement il n'est pas possible que quelques hommes puissent, sans inconvénient pour eux-mêmes, faire tourner la force publique et l'appareil gouvernemental au profit de la disette, et comprimer l'universel élan de l'humanité vers l'abondance [1].

---

[1] V., tome IV, pages 5 et 163, les chap. *Abondance, Disette, Cherté, Bon marché.* (*Note de l'éditeur.*)

BALANCE DU COMMERCE [1].

La balance du commerce est un article de foi.

On sait en quoi elle consiste : un pays importe-t-il plus qu'il n'exporte; il perd la différence. Réciproquement, ses exportations dépassent-elles ses importations; l'excédant forme son bénéfice. Cela est tenu pour un axiome et on légifère en conséquence.

Sur cette donnée, M. Mauguin nous a avertis avant-hier, chiffres en main, que la France fait au dehors un commerce dans lequel elle a trouvé le moyen de perdre bénévolement, et sans que rien l'y oblige, 200 millions tous les ans.

« Vous avez perdu sur votre commerce, dans onze années, 2 milliards, entendez-vous ! »

Puis, appliquant son infaillible règle aux détails, il nous a dit : « En objets fabriqués, vous avez vendu, en 1847,

---

. [1] Lors de la discussion du budget général des dépenses pour l'exercice de 1850, M. Mauguin exposa naïvement à la tribune la vieille et fausse théorie de la balance du commerce. (*Moniteur* du 27 mars.) Bastiat, qui l'avait déjà réfutée dans ses *Sophismes*, crut devoir l'attaquer de nouveau; et comme sa santé ne lui permettait plus de monter à la tribune, il adressa, le 29 mars 1850, à une feuille quotidienne, les réflexions que nous reproduisons. Il est à remarquer qu'il simplifie les calculs hypothétiques, au moyen desquels il élucide sa thèse, en excluant quelques-uns des éléments qu'il avait employés en 1845. (V. tome IV, page 52.)

(*Note de l'éditeur.*)

pour 605 millions, et vous n'avez acheté que pour 152 millions. Vous avez donc *gagné* 450 millions. »

« En objets naturels, vous avez acheté pour 804 millions, et vous n'avez vendu que pour 114 millions ; vous avez donc *perdu* 690 millions. »

Ce que c'est que de tirer, avec une naïveté intrépide, toutes les conséquences d'un principe absurde ! M. Mauguin a trouvé le secret de faire rire, aux dépens de la balance du commerce, jusqu'à MM. Darblay et Lebeuf. C'est un beau succès ; et il m'est permis d'en être jaloux.

Permettez-moi d'apprécier le mérite de la règle selon laquelle M. Mauguin et tous les prohibitionistes calculent les profits et les pertes. Je le ferai en racontant deux opérations commerciales que j'ai eu l'occasion de faire.

J'étais à Bordeaux. J'avais une pièce de vin qui valait 50 fr. ; je l'envoyai à Liverpool, et la douane constata sur ses registres une EXPORTATION DE 50 FRANCS.

Arrivé à Liverpool, le vin se vendit à 70 fr. Mon correspondant convertit les 70 fr. en houille, laquelle se trouva valoir, sur la place de Bordeaux, 90 fr. La douane se hâta d'enregistrer une IMPORTATION DE 90 FRANCS.

Balance du commerce en excédant de l'importation, 40 fr.

Ces 40 fr., j'ai toujours cru, sur la foi de mes livres, que je les avais gagnés. M. Mauguin m'apprend que je les ai perdus, et que la France les a perdus en ma personne.

Et pourquoi M. Mauguin voit-il là une perte ? Parce qu'il suppose que tout excédant de l'importation sur l'exportation implique nécessairement un solde qu'il faut payer en écus. Mais où est, dans l'opération que je raconte, et qui est l'image de toutes les opérations commerciales lucratives, le solde à payer ? Est-il donc si difficile de comprendre qu'un négociant compare les prix courants des diverses places et ne se décide à opérer que lorsqu'il a la certitude, ou du moins la chance, de voir la valeur exportée lui revenir grossie? Donc ce que M. Mauguin appelle *perte* doit s'appeler *profit*.

Peu de jours après mon opération, j'eus la bonhomie d'éprouver un regret; je fus fâché de ne l'avoir pas retardée. En effet, le vin baissa à Bordeaux et haussa à Liverpool; de sorte que si je ne m'étais pas autant pressé, j'aurais acheté à 40 fr. et vendu à 100 fr. En vérité, je croyais que sur ces bases mon *profit* eût été plus grand. J'apprends par M. Mauguin que c'est la *perte* qui eût été plus écrasante.

Ma seconde opération, monsieur le rédacteur, eut une issue bien différente.

J'avais fait venir du Périgord des truffes qui me coûtaient 100 francs; elles étaient destinées à deux célèbres ministériels anglais, pour un très-haut prix, que je me proposais de convertir en livres. Hélas! j'aurais mieux fait de les dévorer moi-même (je parle des truffes, non des livres ni des torys). Tout n'eût pas été perdu, comme il arriva, car le navire qui les emportait périt à la sortie du port. La douane, qui avait constaté à cette occasion une sortie de 100 fr., n'a jamais eu aucune rentrée à inscrire en regard.

Donc, dira M. Mauguin, la France a gagné 100 fr.; car c'est bien de cette somme que, grâce au naufrage, l'exportation surpasse l'importation. Si l'affaire eût autrement tourné, s'il m'était arrivé pour 2 ou 300 fr. de livres, c'est alors que la balance du commerce eût été défavorable et que la France eût été en perte.

Au point de vue de la science, il est triste de penser que toutes les entreprises commerciales qui laissent de la perte selon les négociants, donnent du profit suivant cette classe de théoriciens qui déclament toujours contre la théorie.

Mais au point de vue de la pratique, cela est bien plus triste encore, car qu'en résulte-t-il?

Supposons que M. Mauguin eût le pouvoir (et, dans une

certaine mesure, il l'a par ses votes) de substituer ses calculs et sa volonté aux calculs et à la volonté des négociants,
et de donner, selon ses expressions, « une bonne organisation commerciale et industrielle au pays, une bonne impulsion au travail national, » que fera-t-il?

Toutes les opérations qui consisteraient à acheter à bon
marché au dedans pour vendre cher au dehors, et à convertir le produit en denrées très-recherchées chez nous,
M. Mauguin les supprimera législativement, car ce sont justement celles où la valeur importée surpasse la valeur exportée.

En compensation, il tolérera, il favorisera au besoin par
des primes (des taxes sur le public) toutes les entreprises
qui seront basées sur cette donnée : Acheter cher en France
pour vendre à bon marché à l'étranger, en d'autres termes,
exporter ce qui nous est utile pour rapporter ce qui ne nous
est bon à rien. Ainsi, il nous laissera parfaitement libres, par exemple, d'envoyer des fromages de Paris à Amsterdam pour rapporter des articles de modes d'Amsterdam
à Paris, car on peut affirmer que, dans ce trafic, la balance
du commerce serait toute en notre faveur.

Oui, c'est une chose triste, et j'ose ajouter dégradante,
que le législateur ne veuille pas laisser les intéressés décider et agir pour eux-mêmes en ces matières, à leurs périls et
risques. Au moins alors chacun a la responsabilité de ses
actes; celui qui se trompe est puni et se redresse. Mais
quand le législateur impose et prohibe, s'il a une erreur
monstrueuse dans la cervelle, il faut que cette erreur devienne la règle de conduite de toute une grande nation. En
France, nous aimons beaucoup la liberté, mais nous ne la
comprenons guère. Oh! tâchons de la mieux comprendre,
nous ne l'en aimerons pas moins.

M. Mauguin a affirmé avec un aplomb imperturbable qu'il
n'y a pas en Angleterre un homme d'État qui ne professe la

doctrine de la balance du commerce. Après avoir calculé la perte qui, selon lui, résulte de l'excédant de nos importations, il s'est écrié : « Si l'on faisait à l'Angleterre un semblable tableau, elle en frémirait, et il n'y a pas un membre de la Chambre des Communes qui ne se crût menacé sur son banc. »

Et moi j'affirme que si l'on venait dire à la Chambre des Communes : « La valeur totale de ce qui sort du pays surpasse la valeur totale de ce qui y entre, » c'est alors qu'on se croirait menacé, et je doute qu'il se trouvât un seul orateur qui osât ajouter : La différence est un profit.

En Angleterre, on est convaincu qu'il importe à la nation de recevoir plus qu'elle ne donne. De plus, on s'est aperçu que c'est la tendance de tous les négociants, et c'est pourquoi on y a pris le parti de les *laisser faire*, et de rendre aux échanges la Liberté.

PAIX ET LIBERTÉ

OU LE

BUDGET RÉPUBLICAIN [1].

Un programme ! un programme ! voilà le cri qui s'élève de toutes parts vers le cabinet.

Comment comprenez-vous l'administration intérieure ? Quelle sera votre politique au dehors ? Par quelles grandes mesures entendez-vous élever les recettes ? Vous faites-vous fort d'éloigner de nous ce triple fléau qui semble planer sur nos têtes : la guerre, les révolutions, la banqueroute ? Pouvons-nous enfin nous livrer avec quelque sécurité au travail, à l'industrie, aux grandes entreprises ? Qu'avez-vous imaginé pour nous assurer ce *lendemain* que vous promîtes à tous les citoyens, le jour où vous prîtes la direction des affaires ?

Voilà ce que chacun demande ; mais, hélas ! le ministère ne répond rien. Qui pis est, il semble systématiquement résolu à ne rien répondre.

Que faut-il en conclure ? Ou le cabinet n'a pas de plan, ou s'il en a un, il le cache.

Eh bien ! je dis que, dans l'une ou l'autre hypothèse, il manque à son devoir. S'il cache son plan, il fait une chose

[1] Pamphlet publié en février 1849. — L'auteur avait écrit, un mois avant, dans le *Journal des Débats*, un article qu'à raison de l'identité du sujet nous reproduisons à la fin de *Paix et Liberté*.

(*Note de l'éditeur.*)

qu'il n'a pas le droit de faire; car un plan gouvernemental n'appartient pas au gouvernement, mais au public. C'est nous qu'il intéresse, puisque notre bien-être et notre sécurité en dépendent. Nous devons être gouvernés non selon la volonté cachée du ministère, mais selon sa volonté connue et approuvée. Au cabinet, l'exposition, la proposition, l'initiative; à nous, le jugement; à nous, l'acceptation ou le refus. Mais pour juger, il faut connaître. Celui qui monte sur le siège et s'empare des guides, déclare, par cela même, qu'il sait ou croit savoir le but qu'il faut atteindre et la route qu'il faut prendre. C'est bien le moins qu'il n'en fasse pas mystère aux voyageurs, quand ces voyageurs forment une grande nation tout entière.

Que s'il n'a pas de plan, qu'il juge lui-même ce qu'il a à faire. A toutes les époques, pour gouverner il faut une pensée ; mais cela est vrai, surtout aujourd'hui. Il est bien certain qu'on ne peut plus suivre les vieilles ornières, ces ornières qui déjà trois fois ont versé le char dans la boue. Le *statu quo* est impossible, la tradition insuffisante. Il faut des réformes; et, quoique le mot soit malsonnant, je dirai : *Il faut du nouveau ;* non point du nouveau qui ébranle, renverse, effraie, mais du nouveau qui maintienne, consolide, rassure et rallie.

Donc, dans mon ardent désir de voir apparaître le vrai Budget républicain, découragé par le silence ministériel, je me suis rappelé le vieux proverbe : *Veux-tu être bien servi, sers-toi toi-même ;* et pour être sûr d'avoir un programme, j'en ai fait un. Je le livre au bon sens public.

Et d'abord, je dois dire dans quel esprit il est conçu.

J'aime la République, — et j'ajoute, pour faire ici un aveu dont quelques-uns pourront être surpris [1], — je

---

[1] Sur les opinions politiques de l'auteur, V. au tome Ier, ses écrits et professions de foi publiés à l'occasion des élections.

(*Note de l'éditeur.*)

l'aime beaucoup plus qu'au 24 février. Voici mes raisons.

Comme tous les publicistes, même ceux de l'école monarchique, entre autres Chateaubriand, je crois que la République est la forme naturelle d'un gouvernement normal. Peuple, Roi, Aristocratie, ce sont trois puissances qui ne peuvent coexister que pendant leur lutte. Cette lutte a des armistices qu'on appelle des chartes. Chaque pouvoir stipule dans ces chartes une part relative à ses victoires. C'est en vain que les théoriciens sont intervenus et ont dit : « Le comble de l'art, c'est de régler les attributions des trois jouteurs, de telle sorte qu'ils s'empêchent réciproquement. » La nature des choses veut que, pendant et par la trêve, l'une des trois puissances se fortifie et grandisse. La lutte recommence, et aboutit, de lassitude, à une charte nouvelle un peu plus démocratique, et ainsi de suite, jusqu'à ce que le régime républicain ait triomphé.

Mais il peut arriver que le peuple, parvenu à se gouverner lui-même, se gouverne mal. Il souffre et soupire après un changement. Le prétendant exilé met à profit l'occasion, il remonte sur le trône. Alors la lutte, les trêves et le règne des chartes recommencent, pour aboutir de nouveau à la République. Combien de fois peut se renouveler l'expérience? C'est ce que j'ignore. Mais ce qui est certain, c'est qu'elle ne sera définitive que lorsque le peuple aura appris à se gouverner.

Or, au 24 février, j'ai pu craindre, comme bien d'autres, que la nation ne fût pas préparée à se gouverner elle-même. Je redoutais, je l'avoue, l'influence des idées grecques et romaines qui nous sont imposées à tous par le monopole universitaire, idées radicalement exclusives de toute justice, de tout ordre, de toute liberté, idées devenues plus fausses encore dans les théories prépondérantes de Montesquieu et de Rousseau. Je redoutais aussi la terreur maladive des uns et l'admiration aveugle des autres, inspirées par le

souvenir de la première République. Je me disais : Tant
que dureront ces tristes associations d'idées, le règne pai-
sible de la Démocratie sur elle-même n'est pas assuré.

Mais les événements ne se sont pas réglés sur ces prévisions. La République a été proclamée ; pour revenir à la
Monarchie, il faudrait une révolution, peut-être deux ou
trois, puisqu'il y a plusieurs Prétendants. En outre, ces révolutions ne seraient que le prélude d'une révolution nouvelle,
puisque le triomphe définitif de la forme républicaine est
la loi nécessaire et fatale du progrès social.

Que le ciel nous préserve de telles calamités ! Nous sommes en République, restons-y ; restons-y, puisqu'elle reviendrait tôt ou tard ; restons-y, puisqu'en sortir ce serait
rouvrir l'ère des bouleversements et des guerres civiles.

Mais pour que la République se maintienne, il faut que
le peuple l'aime. Il faut qu'elle jette d'innombrables et
profondes racines dans l'universelle sympathie des masses.
Il faut que la confiance renaisse, que le travail fructifie, que
les capitaux se forment, que les salaires haussent, que la
vie soit plus facile, que la nation soit fière de son œuvre,
en la montrant à l'Europe toute resplendissante de vraie
grandeur, de justice et de dignité morale. Donc, inaugu-
rons la politique de la Paix et de la Liberté.

Paix et Liberté ! Il n'est certes pas possible d'aspirer vers
deux objets plus élevés dans l'ordre social. Mais que peuvent-ils avoir de commun avec les chiffres glacés d'un vulgaire budget ?

Ah ! la liaison est aussi intime qu'elle puisse l'être. Une
guerre, une menace de guerre, une négociation pouvant
aboutir à la guerre, rien de tout cela n'arrive à l'existence
que par la vertu d'un petit article inscrit sur ce gros volume,
effroi du contribuable. Et, de même, je vous défie d'imaginer une oppression, une limitation à la liberté des ci-

toyens, une chaîne à leur bras ou à leur cou, qui ne soit née du budget des recettes et n'en subsiste.

Montrez-moi un peuple se nourrissant d'injustes idées de domination extérieure, d'influence abusive, de prépondérance, de prépotence; s'immisçant dans les affaires des nations voisines, sans cesse menaçant ou menacé; et je vous montrerai un peuple accablé de taxes.

Montrez-moi un peuple qui s'est donné des institutions d'une telle nature que les citoyens ne peuvent penser, écrire, imprimer, enseigner, travailler, échanger, s'assembler sans qu'une tourbe de fonctionnaires vienne entraver leurs mouvements; et je vous montrerai un peuple accablé de taxes.

Car je vois bien comment il ne m'en coûte rien pour vivre en paix avec tout le monde. Mais je ne puis concevoir comment je devrais m'y prendre pour m'exposer à des querelles continuelles, sans m'assujettir à des frais énormes, soit pour attaquer, soit pour me défendre.

Et je vois bien aussi comment il ne m'en coûte rien pour être libre; mais je ne puis comprendre comment l'Etat pourrait agir sur moi d'une manière funeste à ma liberté, si je n'ai commencé par remettre en ses mains, *et à mes frais,* de coûteux instruments d'oppression!

Cherchons donc l'économie. Cherchons-la, parce qu'elle est le seul moyen de satisfaire le peuple, de lui faire aimer la République, de tenir en échec, par la sympathie des masses, l'esprit de turbulence et de révolution. Cherchons l'économie, — Paix et Liberté nous seront données par surcroît.

L'Économie est comme l'Intérêt personnel. Ce sont deux mobiles vulgaires, mais ils développent des principes plus nobles qu'eux-mêmes.

Le but spécial et actuel d'une réforme financière est de rétablir l'Equilibre entre la recette et la dépense. Son but ultérieur, ou plutôt son effet, est de restaurer le Crédit public. Enfin, un autre but plus important qu'elle doit atteindre pour mériter ce beau nom de *réforme*, c'est de soulager le peuple, de faire aimer les institutions et d'épargner ainsi au pays de nouvelles commotions politiques.

Si j'apprécie à ces divers points de vue les systèmes qui se sont produits, je ne puis m'empêcher de les juger ou bien incomplets ou illusoires.

Un mot sur deux de ces systèmes : celui des praticiens et celui des utopistes.

Je commence par déclarer que j'ai le plus profond respect pour la science et l'expérience des financiers. Ils ont passé leur vie à étudier le mécanisme de nos finances, ils en connaissent tous les ressorts ; et s'il ne s'agissait que d'atteindre cet équilibre, qui est à peu près l'objet exclusif de leur poursuite, peut-être n'y aurait-il rien de mieux à faire que de leur confier cette tâche déjà bien difficile. En rognant quelque peu nos dépenses, en élevant quelque peu nos recettes, je veux croire qu'au bout de trois ou quatre ans, ils nous mèneraient à ce port si désiré qu'ils nomment le *budget normal*.

Mais il est clair que la pensée fondamentale, qui gouverne notre mécanisme financier, resterait la même, sauf quelques améliorations dans les détails. Or, la question que je pose est celle-ci : en restant sous l'empire de cette pensée fondamentale, en replâtrant notre système contributif, si profondément ébranlé par la révolution de Février, avons-nous devant nous les trois ou quatre ans qui nous séparent du fameux équilibre ? En d'autres termes, notre système financier, même dégagé de quelques abus, porte-t-il en lui-même des conditions de durée et de vie ? N'est-il pas l'outre d'Éole, et ne renferme-t-il pas dans ses flancs les vents et les tempêtes ?

Si c'est précisément de ce système que sont sortis les

bouleversements, que devons-nous attendre de sa simple restauration?

Les hommes de la finance, je parle de ceux pour qui le beau idéal est de rétablir les choses, sauf quelques détails, comme elles étaient avant Février, ces hommes, qu'ils me permettent de le dire, veulent bâtir sur le sable et avancer dans un cercle vicieux. Ils ne s'aperçoivent pas que le vieux système qu'ils préconisent, bien loin de fonder l'abondance des recettes publiques sur la prospérité des classes travailleuses, aspire à gonfler le budget à force de tarir la source qui l'alimente.

Indépendamment de ce que c'est là un vice radical au point de vue financier, c'est encore un effroyable danger politique. Quoi! vous venez de voir quelle atteinte, presque mortelle, une révolution a portée à nos finances; vous ne pouvez pas douter qu'une des causes, sinon la seule, de cette commotion, c'est la désaffection née dans le cœur du peuple du poids des taxes, et la chose à laquelle vous aspirez, c'est de nous remettre au point de départ, et de remonter péniblement le char justement au sommet de la déclivité fatale!

Alors même qu'une révolution ne se serait pas accomplie, alors même qu'elle n'aurait pas éveillé au sein des masses des espérances et des exigences nouvelles, je crois vraiment que votre entreprise serait irréalisable. Mais ce qui eût été prudence, avant Février, n'est-il pas devenu nécessité? Est-ce que vous croyez que vos trois ou quatre années d'efforts à la poursuite exclusive de l'équilibre peuvent s'écouler paisiblement, si le peuple ne voit rien venir que des taxes nouvelles? si la République ne se montre à lui que par la plus grande âpreté des percepteurs? si, sur le fruit de son travail, de moins en moins rémunéré, il faut qu'il fasse à l'État et à ses agents une part toujours plus grande? Non, ne l'espérez pas. Un bouleversement nouveau viendra interrompre vos froides élucubrations, et alors, je vous le demande à vous-mêmes, qu'adviendra-t-il de cet *équilibre* et de ce *crédit* qui sont, à vos yeux, le sublime de l'art et le terme de tout effort intelligent?

Je crois donc que les hommes *pratiques* perdent complétement de vue le troisième but (et le premier en importance) que j'ai assigné à la réforme financière, à savoir : soulager le contribuable, faire aimer la République.

Nous en avons eu une preuve récente. L'Assemblée nationale a réduit l'impôt du sel et la taxe des lettres. Eh bien ! non-seulement les financiers désapprouvent ces mesures, mais encore ils ne peuvent pas se mettre dans la tête que l'Assemblée ait agi conformément à sa propre volonté. Ils supposent toujours, et de très-bonne foi, qu'elle a été victime d'une surprise et qu'elle la déplore, tant toute idée de réforme leur répugne.

A Dieu ne plaise que je veuille insinuer par là que la coopération des financiers est à repousser ! Quelle que soit l'*idée nouvelle* qui surgisse, elle ne peut guère être mise en œuvre que par le concours de leur utile expérience. Mais il est probable qu'elle ne surgira pas dans leur cerveau. Ils ont trop vécu pour cela dans les errements du passé. Si, avant les campagnes d'Italie, Napoléon avait usé trente années de sa vie à étudier et appliquer toutes les combinaisons de l'ancienne stratégie, croit-on qu'il eût été frappé de cette inspiration qui a révolutionné l'art de la guerre et jeté un si grand éclat sur les armes françaises?

A côté de cette école pleine de jours et d'expérience, qui offrira à l'exécution des ressources précieuses, mais d'où ne jaillira pas, je le crains, l'*idée féconde* que la France attend pour son salut, sa gloire et sa sécurité, il y a une autre école ou plutôt un nombre à peu près infini d'autres écoles, aux idées desquelles, si l'on peut reprocher quelque chose, ce n'est pas du moins de manquer de nouveauté. Je n'ai pas l'intention d'examiner tous les systèmes qu'elles ont mis au jour. Je me bornerai à dire quelques mots sur la pensée qui m'a paru dominer dans le manifeste des républicains dits *avancés.*

Ce manifeste me semble reposer sur un cercle vicieux beaucoup plus caractérisé encore que celui des financiers. A vrai dire, il n'est qu'une perpétuelle et puérile contradiction. Dire au peuple : « La république va faire pour toi un miracle. Elle va te dégager de toute cette lourde responsabilité qui pèse sur la condition humaine. Elle te prendra au berceau, et après t'avoir conduit, à ses frais, de la crèche à la salle d'asile, de la salle d'asile à l'école primaire, de l'école primaire aux écoles secondaires et spéciales, de là à l'atelier de travail, et de l'atelier de travail aux maisons de refuge, elle te rendra à la tombe, sans que tu aies eu besoin, pour ainsi dire, de prendre soin de toi-même. As-tu besoin de crédit ? te manque-t-il des instruments de travail, ou du travail ? désires-tu de l'instruction ? quelque sinistre est-il venu visiter ton champ ou ton atelier ? l'Etat est là, comme un père opulent et généreux, pour pourvoir à tout, pour tout réparer. Bien plus, il étendra sa sollicitude sur toute la surface du globe, en vertu du dogme de la Solidarité ; et, au cas qu'il te prenne fantaisie d'aller semer au loin tes idées et tes vues politiques, il tiendra toujours une grande armée prête à entrer en campagne. Voilà sa mission, elle est vaste, et pour l'accomplir il ne te demande rien. Sel, boissons, postes, octrois, contributions de toutes sortes, il va renoncer à tout. Un bon père donne à ses enfants, mais ne leur demande pas. Que si l'Etat ne suit pas cet exemple, s'il ne remplit pas envers toi le double et contradictoire devoir que nous signalons, il aura trahi sa mission, il ne te restera qu'à le renverser. » Je le demande, se peut-il rien imaginer de plus chimérique en même temps que de plus dangereux ?

Il est vrai que pour masquer ces grossières impossibilités, on ajoute : L'impôt sera transformé ; on le prendra sur le *superflu* des riches.

Mais il faut bien que le peuple le sache. Ce n'est là qu'une chimère de plus. Imposer à l'Etat des attributions exorbitantes, et persuader qu'il pourra y faire face avec l'argent prélevé sur le *superflu* des riches, c'est donner au public une vaine espérance. Combien y a-t-il de riches en France ? Quand il fallait payer 200 francs pour avoir droit de suffrage, le nombre des électeurs était de deux cent mille, et sur ce nombre, la moitié peut-être n'avait pas de superflu. Et l'on voudrait affirmer aujourd'hui que l'Etat peut remplir l'immense mission qu'on lui donne en se bornant à imposer les riches ! Il suffira que deux cent mille familles livrent au gouvernement le *superflu* de leurs richesses pour que celui-ci prodigue toute sorte de bienfaits aux huit millions de familles moins aisées. Mais on ne voit donc pas une chose : c'est qu'un système d'impôt ainsi conçu donnerait à peine de quoi pourvoir à sa propre perception.

La vérité est, et le peuple ne devrait jamais le perdre de vue, que la contribution publique s'adressera toujours et nécessairement aux objets de la consommation la plus générale, c'est-à-dire la plus populaire. C'est précisément là le motif qui doit pousser le peuple, s'il est prudent, à restreindre les dépenses publiques, c'est-à-dire l'action, les attributions et la responsabilité du gouvernement. Il ne faut pas qu'il s'attende à ce que l'Etat le fasse vivre, puisque c'est lui qui fait vivre l'Etat [1].

D'autres espèrent beaucoup dans la découverte de quelque nouvelle matière imposable. Je suis loin de prétendre qu'il n'y a rien à essayer dans cette voie, mais je soumets au lecteur ces trois observations :

---

[1] V. le pamphlet *l'État*, tome IV, page 327.

1º Tous les gouvernements antérieurs ont aimé avec passion à prendre beaucoup au public pour pouvoir beaucoup dépenser. Il n'est guère probable qu'en fait d'impôts, aucune mine précieuse et d'une exploitation facile eût échappé au génie de la fiscalité. S'il a été arrêté par quelque chose, ce n'a pu être que par la crainte des répugnances nationales.

2º Si de nouvelles sources d'impôts ne peuvent s'ouvrir sans heurter les habitudes et exciter le mécontentement, le moment serait-il bien choisi, après une révolution, de tenter une telle expérience? Ne serait-ce pas compromettre la République? Figurons-nous l'effet produit sur les contribuables par cette nouvelle : l'Assemblée nationale vient de vous assujettir à des taxes, de vous jusqu'ici inconnues et devant lesquelles la monarchie avait reculé !

3º Au point de vue actuel et pratique, chercher et découvrir de nouveaux impôts, c'est un sûr moyen de ne rien faire et de négliger le corps pour l'ombre. L'Assemblée nationale n'a que deux ou trois mois à vivre. D'ici là, il faut qu'elle ait fait le budget. Je laisse au lecteur le soin de tirer la conclusion.

Après avoir rappelé les systèmes qui sont les plus en vogue et les plus inadmissibles, il me reste à signaler celui que je voudrais voir prévaloir.

Établissons d'abord la situation financière à laquelle il faut faire face.

Nous sommes en déficit (car le mot *insuffisance* est devenu insuffisant). Ce déficit, je n'en chercherai pas le chiffre exact. J'ignore comment notre comptabilité est tenue; ce que je sais, c'est que jamais, au grand jamais, deux chiffres officiels, pour le même fait, ne se ressemblent. Quoi qu'il en soit, la plaie est énorme. Le dernier budget (vol. I, p. 62) contient ce renseignement :

Anciens *découverts* (autre joli mot), années 1846 et anté-
   rieures........ ....   184,156,000 fr.
Budget de 1847.....   43,179,000
Indemnité aux caisses d'épargne........   38,000,000
Budget de 1848......:...........:........   71,167,000
Budget de 1849...................:....... 213,960,534

    Total des découverts....'... .. ...   550,462,534 fr.

Voilà le résultat des budgets passés. Donc le mal ira toujours croissant à l'avenir, si nous ne parvenons, soit à augmenter les recettes, soit à diminuer les dépenses, non-seulement de manière à les aligner, mais encore à trouver un
excédant de recettes qui absorbe peu à peu les découverts
antérieurs.

Il ne sert de rien de se le dissimuler, hors de là, c'est la
banqueroute et ses suites.

Et, ce qui rend la situation plus difficile, c'est cette considération que j'ai déjà indiquée et sur laquelle j'insiste de
toutes mes forces, à savoir que, si l'on cherche le remède
ou partie du remède dans une aggravation d'impôts, ainsi
que cela se présente naturellement à l'esprit, on provoquera
des révolutions. Or, l'effet financier des révolutions, à ne
parler que de celui-là, étant d'accroître les dépenses et de
tarir les sources du revenu (je m'abstiens de démonstration), le procédé, au lieu de détourner la catastrophe, n'est
propre qu'à la précipiter.

Je vais plus loin. La difficulté est bien plus grande encore,
car j'affirme (telle est du moins ma conviction profonde)
que l'on ne peut pas même maintenir tous les impôts existants sans mettre contre soi les chances les plus terribles.
Une révolution s'est faite ; elle s'est proclamée démocratique, la démocratie en veut sentir les bienfaits. Elle a tort ou
elle a raison, mais c'est ainsi. Malheur aux gouvernements,
malheur au pays, si cette pensée n'est pas toujours présente
à l'esprit des Représentants du peuple !

La question ainsi posée, que faut-il faire ?

Car, d'un autre côté, si l'on peut diminuer les dépenses, il y a des bornes à ces retranchements. Il ne faut pas aller jusqu'à désorganiser les services, ce serait encore faire arriver les révolutions par l'autre extrémité de l'horizon financier.

Que faut-il donc faire?

Voici ma pensée. Je la formule dans toute sa naïveté, au risque de faire dresser les cheveux sur la tête à tous les financiers et praticiens.

Diminuer les impôts. — Diminuer les dépenses dans une proportion plus forte encore.

Et, pour revêtir cette pensée financière de sa formule politique, j'ajoute :

Liberté au dedans. — Paix au dehors.

Voilà tout le programme.

Vous vous récriez! « Il est aussi contradictoire, dites-vous, que le manifeste montagnard ; il renferme un cercle vicieux au moins aussi évident que ceux que vous avez précédemment signalés dans les autres systèmes. »

Je le nie, j'accorde seulement que la tentative est hardie. Mais si la gravité de la situation est bien établie, d'une part ; si, de l'autre, il est prouvé que les moyens traditionnels ne nous en feront pas sortir, il me semble que ma pensée a quelque droit au moins à l'attention de mes collègues.

Qu'il me soit donc permis d'examiner mes deux propositions, et que le lecteur, se rappelant qu'elles forment un tout indivisible, veuille bien suspendre son jugement, et peut-être son arrêt.

Il y a d'abord une vérité qu'il faut rappeler, parce qu'on n'en tient pas assez compte : c'est que, par la nature de notre système contributif, qui repose en très-grande partie sur une perception indirecte, c'est-à-dire demandée à la consommation, il y a une connexité étroite, une relation intime entre la prospérité générale et la prospérité des finances publiques.

Ceci nous mène à cette conclusion : il n'est pas rigoureusement exact de dire que soulager le contribuable c'est infailliblement porter atteinte au revenu.

Si, par exemple, dans un pays comme le nôtre, le gouvernement, poussé par une exagération d'ardeur fiscale, élevait les taxes jusqu'au point de ruiner les facultés du consommateur; s'il doublait et triplait le prix vénal des choses les plus nécessaires, s'il renchérissait encore les matériaux et les instruments de travail; si, par suite, une partie considérable de la population était réduite à se priver de tout, à vivre de châtaignes, de pommes de terre, de sarrasin, de maïs, il est clair que la stérilité du budget des recettes pourrait être attribuée, avec quelque fondement, à l'exagération même des taxes.

Et, dans cette hypothèse, il est clair encore que le vrai moyen, le moyen rationnel de faire fleurir les finances publiques, ce ne serait pas de porter de nouveaux coups à la richesse générale, mais au contraire de la laisser s'accroître ; ce ne serait pas de tendre l'impôt mais de le détendre.

Théoriquement, je ne crois pas que ceci puisse être contesté : l'impôt, dans son développement successif, peut arriver à ce point que ce que l'on ajoute à son chiffre on le retranche à son produit. Quand les choses en sont là, il est aussi vain, il est aussi fou, il est aussi contradictoire de chercher une addition aux recettes, dans une addition aux impôts, qu'il le serait de vouloir élever le liquide, dans le manomètre, par des moyens qui auraient pour effet de diminuer la chaleur dans la chaudière.

Ceci posé, il faut savoir si, en fait, notre pays n'en est pas là.

Si j'examine les principaux objets de consommation universelle, auxquels l'État demande son revenu, je les trouve chargés de taxes tellement exorbitantes qu'on ne peut expliquer que par la puissance de l'habitude la soumission du contribuable.

Dire que quelques-unes de ces taxes équivalent à la confiscation, ce serait employer une expression bien insuffisante.

Viennent d'abord le sucre et le café. Nous pourrions les avoir à bas prix, si nous avions la liberté d'aller les chercher sur les marchés vers lesquels notre intérêt nous pousse. Mais, dans le but bien arrêté de nous fermer le commerce du monde, le fisc nous soumet à une grosse amende quand nous commettons le délit d'échange avec l'Inde, la Havane ou le Brésil. Que si, dociles à sa volonté, nous limitons notre commerce à celui que peuvent alimenter trois petits rochers perdus au milieu des océans ; alors nous payons, il est vrai, le sucre et le café beaucoup plus cher, mais le fisc radouci ne nous prend, sous forme de taxe, que cent pour cent de la valeur, environ.

On appelle cela de l'économie politique profonde. Notez que, pour acquérir les petits rochers, il nous en a coûté des torrents de sang et des tonnes d'or, dont la rente nous grèvera pendant toute l'éternité. Par voie de compensation, nous payons en outre des tonnes d'or pour les conserver.

Il existe, en France, un produit qui est national s'il en fut et dont l'usage est inséparable des habitudes populaires. Pour réparer les forces des travailleurs, la nature a donné la viande aux Anglais et le vin aux Français ; ce vin, on peut se le procurer partout à 8 ou 10 fr. l'hectolitre, mais le fisc intervient et vous taxe à 15 fr.

Je ne dirai rien de l'impôt des *tabacs*, qui est assez bien accepté par l'opinion. Il n'en est pas moins vrai que cette substance est taxée à plusieurs fois sa valeur.

L'État dépense 5 c., 10 c. au plus pour transporter une lettre d'un point à l'autre du territoire. Jusqu'à ces derniers temps, il vous forçait d'abord de vous adresser à lui ; ensuite,

quand il vous tenait, il vous faisait payer 80 c., 1 fr. et
1 fr. 20 c. ce qui lui coûtait un sou.

Parlerai-je du *sel ?* Il a été bien constaté, dans une discussion récente, qu'on peut faire du sel en quantité indéfinie, dans le midi de la France, à 50 c. Le fisc le frappait
d'un droit de 30 fr. Soixante fois la valeur de la chose ! et on
appelle cela une contribution ! Je *contribue* pour *soixante*,
parce que je possède *un !* Je gagnerais 6,000 pour cent à
abandonner ma propriété au gouvernement ! '

Ce serait bien pis, si je parlais de la douane. Ici le gouvernement a deux buts bien arrêtés : le premier, d'élever
le prix des choses, de soustraire au travail ses matériaux,
d'augmenter les difficultés de la vie ; le second, de combiner et grossir les taxes, de telle sorte que le fisc n'en perçoive rien, rappelant ce mot d'un petit maître à son tailleur,
à propos d'un haut-de-chausses : « Si j'y entre, je ne le
prends pas. »

Enfin l'exorbitante exagération de ces taxes ne peut
manquer de stimuler l'esprit de fraude. Dès lors le gouvernement est obligé de s'entourer de plusieurs armées de
fonctionnaires, de mettre toute la nation en suspicion, d'i-
maginer toutes sortes d'entraves, de formalités, toutes choses qui paralysent le travail et s'alimentent au budget.

Tel est notre système contributif. Nous n'avons aucun
moyen d'exprimer en chiffres ses conséquences. Mais
quand, d'un côté, on étudie ce mécanisme, et que, de
l'autre, on constate dans une grande partie de notre population l'impuissance de consommer, n'est-il pas permis de
se demander si ces deux faits ne sont pas entre eux dans les
rapports de cause à effet ? N'est-il pas permis de se demander si nous relèverons ce pays-ci et ses finances en persé-
vérant dans la même voie, à supposer même que la désaffection publique nous en laisse le temps ? Vraiment, il me
semble que nous ressemblons un peu à un homme qui, étant

sorti péniblement d'un abîme, où son imprudence, l'a plusieurs fois jeté, n'imaginerait rien de mieux que de se placer au même point de départ, et de suivre, seulement avec un peu plus de précipitation, la même ornière. :

En théorie, tout le monde conviendra que les taxes peuvent être portées à un tel degré d'exagération qu'il est impossible d'y rien ajouter, sans pétrifier la richesse générale, de manière à compromettre le trésor public lui-même. Cette éventualité théorique s'est manifestée en fait d'une façon si éclatante, dans un pays voisin, que je demande à m'étayer de cet exemple, puisque aussi bien, si le phénomène n'était pas reconnu possible, toute ma dissertation, aussi bien que toutes mes conclusions subséquentes, serait sans valeur et sans portée. Je sais qu'on n'est pas très-bien venu, en France, quand on cherche un enseignement dans l'expérience britannique ; nous aimons mieux faire les expériences à nos propres dépens. Mais je prie le lecteur de vouloir bien admettre pour un instant que, d'un côté de la Manche comme de l'autre, deux et deux font quatre.

Il y a quelques années, l'Angleterre se trouva, financièrement parlant, dans une situation fort analogue à celle où nous sommes. Pendant plusieurs années consécutives, chaque budget se réglait en déficit, si bien qu'il fallut songer à des moyens héroïques. Le premier qui se présenta à l'esprit des financiers, on le devine, ce fut d'augmenter les taxes. Le cabinet whig ne se mit pas en frais d'invention. Il se borna purement et simplement à décider qu'une surtaxe de 5 pour cent serait ajoutée aux impôts. Il raisonnait ainsi : « Si 100 schellings de taxes nous donnent 100 schellings de recettes, 105 schellings de taxes nous donneront 105 schellings de recettes ; ou du moins, car il faut prévoir une légère dépression de consommation, 104 1/2 ou 104 schellings. » Rien ne paraissait plus mathématiquement assuré. Cependant, au bout de l'an, on fut tout ébahi de n'avoir recouvré ni 105 ni 104, ni même 100, mais seulement 96 ou 97.

C'est alors que s'échappa des poitrines aristocratiques ce cri de douleur : « C'en est fait, nous ne pouvons pl s ajouter une obole à notre liste civile. Nous sommes arrivés à la dernière limite de la taxation profitable [1]. Il n'y a plus de ressource pour nous, puisque *imposer plus*, c'est *recevoir moins.* »

Le cabinet whig fut renversé du coup. Il fallut bien éprouver d'autres habiletés. Sir Robert Peel se présenta. C'était certainement un financier pratique. Cela ne l'empêcha pas de faire ce raisonnement qui, sorti de mes lèvres novices, a paru subtil et peut-être absurde : « Puisque l'impôt a créé la misère des masses, et puisqu'à son tour la misère des masses a limité la productivité de l'impôt, c'est une conséquence rigoureuse, quoiqu'à physionomie para-doxale, que pour faire prospérer les taxes il les faut diminuer. Essayons donc si le fisc, qui a perdu à être trop avide, ne gagnera pas à se faire généreux. » La générosité dans le fisc ! certes, voilà une expérience toute nouvelle. Elle vaut bien la peine d'être étudiée. Messieurs les financiers ne se-raient-ils pas bien heureux, s'ils venaient à découvrir que la générosité même peut être quelquefois lucrative ? Il est vrai qu'alors elle devrait s'appeler : intérêt bien entendu. Soit. Ne disputons pas sur les mots.

Donc, sir Robert Peel se mit à dégréver, dégréver, dé-gréver. Il laissa entrer le blé, le bétail, la laine, le beurre, malgré les clameurs des landlords, pensant, avec quelque apparence de raison, que le peuple n'est jamais mieux nourri que lorsqu'il y a beaucoup d'aliments dans le pays, proposition regardée ailleurs comme séditieuse. Savon, papier, drêche, sucre, café, coton, teintures, sel, poste,

---

[1] We have got the bounds of profitable taxation. (PEEL.)

verre, acier, tout ce que le travailleur emploie ou consomme passa par la réforme.

Cependant, sir Robert, qui n'est pas un cerveau brûlé, savait bien que si un tel système, en provoquant la prospérité publique, doit réagir favorablement sur l'échiquier, ce ne peut être qu'à la longue. Or, les déficits, insuffisances, découverts, comme on voudra les appeler, étaient actuels et pressants. Abandonner, même provisoirement, une partie du revenu, c'eût été aggraver la situation, ébranler le crédit. Il y avait à traverser une période difficile, rendue plus difficile par l'entreprise elle-même. Aussi, DIMINUER L'IMPÔT, ce n'était que la moitié du système de sir Robert, comme ce n'est que la moitié de celui que je propose en toute humilité. On a vu que le complément nécessaire du mien [1], consiste à DIMINUER LES DÉPENSES DANS UNE PROPORTION SUPÉRIEURE. Le complément du système Peel se rapprochait plus des traditions financières et fiscales. Il songea à chercher une autre source de revenu, et l'*income-tax* fut décrété.

Ainsi, en face des déficits, la première pensée avait été d'*aggraver* l'impôt ; la seconde, de le *transformer*, de le demander à qui peut le payer. C'était un progrès. Pourquoi ne me ferais-je pas la douce idée que *diminuer les dépenses* serait un progrès plus décisif encore ?

Je suis forcé, malgré la lenteur que cela m'impose, d'examiner brièvement cette question : L'expérience britannique a-t-elle réussi ? J'y suis forcé, car à quoi servirait un exemple qui aurait échoué, si ce n'est à en éviter l'imitation ? Ce n'est certes pas la conclusion où j'ai voulu amener le lecteur.

---

[1] Je dis *mien* pour abréger ; mais je ne dois pas me poser en inventeur. Le directeur de la *Presse* a plusieurs fois émis l'idée fondamentale que je reproduis ici. Qui plus est, il en a fait, avec succès, l'application. *Suum cuique.*

Or, beaucoup de personnes affirment que l'entreprise de sir
Robert Peel a été désastreuse ; et leur affimation est d'autant plus spécieuse que, précisément à partir du jour où la
réforme contributive a été inaugurée, une longue et terrible
crise commerciale et financière est venue désoler la Grande-
Bretagne.

Mais d'abord, je dois faire observer qu'alors même qu'on
pourrait attribuer, en partie, les récents désastres industriels de l'Angleterre à la réforme de sir Robert Peel, on ne
devrait pas en arguer contre celle que je propose, puisque
ces deux réformes diffèrent par le point le plus capital. Ce
qu'elles ont de commun, c'est ceci : chercher l'accroissement ultérieur des recettes dans la prospérité des masses,
c'est-à-dire dans l'adoucissement de l'impôt quant à son
chiffre. Ce qu'elles ont de différent, c'est ceci : Sir Robert
Peel s'est ménagé les moyens de traverser les difficultés de
la transition, par l'*établissement d'un nouvel impôt*. Ces
moyens, je les demande à *une profonde réduction de dépenses*.
Sir Robert fut si loin de diriger ses idées de ce côté que,
dans le même document où il exposa devant l'Angleterre
attentive son plan financier, il réclamait, pour le développement des forces militaires et navales, une augmentation
considérable de subsides.

Or, puisque les deux systèmes, dans la première partie,
se confondent en ce qu'ils aspirent à fonder à la longue la
prospérité du trésor public sur le soulagement des classes
travailleuses, n'est-il pas évident que la réduction des dépenses ou le dégrèvement pur et simple est plus en harmonie avec cette pensée que le déplacement de la taxe ?

Je ne puis m'empêcher de croire que le second membre
du système de Peel était de nature à contrarier le premier.
C'est sans doute un bien immense que de mieux répartir
les taxes. Mais enfin, quand on connaît un peu ces matières,
quand on a étudié le mécanisme naturel des impôts, leurs

ricochets; leurs contre-coups; on sait bien que ce que le fisc demande à une classe est payé en grande partie par une autre. Il n'est pas possible que les travailleurs anglais n'aient été atteints, directement ou indirectement, par l'*income-tax.* Ainsi, en les soulageant d'un côté, on les a, dans une mesure quelconque, frappés de l'autre.

Mais laissons de côté ces considérations, et examinons s'il est possible, en présence des faits éclatants qui expliquent d'une manière si naturelle la crise anglaise, de l'attribuer à la réforme. L'éternel sophisme des gens décidés à incriminer une chose, c'est de lui attribuer tous les maux qui surviennent dans le monde. *Post hoc, ergo propter hoc.* L'idée préconçue est et sera toujours le fléau du raisonnement, car, par sa nature, elle fuit la vérité quand elle a la douleur de l'entrevoir.

L'Angleterre a eu d'autres crises commerciales que celle qu'elle vient de traverser. Toutes s'expliquent par des causes palpables. Une fois elle fut saisie d'une fièvre de spéculations mal conçues. D'immenses capitaux, désertant la production, prirent la route des emprunts américains et des mines de métaux précieux. Il en résulta une grande perturbation dans l'industrie et les finances. — Une autre fois, c'est la récolte qui est emportée, et il est facile d'apprécier les conséquences. Quand une portion considérable du travail de tout un peuple a été dirigée vers la création de sa propre subsistance, quand on a labouré, hersé, semé et arrosé, pendant un an, la terre de sueurs pour faire germer les moissons, si, au moment d'être recueillies, elles sont détruites par un fléau, le peuple est dans l'alternative ou de mourir de faim, ou de faire venir inopinément, rapidement des masses énormes de substances alimentaires. Il faut que toutes les opérations ordinaires de l'industrie soient interrompues, pour que les capitaux qu'elles occupaient fassent tête à cette opération gigantesque, inattendue et irrémissi-

ble. Que de forces perdues ! que de valeurs détruites ! et
comment n'en résulterait-il pas une crise ? — Elle se manifeste encore quand la récolte du coton vient à manquer aux
États-Unis, par la simple raison que les fabriques ne peuvent être aussi activement occupées quand elles manquent
de coton que lorsqu'elles n'en manquent pas ; et ce n'est
jamais impunément que la stagnation s'étend sur les dis-
tricts manufacturiers de la Grande-Bretagne. — Des insur-
rections en Irlande, des troubles sur le continent, qui viennent interrompre le commerce britannique et diminuer dans
sa clientèle la puissance de consommation, ce sont encore
des causes évidentes de gêne, d'embarras et de perturbations financières.

L'histoire industrielle de l'Angleterre nous apprend
qu'une seule de ces causes a toujours suffi pour déterminer
une crise dans ce pays.

Or, il est arrivé que, juste au moment où sir Robert Peel
a introduit la Réforme, tous ces fléaux à la fois, et à un degré d'intensité jusqu'alors inconnu, sont venus fondre sur
l'Angleterre.

Il en est résulté, pour le peuple, de grandes souffrances,
et aussitôt l'*Idée préconçue* de s'écrier : Vous le voyez, c'est
la Réforme qui écrase le peuple !

Mais, je le demande : Est-ce donc la Réforme financière
et commerciale qui a amené deux pertes successives de récolte en 1845 et 1846, et forcé l'Angleterre à dépenser deux
milliards pour remplacer le blé perdu ?

Est-ce la Réforme financière et commerciale qui a causé
la destruction de la pomme de terre en Irlande, pendant
quatre années, et forcé l'Angleterre de nourrir, à ses frais,
tout un peuple affamé ?

Est-ce la Réforme financière et commerciale qui a fait
avorter le coton deux années de suite en Amérique, et

croit-on que le maintien de la taxe à l'entrée eût été un remède efficace ?

Est-ce la Réforme financière et commerciale qui a fait naître et développé le *Railway-mania*; et soustrait brusquement deux ou trois milliards au travail productif et accoutumé, pour les jeter dans des entreprises qu'on ne peut terminer ; folie, qui d'après tous les observateurs, a fait plus de mal *actuel* que tous les autres fléaux réunis?

Est-ce la Réforme financière et commerciale qui a allumé sur le continent le feu des révolutions, et diminué l'absorption de tous les produits britanniques?

Ah ! quand je songe à cette combinaison inouïe d'agents destructeurs coopérant dans le même sens ; à ce tissu serré de calamités de toutes sortes accumulées, par une fatalité sans précédents, sur une époque déterminée, je ne puis m'empêcher de conclure juste au rebours de l'*Idée préconçue*, et je me demande : Que serait-il advenu de l'Angleterre, de sa puissance, de sa grandeur, de sa richesse, si la Providence n'avait suscité un homme au moment précis et solennel? Tout n'eût-il pas été emporté dans une effroyable convulsion ? Oui, je le crois sincèrement, la Réforme, qu'on accuse des maux de l'Angleterre, les a neutralisés en partie. Et le peuple anglais le comprend, car, bien que la partie la plus délicate de cette réforme, le Libre-Échange, ait été soumis, dès son avénement, aux épreuves les plus rudes et les plus inattendues, la foi populaire n'en a pas été ébranlée et, au moment où j'écris, l'œuvre commencée se poursuit et marche vers son glorieux accomplissement.

Repassons donc le Détroit, et que la confiance nous accompagne ; il n'y a pas lieu de la laisser de l'autre côté de la Manche.

Nous sommes au budget des Recettes. L'Assemblée a déjà dégrevé le sel et le port des lettres. Dans mon opinion, elle doit agir de même pour les boissons. Sur cet article, je pense que l'Etat devrait consentir à perdre cinquante millions. Il faudrait, autant que possible, distribuer la taxe restante sur la totalité des vins consommés. On comprend que trente à quarante millions, répartis sur quarante-cinq millions d'hectolitres, seraient beaucoup plus faciles à payer que cent millions accumulés sur une quantité trois fois moindre. Il faudrait aussi diminuer les frais et surtout les entraves qu'entraîne le mode actuel de perception.

L'Etat devra consentir encore à baisser considérablement les droits sur le sucre et le café. L'accroissement de consommation résoudra à la fois la question fiscale et la question coloniale.

Une autre grande et populaire mesure serait l'abolition de l'octroi. A ce sujet, j'ai été frappé du parti que l'on pourrait tirer d'un avis ouvert par M. Guichard. Tout le monde reconnaît qu'une *taxe sur le revenu* serait juste et conforme aux vrais principes. Si l'on recule, c'est devant les difficultés d'exécution. On redoute pour l'Etat, et je crois avec raison, la lourde responsabilité que feraient peser sur lui les investigations importunes dont cet impôt paraît inséparable. Il n'est pas bon que le gouvernement républicain se montre au contribuable sous la figure d'un avide inquisiteur. Dans la Commune, les fortunes se connaissent. Elles s'y peuvent apprécier en famille, et si on lui donnait la faculté d'établir l'impôt du revenu dans le but précis de remplacer l'octroi, il est vraisemblable que cette transformation, fondée sur la justice, serait favorablement accueillie. A la longue, la France se préparerait ainsi le cadastre des fortunes mobilières et les moyens de faire entrer dans la voie de la vérité son système contributif. Je ne pense pas qu'une telle mesure, qui aurait encore l'avantage de commencer la décentralisation, soit au-dessus d'un homme d'Etat habile. Elle n'eût certes pas fait reculer Napoléon.

Je suis forcé de dire un mot de la douane; et, pour me

mettre à l'abri des préventions que je vois d'ici s'éveiller, je ne la considérerai. qu'au point de vue fiscal, puisque aussi bien il ne s'agit que du budget. Ce n'est pas que je ne sois fortement tenté de faire une pointe dans le *Libre-Échange ;* mais ne me-comparera-t-on pas à ce brave général, célèbre par sa prédilection pour l'hippiatrique ? A quelque point de l'horizon intellectuel que vous placiez le point de départ de la conversation, chimie, physique, astronomie, musique ou marine, vous le verrez bientôt enfourcher le *cheval de selle*, et vous serez bien forcé de monter en croupe après lui. Nous avons tous une idée chérie, un dada, en style shandyen. Mon idée chérie, pourquoi ne l'avouerais-je pas ? c'est la LIBERTÉ ; et s'il m'arrive de défendre plus particuliè-rement la *liberté d'échanger,* c'est qu'elle est, de toutes, la plus méconnue et la plus compromise.

Examinons donc la douane, au point de vue fiscal, et que le lecteur me pardonne si, m'échappant par la tangente, j'effleure quelque peu la question de droit, de propriété, de liberté.

Un des plus sincères et des plus habiles protectionistes de ce pays, M. Ferrier, avouait que, si l'on voulait conserver à la douane le caractère fiscal, on en pourrait tirer le double de revenu pour le Trésor. Elle donne environ cent millions ; donc, indépendamment de la charge que la protection nous impose comme consommateurs, elle nous fait perdre cent millions comme contribuables. Car il est bien clair que ce que le fisc refuse de recouvrer par la douane, il faut qu'il le demande à d'autres impôts. Ce mécanisme vaut la peine d'être scruté.

Supposons que le Trésor a besoin de 100. Supposons en-core que, si le fer étranger pouvait entrer moyennant un droit raisonnable, il fournît 5 au revenu. Mais une classe d'industriels représente qu'elle a avantage à ce que le fer étranger n'entre pas. La loi, prenant son parti, décrète la

prohibition, ou, ce qui revient au même, un droit prohibitif. En conséquence, toute occasion de perception est volontairement sacrifiée. Les 5 ne rentrent pas ; et le Trésor
n'a que 95. Mais comme nous avons admis qu'il a besoin
de 100, nous devons bien consentir à ce qu'il nous prenne
5 de quelque autre manière, par le sel, par la poste ou par
le tabac.

Et ce qui se passe pour le fer se reproduit à propos de
tous les objets de consommation imaginables.

Quelle est donc, en présence de ce bizarre régime, la condition du *consommateur-contribuable*?

La voici.

1° Il paie un impôt considérable destiné à entretenir une
vaste armée à la frontière, armée qui est placée là, à l'insti-
gation, po ur compte, et au profit du maître de forges ou
tout autre privilégié dont elle fait les affaires.

2° Il paie le fer au-dessus de son prix naturel.

3° Il lui est défendu de faire la chose contre laquelle l'é-
tranger lui aurait livré son fer ; car empêcher une valeur
d'entrer, c'est empêcher, du même coup, une autre valeur
de sortir.

4° Il paie un impôt pour combler le vide du Trésor ; car
prévenir une importation, c'est prévenir une perception, et,
les besoins du fisc étant donnés, si une perception manque,
il faut bien la remplacer par une autre.

Voilà, certes, pour le *consommateur-contribuable*, une position singulière. Est-elle plus malheureuse que ridicule ou
plus ridicule que malheureuse ? On pourrait être embarrassé
pour répondre.

Et tout cela pourquoi ? Pour qu'un maître de forges ne
tire de son travail et de son capital aucun profit extraordinaire, mais seulement pour qu'il soit en mesure de s'attaquer à de plus grandes difficultés de production !

Quand donc se décidera-t-on, en ces matières, par la

considération du grand nombre et non du petit nombre?
L'intérêt du grand nombre, voilà la règle économique qui
n'égare jamais, car elle se confond avec la justice.

Il faut bien convenir d'une chose : c'est que, pour que la
protection fût juste, sans cesser d'être désastreuse, il faudrait au moins qu'elle fût égale pour tous. Or, cela est-il
même abstractivement possible?

Les hommes échangent entre eux ou des produits contre
des produits, ou des produits contre des services, ou des
services contre des services. Même, comme les produits
n'ont de *valeur* qu'à cause des services dont ils sont l'occasion, on peut affirmer que tout se réduit à une *mutualité de
services.*

Or, la douane ne peut évidemment protéger que ce genre
de services dont la valeur s'est incorporée dans un produit
matériel, susceptible d'être arrêté ou saisi à la frontière. Elle
est radicalement impuissante à protéger, en en élevant la valeur, les *services* directs rendus par le médecin, l'avocat, le
prêtre, le magistrat, le militaire, le négociant, l'homme de
lettres, l'artiste, l'artisan, ce qui constitue déjà une partie
notable de la population. Elle est également impuissante à
protéger l'homme qui loue son travail, car celui-ci ne vend
pas des produits, mais rend des services. Voilà donc encore
tous les ouvriers et journaliers exclus des prétendus avantages de la protection. Mais si la protection ne leur profite
pas, elle leur nuit; et, ici, il faut bien découvrir le contre-
coup dont doivent se ressentir les protégés eux-mêmes.

Les deux seules classes protégées, et cela dans une mesure fort inégale, ce sont les manufacturiers et les agriculteurs. Ces deux classes voient une Providence dans la
douane, et cependant nous sommes témoins qu'elles ne
cessent de gémir sur leur détresse. Il faut bien que la protection n'ait pas eu à leur égard toute l'efficacité qu'elles en
attendaient. Qui osera dire que l'agriculture et les manufac-

v. 25

tures sont plus prospères dans les pays les plus protégés, comme la France, l'Espagne, les Etats Romains, que chez les peuples qui ont fait moins bon marché de leur liberté, comme les Suisses, les Anglais, les Belges, les Hollandais, les Toscans ?

C'est qu'il se passe, relativement à la protection, quelque chose d'analogue ou plutôt d'identique à ce que nous avons constaté tout à l'heure pour l'impôt. Comme il y a une limite à la taxation profitable, il y en a une à la protection profitable. Cette limite, c'est l'anéantissement de la faculté de consommer, anéantissement que tend à amener la protection de même que l'impôt. Le fisc prospère par la prospérité des contribuables. De même, une industrie ne *vaut* que par la richesse de sa clientèle. Il suit de là que, lorsque le fisc ou le monopole cherchent leur développement dans des moyens qui ont pour effet nécessaire de ruiner le consommateur, l'un et l'autre entrent dans le même cercle vicieux. Il arrive un moment où plus ils renforcent le chiffre de la taxe, plus ils affaiblissent celui de la recette. Les protégés ne peuvent se rendre compte de l'état de dépression qui pèse sur leur industrie, malgré les faveurs du régime prohibitif. Comme le fisc, ils cherchent le remède dans l'exagération de ce régime. Qu'ils se demandent donc enfin si ce ne sont pas ces faveurs mêmes qui les oppriment. Qu'ils contemplent la moitié, les deux tiers de notre population, réduite, par l'effet de ces injustes faveurs, à se priver de fer, de viande, de drap, de blé, à construire des charrues avec des branches de saule, à se vêtir de bure, à se nourrir de millet, comme les oiseaux, ou de châtaignes, comme des créatures moins poétiques [1] !

Puisque je me suis laissé entraîner à cette dissertation,

[1] V. au tome IV, page 163, le chapitre intitulé *Cherté, Bon marché.*
(*Note de l'éditeur.*)

qu'il me soit permis de la terminer par une espèce d'apologue.

Il y avait, dans un parc royal, une multitude de petites *pièces d'eau*, toutes mises en communication les unes avec les autres par des conduits souterrains, de telle sorte que l'eau avait une tendance invincible à s'y établir dans un parfait niveau. Ces réservoirs étaient alimentés par un grand canal. L'un d'eux, quelque peu ambitieux, voulut attirer vers lui une grande partie de l'approvisionnement destiné à tous. Il n'y aurait pas eu grand mal, à cause de l'inévitable nivellement qui devait suivre la tentative, si le moyen imaginé par l'avide et imprudent réservoir n'avait entraîné une déperdition nécessaire de liquide, dans le canal d'alimentation. On devine ce qui arriva: Le niveau baissa partout, même dans le réservoir favorisé. Il se disait, car dans les apologues il n'y a rien qui ne parle, même les réservoirs: « C'est singulier; j'attire à moi plus d'eau qu'autrefois; je réussis pendant un moment imperceptible à me tenir au-dessus du niveau de mes frères, et cependant, je vois avec douleur que nous marchons tous, moi comme les autres, vers la complète siccité. » Ce réservoir-là, aussi ignorant sans doute en hydraulique qu'en morale, fermait les yeux à deux circonstances : l'une, c'est la communication souterraine de tous les réservoirs entre eux, obstacle invincible à ce qu'il profitât d'une manière exclusive et permanente de son injustice; l'autre, la déperdition générale de liquide inhérente au moyen imaginé par lui, et qui devait amener fatalement une dépression générale et continue du niveau.

Or, je dis que l'ordre social présente aussi ces deux circonstances et qu'on raisonne mal, si l'on n'en tient compte. Il y a d'abord entre toutes les industries des communications cachées, des transmissions de travail et de capital, qui ne permettent pas à l'une d'elles d'élever son niveau nor-

mal au-dessus des autres d'une manière permanente. Il y a
ensuite, dans le moyen imaginé pour réaliser l'injustice,
c'est-à-dire dans la protection, ce vice radical qu'elle. implique une perte définitive de richesse totale ; et, de ces
deux circonstances, il suit que le niveau du bien-être baisse.
partout, même au sein des industries protégées, comme
celui de l'eau, même au sein de l'avide et stupide réservoir.

Je savais bien que le Libre-Échange m'entraînerait hors
de ma voie. Passion ! passion ! ton empire est irrésistible !
Mais revenons au fisc.

Je dirai aux protectionistes : Ne consentirez-vous pas, en
vue des nécessités impérieuses de la République, à mettre
quelque borne à votre avidité ? Quoi ! quand le Trésor est
aux abois, quand la banqueroute menace d'engloutir votre
fortune et votre sécurité, quand la douane nous offre une
planche de salut vraiment providentielle, quand elle peut
remplir les caisses publiques sans nuire aux masses, mais
au contraire en les soulageant du poids qui les opprime,-
serez-vous inflexibles dans votre égoïsme ? Vous devriez,
de vous-mêmes, dans ce moment solennel et décisif, faire.
sur l'autel de la patrie le sacrifice, — ce que vous appelez
et ce que très-sincèrement vous croyez être — le sacrifice
d'une partie de vos priviléges. Vous en seriez récompensés
par l'estime publique, et, j'ose le prédire, la prospérité ma-.
térielle vous serait donnée par surcroît.

Est-ce donc trop exiger que de vous demander de substituer aux prohibitions, devenues incompatibles avec notre
loi constitutionnelle, des droits de 20 à 30 pour cent ? une
réduction de moitié au tarif du fer et de l'acier, ces muscles
du travail ; de la houille, ce pain de l'industrie ; de la
laine, du lin, du coton, ces matériaux de la main-d'œu-.
vre ; du blé et de la viande, ces principes de force et de
vie ?

Mais je vois que vous devenez raisonnables [1] ; vous accueillez mon humble requête, et nous pouvons maintenant jeter un coup d'œil, tant moral que financier, sur notre budget vraiment *rectifié*.

Voilà d'abord bien des choses devenues enfin accessibles aux mains ou aux lèvres du peuple : le sel, le port des lettres, les boissons, le sucre, le café, le fer, l'acier, le combustible, la laine, le lin, le coton, la viande et le pain ! Si l'on ajoute à cela l'abolition de l'octroi, la profonde modification, sinon l'abolition complète de cette terrible loi du recrutement, terreur et fléau de nos campagnes ; je le demande, la République n'aura-t-elle pas enfoncé ses racines dans toutes les fibres des sympathies populaires? Sera-t-il facile de l'ébranler ? Faudra-t-il cinq cent mille baïonnettes pour être l'effroi des partis... ou leur espérance ? Ne serons-nous pas à l'abri de ces commotions effroyables, dont il semble que l'air même soit maintenant chargé ? Ne pourrons-nous pas concevoir l'espoir fondé que le sentiment du bien-être, et la conscience que le pouvoir est enfin entré résolûment dans la voie de la justice, fasse renaître le travail, la confiance, la sécurité et le crédit ? Est-il chimérique de penser que ces causes bienfaisantes réagiront sur nos finances plus sûrement que ne pourrait le faire un surcroît de taxes et d'entraves ?

Et quant à notre situation financière actuelle et immédiate, voyons comment elle sera affectée.

Voici les réductions résultant du système proposé :

---

[1] Dans le pamphlet *Spoliation et Loi*, qui commence ce volume, on a pu voir que l'auteur n'avait pas tardé à reconnaître combien il s'était trompé, en s'imaginant que les protectionistes étaient devenus raisonnables. Mais il est vrai qu'au commencement de 1849 ils se montraient beaucoup plus traitables qu'ils ne le furent un an plus tard.

(*Note de l'éditeur.*)

2 millions, poste.

45 millions, sel.

50 millions, boissons.

33 millions, sucre et café, ci....   130,000,000

Ce n'est pas trop se flatter que d'attendre
    30 millions de plus par l'accroissement
    de la consommation générale et par le
    caractère fiscal rendu à la douane, à
    déduire ci........................   30,000,000 fr.

Total de la perte de revenu provenant
    de la réforme................ ......   100,000,000 fr.

— Perte qui doit diminuer, par sa nature, d'année en
année.

Diminuer les impôts (ce qui ne veut pas toujours dire
diminuer les recettes), voilà donc la première moitié du programme financier républicain. — Vous dites : En face du
déficit, cela est bien hardi. Et moi, je réponds : Non, ce
n'est pas hardiesse, c'est prudence. Ce qui est hardi, ce qui
est téméraire, ce qui est insensé, c'est de persévérer dans
la voie qui nous a rapprochés de l'abîme. Et voyez où
vous en êtes ! Vous ne l'avez pas caché : l'impôt indirect
vous donne des inquiétudes, et quant à l'impôt direct lui-
même, vous ne comptez sur son recouvrement qu'à la condition d'y employer des *colonnes mobiles*. Sommes-nous
donc sur la terre des miri et des razzias ? Comment les
choses n'en seraient-elles pas arrivées là ? — Voilà cent
hommes ; ils se soumettent à une cotisation afin de constituer, pour leur sûreté, une *force commune*. Peu à peu, on
détourne cette force commune de sa destination et on
met à sa charge une foule d'attributions irrationnelles. Par
ce fait, le nombre des hommes qui vivent sur la cotisation
s'accroît, la cotisation elle-même grossit et le nombre des
cotisés diminue. Le mécontentement, la désaffection s'en
mêlent, et que va-t-on faire ? rendre la force commune à

sa destination? Ce serait trop vulgaire, et, dit-on, trop hardi. Nos hommes d'État sont plus avisés ; ils imaginent de diminuer encore le nombre des payants pour augmenter celui des payés ; il nous faut de nouvelles taxes, disent-ils, pour entretenir des colonnes mobiles, et des colonnes mobiles pour recouvrer les nouvelles taxes ! — Et l'on ne veut pas voir là un cercle vicieux ! — Nous arriverons ainsi à ce beau résultat, que la moitié des citoyens sera occupée à comprimer et rançonner l'autre moitié. Voilà ce qu'on appelle de la politique sage et pratique. Tout le reste n'est qu'utopie. Donnez-nous encore quelques années, disent les financiers, laissez-nous pousser à bout le système, et vous verrez que nous arriverons enfin à ce fameux équilibre, que nous poursuivons depuis si longtemps, et qu'ont dérangé précisément ces procédés que, depuis vingt ans, nous mettons en œuvre.

Il n'est donc pas si paradoxal qu'il le semble, au premier coup d'œil, de prendre la marche inverse, et de chercher l'équilibre dans l'allégement des taxes. Est-ce que l'équilibre méritera moins ce nom, parce qu'au lieu de le chercher à 1500 millions on le rencontrera à 1200 ?

Mais cette première partie du programme républicain appelle impérieusement son complément nécessaire : la *diminution des dépenses.* Sans ce complément, le système est une utopie, j'en conviens. Avec ce complément, je défie qui que ce soit, sauf les intéressés, d'oser dire qu'il ne va pas droit au but, et par le chemin le moins périlleux.

J'ajoute que la diminution des dépenses doit être supérieure à celle des recettes ; sans cela on courrait en vain après le nivellement.

Enfin, il faut bien le dire, un ensemble de mesures ainsi compris ne peut donner, dans un seul exercice, tous les résultats qu'on a droit d'en attendre.

On a vu, quant aux recettes, que, pour mettre en elles

cette *force de croissance* qui a son principe dans la prospérité générale, il fallait commencer par les faire reculer. C'est dire que le temps est nécessaire au développement de cette force.

Il en est ainsi des dépenses ; leur réduction ne peut être que progressive. En voici une raison, entre autres.

Quand un gouvernement a porté ses frais à un chiffre exagéré et accablant, cela signifie, en d'autres termes, que beaucoup d'existences sont attachées à ses prodigalités et s'en nourrissent. L'idée de réaliser des économies sans froisser personne implique contradiction. Arguer de ces souffrances contre la réforme qui les implique nécessaire-ment, c'est opposer une fin de non-recevoir radicale à tout acte réparateur, c'est dire : « Par cela même qu'une in-justice s'est introduite dans le monde, il est bon qu'elle s'y perpétue à jamais. » — Éternel sophisme des adorateurs des abus.

Mais de ce que des souffrances individuelles sont la con-séquence forcée de toute réforme, il ne s'ensuit pas qu'il ne soit du devoir du législateur de les adoucir autant qu'il est en lui. Je ne suis pas, quant à moi, de ceux qui admet-tent que quand un membre de la société a été par elle attiré vers une carrière, quand il y a vieilli, quand il s'en est fait une spécialité, quand il est incapable de demander à toute autre occupation des moyens d'existence, elle le puisse jeter, sans feu ni lieu, sur la place publique. Toute sup-pression d'emploi grève donc la société d'une charge tem-poraire commandée par l'humanité et, selon moi, par la stricte justice.

Il suit de là que les modifications apportées au budget des dépenses, non plus que celles introduites au budget des re-cettes, ne peuvent produire immédiatement leurs résultats ; ce sont des germes dont la nature est de se développer, et le système complet implique que les dépenses décroîtront d'année en année avec les extinctions, que les recettes grossiront d'année en année parallèlement à la prospérité générale, de telle sorte que le résultat final doit être l'équilibre ou quelque chose de mieux.

Quant à la prétendue désaffection qui pourrait se manifester, dans la classe si nombreuse des fonctionnaires, j'avoue qu'avec les tempéraments auxquels je viens de faire allusion, je ne la crains pas. Le scrupule est d'ailleurs singulier. Il n'a jamais arrêté, que je sache, les destitutions en masse après chaque révolution. Et pourtant, quelle différence ! chasser un employé pour donner sa place à un autre, c'est plus que froisser ses intérêts, c'est blesser en lui la dignité et le sentiment énergique du droit. Mais quand une révocation, d'ailleurs équitablement ménagée, résulte d'une suppression d'emploi, elle peut nuire encore, elle n'irrite pas. La blessure est moins vive, et celui qu'elle atteint se console par la considération d'un avantage public.

J'avais besoin de soumettre ces réflexions au lecteur au moment de parler de réformes profondes, qui entraînent de toute nécessité la mise en disponibilité de beaucoup de nos concitoyens.

Je renonce à passer en revue tous les articles de dépenses sur lesquels il me paraîtrait utile et politique de faire des retranchements. Le budget c'est toute la politique. Il s'enfle ou diminue selon que l'Opinion publique exige plus ou moins de l'État. A quoi servirait de montrer que la suppression de tel service gouvernemental entraîne telle économie importante, si le contribuable lui-même préfère le service à l'économie ? Il y a des réformes qui doivent être précédées de longs débats, d'une lente élaboration de l'opinion publique ; et je ne vois pas pourquoi je m'engagerais dans une voie où il est certain qu'elle ne me suivrait pas. Aujourd'hui même, l'Assemblée nationale a décidé qu'elle ferait le premier budget républicain. Elle n'a plus

pour cette œuvre qu'un temps limité et fort court. En vue
de signaler une réforme immédiatement praticable, je dois
me détourner des considérations générales et philosophiques qu'il était d'abord dans ma pensée de soumettre au
lecteur. Je me bornerai à les indiquer.

Ce qui rejette dans un avenir éloigné toute réforme financière radicale, c'est qu'en France on n'aime pas la Liberté ;
on n'aime pas à se sentir responsable de soi-même, on n'a
pas confiance en sa propre énergie, on n'est un peu rassuré
que lorsqu'on sent de toutes parts l'impression des lisières
gouvernementales ; — et ce sont justement ces lisières qui
coûtent cher.

Si, par exemple, on avait foi dans la liberté de l'enseignement, qu'y aurait-il à faire, sinon à supprimer le *budget
de l'instruction publique* ?

Si l'on tenait véritablement à la liberté de conscience,
comment la réaliserait-on autrement qu'en supprimant le
budget des cultes [1] ?

Si l'on comprenait que l'agriculture se perfectionne par
les agriculteurs, et le commerce par les commerçants, on
arriverait à cette conclusion : le *budget de l'agriculture et
du commerce* est une superfétation, que les peuples les plus
avancés ont soin de ne pas s'infliger.

Que si, sur quelques points, comme pour la surveillance,
l'État a nécessairement à intervenir en matière d'instruction, de cultes, de commerce, une Division de plus au ministère de l'Intérieur y suffirait; il ne faut pas trois Ministères pour cela.

Ainsi, la LIBERTÉ, voilà la première et la plus féconde
source des économies.

Mais cette source n'est pas faite pour nos lèvres. Pour-

---

[1] Le traité passé entre nos pères et le clergé est un obstacle à cette
réforme si désirable. Justice avant tout.

quoi ? Uniquement parce que l'Opinion la repousse [1].

Nos enfants continueront donc, sous le monopole universitaire, à s'abreuver de fausses idées grecques et romai-

[1] Cet aveuglement de l'opinion publique attristait l'auteur depuis longtemps, et dès qu'une tentative pour consolider le bandeau placé sur les
yeux de nos concitoyens lui était connue, il sentait le besoin de la combattre. Mais, dans sa retraite de Mugron, les moyens de publicité lui
manquaient. Aussi la lettre suivante, écrite par lui depuis nombre
d'années, est-elle jusqu'à présent restée inédite.

A M. SAULNIER,

Éditeur de la *Revue britannique.*

MONSIEUR,

Vous avez transporté de joie tous ceux qui trouvent le mot *économie*
absurde, ridicule, insupportable, bourgeois, mesquin. Le *Journal des
Débats* vous prône, le président du conseil vous cite et les faveurs du
pouvoir vous attendent. Qu'avez-vous fait cependant, Monsieur, pour
mériter tant d'applaudissements ? Vous avez établi par des chiffres (et
l'on sait que les chiffres ne trompent jamais), qu'il en coûte plus aux
citoyens des États-Unis qu'aux *sujets* français pour être gouvernés.
D'où la conséquence rigoureuse (rigoureuse pour le peuple en effet), qu'il
est absurde de vouloir en France mettre des bornes aux profusions du
pouvoir.

Mais, Monsieur, j'en demande pardon à vous, aux centres et à la
statistique, vos chiffres, en les supposant exacts, ne me semblent pas
défavorables au gouvernement américain.

En premier lieu, établir qu'un gouvernement dépense plus qu'un
autre, ce n'est rien apprendre sur leur bonté relative. Si l'un d'eux,
par exemple, administre une nation naissante, qui a toutes ses routes
à percer, tous ses canaux à creuser, toutes ses villes à paver, tous ses
établissements publics à créer, il est naturel qu'il dépense plus que
celui qui n'a guère qu'à entretenir des établissements existants. Or,
vous le savez comme moi, Monsieur, dépenser ainsi c'est épargner,
c'est capitaliser. S'il s'agissait d'un agriculteur, confondriez-vous les
mises de fonds qu'exige un premier établissement avec ses dépenses
annuelles ?

Cependant cette différence de situation très-importante n'entraîne,

nes, à s'imprégner de l'esprit guerrier et révolutionnaire
des auteurs latins, à scander les vers licencieux d'Horace, à
se rendre impropres à la vie des sociétés modernes ; nous
continuerons à n'être pas libres, et par conséquent à payer

d'après vos chiffres, qu'un surcroît de dépense de trois francs pour
chaque citoyen de l'Union. Cet excédant est-il réel? Non, d'après vos
propres données. — Cela vous surprend, car vous avez fixé à 36 fr.
la contribution de chaque Américain, et à 33 fr. celle de chaque Français ; or 36 = 33 + 3, en bonne arithmétique. — Oui, mais, en économie politique, 33 valent souvent plus que 36. Vous allez en juger. L'argent, relativement à la main-d'œuvre et aux marchandises, n'a pas autant
de valeur aux États-Unis qu'en France. Vous fixez vous-même le prix
de la journée à 4 fr. 50 c. aux États-Unis et à 1 fr. 50 c. en France. Il
en résulte, je crois, qu'un Américain paye 36 fr. avec huit journées,
tandis qu'il faut à un Français vingt-deux journées de travail pour
payer 33 fr. — Il est vrai que vous dites aussi qu'on se rachète des
corvées aux États-Unis avec 3 fr. et que, par conséquent, le prix de la
journée y doit être établi à 3 fr. — A cela, deux réponses. On se rachète
de la corvée, en France, avec 1 fr. (car nous avons aussi nos corvées
dont vous ne parlez pas); et ensuite, si la journée aux États-Unis ne
vaut que 3 fr., les Américains ne payent plus 36 fr., puisque, pour arriver à ce chiffre, vous avez porté à 4 fr. 50 c. toutes les journées que
ces citoyens emploient à remplir leurs devoirs de miliciens, de corvéables,
de jurés, etc.

Ce n'est pas la seule subtilité dont vous avez usé pour élever à 36 fr.
la contribution annuelle de chaque Américain.

Vous imputez au gouvernement des États-Unis des dépenses dont il
ne se mêle en aucune façon. Pour justifier cette étrange manière de
procéder, vous dites que ces dépenses n'en sont pas moins supportées
par les citoyens. Mais s'agit-il de rechercher quelles sont les dépenses
volontaires des citoyens ou quelles sont les dépenses du gouvernement?

Un gouvernement est institué pour remplir certaines fonctions.
Quand il sort de son attribution, il faut qu'il fasse un appel à la
bourse des citoyens et qu'il diminue ainsi cette portion de revenus
dont ils avaient la libre disposition. Il devient à la fois spoliateur et
oppresseur.

Une nation qui est assez sage pour forcer son gouvernement à se borner
à garantir à chacun sa sûreté, et qui ne paye que ce qui est rigoureuse-

notre servitude, car les peuples ne peuvent être tenus dans la servitude qu'à gros frais.

Nous continuerons à voir l'agriculture et le commerce languir et succomber sous l'étreinte de nos lois restrictives; et, de plus, à payer la dépense de cette torpeur, car les entraves, les réglementations, les formalités inutiles, tout cela ne peut être mis en œuvre que par des agents de la force publique, et les agents de la force publique ne peuvent vivre que sur le budget.

Et le mal, il faut bien le répéter, est sans remède actuellement applicable, puisque l'opinion attribue à l'oppression tout le développement intellectuel et industriel que cette oppression ne parvient pas à étouffer.

Une idée aussi bizarre que funeste s'est emparée des esprits. Quand il s'agit de politique, on suppose que le moteur social, si je puis m'exprimer ainsi, est dans les intérêts et les opinions individuelles. On s'attache à l'axiome de Rousseau : *La volonté générale ne peut errer.* Et, sur ce principe, on décrète avec enthousiasme le *suffrage universel.*

ment indispensable pour cela, consomme le reste de ses revenus selon son génie, ses besoins et ses goûts.

Mais une nation, chez laquelle le gouvernement se mêle de tout, ne dépense rien par elle et pour elle, mais par le pouvoir et pour le pouvoir; et si le public français pense comme vous, Monsieur, qu'il est indifférent que sa richesse passe par les mains des fonctionnaires, je ne désespère pas que nous ne soyons tous un jour logés, nourris et vêtus aux frais de l'État. Ce sont choses qui nous coûtent, et d'après vous, il importe peu que nous nous les procurions par voie de contribution ou par des achats directs. Le cas que nos ministres font de cette opinion me persuade que nous aurons bientôt des habits de leur façon, comme nous avons des prêtres, des avocats, des professeurs, des médecins, des chevaux et du tabac de leur façon.

J'ai l'honneur, etc.

FRÉDÉRIC BASTIAT.
(*Note de l'éditeur.*)

Mais, à tous les autres points de vue, on adopte justement l'hypothèse contraire. On n'admet pas que le mobile du progrès soit dans l'individualité, dans son aspiration naturelle vers le bien-être, aspiration de plus en plus éclairée par l'intelligence et guidée par l'expérience. Non. On part de cette donnée que l'humanité est partagée en deux : D'un côté, il y a les individus inertes, privés de tout ressort, de tout principe progressif, ou obéissant à des impulsions dépravées qui, abandonnées à elles-mêmes, tendent invinciblement vers le mal absolu ; de l'autre, il y a l'être collectif, la force commune, le gouvernement, en un mot, auquel on attribue la science infuse, la naturelle passion du bien, et la mission de changer la direction des tendances individuelles. On suppose que, s'ils étaient libres, les hommes s'abstiendraient de toute instruction, de toute religion, de toute industrie, ou, qui pis est, qu'ils rechercheraient l'instruction pour arriver à l'erreur, la religion pour aboutir à l'athéisme, et le travail pour consommer leur ruine. Cela posé, il faut que les individualités se soumettent à l'action réglementaire de l'être collectif, qui n'est pourtant autre chose que la réunion de ces individualités elles-mêmes. Or, je le demande, si les penchants naturels de toutes les *fractions* tendent au mal, comment les penchants naturels de l'*entier* tendent-ils au bien ? Si toutes les forces natives de l'homme se dirigent vers le néant, — où le gouvernement, qui est composé d'hommes, prendra-t-il son point d'appui pour changer cette direction [1] ?

Quoi qu'il en soit, tant que cette bizarre théorie prévaudra, il faudra renoncer à la liberté et aux économies qui en découlent. Il faut bien payer ses chaînes quand on les aime,

[1] V. au tome IV, le pamphlet *la Loi*, page 342, et notamment le passage compris dans les pages 381 à 386.

(*Note de l'éditeur.*)

car l'État ne nous donne jamais rien gratis, pas même des fers.

Le budget n'est pas seulement toute la Politique, il est encore, à bien des égards, la Morale du peuple. C'est le miroir où, comme Renaud, nous pourrions voir l'image et le châtiment de nos préjugés, de nos vices et de nos folles prétentions. Ici encore, il y a des torrents de mauvaises dépenses que nous sommes réduits à laisser couler, car elles ont pour cause des penchants auxquels nous ne sommes pas prêts à renoncer; et quoi de plus vain que de vouloir neutraliser l'effet tant que la cause subsiste? Je citerai, entre autres, ce que je ne crains pas d'appeler, quoique le mot soit dur, l'*esprit de mendicité*, qui a envahi toutes les classes, celle des riches comme celle des pauvres [1].

Assurément, dans le cercle des relations privées, le caractère français n'a pas de comparaison à redouter, en ce qui concerne l'indépendance et la fierté. A Dieu ne plaise que je diffame mon pays, encore moins que je le calomnie! Mais je ne sais comment il s'est fait que les mêmes hommes qui, même pressés par la détresse, rougiraient de tendre la main vers leurs semblables, perdent tout scrupule, pourvu que l'État intervienne et voile aux yeux de la conscience la bassesse d'un tel acte. Dès que la requête ne s'adresse

[1] Nous trouvons dans les manuscrits de l'auteur la pensée suivante, qui se rapporte au sujet spécial dont il s'occupe ici :

« Pourquoi nos finances sont-elles dérangées ? » — « Parce que, pour « les Représentants, il n'y a rien de plus facile que de voter une Dépense, « et rien de plus difficile que de voter une Recette. »

    « Si vous l'aimez mieux,

« Parce que les Traitements sont fort doux et les Impôts fort « durs. »

    « J'en sais encore une raison. »

« Tout le monde veut vivre aux dépens de l'État, et on oublie que « l'État vit aux dépens de tout le monde. »

                    (Note de l'éditeur.)

pas à la libéralité individuelle, dès que l'État se fait l'intermédiaire de l'œuvre, il semble que la dignité du solliciteur
soit à couvert, que la mendicité ne soit plus une honte ni
la spoliation une injustice. Agriculteurs, manufacturiers,
négociants, armateurs, artistes, chanteurs, danseurs,
hommes de lettres, fonctionnaires de tout ordre, entrepreneurs, fournisseurs, banquiers, tout le monde DEMANDE, en
France, et tout le monde s'adresse au budget. Et voici que
le peuple, en masse, s'est mis de la partie. L'un veut des
places, l'autre des pensions, celui-ci des primes, celui-là
des subventions, ce cinquième des encouragements, ce
sixième des restrictions, ce septième du crédit, ce huitième
du travail. La société tout entière se soulève pour arracher,
sous une forme ou sous une autre, une part au budget ; et,
dans sa fièvre californienne, elle oublie que le budget n'est
pas un *Sacramento* où la nature a déposé de l'or, mais qu'il
n'en contient que ce que cette société quêteuse elle-même
y a versé. Elle oublie que la générosité du pouvoir ne peut
jamais égaler son avidité, puisque, sur ce fonds de larges-
ses, il faut bien qu'il retienne de quoi payer le double service de la perception et de la distribution.

Afin de donner à ces dispositions, quelque peu abjectes,
l'autorité et le vernis d'un Système, on les a rattachées à ce
qu'on nomme le principe de la *Solidarité,* mot qui, ainsi
entendu, ne signifie autre chose que l'effort de tous les citoyens pour se dépouiller les uns les autres, par l'intervention coûteuse de l'État. Or, on comprend qu'une fois que
l'*esprit de mendicité* devient système et presque science, en
fait d'institutions ruineuses, l'imagination n'a plus de bornes.

Mais, j'en conviens, il n'y a rien à faire en ce moment de
ce côté, et je termine par cette question : Pense-t-on que
l'esprit de mendicité, quand il est porté au point de pousser
toute la nation au pillage du budget, ne compromette pas
plus encore la sécurité que la fortune publique ?

Par la même cause, une autre économie considérable nous
est encore invinciblement interdite. Je veux parler de l'Algérie. Il faut s'incliner et payer, jusqu'à ce que la nation ait
compris que transporter cent hommes dans une colonie, et
y transporter du même coup dix fois le capital qui les ferait vivre en France, ce n'est soulager personne mais grever
tout le monde.

Cherchons donc ailleurs les moyens de salut.

Le lecteur voudra bien reconnaître que, pour un utopiste,
je suis de bonne composition en fait de retranchements.
J'en passe, et des meilleurs. Restrictions à toutes nos plus
précieuses libertés, manie des sollicitations, infatuation
d'une funeste conquête, j'ai tout concédé à l'Opinion.
Qu'elle me permette de prendre ma revanche et d'être
quelque peu radical, en fait de politique extérieure.

Car enfin, si elle prétend fermer l'accès à toute réforme,
si elle est décidée d'avance à maintenir tout ce qui est, à
n'admettre aucun changement sur quoi que ce soit qui concerne nos dépenses, alors tout mon système croule, tous les
plans financiers sont impuissants; il ne nous reste autre
chose à faire que de laisser le peuple fléchir sous le poids
des taxes, et marcher tête baissée vers la banqueroute, les
révolutions, la désorganisation et la guerre sociale.

En abordant notre politique extérieure, je commencerai
par établir nettement ces deux propositions, hors desquelles, j'ose le dire, il n'y a pas de salut.

1° Le développement de la force brutale n'est pas nécessaire et est nuisible à l'influence de la France.

2° Le développement de la force brutale n'est pas nécessaire et est nuisible à notre sécurité extérieure ou intérieure.

De ces deux propositions, il en sort, comme conséquence,
une troisième, et c'est celle-ci :

Il faut désarmer sur terre et sur mer, et cela au plus tôt.

Faux patriotes ! donnez-vous-en à cœur joie. Un jour

vous m'appelâtes *traître*, parce que je demandais la Liberté;
que sera-ce aujourd'hui que j'invoque la Paix [1]?

Ici encore, on rencontre, comme obstacle au premier
chef, l'opinion publique. Elle a été saturée de ces mots :
grandeur nationale, puissance, influence, prépondérance,
prépotence; on lui répète sans cesse qu'elle ne doit pas dé-
choir du rang qu'elle occupe parmi les nations; après avoir
parlé à son orgueil, on s'adresse à son intérêt. On lui dit
qu'il faut manifester les signes de la force pour appuyer d'u-
tiles négociations ; qu'il faut promener sur toutes les mers
le pavillon français pour protéger notre commerce et commander les marchés lointains.

Qu'est-ce que tout cela? Ballon gonflé, qu'un coup d'é-
pingle suffit à détendre.

Où est aujourd'hui l'influence ? Est-elle à la gueule des
canons ou à la pointe des baïonnettes ? Non, elle est dans
les idées, dans les institutions et dans le spectacle de leur
succès.

Les peuples agissent les uns sur les autres par les arts,
par la littérature, par la philosophie, par le journalisme, par
les transactions commerciales, par l'exemple surtout ; et
s'ils agissent aussi quelquefois par la contrainte et la menace, je ne puis croire que ce genre d'influence soit de nature à développer les principes favorables aux progrès de
l'humanité.

La renaissance de la littérature et des arts en Italie, la
révolution de 1688, en Angleterre, l'acte d'indépendance
des États-Unis, ont sans doute concouru à cet élan généreux
qui, en 89, fit accomplir de si grandes choses à nos pères.
En tout cela, où voyons-nous la main de la force brutale?

---

[1] Allusion à l'inepte accusation portée contre les libre-échangistes
d'être vendus à l'Angleterre.

(*Note de l'éditeur.*)

On dit : Le triomphe des armes françaises, au commencement de ce siècle, a semé partout nos idées et laissé sur toute la surface de l'Europe l'empreinte de notre politique. Mais savons-nous, pouvons-nous savoir ce qui serait arrivé dans une autre hypothèse? Si la France n'eût pas été attaquée, si la révolution poussée à bout par la résistance n'eût pas glissé dans le sang, si elle n'eût pas abouti au despotisme militaire, si, au lieu de contrister, effrayer, et soulever l'Europe, elle lui eût montré le sublime spectacle d'un grand peuple accomplissant paisiblement ses destinées, d'institutions rationnelles et bienfaisantes, réalisant le bonheur des citoyens; y a-t-il personne qui puisse affirmer qu'un tel exemple n'eût pas excité, autour de nous, l'ardeur des opprimés et affaibli les répugnances des oppresseurs? Y-a-t-il personne qui puisse dire que le triomphe de la démocratie, en Europe, ne serait pas, à l'heure qu'il est, plus avancé? Qu'on calcule donc toute la déperdition de temps, d'idées justes, de richesses, de force réelle que ces grandes guerres ont coûtée à la démocratie, qu'on tienne compte des doutes qu'elles ont jetés, pendant un quart de siècle, sur le droit populaire et sur la vérité politique!

Et puis, comment se fait-il qu'il n'y ait pas assez d'impartialité, au fond de notre conscience nationale, pour comprendre combien nos prétentions à imposer une idée, par la force, blessent au cœur nos frères du dehors? Quoi! nous, le peuple le plus susceptible de l'Europe; nous, qui, avec raison, ne souffririons pas l'intervention d'un régiment anglais, fût-ce pour venir ériger sur le sol de la patrie la statue de la liberté, et nous enseigner la perfection sociale elle-même; quand tous, jusqu'aux vieux débris de Coblentz, nous sommes d'accord sur ce point qu'il faudrait nous unir pour briser la main étrangère qui viendrait, armée, s'immiscer dans nos tristes débats, c'est nous qui avons toujours sur les lèvres ce mot irritant : prépondérance; et nous

ne savons montrer la liberté à nos frères, qu'une épée au
poing tournée vers leur poitrine ! Comment en sommes-nous
venus à nous imaginer que le cœur humain n'est pas partout
le même ; qu'il n'a pas partout la même fierté, la même
horreur de la dépendance ?

Mais enfin, cette Prépondérance illibérale que nous poursuivons avec tant d'aveuglement et, selon moi, avec tant
d'injustice, où est-elle, et l'avons-nous jamais saisie ? Je
vois bien les efforts, mais je ne vois pas les résultats. Je vois
bien que nous avons, depuis longtemps, une immense armée, une puissante marine, qui écrasent le peuple, ruinent
le travailleur, engendrent la désaffection, nous poussent
vers la banqueroute, nous menacent de calamités effroyables sur lesquelles les yeux même de l'imagination tremblent
de se fixer ; je vois tout cela, mais la prépondérance, je ne
la vois nulle part, et si nous pesons dans les destinées de
l'Europe, ce n'est pas par la force brutale, mais en dépit
d'elle. Fiers de notre prodigieux état militaire, nous avons
eu un différend avec les Etats-Unis, et nous avons cédé ;
nous avons eu des contestations au sujet de l'Égypte, et nous
avons cédé ; nous avons, d'année en année, prodigué des
promesses à la Pologne, à l'Italie, et l'on n'en a pas tenu
compte. Pourquoi ? parce que le déploiement de nos forces
a provoqué un déploiement semblable sur toute l'Europe ;
dès lors, nous n'avons plus pu douter que la moindre lutte, à
propos de la cause la plus futile, ne menaçât de prendre les
proportions d'une guerre universelle, et l'humanité autant
que la prudence ont fait une loi aux hommes d'État de dé-
cliner une telle responsabilité.

Ce qu'il y a de remarquable et de bien instructif, c'est
que le peuple qui a poussé le plus loin cette politique préten-
tentieuse et tracassière, qui nous y a entraînés par son
exemple, et nous en a fait peut-être une dure nécessité, le
peuple anglais, en a recueilli les mêmes déceptions. Nul plus

que lui n'a manifesté la prétention de se faire le régulateur exclusif de l'Equilibre européen, et cet équilibre a été dix fois compromis sans qu'il ait bougé. — Il s'était arrogé le monopole des colonies ; et nous avons pris Alger et les Marquises, sans qu'il ait bougé. Il est vrai qu'en ceci il pourrait être soupçonné de nous avoir vus, avec une mauvaise humeur apparente et une joie secrète, nous attacher aux pieds deux boulets. — Il se disait propriétaire de l'Orégon, patron du Texas ; et les Etats-Unis ont pris l'Orégon, le Texas, et une partie du Mexique par-dessus le marché, sans qu'il ait bougé. — Tout cela nous prouve que, si l'esprit des gouvernants est à la guerre, l'esprit des gouvernés est à la paix ; et, quant à moi, je ne vois pas pourquoi nous aurions fait une révolution démocratique, si ce n'est pour faire triompher l'esprit de la démocratie, de cette démocratie laborieuse qui paye bien les frais d'un appareil militaire, mais qui n'en peut jamais rien retirer que ruine, dangers et oppression.

Je crois donc que le moment est venu où tout le génie de la révolution française doit se résumer, se manifester et se glorifier solennellement, par un de ces actes de grandeur, de loyauté, de progrès, de foi en lui-même et de confiance en sa force, tel que le soleil n'en a jamais éclairé. Je crois que le moment est venu où la France doit déclarer résolûment qu'elle voit la Solidarité des peuples dans l'enchaînement de leurs intérêts et la communication de leurs idées, et non dans l'interposition de la force brutale. Et pour donner à cette déclaration un poids irrésistible, — car qu'est-ce qu'un manifeste, quelque éloquent qu'il soit ? — je crois que le moment est venu pour elle de dissoudre cette force brutale elle-même.

Si notre chère et glorieuse patrie prenait en Europe l'initiative de cette révolution, quelles en seraient les conséquences ?

D'abord, pour rentrer dans mon sujet, voilà, d'un seul coup, nos finances alignées. Voilà la première partie de ma réforme devenue immédiatement exécutoire : voilà les impôts adoucis ; voilà le travail, la confiance, le bien-être, le crédit, la consommation pénétrant dans les masses ; voilà la République aimée, admirée, consolidée de tout ce que donnent de forces aux institutions les sympathies populaires ; voilà le fantôme menaçant de la banqueroute effacé des imaginations ; voilà les commotions politiques reléguées dans l'histoire du passé ; voilà enfin la France heureuse et glorieuse entre toutes les nations, faisant rayonner autour d'elle l'irrésistible empire de l'exemple.

Non-seulement la réalisation de l'œuvre démocratique enflammerait les cœurs, au dehors, à la vue de ce spectacle, mais il la rendrait certainement plus facile. Ailleurs, comme chez nous, on éprouve la difficulté de faire aimer des révolutions qui se traduisent en taxes nouvelles. Ailleurs, comme chez nous, on éprouve le besoin de sortir de ce cercle. Notre attitude menaçante est, pour les gouvernements étrangers, une raison ou un prétexte toujours debout pour extraire du sein du peuple de l'argent et des soldats. Combien l'œuvre de la régénération ne serait-elle pas facilitée sur toute l'Europe, si elle s'y pouvait accomplir sous l'influence de ces réformes contributives, qui, au fond, sont des questions de sympathie et d'antipathie, des questions de vie ou de mort pour les institutions nouvelles !

A cela, qu'objecte-t-on ?

La *dignité* nationale. J'ai déjà indiqué la réponse. Est-ce au profit de leur dignité que la France et l'Angleterre, après s'être écrasées de taxes pour développer de grandes forces, ont toujours refusé de faire ce qu'elles avaient annoncé ? Il y a, dans cette manière de comprendre la dignité nationale, une trace de notre éducation romaine. A l'époque où les peuples vivaient de pillage, il leur importait d'inspirer au loin de la terreur par l'aspect d'un grand appareil militaire. En est-il de même pour ceux qui fondent leurs progrès sur le travail ? — On reproche au peuple américain de manquer de dignité. Si cela est, ce n'est pas au moins dans sa politique extérieure, à laquelle une pensée traditionnelle de paix et de non intervention donne un caractère si imposant de justice et de grandeur.

Chacun chez soi, chacun pour soi, c'est la politique de l'Egoïsme ; voilà ce qu'on dira.. — Terrible objection, si elle avait le sens commun. — Oui, chacun chez soi, *en fait de force brutale ;* mais que les rayons de la force morale, intellectuelle et industrielle, émanés de chaque centre national, se croisent librement et dégagent, par leur contact, la lumière et la fraternité au profit de la race humaine. Il est bien étrange qu'on nous accuse d'Égoïsme, nous qui prenons toujours parti pour l'Expansion contre la Restriction. Notre principe est celui-ci : « Le moins de contact possible entre les gouvernements ; le plus de contact possible entre les peuples. » Pourquoi ? Parce que le contact des gouvernements compromet la Paix, tandis que le contact des peuples la garantit.

Sécurité extérieure. Oui, il y a là, j'en conviens, une question préjudicielle à résoudre. Sommes-nous ou ne sommes-nous pas menacés d'invasion ? Il y en a qui croient sincèrement au danger. Les rois, discut-ils, sont trop intéressés à éteindre en France le foyer révolutionnaire, pour ne pas l'inonder de leurs soldats, si elle désarmait. Ceux qui pensent ainsi ont raison de demander le maintien de nos forces. Mais qu'ils acceptent les conséquences. Si nous maintenons nos forces, nous ne pouvons diminuer sérieusement nos dépenses, nous ne devons pas adoucir les impôts, c'est même notre devoir de les aggraver, puisque les budgets se règlent chaque année en déficit. Si nous aggravons nos impôts, il est une chose dont nous ne sommes pas sûrs, c'est d'accroître nos recettes ; mais il en est une autre sur laquelle il n'y a pas de doute possible, c'est que nous engendrerons dans ce pays-ci la désaffection, la haine, la résistance, et nous n'aurons acquis la sécurité au dehors qu'aux dépens de la sécurité au dedans.

Pour moi, je n'hésiterai pas à voter le désarmement, parce que je ne crois pas aux invasions. D'où nous viendraient-elles ? De l'Espagne ? de l'Italie ? de la Prusse ? de l'Autriche ? c'est impossible. Restent l'Angleterre et la Russie. L'Angleterre ! elle a déjà fait cette expérience, et vingt-deux milliards de dettes, dont les travailleurs payent encore l'intérêt, sont une leçon qui ne peut être perdue. La Russie ! Mais c'est une chimère. Le contact avec la France n'est pas ce qu'elle cherche, mais ce qu'elle évite. Et si l'empereur Nicolas s'avisait de nous envoyer deux cent mille Moscovites, je crois sincèrement que ce que nous aurions de mieux à faire, ce serait de les bien accueillir, de leur faire goûter la douceur de nos vins, de leur montrer nos rues, nos magasins, nos musées, le bonheur du peuple, la douceur et l'égalité de nos lois pénales, après quoi nous leur dirions : Reprenez, le plus tôt possible, le chemin de vos steppes et allez dire à vos frères ce que vous avez vu.

Protection au commerce. Ne faut-il pas, dit-on, une puissante marine pour ouvrir des voies nouvelles à notre commerce et commander les marchés lointains ? — Vraiment les façons du gouvernement envers le commerce sont étranges. Il commence par l'entraver, le gêner, le restreindre, l'étouffer, et cela, à gros frais. Puis, s'il en échappe quelque parcelle, le voilà qui s'éprend d'une tendre sollicitude pour ces bribes qui ont réussi à passer au travers des mailles de la douane. Je veux protéger les négociants, dit-il, et pour cela j'arracherai 150 millions au public, afin de couvrir les mers de vaisseaux et de canons. — Mais, d'abord, les quatre-vingt-dix-neuf centièmes du commerce français se font avec des pays où notre pavillon n'a jamais paru ni ne paraîtra. Est-ce que nous avons des stations en Angleterre, aux États-Unis, en Belgique, en Espagne, dans le Zollwerein, en Russie? C'est donc de Mayotte et de Nossibé qu'il s'agit; c'est-à-dire qu'on nous prend, par l'impôt, plus de francs qu'il ne nous rentrera de centimes par ce commerce.

Et puis, qu'est-ce qui commande les débouchés? Une seule chose : *le bon marché*. Envoyez où vous voudrez des produits qui coûtent cinq sous de plus que les similaires anglais ou suisses, les vaisseaux et les canons ne vous les feront pas vendre. Envoyez-y des produits qui coûtent cinq sous de moins, vous n'aurez pas besoin pour les vendre de canons et de vaisseaux. Ne sait-on pas que la Suisse, qui n'a pas une barque, si ce n'est sur ses lacs, a chassé de Gibraltar même certains tissus anglais, malgré la garde qui veille à la porte? Si donc c'est le *bon marché* qui est le vrai protecteur du commerce, comment notre gouvernement s'y prend-il pour le réaliser? D'abord, il hausse par ses tarifs le prix des matières premières, de tous les instruments de travail, de tous les objets de consommation; ensuite, par voie de compensation, il nous accable d'impôts sous prétexte d'envoyer sa marine à la quête des débouchés. C'est de la barbarie, de la barbarie la plus barbare, et le temps n'est pas loin où l'on dira : Ces Français du xixᵉ siècle avaient de singuliers systèmes commerciaux, mais ils auraient dû au moins s'abstenir de se croire au *siècle des lumières*.

Équilibre européen. Il nous faut une armée pour veiller à l'équilibre européen. — Autant en disent les Anglais — et l'équilibre devient ce que le fait le vent des révolutions. Le sujet est trop vaste pour que je l'aborde ici. Je ne dirai qu'un mot. Méfions-nous de la métaphore, disait Paul-Louis, et il avait bien raison. La voilà qui se présente à nous, par trois fois, sous forme de balances. Nous avons d'abord la

Balance des puissances européennes — ensuite la *Balance des pouvoirs* — puis enfin la *Balance du commerce*. Pour énumérer les maux qui sont sortis de ces prétendues balances, il faudrait des volumes et je ne fais qu'une brochure.

Sécurité intérieure. Le pire ennemi de la logique, après la métaphore, c'est le cercle vicieux. Or, ici nous en rencontrons un vicieux au superlatif. « Écrasons le contribuable pour avoir une grande armée, puis ayons une grande armée pour contenir le contribuable. » 'est-ce pas là que nous en sommes? Quelle sécurité intérieure peut-on attendre d'un système financier qui a pour effet la désaffection générale, et pour résultat la banqueroute et ses suites politiques? Je crois, moi, que si on laissait respirer les travailleurs, s'ils avaient la conscience qu'on fait pour eux tout ce qu'on peut faire, les perturbateurs du repos public n'auraient à leur disposition que bien peu d'éléments de trouble. Certes, la garde nationale, la police et la gendarmerie suffiraient à les contenir. Mais enfin, il faut tenir compte des frayeurs particulières à l'époque où nous vivons. Elles sont bien naturelles et bien justifiées. Transigeons avec elles et accordons-leur deux cent mille hommes, jusqu'à des temps meilleurs. On voit que l'esprit de système ne me rend ni absolu ni entêté.

Récapitulons maintenant.

Nous avons ainsi formulé notre programme.:

DIMINUER LES IMPÔTS. — DIMINUER LES DÉPENSES DANS UNE PLUS FORTE PROPORTION.

Programme qui aboutit forcément à l'équilibre, non par le chemin de la détresse, mais par celui de la prospérité générale.

Nous avons proposé, dans la première partie de cet écrit, un dégrèvement de taxes diverses impliquant une perte de revenu de cent millions, comparativement au budget présenté par le cabinet.

Notre programme sera donc rempli, si nous faisons résulter des considérations précédentes une diminution de dépenses supérieure à cent millions.

Or, indépendamment des retranchements qu'il serait possible d'opérer sur plusieurs services, si seulement on avait un peu de foi dans la liberté, retranchements que je ne demande pas par respect pour l'opinion publique égarée, nous avons les *item* suivants :

1° *Frais de perception*. Dès l'instant que les impôts indirects sont adoucis, le stimulant à la fraude est émoussé. Il faut moins d'entraves, moins de formalités gênantes, moins de surveillance inquisitoriale, en un mot, moins d'employés. Ce qu'on peut faire, à cet égard, dans le seul service de la douane est énorme. — Posons 10 millions.

2° *Frais de justice criminelle*. Il n'y a pas, dans tout l'univers matériel, deux faits qui soient entre eux dans une connexité plus intime que la *misère* et le *crime*. Si donc, la mise à exécution de notre plan a pour effet nécessaire d'accroître le bien-être et le travail du peuple, il n'est pas possible que les frais de poursuite, de répression et de châtiment n'en soient diminués. — *Mémoire*.

3° *Assistance*. Il en faut dire autant de l'assistance, qui doit décroître en raison de l'accroissement du bien-être. — *Mémoire*.

4° *Affaires étrangères*. — La politique de non-intervention, celle que nos pères avaient acclamée en 89, celle que Lamartine eût inaugurée sans la pression de circonstances plus fortes que lui, celle que Cavaignac eût été fier de réaliser, cette politique entraîne la suppression de toutes les ambassades. C'est peu au point de vue financier. C'est beaucoup au point de vue politique et moral. — *Mémoire*.

5° *Armée*. Nous avons concédé 200,000 hommes aux exigences du moment. C'est 200 millions. Ajoutons-en 50 pour cas imprévus, retraites, traitements de disponibilité, etc.

Comparativement au budget officiel, l'économie est de 100 millions.

6° *Marine*. On demande 130 millions. Accordons-en 80 et rendons-en 50 aux contribuables. Le commerce ne s'en portera que mieux.

7° *Travaux publics*. Je ne suis pas grand partisan, je l'a-voue, d'économies qui ont pour résultat le sommeil ou la mort de capitaux engagés. Cependant, il faut s'incliner de-vant la nécessité. On nous demande 194 millions. Retran-chons-en 30.

Nous obtenons ainsi, sans trop d'efforts, en chiffres ronds, 200 millions d'économies sur les dépenses, — contre cent millions sur les recettes. Donc nous sommes sur le chemin de l'équilibre, et ma tâche est remplie.

Mais celle du cabinet et de l'Assemblée nationale com-mence. Et ici je dirai, en terminant, ma pensée tout en-tière.

Je crois que le plan proposé, ou tout autre fondé sur les mêmes principes, peut seul sauver la République, le pays, la société. Ce plan est lié dans toutes ses parties. Si vous n'en prenez que la première, — diminuer l'impôt, — vous allez aux révolutions par la banqueroute; si vous n'en pre-nez que la seconde, — diminuer la dépense, — vous allez aux révolutions par la misère. En l'adoptant dans son en-semble, vous évitez tout à la fois la banqueroute, la misère, les révolutions, et vous faites, par-dessus le marché, le bien du peuple. Il forme donc un système complet, qui doit triompher ou succomber tout entier.

Or, je crains qu'un plan unitaire et méthodique ne puisse jaillir de neuf cents cervelles. Il en peut bien sortir neuf cents projets qui se heurtent, mais non un qui triomphe.

Malgré le bon vouloir de l'Assemblée nationale, l'occa-sion est donc manquée et le pays perdu, si le cabinet ne s'empare vigoureusement de l'initiative.

Mais cette initiative, le cabinet la repousse. Il a présenté son budget, qui ne fait rien pour le contribuable et aboutit à un déficit effrayant. Puis il a dit : « Je n'ai pas à émettre des vues d'ensemble, je discuterai les détails quand le moment sera venu. » En d'autres termes : je livre au hasard, ou plutôt à des chances aussi effroyables que certaines, les destinées de la France.

Et cela, pourquoi? Le cabinet est composé pourtant d'hommes capables, patriotes, financiers. Il est douteux qu'aucun autre ministère eût pu mieux accomplir l'œuvre du salut commun.

Il ne l'essaye même pas. Et pourquoi? Parce qu'il est entré aux affaires avec une *Idée préconçue*. *Idée préconçue*! que j'aurais dû te placer, comme fléau de tout raisonnement et de toute conduite, par delà la métaphore et le cercle vicieux !

Le ministère s'est dit : « Il n'y a rien à faire avec cette Assemblée, je n'y aurais pas la majorité ! »

Je n'examine pas ici toutes les funestes conséquences de cette idée préconçue.

Quand on croit qu'une assemblée est un obstacle, on est bien près de vouloir la dissoudre.

Quand on veut la dissoudre, on est bien près de travailler, sinon de manœuvrer dans ce sens.

Ainsi de grands efforts se sont faits pour réaliser le mal, au moment où il était si urgent de les consacrer à faire du bien.

Le temps et les forces se sont usés dans un conflit déplorable. Et, je le dis la main sur la conscience, dans ce conflit, je crois que le cabinet avait tort.

Car enfin, pour régler son action ou plutôt son inertie sur cette donnée : Je n'aurai pas la majorité ; il fallait du moins proposer quelque chose d'utile, et attendre un refus de concours.

Le président de la République avait tracé une voie plus
sage quand il avait dit, le jour de son installation : « Je n'ai
aucune raison de croire que je ne serai pas d'accord avec
l'Assemblée nationale. »

Sur quoi donc s'est fondé le cabinet pour poser d'avance,
dans l'idée contraire, le point de départ de sa politique? Sur
ce que l'Assemblée nationale avait montré de la sympathie
pour la candidature du général Cavaignac.

Mais le cabinet n'a donc pas compris qu'il y a une chose
que l'Assemblée met cent fois et mille fois au-dessus du
général Cavaignac! C'est la volonté du peuple, exprimée
par le suffrage universel, en vertu d'une constitution qu'elle-
même avait formulée.

Et moi, je dis que, pour témoigner de son respect pour la
volonté du peuple et la constitution, nos deux ancres de
salut, elle eût été peut-être plus facile avec Bonaparte
qu'avec Cavaignac lui-même.

Oui, si le ministère, au lieu de débuter par élever le conflit, fût venu dire à l'Assemblée : « L'élection du 20 décembre ferme la période agitée de notre révolution. Maintenant, occupons-nous de concert du bien du peuple, de
réformes administratives et financières. » Je le dis avec
certitude, l'Assemblée l'aurait suivi avec passion, car elle a
la passion du bien et ne peut en avoir d'autre.

Maintenant l'occasion est perdue, et si nous ne la faisons
renaître, malheur à nos finances, malheur au pays, pendant
des siècles.

Eh bien! je crois que, si chacun oublie ses griefs et com-
prime ses rancunes, la France peut encore être sauvée.

Ministres de la République, ne dites pas : Nous agirons
plus tard. Nous chercherons des réformes avec une autre
Assemblée. — Ne dites pas cela, car la France est sur le
bord d'un gouffre. Elle n'a pas le temps de vous attendre.

Un ministère inerte par système! Mais cela ne s'est ja-

mais vu. Et quel temps choisissez-vous pour nous donner
ce spectacle? Il est vrai que le pays ruiné, blessé, meurtri,
ne s'en prend pas à vous de ses souffrances. Toutes ses
préventions sont tournées contre l'Assemblée nationale;
c'est assurément une circonstance aussi commode que rare
pour un cabinet. Mais ne savez-vous pas que toute prévention fausse est éphémère? Si, par une initiative vigoureuse,
vous aviez mis l'Assemblée en demeure et qu'elle eût refusé
de vous suivre, vous seriez justifiés et le pays aurait raison.
Mais vous ne l'avez pas fait. Il ne se peut pas que, tôt ou
tard, il n'ouvre les yeux, et si vous persistez à ne rien proposer, à ne rien essayer, à ne rien diriger; si, par suite, la
situation de nos finances devient irréparable, la Prévention
du moment pourra bien vous absoudre, l'Histoire ne vous
absoudra pas.

Il est maintenant décidé que l'Assemblée nationale fera
le budget. Mais est-ce qu'une assemblée de neuf cents membres, abandonnée à elle-même, peut accomplir une œuvre
si compliquée et qui exige tant de concordance entre toutes
ses parties? Du tumulte parlementaire il peut bien sortir
des tâtonnements, des velléités, des aspirations : il ne peut
sortir un plan de finances.

Telle est du moins ma conviction. S'il entre dans les vues
du cabinet de laisser flotter au hasard les rênes, qui ne lui
ont pas été sans doute confiées à cette fin ; s'il est résolu à
rester spectateur impassible et indifférent des vains efforts
de l'Assemblée, qu'elle se garde d'entreprendre une œuvre
qu'elle ne peut accomplir seule; qu'elle décline la responsabilité d'une situation qu'elle n'a pas faite.

Mais il n'en sera pas ainsi. Non, la France n'aura pas encore cette calamité à traverser. Le cabinet prendra énergiquement, sans arrière-pensée, avec dévouement, l'initiative
qui lui appartient. Il présentera un plan de réforme financière fondée sur ce double principe : DIMINUER LES IMPÔTS.

— DIMINUER LES DÉPENSES DANS UNE PLUS FORTE PROPORTION. Et l'Assemblée votera d'enthousiasme, sans s'éterniser et se perdre dans les détails.

Soulager le Peuple, faire aimer la République, fonder la Sécurité sur la sympathie populaire, combler le Déficit, relever la Confiance, ranimer le Travail, rétablir le Crédit, faire reculer la Misère, rassurer l'Europe, réaliser la Justice, la Liberté, la Paix, offrir au monde le spectacle d'un grand peuple qui n'a jamais été mieux gouverné que lorsqu'il s'est gouverné lui-même ; n'y a-t-il pas là de quoi éveiller la noble ambition d'un ministère et échauffer l'âme de celui qui porte l'héritage de ce nom : NAPOLÉON ! — Héritage, quelle que soit la gloire qui l'environne, où deux fleurons brillent par leur absence : PAIX ET LIBERTÉ !

Conséquences de la réduction sur l'impôt du sel.

(*Journal des Débats*, 1er janvier 1849.)

La réduction immédiate de l'impôt du sel a désorienté le cabinet sous un rapport; il y a de quoi. On est, dit-on, à la recherche d'impôts nouveaux pour combler le vide. Est-ce bien là ce que l'Assemblée a voulu ? Dégrever, ce ne serait qu'un jeu, et un de ces tristes jeux où tout le monde perd. Quelle est donc la signification de son vote ? La voici : Les dépenses vont toujours croissant ; il n'y a qu'un moyen de forcer l'État à les réduire, c'est de le mettre dans l'impossibilité absolue de faire autrement.

Le moyen qu'elle a pris est héroïque, il faut en convenir. Ce qu'il y a de plus grave encore, c'est que la réforme du sel avait été précédée de la réforme des postes, et sera suivie probablement de la réforme des boissons.

Le ministère est désorienté. Eh bien ! moi je dis que l'Assemblée ne pouvait lui faire une plus belle position. Voilà, pour lui, une occasion admirable, et pour ainsi dire providentielle, d'entrer dans une voie nouvelle, d'en finir avec la fausse philanthropie et les passions belliqueuses; et, convertissant son échec en triomphe, de faire sortir la sécurité, la confiance, le crédit, la prospérité, d'un vote qui semblait les compromettre, et de fonder enfin la politique républicaine sur ces deux grands principes : Paix et liberté.

Après la résolution de l'Assemblée, je m'attendais, je l'avoue, à ce que le président du conseil montât à la tribune, et y tînt à peu près ce langage :

« Citoyens représentants,

« Votre vote d'hier nous montre une nouvelle voie ; bien plus, il nous *force* d'y entrer.

« Vous savez combien la révolution de Février avait éveillé d'espérances chimériques et de systèmes dangereux. Ces espérances, ces systèmes, revêtus des fausses couleurs de la philanthropie, et pénétrant dans cette enceinte sous forme de projets de loi, n'allaient à rien moins qu'à ruiner la liberté et à engloutir la fortune publique. Nous ne savions quel parti prendre. Repousser tous ces projets, c'était heurter l'opinion populaire momentanément exaltée ; les admettre, c'était compromettre l'avenir, violer tous les droits, et fausser les attributions de l'État. Que pouvions-nous faire? Atermoyer, transiger, composer avec l'erreur, donner une demi-satisfaction aux utopistes, éclairer le peuple par la dure leçon de l'expérience, créer des administrations avec l'arrière-pensée de les anéantir plus tard, ce qui n'est pas facile. Maintenant, grâce à l'Assemblée, nous voici à l'aise. Ne venez plus nous demander de monopoliser l'instruction, de monopoliser le crédit, de commanditer l'agriculture, de privilégier certaines industries, de systématiser l'aumône. Nous en avons fini avec la mauvaise queue du socialisme. Votre vote a porté le coup mortel à ses rêveries. Nous n'avons plus même à les discuter ; car à quoi mènerait la discussion, puisque vous nous avez ôté les moyens de faire ces dangereuses expériences? Si quelqu'un sait le secret de faire de la philanthropie officielle sans argent, qu'il se présente ; voici nos portefeuilles, nous les lui céderons avec joie. Tant qu'ils resteront en nos mains, dans la nouvelle position qui nous est faite, il ne nous reste qu'à proclamer, comme principe de notre politique intérieure, LA LIBERTÉ, la liberté des arts, des sciences, de l'agriculture, de l'industrie, du travail, de l'échange, de la presse, de l'enseignement ; car la liberté est le seul système compatible avec un budget réduit. Il faut de l'argent à l'État pour réglementer et opprimer. Point d'argent, point de réglementation. Notre rôle, fort peu dispendieux, se bornera désormais à réprimer les abus, c'est-à-dire à empêcher que la liberté d'un citoyen ne s'exerce aux dépens de celle d'un autre.

« Notre politique extérieure n'est pas moins indiquée et *forcée*.
Nous tergiversions, nous tâtonnions encore ; maintenant nous sommes
irrévocablement fixés, non par choix seulement, mais par nécessité.
Heureux, mille fois heureux que cette nécessité nous impose justement la politique que nous aurions adoptée par choix ! Nous sommes
résolus à réduire notre état militaire. Remarquez bien qu'il n'y a
pas à raisonner là-dessus, il faut agir ; car nous sommes placés entre
le désarmement et la banqueroute. De deux maux, dit-on, il faut
choisir le moindre. Ici, il n'y a à choisir, selon nous, qu'entre un
bien immense et un mal effroyable ; et cependant, hier encore ce
choix ne nous était pas facile : la fausse philanthropie, les passions
belliqueuses nous faisaient obstacle ; il fallait compter avec elles. Aujourd'hui elles sont forcément réduites au silence ; car, quoiqu'on
dise que la passion ne raisonne pas, néanmoins elle ne peut dérai-
sonner au point d'exiger que nous fassions la guerre sans argent.
Nous venons donc proclamer à cette tribune le fait du désarmement,
et comme conséquence, comme principe de notre politique extérieure, la non-intervention. Que l'on ne nous parle plus de prépondérance, de prépotence ; qu'on ne nous montre plus comme champ de
gloire et de carnage la Hongrie, l'Italie, la Pologne. Nous savons ce
qu'on peut dire pour ou contre la propagande armée, quand on a le
choix. Mais vous ne disconviendrez pas que, quand on ne l'a plus, la
controverse est superflue. L'armée va être réduite à ce qui est nécessaire pour garantir l'indépendance du pays, et du même coup, toutes
les nations pourront compter désormais, en ce qui nous concerne, sur
leur indépendance. Qu'elles réalisent leurs réformes comme elles l'en-
tendront ; qu'elles n'entreprennent que ce qu'elles peuvent accomplir.
Nous leur faisons savoir hautement et définitivement, qu'aucun des
partis qui les divisent n'ont plus à compter sur le concours de nos
baïonnettes. Que dis-je ? ils n'a pas même besoin de nos protesta-
tions, car ces baïonnettes vont rentrer dans le fourreau, ou plutôt,
pour plus de sûreté, se convertir en charrues. J'entends des interruptions descendre de ces bancs, vous dites : C'est la politique du chacun
chez soi, chacun pour soi. Hier encore nous aurions pu discuter la
valeur de cette politique, puisque nous étions libres d'en adopter une
autre. Hier, j'aurais invoqué des raisons. J'aurais dit : Oui, chacun
chez soi, chacun pour soi, autant qu'il s'agit de force brutale. Ce
n'est pas à dire que les liens des peuples seront brisés. Ayons avec
tous des relations philosophiques, scientifiques, artistiques, littéraires,
commerciales. C'est par là que l'humanité s'éclaire et progresse. Mais
des rapports à coups de sabre et de fusil, je n'en veux pas. Parce que

des familles parfaitement unies ne vont pas les unes chez les autres
à main armée, dire qu'elles se conduisent sur la maxime *chacun
chez soi*, c'est un étrange abus de mots. D'ailleurs, que dirions-nous
si, pour terminer nos dissensions, lord Palmerston nous envoyait des
régiments anglais? Le rouge de l'indignation ne nous monterait-il
pas au front? Comment donc refusons-nous de croire que les autres
peuples chérissent aussi leur dignité et leur indépendance? Voilà ce
que j'aurais dit hier, car quand on a le choix entre deux politiques, il
faut justifier par des raisons celle qu'on préfère. Aujourd'hui je
n'invoque que la nécessité, parce que l'option ne nous appartient
plus. La majorité, qui nous a refusé les recettes pour nous forcer à diminuer les dépenses, ne sera pas assez inconséquente pour nous imposer une politique ruineuse. Si quelqu'un, sachant que l'impôt des
postes, du sel et des boissons va être considérablement réduit; sachant que nous sommes en présence d'un déficit de 500 millions, a
encore l'audace de proclamer le principe de la propagande armée,
qui, menaçant l'Europe, nous force, même en temps de paix, à des
efforts ruineux, qu'il se lève et prenne ce portefeuille. Quant à nous,
nous n'assumerons pas la honte d'une telle puérilité. Donc dès aujourd'hui la politique de la non-intervention est proclamée. Dès aujourd'hui des mesures sont prises pour licencier une partie de l'armée. Dès aujourd'hui des ordres partent pour supprimer d'inutiles
ambassades.

« Paix et liberté! voilà la politique que nous eussions adoptée par
conviction. Nous remercions l'Assemblée de nous en avoir fait une
nécessité absolue et évidente. Elle fera le salut, la gloire et la prospérité
de la République; elle marquera nos noms dans l'histoire. »

Voilà, ce me semble, ce qu'eût dû dire le cabinet actuel. Sa parole
eût rencontré l'universel assentiment de l'Assemblée, de la France et de
l'Europe.

DISCOURS

SUR L'IMPOT DES BOISSONS [1].

---

o

Citoyens représentants,

Je voulais aborder la question de l'impôt des boissons telle qu'elle me paraissait se poser dans toutes vos consciences, c'est-à-dire au point de vue de la nécessité financière et politique. Je croyais, en effet, que la nécessité était le seul motif invoqué à l'appui du maintien de cet impôt ; je croyais qu'à vos yeux il réunissait tous les caractères auxquels la science enseigne à reconnaître les mauvais impôts ; je croyais qu'il était admis que cet impôt est injuste, inégal, d'une perception accompagnée de formalités vexatoires. Mais, puisque ces reproches dirigés contre l'impôt, depuis son établissement, par tous les hommes d'État, sont aujourd'hui contestés, j'en dirai seulement quelques mots, très-rapidement.

D'abord, nous prétendons que l'impôt est injuste, et nous nous fondons sur ceci : Voilà des terres qui sont à côté les unes des autres, et qui sont assujetties à un impôt foncier, à un impôt direct ; ces terres sont classées, comparées entre elles et taxées selon leur valeur ; ensuite cha-

---

[1] Cette improvisation fut prononcée à l'Assemblée législative le 12 décembre 1849.

(Note de l'éditeur.)

cun peut y faire croître ce qu'il veut; les uns du blé, les
'autres, des herbages, les autres, des œillets et des roses,
d'autres, du vin.

Eh bien, de tous ces produits, il y en a un, il y en a un seul
qui, une fois entré dans la circulation, est grevé d'un impôt
qui rend au Trésor 106 millions. Tous les autres produits
agricoles sont affranchis de cette taxe.

On peut dire que l'impôt est utile, nécessaire, ce n'est pas
la question que j'aborde ; mais on ne peut pas dire qu'il ne
soit injuste, au point de vue du propriétaire.

Il est vrai qu'on dit que l'impôt ne retombe pas sur le
producteur. C'est ce que j'examinerai tout à l'heure.

Nous disons ensuite que l'impôt est mal réparti.

En vérité, j'ai été fort surpris que cela ait été contesté,
car enfin... (Interruption.)

Un membre à droite. Parlez un peu plus haut!

M. LE PRÉSIDENT. J'invite l'Assemblée au silence.

M. F. BASTIAT. Je veux même abandonner cet argument
pour aller plus vite.

Voix diverses. Parlez ! parlez !

M. F. BASTIAT. Il me semble que la chose est tellement
claire, qu'il est tellement évident que l'impôt est mal réparti, que véritablement on est embarrassé de le démontrer.

Quand on voit, par exemple, qu'un homme qui, dans une
orgie, boit pour 6 francs de vin de Champagne, paye le
même impôt que l'ouvrier, qui a besoin de réparer ses
forces pour le travail, et boit pour 6 sous de vin commun,
il est impossible de dire qu'il n'y a pas une inégalité, une
monstruosité dans la répartition de l'impôt sur les boissons.
(Très-bien !)

On a presque fait un calcul infinitésimal pour établir que
l'impôt est peu de chose, que ce sont des fractions de
centime, et qu'on ne devrait pas en tenir compte. C'est ainsi

v.   27

qu'on met sur le dos d'une classe de citoyens 100 millions
d'un impôt inique, en leur disant : Ce n'est rien ; vous devez
vous estimer fort heureux ! Les hommes qui invoquent cet
argument devraient vous dire ceci : Nous exerçons telle industrie, et nous sommes tellement convaincus que l'impôt,
en se divisant, est insensible pour le consommateur sur
lequel il retombe, que nous nous assujettissons nous-mêmes à l'impôt indirect et à l'exercice, relativement à l'industrie que nous professons. Le jour où ces hommes viendraient
déclarer cela à cette tribune, je dirais : Ils sont sincères
dans leur défense de l'impôt sur les boissons.

Mais enfin voici des chiffres. Dans le département de
l'Ain, le prix moyen des vins en gros est de 11 fr. ; le prix
moyen de la vente, au détail, est de 41 fr. Voilà un écart
considérable ; il est évident que celui qui peut acheter du
vin en gros paye 11 fr., et que celui qui est obligé d'aller
l'acheter au détail paye 41 fr. Entre 11 et 41 fr., la différence est de 30 fr. (Interruption.)

Un membre à droite. Ce n'est pas l'impôt qui fait cette
différence ; il en est de même pour toutes les marchandises.

M. LE PRÉSIDENT. M. de Charancey a fait ses calculs, laissez l'orateur faire les siens.

M. F. BASTIAT. Je pourrais citer d'autres départements ;
j'ai pris le premier sur la liste. Sans doute, il y a le bénéfice du débitant ; mais l'impôt entre pour une proportion
considérable dans un tel écart.

On a cherché à prouver des choses si extraordinaires, depuis deux jours, que vraiment je ne serais pas étonné que
l'on cherchât à prouver celle-ci, que l'impôt ne nuit à personne, ni au producteur, ni au consommateur. Mais alors
imposons tout, non-seulement les vins, mais *tous* les produits !

Je dis ensuite que l'impôt est d'une perception très-dis-

pendieuse. Je n'invoquerai pas de chiffres pour le prouver;
par les chiffres on prouve beaucoup de choses. Quand on
avance des chiffres à cette tribune, on croit leur donner une
autorité très-grande en disant : ce sont des chiffres officiels.
Mais les chiffres officiels trompent comme les autres; cela
dépend de l'emploi qu'on en fait.

Le fait est que, lorsque nous voyons le territoire de la
France tout entière couvert d'agents, et d'agents bien rétribués, pour la perception de cet impôt, il est bien permis
de croire que cette perception coûte fort cher.

Enfin, nous disons que cet impôt est accompagné, dans
sa perception, de formalités vexatoires. C'est un point que
les orateurs qui m'ont précédé à cette tribune n'ont pas
abordé. Cela ne m'étonne pas, car ils appartiennent tous ou
presque tous à des départements qui ne cultivent pas la
vigne. S'ils habitaient nos départements, ils sauraient que
les griefs des propriétaires de vignes contre l'impôt des
boissons sont moins dirigés contre l'impôt lui-même, contre
son chiffre, que contre ces formalités gênantes, vexatoires
et dangereuses, contre les pièges à chaque instant tendus
sous leurs pas. (Approbation à gauche.)

Tout le monde comprend que, lorsque l'on conçut cette
pensée si extraordinaire, cette immense utopie, car c'en
était une grande alors, d'établir un droit sur la circulation
des vins, sans qu'un inventaire préalable eût été fait; tout le
monde, dis-je, comprend qu'il a fallu, pour assurer la perception de ce droit, imaginer le code le plus préventif, le
plus vexatoire même; car autrement, comment aurait-on
fait? Il faut que, chaque fois qu'une pièce de vin circule sur
la surface du territoire, il y ait là un employé pour savoir si
elle est en règle ou non. Cela ne peut se faire sans une
armée d'employés et une foule de vexations, contre lesquelles, je le répète, les contribuables protestent plus encore que contre la taxe elle-même.

L'impôt des boissons a une autre conséquence très-grave que je n'ai pas entendu signaler à cette tribune.

L'impôt des boissons a jeté la perturbation dans ce grand phénomène économique que l'on appelle la division du travail. Autrefois on cultivait les vins dans les terres qui sont propres à cette culture, sur les coteaux, sur les graviers ; on cultivait le blé sur les plateaux, dans les plaines, sur les terrains d'alluvion. Au commencement, on avait imaginé l'inventaire ; mais ce mode de perception d'impôt souleva tous les propriétaires. Ils invoquèrent le droit de propriété ; et, comme ils étaient trois millions, ils furent écoutés. Alors on rejeta le fardeau sur les cabaretiers ; et, comme ils n'étaient que trois cent mille, il fut déclaré, en principe, que la propriété de 300,000 hommes n'était pas aussi bien une propriété que celle de trois millions d'hommes, quoique cependant la propriété n'ait, selon moi, qu'un seul principe.

Mais quel fut le résultat pour les propriétaires? je crois que les propriétaires portent eux-mêmes le poids de la faute et de l'injustice qu'ils commirent alors. Comme ils avaient la faveur de consommer leurs produits sans payer de taxe, il arriva que, soit pour se soustraire à la taxe, soit pour se soustraire surtout et avant tout aux formalités et aux risques que cette perception fait courir, les propriétaires des plaines, des alluvions, voulurent tous avoir du vin chez eux pour leur consommation. Dans le département que je représente ici, ou du moins dans une grande partie de ce département, je puis affirmer qu'il n'y a pas une métairie où l'on ne plante assez de vignes pour la consommation de la famille : ces vignes produisent du vin très-mauvais, mais cela offre l'immense avantage d'être délivré de l'intervention des contributions indirectes et de tous les risques qui s'attachent à ses visites.

Ce fait explique, jusqu'à un certain point, l'accroissement

que l'on a signalé dans la plantation des vignes. On retourne beaucoup cet accroissement contre les plaintes des propriétaires, qui se prétendent victimes d'une injustice ; on a l'air de leur dire : Cette injustice ne compte pas, elle n'est rien, puisqu'on plante des vignes en France.

D'abord, je voudrais bien qu'on me citât une industrie qui, depuis 1788 jusqu'à 1850, dans l'espace de soixante-deux ans, ne se soit pas développée dans cette proportion. Je voudrais savoir, par exemple, si l'industrie de la houille, si l'industrie du fer, si l'industrie du drap ne se sont pas développées dans cette proportion. Je voudrais savoir s'il y a aucune industrie dont on puisse dire qu'elle ne s'est pas accrue d'un quart dans l'espace de soixante ans. Serait-il donc bien étonnant qu'en suivant sa marche naturelle, l'industrie la plus enracinée de notre sol, l'industrie qui pourrait fournir de ses produits l'univers entier, se fût augmentée dans cette proportion? Mais cet accroissement, messieurs, est provoqué par la loi elle-même. C'est la loi qui fait que l'on arrache la vigne sur les coteaux et qu'on en plante dans les plaines, pour se soustraire aux vexations des contributions indirectes. C'est là une perturbation énorme, manifeste.

Je vous prie de me permettre d'appeler toute votre attention sur un fait presque local, puisqu'il ne concerne qu'un seul arrondissement, mais qui a une grande importance, au moins à mes yeux, parce qu'il se rattache à une loi générale.

Ce fait, messieurs, servira aussi à répondre à cet argument qu'on a porté à cette tribune, quand, invoquant l'autorité d'Adam Smith, on a dit que l'impôt retombe toujours sur le consommateur; d'où il résulte que, depuis quarante ans, tous les propriétaires de vignobles de France ont tort de se plaindre et ne savent ce qu'ils disent. Oui, je suis de ceux qui croient que l'impôt retombe sur le consommateur; j'ajoute cependant cette parenthèse : c'est à la longue, avec

beaucoup de temps, quand toutes les propriétés ont changé
de mains, à la suite d'arrangements économiques qui sont
longs à se faire, que ce grand résultat est atteint ; et, pendant tout le temps que dure cette révolution, les souffrances
peuvent être très-grandes, énormes. Je vais en citer un
exemple.

Dans mon arrondissement, qui est vinicole, il y avait autrefois une très-grande prospérité ; l'aisance était générale ;
on cultivait la vigne ; le vin était consommé soit sur les lieux,
soit dans les plaines environnantes, où l'on ne cultivait pas
la vigne, soit à l'étranger, dans le nord de l'Europe.

Tout à coup, la guerre des douanes, d'un côté, la guerre
des octrois, de l'autre, et les droits réunis sont venus et ont
déprécié la valeur de ce vin.

Le pays dont je parle était cultivé tout entier, surtout en
ce qui concerne la vigne, par des métayers. Le métayer avait
la moitié, le propriétaire, l'autre moitié du produit. La superficie des métairies était cultivée de telle sorte qu'un métayer et sa famille pouvaient vivre du produit de la moitié
du vin qui leur revenait ; mais la valeur du vin se trouvant
dépréciée, il est arrivé que le métayer n'a plus pu vivre
avec sa portion. Alors il s'est adressé à son propriétaire et
il lui a dit : Je ne puis plus cultiver votre vigne si vous ne
me nourrissez pas. Le propriétaire lui a donné du maïs pour
vivre, et puis, au bout de l'année, il a pris toute la récolte
pour se rembourser de ses avances. La récolte n'ayant pas
suffi au recouvrement de ses avances, le contrat s'est modifié non pas devant le notaire, mais de fait ; le propriétaire a
eu des ouvriers auxquels il n'a donné, pour tout prix de
leur travail, que leur nourriture en maïs.

Mais il a fallu sortir de cet état de choses, et voici comment la révolution s'est opérée. On a agrandi les métairies,
c'est-à-dire que de trois on en a fait deux, ou de deux une ;
puis, en arrachant quelques champs de vigne, et en mettant

du maïs à la place, on a dit : Avec ce maïs le métayer pourra vivre, et le propriétaire ne sera plus obligé de lui donner de quoi suffire à sa subsistance.

Sur tout le territoire, on a donc vu abattre des maisons et détruire des métairies. La conséquence, c'est qu'on a détruit autant de familles que de métairies ; la dépopulation a été énorme, et, depuis vingt-cinq ans, le nombre des décès a dépassé celui des naissances.

Sans doute, quand la révolution se sera complétement faite, quand les propriétaires auront acheté pour 10,000 fr., ce qu'ils payaient autrefois 30,000 fr., quand le nombre des métayers sera réduit au niveau des moyens de subsistance que le pays peut fournir, alors je crois que la population ne pourra plus s'en prendre à l'impôt des boissons ; la révolution se sera faite, l'impôt retombera sur le consommateur ; mais cette révolution se sera faite au prix de souffrances qui auront duré un siècle ou deux.

Je demande si c'est pour cela que nous faisons des lois. Je demande si nous prélevons des impôts pour tourmenter les populations, pour les forcer de transporter le travail du coteau à la plaine et de la plaine au coteau. Je demande si c'est là le but de la législation. Quant à moi, je ne le crois pas.

Mais, messieurs, nous avons beau attaquer l'impôt, dire qu'il est inégal, vexatoire, dispendieux, injuste, il y a une raison devant laquelle tout le monde courbe la tête : c'est la nécessité. C'est la nécessité qu'on invoque ; c'est la nécessité qui vous engage à porter à cette tribune des paroles pour justifier l'impôt ; c'est la nécessité, rien que la nécessité qui vous détermine. On craint les embarras financiers, on craint les résultats d'une réforme (car je puis bien l'appeler une réforme) qui aurait pour conséquence immédiate de soustraire 100 millions au Trésor public : c'est donc de la nécessité que je veux parler.

Messieurs, la nécessité, j'en conviens, elle existe, elle est très-pressante. Oui, le bilan, non pas de la France, mais du gouvernement français, peut se faire en bien peu de mots. Depuis vingt ou vingt-cinq ans, les contribuables fournissent au Trésor une somme qui, je crois, a doublé dans cet espace de temps. Les gouvernements qui se sont succédé ont trouvé le moyen de dévorer la somme première, l'excédant fourni par les contribuables; d'ajouter une dette publique de 1 milliard ou de 2 milliards; d'arriver, à l'entrée de l'année, avec un déficit de 5 à 600 millions; enfin de commencer l'année prochaine avec un découvert assuré de 300 millions.

Voilà où nous en sommes. Je crois que cela vaut bien la peine de se demander quelle est la cause de cet état de choses, et s'il est bien prudent, en face de cette situation, de venir nous dire que, ce qu'il y a de mieux à faire, c'est de rétablir tout juste les choses comme elles étaient avant; c'est de ne rien changer ou presque rien, ou d'une manière imperceptible, à notre système financier, soit du côté des recettes, soit du côté des dépenses. Il me semble voir un ingénieur, qui a lancé une locomotive et qui est arrivé à une catastrophe, découvrir ensuite où est le vice, où est le défaut, et, sans s'en préoccuper davantage, la remettre sur les mêmes rails, et courir une seconde fois le même danger. (Approbation à gauche.)

Oui, la nécessité existe; mais elle est double. Il y a deux nécessités.

Vous ne parlez que d'une nécessité, monsieur le ministre des finances; mais je vous en signalerai une autre, et elle est très-grave; je la crois même plus grave que celle dont vous parlez. Cette nécessité est renfermée dans un seul mot : la révolution de Février.

Il est intervenu, par suite des abus (car je puis appeler abus tout ce qui a conduit nos finances à l'état où elles sont maintenant), il est intervenu un fait; ce fait, on l'a caractérisé

quelquefois en disant que c'était une surprise. Je ne crois
pas que ce fût une surprise. Il est possible que le fait extérieur soit le résultat d'un accident qui aurait été arrêté.....

M. Barthélemy Saint-Hilaire. Retardé !

Plusieurs autres membres à gauche. Oui ! oui ! retardé.

M. Bastiat. Mais les causes générales ne sont pas du tout
fortuites. C'est absolument comme si vous me disiez, —
alors qu'une brise, en passant, a fait tomber un fruit de son
arbre, — que, si on avait pu empêcher la brise de passer,
le fruit ne serait pas tombé. Oui, mais à une condition, c'est
que le fruit n'eût pas été pourri et rongé. (Approbation à
gauche.) Ce fait est arrivé, ce fait a donné une puissance
politique à la masse entière de la population ; c'est un fait
grave.

M. Fould, *ministre des finances.* Pourquoi le gouvernement provisoire n'a-t-il pas supprimé l'impôt des boissons ?

M. Bastiat. Il ne m'a pas consulté, il ne m'a pas soumis
de projet de loi, je n'ai pas été appelé à lui donner des
conseils ; mais nous avons ici un projet, et en repoussant
votre projet, il m'est bien permis de vous dire sur quels
motifs je me fonde. Je me fonde sur celui-ci : il pèse sur
votre tête, non pas une nécessité, mais deux ; la seconde
nécessité, aussi impérieuse que la première, c'est de faire
justice à tous les citoyens. (Assentiment à gauche.)

Eh bien ! je dis qu'après la révolution qui s'est faite, vous
devez vous préoccuper de l'état politique où est la France,
et que cet état politique est déplorable, permettez-moi le
mot ; je n'attribue pas cela aux hommes qui gouvernent
aujourd'hui, cela remonte haut.

Est-ce qu'en France vous ne voyez pas une bureaucratie
devenue aristocratie dévorer le pays ? L'industrie périt, le
peuple souffre. Je sais bien qu'il cherche le remède dans
des utopies folles ; mais ce n'est pas une raison pour leur

ouvrir la perte en laissant subsister des injustices criantes, comme celles que je signale à cette tribune.

Je crois qu'on ne se préoccupe pas assez de l'état de souffrance dans lequel se trouve ce pays et des causes qui ont amené cet état de souffrance. Ces causes sont dans ces 1,500 millions prélevés sur un pays qui ne peut les payer.

Je vous supplie de faire une réflexion bien triviale, mais enfin je la fais souvent. Je me demande ce que sont devenus mes amis d'enfance et mes camarades de collége. Et savez-vous quelle est la réponse ? Sur vingt, il y en a quinze qui sont fonctionnaires ; et je suis persuadé que si vous faites le calcul, vous arriverez au même résultat. (Rires approbatifs à gauche.)

M. Bérard. C'est là la cause des révolutions.

M. Bastiat. Je me fais encore une autre question, c'est celle-ci :

En les prenant un à un, en bonne conscience, rendent-ils au pays des services réels équivalant à ce que le pays leur paye ? Et presque toujours je suis forcé de répondre : Il n'en est pas ainsi.

N'est-il pas déplorable que cette masse énorme de travail, d'intelligence, soit soustraite à la production réelle du pays pour alimenter des fonctionnaires inutiles et presque toujours nuisibles ? Car, en fait de fonctionnaires publics, il n'y a pas de neutralité : s'ils ne sont pas très-utiles, ils sont nuisibles ; s'ils ne maintiennent pas la liberté des citoyens, ils l'oppriment. (Approbation à gauche.)

Je dis que cela crée au gouvernement une nécessité, une nécessité immense. Quel est le plan qu'on nous propose ? Je le dis franchement, si le ministre était venu dire : Il faut maintenir l'impôt pendant quelque temps ; mais voici une réforme financière que je propose ; la voici dans son ensemble ; seulement il faut une certaine période pour qu'elle puisse aboutir, il faut quatre ou cinq ans, nous ne pouvons pas tout faire à la fois ; j'aurais compris cette nécessité, et j'aurais pu y céder.

Mais il n'y a rien de cela ; on nous dit : Rétablissons l'impôt des boissons. Je ne sais même pas si l'on ne nous fait pas pressentir qu'on rétablira l'impôt du sel et celui de la poste.

Quant à vos diminutions de dépenses, elles sont dérisoires : c'est 3 ou 4,000 soldats de plus ou de moins ; mais c'est le même système financier, qui me semble ne pouvoir plus tenir dans ce pays sans le perdre. (Nouvelle approbation à gauche.)

Messieurs, il est impossible de traiter ce sujet sans le traiter à ce point de vue. La France sera-t-elle perdue, dans un très-court espace du temps ? car j'oserai demander à M. le ministre des finances combien de temps il croit pouvoir prolonger ce système. Ce n'est pas tout que d'aboutir à la fin de l'année, en équilibrant tant bien que mal les recettes et les dépenses ; il faut savoir si cela peut continuer.

Mais, à ce point de vue, je suis obligé de traiter la question de l'impôt en général. (Marques d'impatience à droite.)

Voix nombreuses. Parlez ! parlez !

M. LE PRÉSIDENT. Vous êtes dans la question.

M. BASTIAT. Je crois, messieurs, que j'ai le droit de venir ici, sous ma responsabilité, exprimer même des idées absurdes. D'autres orateurs sont venus apporter ici leurs idées, et j'ose croire que leurs idées n'étaient pas plus claires que les miennes. Vous les avez écoutés avec patience ; vous n'avez pas accueilli le plan de liquidation générale de M. Proudhon, non plus que le phalanstère de M. Considérant ; mais vous les avez écoutés ; vous avez été plus loin : par l'organe de M. Thiers, vous avez dit que quiconque croyait avoir une pensée utile était obligé de

l'apporter à cette tribune. Eh bien ! lorsqu'on dit : Parlez !
lorsqu'on jette une espèce de défi, il faut au moins écouter.
(Très-bien ! très-bien !)

Messieurs, dans ces derniers temps, on s'est beaucoup
préoccupé de la question de l'impôt. L'impôt doit-il être
direct ou indirect ?

Tout à l'heure nous avons entendu faire l'éloge de l'impôt
indirect.

Eh bien ! moi, c'est contre l'impôt indirect en général
que je viens m'élever.

Je crois qu'il y a une loi de l'impôt qui domine toute la
question, et que je renferme dans cette formule : L'inégalité de l'impôt est en raison de sa masse. Je veux dire par là
que plus un impôt est léger, plus il est facile de le répartir
équitablement ; que plus, au contraire, il est lourd, plus,
malgré toute la bonne volonté du législateur, il tend à se
répartir inégalement, plus, comme on pourrait le dire, il
tend à devenir progressif au rebours, c'est-à-dire à frapper
les citoyens en raison inverse de leurs facultés. Je crois que
c'est une loi grave, inévitable ; et ses conséquences sont
tellement importantes, que je vous demande la permission
de l'éclaircir.

Je suppose que la France fût gouvernée depuis longtemps
par un système qui est le mien, qui consisterait à ce que le
gouvernement maintînt chaque citoyen dans la limite de
ses droits et de la justice, et qu'il abandonnât le reste à la
responsabilité de chacun. Je suppose cela. Il est aisé de
voir qu'alors la France pourrait être gouvernée avec 200
ou 300 millions. Il est clair que si la France était gouvernée
avec 200 millions, il serait facile d'établir une taxe unique
et proportionnelle. (Bruit.)

Cette hypothèse que je fais, elle aura sa réalité ; seulement, la question est de savoir si elle l'aura en vertu de la

prévoyance du législateur ou en vertu d'éternelles convulsions politiques. (Approbation à gauche.)

L'idée ne m'appartient pas ; si elle m'appartenait, je m'en défierais ; mais nous voyons que tous les peuples du monde sont plus ou moins heureux selon qu'ils se rapprochent ou s'écartent de la réalisation de cette idée. Elle est réalisée d'une manière à peu près complète aux États-Unis.

Dans le Massachusets, on ne connaît d'autre impôt que l'impôt direct, unique et proportionnel ; par conséquent, s'il en était ainsi, et il est aisé de le comprendre, car je n'élucide que le principe, rien ne serait plus facile que de demander aux citoyens une part proportionnelle à leurs valeurs réalisées ; ce serait si peu de chose que nul ne serait intéressé à cacher, dans une grande proportion au moins, sa fortune pour y échapper.

Voilà la première partie de mon axiome.

Mais si vous demandez aux citoyens, non pas 200 millions, mais 500, 600, 800 millions ; alors, à mesure que vous augmentez l'impôt, l'impôt direct vous échappe, et il est évident que vous arrivez à un moment où un citoyen prendrait plutôt le fusil que de payer à l'État, par exemple, la moitié de sa fortune.

Un membre. Comme dans l'Ardèche.

M. BASTIAT. Alors on ne vous payera pas. Que faut-il donc faire ? Il faut avoir recours aux impôts indirects ; c'est ce qui a lieu partout où l'on a voulu faire de grandes dépenses. Partout, dès que l'État veut donner aux citoyens toutes sortes de bienfaits, l'instruction, la religion, la moralité, on est obligé de donner à cet État des taxes indirectes considérables.

Eh bien ! je dis que lorsqu'on est dans cette voie l'on tombe dans l'inégalité des impôts. L'inégalité provient toujours des taxes indirectes elles-mêmes. La raison en est simple. Si la dépense était restreinte dans certaines limites,

on pourrait très-certainement trouver certains impôts indirects qui blesseraient l'égalité, mais qui ne blesseraient
pas le sentiment de la justice, parce que ce seraient des
impôts somptuaires; mais lorsqu'on veut prélever beaucoup
d'argent, alors on émet un principe vrai, dans l'hypothèse
où je me place, en disant que le meilleur impôt est celui
qui frappe les objets de la consommation la plus générale.
C'est un principe que tous nos financiers et tous nos hommes
d'Etat avouent. Et, en effet, il est très-conséquent dans
les gouvernements où il s'agit de prendre le plus d'argent
au peuple; mais alors vous arrivez à l'inégalité la plus
choquante.

Qu'est-ce que c'est qu'un objet dont la consommation est
très-générale? C'est un objet que le pauvre consomme dans
la même proportion que le riche; c'est un objet sur lequel
l'ouvrier dépense tout son salaire.

Ainsi, un agent de change gagne 500 fr. par jour, un ouvrier gagne 500 fr. par an; et la justice voudrait que les
500 fr. de l'agent de change fournissent autant au Trésor que
les 500 fr. de l'ouvrier. Mais il n'en est pas ainsi; car l'a-
gent de change achètera des tentures, des bronzes, des objets de luxe avec son argent, c'est-à-dire des objets de consommation restreinte qui ne payent pas de taxe, tandis que
l'ouvrier achète du vin, du sel, du tabac, c'est-à-dire des
objets de consommation générale qui en sont accablés.
(Bruit et interruptions diverses.)

M. Lacaze. Si l'agent de change n'achetait pas ces objets,
il ne ferait pas vivre l'ouvrier.

M. Bastiat. Est-ce que la suppression de l'impôt des boissons empêcherait l'agent de change d'acheter des bronzes
et des tentures? Aucun financier ne me démentira. Dans le
système des impôts indirects, il n'y a de raisonnable, de
vraiment raisonnable, dans ce système que je n'approuve
pas, que les impôts qui s'adressent aux objets de la consom-

mation la plus générale. Ainsi, vous commencez à frapper
l'air respirable par l'impôt des portes et fenêtres, puis le
sel, puis les boissons, puis le tabac, enfin ce qui est à la
portée de tout le monde.

Je dis que ce système ne peut tenir en présence du suffrage universel. J'ajoute : bien aveugle, bien imprudent qui
ne voit pas aussi la nécessité de ce côté, et ne voit que la
nécessité à laquelle je faisais allusion tout à l'heure. (Vive
approbation à gauche.)

Je fais un autre reproche à l'impôt indirect, c'est celui
de créer précisément ces nécessités dont on vous parle, ces
nécessités financières. Croyez-vous que, si l'on demandait
la part contributive de chaque citoyen sous la forme directe ; si on lui envoyait un bulletin de contribution portant,
non-seulement le chiffre de ce qu'il doit pour l'année,
mais le détail de ses contributions ; car c'est facile à décom-
poser : tant pour la justice, tant pour la police, tant pour
l'Algérie, tant pour l'expédition de Rome, etc.; croyez-
vous pour cela que le pays ne serait pas bien gouverné [1] ?
M. Charencey nous disait tout à l'heure qu'avec l'impôt indirect le pays était sûr d'être bien gouverné. Eh bien, moi,

---

[1] On peut dire que c'est instinctivement que les contribuables se ré-
crient sur la pesanteur des impôts, car il en est peu qui sachent au juste
ce qu'il leur en coûte pour être gouvernés. Nous connaissons bien notre
quote-part dans la contribution foncière, mais non ce que nous enlèvent
les impôts de consommation. — J'ai toujours pensé que rien ne serait
plus favorable à l'avancement de nos connaissances et de nos mœurs cons-
titutionnelles qu'un système de *comptabilité individuelle*, au moyen
duquel chacun serait fixé sur sa cotisation, sous le double rapport du
quantum et du *quaré*.

En attendant que M. le ministre des finances fasse distribuer tous les
ans à chacun de nous, avec le bulletin des contributions directes, notre
compte courant au Trésor, j'ai essayé d'en dresser la formule, le budget
de 1842 à la main.

Voici le compte de M. N..., propriétaire payant 500 fr. de contribu-

je dis le contraire. Avec tous ces impôts détournés, dus à la ruse, le peuple souffre, murmure et s'en prend à tout : au capital, à la propriété, à la monarchie, à la république, et c'est l'impôt qui est le coupable. (C'est vrai ! c'est vrai !)

tions directes, ce qui suppose un revenu de 2,400 à 2,600 fr. au plus.

Doit.   Le Trésor public, son compte courant avec M. N.

Sommes reçues de M. N. en 1843 :

Par contribution directe................	500 fr.	» c.
Enregistrement, timbre, domaine........	504	17
Douanes et sels.......................	158	»
Forêts et Pêches......................	30	10
Contributions indirectes...............	206	67
Postes	39	»
Produits universitaires................	2	50
Produits divers.......................	21	87

1,162 fr. 31 c.

Avoir.   *Sommes acquittées dans l'intérêt de M. N :*

Pour intérêts de la dette publique........	353 fr.	» c.
Liste civile...	14	»
Distribution de la Justice.............	20	»
Religion.............................	36	»
Diplomatie...........................	8	»
Instruction publique..................	16	»
Dépenses secrètes.........	1	»
Télégraphes..........................	1	»
Encouragements aux musiciens et dan-seuses...............................	3	»
Indigents, malades, infirmes.	1	10
Secours aux réfugiés..................	2	15
Encouragements à l'agriculture	»	80
— aux pêches maritimes.	4	»
— aux manufactures.....	»	23
Haras	2	»
Total...............	462	2¡

Voilà pourquoi le gouvernement, trouvant toujours des facilités, a tant augmenté les dépenses. Quand s'est-il arrêté? quand a-t-il dit : Nous avons un excédant de recettes, nous allons dégrever? Jamais il n'a fait cela. Quand on a de trop, on trouve à l'employer ; c'est ainsi que le nombre des fonctionnaires est monté à un chiffre énorme.

On nous accuse d'être malthusiens : oui, je suis malthusien en ce qui concerne les fonctionnaires publics. Je sais bien qu'ils ont suivi parfaitement cette grande loi, que les populations se mettent au niveau des moyens de subsistance. Vous avez donné 800 millions, les fonctionnaires publics ont dévoré 800 millions ; vous leur donneriez 2 milliards, il y aurait des fonctionnaires pour dévorer ces 2 milliards. (Approbation sur plusieurs bancs.)

Un changement dans un système financier en entraîne

Report.........	462	28
Bergeries..........................	»	63
Secours aux colons....................	»	87
— aux inondés et incendiés........	1	90
Services départementaux...............	72	»
Préfets et sous-préfets..................	7	20
Routes, canaux, ponts et ports..........	52	60
Armée.................................	364	»
Marine................................	114	»
Colonies..............................	26	»
Recouvrement de l'impôt et administration...........................	150	»

                                        1,251 fr. 48 c.

Entre le *doit* 1,162 fr. 31 c. et l'*avoir* 1,251 fr. 48 c., la différence est 89, 17. — Ce solde signifie que le Trésor a dépensé pour compte de M. N., 89 fr. 17 c. de plus qu'il n'a reçu de lui. Mais que M. N. se rassure. MM. Rothschild et consorts ont bien voulu faire l'avance de cette somme, et il suffira à M. N. d'en servir l'intérêt à perpétuité ; c'est-à-dire de payer dorénavant 4 à 5 fr. de plus par an.

                              (*Ébauche inédite datée de* 1843.)

nécessairement un correspondant dans le système politique ; car un pays ne peut pas suivre la même politique, lorsque la population lui donne 2 miliards, que lorsqu'elle ne lui donne que 200 ou 300 millions. Et ici, vous me trouverez peut-être profondément en désaccord avec un grand nombre de membres qui siégent de ce côté (la gauche). La conséquence forcée, pour tout homme sérieux, de la théorie financière que je développe ici, est évidemment celle-ci : que, puisqu'on ne veut pas donner beaucoup à l'État, il faut savoir ne pas lui demander beaucoup. (Assentiment.)

Il est évident que si vous vous mettez dans la tête, ce qui est une profonde illusion, que la société a deux facteurs : d'un côté, les hommes qui la composent, et, de l'autre, un être fictif qu'on appelle l'État, le gouvernement, auquel vous supposez une moralité à toute épreuve, une religion, un crédit, la facilité de répandre des bienfaits, de faire de l'assistance ; il est bien évident qu'alors vous vous placez dans la position ridicule d'hommes qui disent : Donnez-nous sans nous rien prendre, — ou qui disent : Restez dans le système funeste où nous sommes à présent engagés.

Il faut savoir renoncer à ces idées ; il faut savoir être hommes, et se dire : Nous avons la responsabilité de notre existence, et nous la supporterons. (Très-bien ! très-bien !)

Encore aujourd'hui, je reçois une pétition d'habitants de mon pays, où des vignerons disent : Nous ne demandons rien de tout cela au gouvernement ; qu'il nous laisse libres, qu'il nous laisse agir, travailler ; voilà tout ce que nous lui demandons ; qu'il protége notre liberté et notre sécurité.

Eh bien, je crois que c'est là une leçon, émanée de pauvres vignerons, qui devrait être écoutée dans les plus grandes villes. (Très-bien !)

Le système de politique intérieure dans lequel ce système financier nous forcerait d'entrer, c'est évidemment le système de la liberté, car, remarquez-le, la liberté est incompatible avec les grands impôts, quoi qu'on en dise.

J'ai lu un mot d'un homme d'État très-célèbre, M. Guizot, le voici : « La liberté est un bien trop précieux pour qu'un peuple la marchande. »

Eh bien, quand j'ai lu cette sentence il y a longtemps, je me suis dit : « Si jamais cet homme gouverne le pays, il perdra non-seulement les finances, mais la liberté de la France. »

Et, en effet, je vous prie de remarquer, comme je le disais tout à l'heure, que les fonctions publiques ne sont jamais neutres ; si elles ne sont pas indispensables, elles sont nuisibles.

Je dis qu'il y a incompatibilité radicale entre un impôt exagéré et la liberté.

Le maximum de l'impôt, c'est la servitude ; car l'esclave est l'homme à qui l'on prend tout, même la liberté de ses bras et de ses facultés. (Très-bien !)

Eh bien, est-ce que si l'État ne payait pas à nos dépens un culte, par exemple, nous n'aurions pas la liberté des cultes ? Est-ce que si l'État ne payait pas à nos dépens l'université, nous n'aurions pas la liberté de l'instruction publique ? Est-ce que si l'État ne payait pas à nos dépens une bureaucratie très-nombreuse, nous n'aurions pas la liberté communale et départementale ? Est-ce que si l'État ne payait pas à nos dépens des douaniers, nous n'aurions pas la liberté du commerce ? (Très-bien ! très-bien ! — Mouvement prolongé.)

Car qu'est-ce qui manque le plus aux hommes de ce pays-ci ? Un peu de confiance en eux-mêmes, le sentiment de leur responsabilité. Il n'est pas bien étonnant qu'ils l'aient perdu, on les a habitués à le perdre à force de les gouverner. Ce pays est trop gouverné, voilà le mal.

Le remède est qu'il apprenne à se gouverner lui-même, qu'il apprenne à faire la distinction entre les attributions

essentielles de l'Etat et celles qu'il a usurpées, à nos frais,
sur l'activité privée.

Tout le problème est là.

Quant à moi, je dis : Le nombre des choses qui rentrent
dans les attributions essentielles du gouvernement est très-
limité : faire régner l'ordre, la sécurité, maintenir chacun
dans la justice, c'est-à-dire réprimer les délits et les crimes,
et exécuter quelques grands travaux d'utilité publique, d'utilité nationale, voilà, je crois, quelles-sont ses attributions essentielles ; et nous n'aurons de repos, nous n'aurons de finances, nous n'aurons abattu l'hydre des révolutions que
lorsque nous serons rentrés, par des voies progressives, si
vous voulez, dans ce système vers lequel nous devons nous
diriger. (Très-bien !)

La seconde condition de ce système, c'est qu'il faut vouloir sincèrement la paix ; car il est évident que non-seulement la guerre, mais même l'esprit de guerre, les tendances
belliqueuses sont incompatibles avec un pareil système. Je
sais bien que le mot *paix* fait quelquefois circuler le sourire
de l'ironie sur ces bancs ; mais, véritablement, je ne crois
pas que des hommes sérieux puissent accueillir ce mot avec
ironie. Comment ! l'expérience ne nous apprendra-t-elle jamais rien ?

Depuis 1815, par exemple, nous entretenons des armées
nombreuses, des armées énormes ; et je puis dire que ce sont
précisément ces grandes forces militaires qui nous ont entraînés malgré nous dans des affaires, dans des guerres dont
nous ne nous serions pas mêlés assurément, si nous n'avions
pas eu ces grandes forces derrière nous. Nous n'aurions pas
eu la guerre d'Espagne, en 1823 ; nous n'aurions pas eu,
l'année dernière, l'expédition de Rome ; nous aurions laissé
le pape et les Romains s'arranger entre eux, si notre appareil militaire eût été restreint à des proportions plus mo-
destes. (Mouvements divers.)

Une voix à droite. Et en juin, vous n'avez pas été fâché d'avoir l'armée !

M. Bastiat. Vous me répondez par le mois de juin. Moi, je vous dis que si vous n'aviez pas eu ces grosses armées, vous n'auriez pas eu le mois de juin. (Hilarité prolongée à droite. — Longue agitation.)

Une voix à droite. C'est comme si vous disiez qu'il n'y aurait pas de voleurs s'il n'y avait pas de gendarmes.

M. Bérard. Mais ce sont les fonctionnaires publics des ateliers nationaux qui ont fait le mois de juin.

M. Bastiat. Je raisonne dans l'hypothèse où la France aurait été bien gouvernée, presque idéalement gouvernée, et alors il m'est bien permis de croire que nous n'aurions pas eu les funestes journées de juin, comme nous n'aurions pas eu le 24 février 1848, 1830, ni peut-être 1814.

Quoi qu'il en soit, la liberté et la paix, voilà les deux colonnes du système que je développe ici. Et remarquez bien que je ne le présente pas seulement comme bon en lui-même, mais comme commandé par la nécessité la plus impérieuse.

Maintenant il y a des personnes qui se préoccupent, et avec raison, de la sécurité. Je m'en préoccupe aussi et autant que qui que ce soit ; c'est un bien aussi précieux que les deux autres ; mais nous sommes dans un pays habitué à être tellement gouverné qu'on ne peut s'imaginer qu'il puisse y avoir un peu d'ordre et de sécurité avec moins de réglementation. Je crois que c'est précisément dans cette surabondance de gouvernement que se trouve la cause de presque tous les troubles, les agitations, les révolutions dont nous sommes les tristes témoins et quelquefois les victimes.

Voyons ce que cela implique.

La société se divise alors en deux parties : les exploitants et les exploités. (Allons donc ! — Longue interruption.)

Une voix à droite. Ce n'est pas une telle distinction qui peut ramener la paix.

M. BASTIAT. Messieurs, il ne faut pas qu'il y ait d'équivoque ; je ne fais aucune espèce d'allusion, ni à la propriété, ni au capital ; je parle seulement de 1,800 millions qui sont payés d'un côté et qui sont reçus de l'autre. J'ai peut-être eu tort de dire *exploités*, car, dans ces 1,800 millions, il y en a une partie considérable qui va à des hommes qui rendent des services très-réels. Je retire donc l'expression. (Rumeurs au pied de la tribune.)

M. LE PRÉSIDENT. Messieurs, gardez donc le silence ; vous n'êtes là qu'à la condition de garder le silence plus que tous les autres.

M. BASTIAT. Je veux faire observer que cet état de choses, cette manière d'être, ces immenses dépenses du gouvernement doivent toujours être justifiées ou expliquées de quelque façon ; par conséquent, cette prétention du gouvernement de tout faire, de tout diriger, de tout gouverner, a dû faire naître naturellement une pensée dangereuse dans le pays : cette population qui est au-dessous attend tout du gouvernement, elle attend l'impossible de ce gouvernement. (Très-bien ! très-bien!)

Nous parlons des vignerons : j'ai vu des vignerons les jours de grêle, les jours où ils sont ruinés ; ils pleurent, mais ils ne se plaignent pas du gouvernement ; ils savent qu'entre la grêle et lui n'existe aucune connexité. Mais lorsque vous induisez la population à croire que tous les maux qui n'ont pas un caractère aussi abrupt que la grêle, que tous les autres maux viennent du gouvernement, que le gouvernement le laisse croire lui-même, puisqu'il ne reçoit cette énorme contribution qu'à la condition de faire quelque bien au peuple ; il est évident que, lorsque les choses en sont là, vous avez des révolutions perpétuelles dans le pays, parce qu'à raison du système financier dont je parlais tout à l'heure, le bien que peut faire le gouvernement n'est rien en comparaison du mal qu'il fait lui-même par les contributions qu'il soutire.

Alors le peuple, au lieu d'être mieux, est plus mal, il souffre, il s'en prend au gouvernement; et il ne manque pas d'hommes dans l'opposition qui viennent et qui lui disent : Voyez-vous ce gouvernement qui vous a promis ceci, promis cela..., qui devait diminuer tous les impôts, vous combler de bienfaits; voyez-vous ce gouvernement comme il tient ses promesses! Mettez-nous à sa place, et vous verrez comme nous ferons autre chose ! (Hilarité générale. — Marques d'approbation.) Alors on renverse le gouvernement. Et cependant les hommes qui arrivent au pouvoir se trouvent précisément dans la même situation que ceux qui les ont précédés; ils sont obligés de retirer peu à peu toutes leurs promesses ; ils disent à ceux qui les pressent de les réaliser : Le temps n'est pas venu, mais comptez sur l'amélioration de la situation, comptez sur les exportations, comptez sur une prospérité future. Mais, comme, en réalité, ils ne font pas plus que leurs prédécesseurs, on a plus de griefs contre eux, on finit par les renverser, et l'on marche de révolution en révolution. Je ne crois pas qu'une révolution soit possible là où le gouvernement n'a d'autres relations avec les citoyens que de garantir à chacun sa sécurité, sa liberté. (Très-bien ! très-bien !) Pourquoi se révolte-t-on contre un gouvernement? C'est parce qu'il manque à sa promesse. Avez-vous jamais vu le peuple se révolter contre la magistrature, par exemple? Elle a mission de rendre la justice et la rend; nul ne songe à lui demander plus. (Très-bien !)

Persuadez-vous bien d'une chose, c'est que l'amour de l'ordre, l'amour de la sécurité, l'amour de la tranquillité n'est un monopole pour personne. Il existe, il est inhérent à la nature humaine. Interrogez tous ces hommes mécontents, parmi lesquels il y a bien quelques perturbateurs sans

doute... Eh! mon Dieu, il y a toujours des exceptions.
Mais interrogez les hommes de toutes les classes, ils vous
diront tous combien, dans ce temps-ci, ils sont effrayés de
voir l'ordre compromis ; ils aiment l'ordre, ils l'aiment au
point de lui faire de grands sacrifices, des sacrifices d'opinion et des sacrifices de liberté; nous le voyons tous les
jours. Eh bien! ce sentiment serait assez fort pour maintenir la sécurité, surtout si les opinions contraires n'étaient
pas sans cesse alimentées par la mauvaise constitution du
gouvernement.

Je n'ajouterai qu'un mot relativement à la sécurité.

Je ne suis pas un profond jurisconsulte, mais je crois véritablement que si le gouvernement était renfermé dans les
limites dont je parle, et que toute la force de son intelligence, de sa capacité fût dirigée sur ce point-là : améliorer
les conditions de sécurité des hommes, je crois qu'on pourrait faire dans cette carrière des progrès immenses. Je ne
crois pas que l'art de réprimer les délits et les vices, de mo-
raliser et de réformer les prisonniers, ait fait encore tous
les progrès qu'il peut faire. Je dis et je répète que si le gouvernement excitait moins de jalousies, d'un côté, moins de
préjugés, d'un autre côté, et que toutes ses forces pussent
être dirigées vers l'amélioration civile et pénale, la société
aurait tout à y gagner.

Je m'arrête. J'ai une conviction si profonde que les idées
que j'apporte à cette tribune remplissent toutes les conditions d'un programme gouvernemental, qu'elles concilient
tellement la liberté, la justice, les nécessités financières et
le besoin de l'ordre et tous les grands principes qui soutiennent les peuples et l'humanité; j'ai cette conviction si bien
arrêtée, que j'ai peine à croire qu'on puisse taxer ce projet
d'utopie. Et, au contraire, il me semble véritablement que
si Napoléon, par exemple, revenait dans ce monde (Excla-
mations à droite) et qu'on lui dît: Voilà deux systèmes; dans

l'un, il s'agit de restreindre, de limiter les attributions gouvernementales et par conséquent les impôts ; dans l'autre,
il s'agit d'étendre indéfiniment les attributions gouvernementales et par conséquent les impôts, et par suite il faut
faire accepter à la France les droits réunis, — j'ai la conviction et j'affirme que Napoléon dirait que la véritable utopie
est de ce dernier côté, car il a été bien plus difficile d'établir
les droits réunis, qu'il ne le serait d'entrer dans le système
que je viens de proclamer à cette tribune.

Maintenant on me demandera pourquoi je refuse aujourd'hui et sur-le-champ l'impôt des boissons ; je le dirai. Je viens
d'exposer le système, la théorie dans laquelle je voudrais
que le gouvernement entrât. Mais comme je n'ai jamais vu
un gouvernement qui voulût exécuter sur lui ce qu'il regarde comme une sorte de demi-suicide, retrancher toutes
les attributions qui ne lui sont pas essentielles, je me vois
obligé de le forcer, et je ne le puis qu'en lui refusant les
moyens de persévérer dans une voie funeste. C'est pour
cela que j'ai voté pour la réduction de l'impôt du sel; c'est
pour cela que j'ai voté pour la réforme postale ; c'est pour
cela que je voterai contre l'impôt des boissons. (Assentiment
à gauche.)

C'est ma conviction intime que la France, si elle a foi,
si elle a confiance en elle-même, si elle a la certitude qu'on
ne viendra pas l'attaquer, du moment qu'elle est décidée à
ne pas attaquer les autres, c'est ma conviction intime qu'il
est facile de diminuer les dépenses publiques dans une
proportion énorme, et que, même avec la suppression de
l'impôt sur les boissons, il restera suffisamment, non-seulement pour aligner les recettes avec les dépenses, mais
encore pour diminuer la dette publique. (Marques nombreuses d'approbation.)

DISCOURS

Citoyens représentants,

Je viens appuyer l'amendement de mon honorable ami M. Morin; je ne puis pas l'appuyer sans examiner aussi le projet de la commission. Il est impossible de discuter l'amendement de M. Morin, sans entrer, pour ainsi dire involontairement, dans la discussion générale, car cela oblige à discuter aussi la proposition de la commission.

En effet, l'amendement de M. Morin n'est pas seulement une modification à la proposition principale; il oppose un

[1]. Les articles 413, 415 et 416 du Code pénal punissent, mais d'une manière bien inégale, les coalitions des patrons et celles des ouvriers. Une proposition d'abroger ces trois articles avait été renvoyée par l'Assemblée législative à l'examen d'une commission, qui ne la jugea pas admissible et pensa qu'il était indispensable de maintenir les dispositions répressives, en les modifiant, toutefois, pour les rendre impartiales.

Ce but, il est permis de le dire, ne fut pas atteint par les modifications formulées. M. Morin, manufacturier et représentant de la Drôme, persuadé que la seule base sur laquelle puisse s'établir le bon accord entre les ouvriers et les patrons, c'est l'égalité devant la loi, voulut amender les conclusions de la commission conformément à ce principe. L'amendement qu'il présenta fut appuyé par Bastiat, dans la séance du 17 novembre 1849.

(Note de l'éditeur.)

système à un autre système, et pour se décider il faut bien
comparer.

Citoyens, je n'apporte dans cette discussion aucun esprit
de parti, aucun préjugé de classe, je ne parlerai pas aux
passions ; mais l'Assemblée voit que mes poumons ne peuvent lutter contre des orages parlementaires ; j'ai besoin de
sa plus bienveillante attention.

Pour apprécier le système de la commission, permettez-
moi de rappeler quelques paroles de l'honorable rapporteur, M. de Vatimesnil. Il disait : « Il y a un principe général dans les articles 44 et suivants du Code pénal ; ce
principe général est celui-ci : La coalition, soit entre patrons,
soit entre ouvriers, constitue un délit, à une condition, c'est
qu'il y ait eu tentative ou commencement d'exécution. »
Cela est écrit dans la loi, et c'est ce qui répond tout de suite
à une observation présentée par l'honorable M. Morin. Il
vous a dit : « Les ouvriers ne pourront donc pas se réunir,
venir chez leur patron débattre honorablement avec lui
(c'est l'expression dont il s'est servi), débattre honorablement avec lui leurs salaires ! » ...

« Pardonnez-moi, ils pourront se réunir, ajoute M. de
Vatimesnil, ils le pourront parfaitement, ils le pourront
soit en venant tous, soit en nommant des commissions,
pour traiter avec leurs patrons ; pas de difficulté quant
à cela ; le délit, aux termes du Code, ne commence que
quand il y a eu tentative ou commencement d'exécution de
coalition, c'est-à-dire lorsque, après avoir débattu les conditions, et malgré l'esprit de conciliation que les patrons,
dans leur propre intérêt, apportent toujours dans ces sortes
d'affaires, on leur dit : « Mais, après tout, comme vous ne
nous donnez pas tout ce que nous vous demandons, nous
allons nous retirer, et nous allons, *par notre influence, par
des influences qui sont bien connues et qui tiennent à l'identité d'intérêt et à la camaraderie*, nous allons déterminer

tous les autres ouvriers des autres ateliers à se mettre en
chômage. »

Après cette lecture, je me demande où est le délit ; —
car dans cette Assemblée, il ne peut y avoir, ce me semble,
sur une pareille question, ce qu'on appelle majorité ou minorité systématique. Ce que nous voulons tous, c'est réprimer des délits ; ce que nous cherchons tous, c'est de ne pas
introduire dans le Code pénal des délits fictifs, imaginaires,
pour avoir le plaisir de les punir.

Je me demande où est le délit. Est-il dans la coalition, —
dans le chômage, — dans l'influence à laquelle on fait allusion ? On dit : C'est la coalition elle-même qui constitue
le délit. J'avoue que je ne puis admettre cette doctrine, parce
que le mot *coalition* est synonyme d'association ; c'est la
même étymologie, le même sens. La coalition, abstraction
faite du but qu'elle se propose, des moyens qu'elle emploie,
ne peut être considérée comme un délit, et M. le rapporteur le sent lui-même ; car répondant à M. Morin, qui demandait si les ouvriers pouvaient débattre avec les patrons,
les salaires, l'honorable M. de Vatimesnil disait : « Ils le
pourront certainement ; ils pourront se présenter isolément
ou tous ensemble, *nommer des commissions.* » Or, pour nommer des commissions, il faut certainement s'entendre, se
concerter, s'associer ; il faut faire une coalition. A stricte-
ment parler, ce n'est donc pas dans le fait même de la coalition qu'est le délit.

Cependant on voudrait l'y mettre, et l'on dit : « Il faut
qu'il y ait un commencement d'exécution. « Mais le commencement d'exécution d'une action innocente peut-il
rendre cette action coupable ? Je ne le crois pas. Si une
action est mauvaise en elle-même, il est certain que la loi
ne peut l'atteindre qu'autant qu'il y a un commencement
d'exécution. Je dirai même : C'est le commencement
d'exécution qui fait l'existence de l'action. Votre langage,

au contraire, revient à celui-ci : « Le regard est un délit, mais il ne devient un délit que lorsqu'on commence à regarder. » M. de Vatimesnil reconnaît lui-même qu'on ne peut pas aller rechercher la pensée d'une action coupable. Or, quand l'action est innocente en elle-même, et qu'elle se manifeste par des faits innocents, il est évident que cela n'incrimine pas et ne peut jamais changer sa nature.

Maintenant, qu'est-ce que l'on entend par ces mots « commencement d'exécution ? »

Une coalition peut se manifester, peut commencer à être exécutée de mille manières différentes. Mais non, on ne s'occupe pas de ces mille manières, on se concentre sur le chômage. En ce cas, si c'est le chômage qui est nécessairement le commencement d'exécution de la coalition, dites donc que le chômage est, par lui-même, un délit ; punissez donc le chômage ; dites que le chômage sera puni ; que quiconque aura refusé de travailler au taux qui ne lui convient pas sera puni. Alors votre loi sera sincère.

Mais y a-t-il une conscience qui puisse admettre que le chômage, en lui-même, indépendamment des moyens qu'on emploie, est un délit? Est-ce qu'un homme n'a pas le droit de refuser de vendre son travail à un taux qui ne lui convient pas ?

On me répondra : Tout cela est vrai quand il s'agit d'un homme isolé, mais cela n'est pas vrai quand il s'agit d'hommes qui sont associés entre eux.

Mais, messieurs, une action qui est innocente en soi n'est pas criminelle parce qu'elle se multiplie par un certain nombre d'hommes. Lorsqu'une action est mauvaise en elle-même, je conçois que, si cette action est faite par un certain nombre d'individus, on puisse dire qu'il y a aggravation ; mais quand elle est innocente en elle-même, elle ne peut pas devenir coupable parce qu'elle est le fait d'un grand nombre d'individus. Je ne conçois donc pas comment on

peut dire que le chômage est coupable. Si un homme a le
droit de dire à un autre : « Je ne veux pas travailler à telle
ou telle condition, » deux ou trois mille hommes ont le
même droit; ils ont le droit de se retirer. C'est là un droit
naturel, qui doit être aussi un droit légal.

Cependant on a besoin de jeter un vernis de culpabilité
sur le chômage, et alors comment s'y prend-on? On glisse
entre parenthèse ces mots : « Comme vous ne nous donnez
pas ce que nous vous demandons, nous allons nous retirer ;
nous allons, *par des influences qui sont bien connues* et qui
tiennent à l'identité d'intérêt, à la camaraderie... »

Voilà donc le délit; ce sont *les influences bien connues*, ce
sont les violences, les intimidations; c'est là qu'est le délit ;
c'est là que vous devez frapper. Eh bien, c'est là que frappe
l'amendement de l'honorable M. Morin. Comment lui refu-
seriez-vous vos suffrages ?

Mais on nous rapporte une autre suite de raisonnements
et on dit ceci :

« La coalition porte les deux caractères qui peuvent la
faire classer dans le nombre des délits; la coalition est blâmable en elle, et ensuite elle produit des conséquences funestes, funestes pour l'ouvrier, funestes pour le patron,
funestes pour la société tout entière. »

D'abord, que la coalition soit blâmable, c'est précisément
le point sur lequel on n'est pas d'accord, *quod erat demon-
strandum*, c'est ce qu'il faut prouver ; elle est blâmable selon
le but qu'elle se propose et surtout selon les moyens qu'elle
emploie. Si la coalition se borne à la force d'inertie, à la pas-
siveté, si les ouvriers se sont concertés, se sont entendus et
qu'ils disent : Nous ne voulons pas vendre notre marchandise, qui est du travail, à tel prix, nous en voulons tel autre,
et si vous refusez, nous allons rentrer dans nos foyers ou
chercher de l'ouvrage ailleurs, — il me semble qu'il est impossible de dire que ce soit là une action blâmable.

Mais vous prétendez qu'elle est funeste. Ici, malgré tout le respect que je professe pour le talent de M. le rapporteur, je crois qu'il est entré dans un ordre de raisonnements au moins fort confus. Il dit : Le chômage est nuisible au patron, car c'est une chose fâcheuse pour le patron qu'un ou plusieurs ouvriers se retirent. Cela nuit à son industrie, de manière que l'ouvrier porte atteinte à la liberté du patron, et par suite à l'art. 13 de la Constitution.

En vérité, c'est là un renversement complet d'idées.

Quoi ! je suis en face d'un patron, nous débattons le prix, celui qu'il m'offre ne me convient pas, je ne commets aucune violence, je me retire, — et vous dites que c'est moi qui porte atteinte à la liberté du patron, parce que je nuis à son industrie ! Faites attention que ce que vous proclamez n'est pas autre chose que l'esclavage. Car qu'est-ce qu'un esclave, si ce n'est l'homme forcé, par la loi, de travailler à des conditions qu'il repousse ? (A gauche. Très-bien !)

Vous demandez que la loi intervienne parce que c'est moi qui viole la propriété du patron ; ne voyez-vous pas, au contraire, que c'est le patron qui viole la mienne ? S'il fait intervenir la loi pour que sa volonté me soit imposée, où est la liberté, où est l'égalité ? (A gauche. Très-bien !)

Ne dites pas que je tronque votre raisonnement, car il est tout entier dans le rapport et dans votre discours.

Vous dites ensuite que les ouvriers, quand ils se coalisent, se font du tort à eux-mêmes, et vous partez de là pour dire que la loi doit empêcher le chômage. Je suis d'accord avec vous que, dans la plupart des cas, les ouvriers se nuisent à eux-mêmes. Mais c'est précisément pour cela que je voudrais qu'ils fussent libres, parce que la liberté leur apprendrait qu'ils se nuisent à eux-mêmes ; et vous, vous en tirez cette conséquence, qu'il faut que la loi intervienne et les attache à l'atelier.

Mais vous faites entrer la loi dans une voie bien large et bien dangereuse.

Tous les jours, vous accusez les socialistes de vouloir faire intervenir la loi en toutes choses, de vouloir effacer la responsabilité personnelle.

Tous les jours, vous vous plaignez de ce que, partout où il y a un mal, une souffrance, une douleur, l'homme invoque sans cesse la loi et l'Etat.

Quant à moi, je ne veux pas que, parce qu'un homme chôme et que par cela même il dévore une partie de ses économies, la loi puisse lui dire : « Tu travailleras dans cet atelier, quoiqu'on ne t'accorde pas le prix que tu demandes. » Je n'admets pas cette théorie.

Enfin vous dites qu'il nuit à la société tout entière.

Il n'y a pas de doute qu'il nuit à la société ; mais c'est le même raisonnement ; un homme juge qu'en cessant de travailler il obtiendra un meilleur taux de salaire dans huit ou dix jours ; sans doute c'est une déperdition de travail pour la société, mais que voulez-vous faire ? Voulez-vous que la loi remédie à tout ? C'est impossible ; il faudrait alors dire qu'un marchand qui attend, pour vendre son café, son sucre, de meilleurs temps, nuit à la société ; il faudrait donc invoquer toujours la loi, toujours l'Etat !

On avait fait contre le projet de la commission une objection qu'il me semble qu'on a traitée bien légèrement, trop légèrement, car elle est fort sérieuse. On avait dit : De quoi s'agit-il ? Il y a des patrons d'un côté, des ouvriers de l'autre ; il s'agit de règlement de salaires. Évidemment, ce qu'il faut désirer, le salaire se réglant par le jeu naturel de l'offre et de la demande, c'est que la demande et l'offre soient aussi libres, ou, si vous voulez, aussi contraintes l'une que l'autre. Pour cela, il n'y a que deux moyens : il faut, ou laisser les coalitions parfaitement libres, ou les supprimer tout à fait.

On vous objecte, — et vous avouez — qu'il est tout à fait impossible à votre loi de tenir la balance équitable; que les coalitions d'ouvriers, se faisant toujours sur une très-grande échelle et en plein jour, sont bien plus faciles à saisir que les coalitions de patrons.

Vous avouez la difficulté ; mais vous ajoutez aussitôt : La loi ne s'arrête pas à ces détails. — Je réponds qu'elle doit s'y arrêter. Si la loi ne peut réprimer un prétendu délit qu'en commettant envers toute une classe de citoyens la plus criante et la plus énorme des injustices, elle doit s'arrêter. Il y a mille cas analogues où la loi s'arrête.

Vous avouez vous-même que, sous l'empire de votre législation, l'offre et la demande ne sont plus à deux de jeu, puisque la coalition des patrons ne peut pas être saisie ; et c'est évident : deux, trois patrons, déjeunent ensemble, font une coalition, personne n'en sait rien. Celle des ouvriers sera toujours saisie puisqu'elle se fait au grand jour.

Puisque les uns échappent à votre loi, et que les autres n'y échappent pas, elle a pour résultat nécessaire de peser sur l'offre et de ne pas peser sur la demande, d'altérer, au moins en tant qu'elle agit, le taux naturel des salaires, et cela d'une manière systématique et permanente. C'est ce que je ne puis pas approuver. Je dis que, puisque vous ne pouvez pas faire une loi également applicable à tous les intérêts qui sont en présence, puisque vous ne pouvez leur donner l'égalité, laissez-leur la liberté, qui comprend en même temps l'égalité.

Mais si l'égalité n'a pas pu être atteinte comme résultat dans le projet de la commission, l'est-elle au moins sur le papier ? Oui, je crois que la commission, et j'en suis certain, a fait de grands efforts pour atteindre au moins l'égalité apparente. Cependant elle n'y a pas encore réussi, et, pour s'en convaincre, il suffit de comparer l'art. 414 à l'art. 415, celui qui concerne les patrons à celui qui concerne les ouvriers. Le premier est excessivement simple; on ne peut s'y tromper; la justice quand elle poursuivra, — le délinquant quand il se défendra, — sauront parfaitement à quoi s'en tenir.

« Sera punie... 1° toute coalition entre ceux qui font travailler les ouvriers, tendant à *forcer* l'abaissement des salaires, s'il y a eu tentative ou commencement d'exécution. »

J'appelle votre attention sur le mot *forcer*, qui ouvre une grande latitude à la défense des patrons : il est vrai, diront-ils, que nous nous sommes réunis deux ou trois ; nous avons pris des mesures pour produire la baisse des salaires, mais nous n'avons pas essayé de *forcer*. — C'est un mot très-important qui ne se trouve pas dans l'article suivant.

En effet, l'article suivant est extrêmement élastique ; il ne comprend pas un seul fait, il en comprend un très-grand nombre.

« Toute coalition d'ouvriers pour faire cesser en même temps les travaux, pour interdire le travail dans les ateliers, pour empêcher de s'y rendre avant ou après certaines heures, et, en général, pour suspendre, empêcher, enchérir les travaux (il n'y a pas *forcer*), s'il y a tentative ou commencement d'exécution, etc. »

Et si l'on disait que j'épilogue sur le mot *forcer*, j'appellerais l'attention de la commission sur l'importance qu'elle a donnée elle-même à ce mot. (Bruit.)

Un membre à gauche. La droite n'accorde pas le silence. Quand on dit de bonnes choses, on interrompt toujours. Racontez une histoire, on vous écoutera.

M. Frédéric Bastiat. Dans le désir d'arriver, au moins sur le papier, puisque c'est impossible en fait, à une certaine égalité, la commission avait deux voies à prendre relativement aux expressions *injustement* et *abusivement* que contient l'art. 414.

Il fallait évidemment ou supprimer, dans l'art. 414, ces

mots qui ouvraient une voie très-large à la défense des patrons, ou l'introduire dans l'art. 415 pour ouvrir la même porte aux ouvriers. La commission a préféré la suppression des mots *injustement* et *abusivement*. Sur quoi s'est-elle fondée? Elle s'est fondée précisément sur ce que, immédiatement après ces mots, venait le mot *forcer*, et ce mot, souligné cinq fois dans une seule page de son rapport, prouve qu'elle y attache une grande importance. Mais elle s'en est exprimée très-catégoriquement ; elle a dit :

« Quand un concert de mesures contraires aux lois a été établi pour *forcer* l'abaissement des salaires, il est impossible de le justifier. Un tel fait est nécessairement *injuste* et *abusif* ; car *forcer* l'abaissement des salaires, c'est produire, par un pacte aussi illicite que contraire à l'humanité, un abaissement de salaires qui ne serait pas résulté des circonstances industrielles et de la libre concurrence ; d'où il suit que l'emploi de ces mots *injustement* et *abusivement* choque le bon sens. »

Ainsi, comment a-t-on justifié l'élimination qu'on a faite des mots *injustement* et *abusivement*? On a dit : C'est un pléonasme ; le mot *forcer* remplace tout cela.

— Mais, messieurs, quand il s'est agi des ouvriers, on n'a plus mis le mot *forcer*, et dès lors les ouvriers n'ont plus la même chance de défense ; on a mis seulement qu'ils ne pourraient *enchérir* les salaires, non plus en *forcer injustement ou abusivement* l'élévation, mais les *enchérir* seulement. Il y a encore là, au moins dans la rédaction, un vice, une inégalité qui vient s'enter sur l'inégalité bien plus grave dont j'ai parlé tout à l'heure.

Tel est, messieurs, le système de la commission, système qui, selon moi, est vicieux de tout point, vicieux théoriquement, et vicieux pratiquement, système qui nous laisse dans une incertitude complète sur ce que c'est que le délit. Est-ce la coalition, est-ce le chômage, est-ce l'abus, est-ce la force?

On n'en sait rien. Je défie qui que ce soit, l'esprit le plus logique, de voir où commence et où finit l'impunité. Vous me dites : « La coalition est un délit. Cependant vous pouvez nommer une commission. » — Mais je ne suis pas sûr de pouvoir nommer une commission et envoyer des délégués, quand votre rapport est plein de considérations, desquelles il résulte que la coalition est l'essence même du délit.

Je dis ensuite que, pratiquement, votre loi est pleine d'inégalités ; elle ne s'applique pas exactement et proportionnellement aux deux partis dont vous voulez faire cesser l'antagonisme. Singulière manière de faire cesser l'antagonisme entre deux partis, que de les traiter d'une manière inégale !

Quant au système de M. Morin, je ne m'y arrêterai pas longtemps ; il est parfaitement clair, parfaitement lucide ; il repose sur un principe inébranlable et admis par tout le monde : liberté dans l'usage et répression dans l'abus. Il n'y a pas d'intelligence quelconque qui ne donne son adhésion à un pareil principe.

Demandez au premier venu, à qui vous voudrez, si la loi est injuste, partiale lorsqu'elle se contente de réprimer l'intimidation, la violence ? Tout le monde vous dira : Ce sont là de vrais délits. D'ailleurs, les lois sont faites pour les ignorants comme pour les savants. Il faut que la définition d'un délit saisisse les intelligences, il faut que la conscience y donne son assentiment; il faut qu'en lisant la loi on dise : En effet, c'est un délit. Vous parlez du respect des lois ; c'est là une partie constitutive du respect des lois. Comment voulez-vous qu'on respecte une loi inintelligente et inintelligible ? Cela est impossible. (Approbation à gauche.)

Ce qui se passe ici, messieurs, me semble tirer quelque importance de l'analogie parfaite avec ce qui s'est passé dans un autre pays, dont a parlé hier M. de Vatimesnil, l'Angleterre, qui a une si grande expérience en matière de coalitions, de luttes, de difficultés de cette nature. Je crois que cette expérience vaut la peine d'être consultée et apportée à cette tribune.

On vous a parlé des nombreuses et formidables coalitions qui s'y sont manifestées depuis l'abrogation de la loi ou des lois ; mais on ne vous a rien dit de celles qui avaient eu lieu auparavant. C'est ce dont il fallait parler aussi ; car, pour juger les deux systèmes, il faut les comparer.

Avant 1824, l'Angleterre avait été désolée par des coalitions si nombreuses, si terribles, si énergiques, qu'on avait opposé à ce fléau trente-sept statuts dans un pays où, comme vous le savez, l'antiquité fait, pour ainsi dire, partie de la loi, où l'on respecte des lois même absurdes, uniquement parce qu'elles sont anciennes. Il faut que ce pays ait été bien travaillé, bien tourmenté par le mal pour qu'il se soit décidé à faire, coup sur coup, et dans un court espace de temps, trente-sept statuts, tous plus énergiques les uns que les autres. Eh bien ! qu'est-il arrivé ? On n'en est pas venu à bout ; le mal allait toujours s'aggravant. Un beau jour on s'est dit : Nous avons essayé bien des systèmes, trente-sept statuts ont été faits ; essayons si nous pourrons réussir par un moyen bien simple, la justice et la liberté. — Je voudrais que l'on appliquât ce raisonnement dans bien des questions, et l'on trouverait que leur solution n'est pas si difficile qu'on le pense ; mais enfin, cette fois, on a fait et appliqué ce raisonnement en Angleterre.

Donc, en 1824, une loi intervint sur la proposition de M. Hume, proposition qui ressemblait tout à fait à celle de MM. Doutre, Greppo, Benoît et Fond : c'était l'abrogation complète, totale, de ce qui avait existé jusqu'alors. La justice, en Angleterre, se trouva alors désarmée en face des coalitions, même contre la violence, l'intimidation et les menaces, faits qui cependant viennent aggraver la coalition.

A ces faits-là on ne pouvait appliquer que les lois relatives aux menaces, aux rixes accidentelles qui ont lieu dans les rues ; de sorte que, l'année d'après, en 1825, le ministre de la justice vint demander une loi spéciale qui laisserait la liberté complète aux coalitions, mais qui aggraverait la peine appliquée aux violences ordinaires ; le système de la loi de 1825 est là tout entier.

L'art. 3 porte : « Sera puni d'un emprisonnement et d'une amende, etc..., quiconque par intimidation, menaces ou violences, aura..., etc. »

Les mots *intimidation*, *menaces* et *violences* reviennent à chaque phrase. Le mot coalition n'est pas même mentionné.

Et puis viennent deux autres articles extrêmement remarquables, que l'on n'admettrait pas probablement en France, parce qu'ils sont virtuellement renfermés dans cette maxime : Ce que la loi ne défend pas est permis.

Il y est dit : « Ne seront pas passibles de cette peine ceux qui se seront réunis, ceux qui se seront coalisés et auront cherché à influer sur le taux des salaires, ceux qui seront entrés dans des conventions verbales ou écrites, etc... »

Enfin, la liberté la plus large et la plus complète y est expressément accordée.

Je dis qu'il y a de l'analogie dans la situation, car ce que vous propose la commission, c'est l'ancien système anglais, celui des statuts. La proposition de M. Doutre et de ses collègues, c'est la proposition de M. Hume qui abolit tout, et qui ne laissait aucune aggravation pour les violences qui étaient concertées, quoique l'on ne puisse méconnaître que les violences méditées par un certain nombre d'hommes offrent plus de dangers que la violence individuelle commise dans la rue. Enfin la proposition de l'honorable M. Morin répond parfaitement à celle qui a amené en Angleterre la loi définitive de 1825.

Maintenant on vous dit : Depuis 1825, l'Angleterre ne se trouve pas bien de ce système. — Elle ne s'en trouve pas bien ! Mais je trouve, moi, que vous vous prononcez sur cette question sans l'avoir assez approfondie. J'ai parcouru l'Angleterre plusieurs fois, j'ai interrogé sur cette question un grand nombre de manufacturiers. Eh bien, je puis affirmer que jamais je n'ai rencontré une personne qui ne s'en applaudît et qui ne fût très-satisfaite de ce que l'Angleterre, en cette circonstance, a osé regarder la liberté en face. Et c'est peut-être à cause de cela que, plus tard, dans beaucoup d'autres questions, elle a osé encore regarder la liberté en face.

Vous citez la coalition de 1832, qui, en effet, fut une coalition formidable ; mais il faut bien prendre garde et ne pas présenter les faits isolément. Cette année-là, il y avait disette, le blé valait 95 schellings le quarter ; il y avait famine, et cette famine a duré plusieurs années...

M. DE VATIMESNIL, *rapporteur*. J'ai cité la coalition de 1842.

M. BASTIAT. Il y a eu une famine en 1832 et une autre plus forte en 1842.

M. LE RAPPORTEUR. J'ai parlé de la coalition de 1842.

M. BASTIAT. Mon argumentation s'applique avec plus de force encore à l'année 1842. Dans ces temps de disette, qu'arrive-t-il ? C'est que les revenus de presque toute la population servent à acheter les objets nécessaires à leur subsistance. On n'achète pas d'objets manufacturés, les ateliers chôment, on est obligé de renvoyer beaucoup d'ouvriers ; il y a concurrence de bras, et les salaires baissent.

Eh bien, lorsque, dans les salaires, une grande baisse se manifeste, et que cela se combine avec une famine épouvantable, il n'est pas étonnant que, dans un pays de liberté complète, des coalitions se forment.

C'est ce qui a lieu en ·Angleterre. Est-ce qu'on a changé de loi pour cela? Pas du tout.

On a vu les causes de ces coalitions, mais on les a bravées. On a puni les menaces, les violences, partout où elles se manifestaient, mais on n'a pas fait autre chose.

On vous a présenté un tableau effrayant de ces associations, et on a dit qu'elles tendaient à devenir politiques.

Messieurs, à l'époque dont je parle, il s'agitait une grande question en Angleterre, et cette question était envenimée encore par les circonstances, par la disette ; il y avait lutte entre la population industrielle et les propriétaires, c'est-à-dire l'aristocratie qui voulait vendre le blé le plus cher possible, et qui, pour cela, prohibait les blés étrangers. Qu'est-il arrivé? Ces unions, qu'on appelait hier plaisamment *trade-unions*, ces unions, qui jouissaient de la liberté de coalition, voyant que tous les efforts faits par leur coalition n'étaient pas parvenus à faire élever le taux des salaires...

Une voix. C'est ce qui est mauvais.

M. BASTIAT. Vous dites que c'est un mal; je dis, au contraire, que c'est un grand bien. Les ouvriers se sont aperçus que le taux des salaires ne dépendait pas des patrons, mais d'autres lois sociales, et ils se dirent : « Pourquoi nos salaires ne se sont-ils pas élevés? La raison en est simple : c'est parce qu'il nous est défendu de travailler pour l'étranger, ou du moins de recevoir en payement du blé étranger. C'est donc à tort que nous nous en prenons à nos patrons; il faut nous en prendre à cette classe aristocratique qui non-seulement possède le sol, mais encore qui fait la loi, et nous n'aurons d'influence sur les salaires que lorsque nous aurons reconquis nos droits politiques. »

A gauche. Très-bien ! très-bien !

M. BASTIAT. En vérité, messieurs, trouver quelque chose d'extraordinaire dans cette conduite si simple et si naturelle des ouvriers anglais, c'est presque apporter à cette tribune

une protestation contre le suffrage universel en France. (Nouvel assentiment à gauche.)

Il résulte de là que les ouvriers anglais ont appris une grande leçon par la liberté; ils ont appris qu'ils ne dépendait pas de leurs patrons d'élever ou d'abaisser le taux des salaires; et aujourd'hui l'Angleterre vient de traverser deux ou trois années très-difficiles par suite de la pourriture des pommes de terre, du manque de récolte, de la manie des chemins de fer, et par suite aussi des révolutions qui ont désolé l'Europe et fermé les débouchés à ses produits industriels; jamais elle n'avait passé par des crises semblables. Cependant il n'y a pas eu un fait de coalition répréhensible et pas un seul fait de violence; les ouvriers y ont renoncé par suite de leur expérience; c'est là un exemple à apporter et à méditer dans notre pays. (Approbation à gauche.)

Enfin il y a une considération qui me frappe et qui est plus importante que tout cela. Vous voulez le respect des lois, et vous avez bien raison; mais il ne faut pas oblitérer le sens de la justice chez les hommes.

Voilà deux systèmes en présence, celui de la commission et celui de M. Morin.

Figurez-vous qu'alternativement, en vertu de l'un et de l'autre système, on traduise des ouvriers en justice. Eh bien ! voilà des ouvriers traduits en justice en vertu de la loi actuelle sur les coalitions; ils ne savent même pas ce qu'on leur demande; ils ont cru qu'ils avaient le droit, jusqu'à un certain point, de se coaliser, de se concerter, et vous le reconnaissez vous-mêmes dans une certaine mesure. Ils disent : Nous avons mangé notre pécule, nous sommes ruinés; ce n'est pas notre faute, c'est celle de la société qui nous tourmente, de patrons qui nous vexent, de la justice qui nous poursuit. Ils se présentent devant les tribunaux l'irritation dans le cœur, ils se posent en victimes, et non-seulement ils résistent, mais ceux qui ne sont pas poursuivis sympathisent avec eux ; la jeunesse, toujours si ardente, les publicistes se mettent de leur côté. Croyez-vous que ce soit là une position bien belle, bien favorable pour la justice du pays?

Au contraire, poursuivez des ouvriers en vertu du système de M. Morin; qu'ils soient traduits devant la justice; que le procureur de la République dise : Nous ne vous poursuivons pas parce que vous vous êtes coalisés, vous étiez parfaitement libres. Vous avez demandé une augmentation de salaires, nous n'avons rien dit; vous vous êtes concertés, nous n'avons rien dit; vous avez voulu le chômage, nous n'avons rien dit; vous avez cherché à agir par la persuasion sur vos camarades, nous n'avons rien dit. Mais vous avez employé les armes, la violence, la menace ; nous vous avons traduits devant les tribunaux.

L'ouvrier que vous poursuivrez ainsi courbera la tête, parce qu'il aura le sentiment de son tort, et qu'il reconnaîtra que la justice de son pays a été impartiale et juste. (Très-bien!)

Je terminerai, messieurs, par une autre considération, et c'est celle-ci :

Selon moi, il y a une foule de questions agitées maintenant parmi les classes ouvrières, et au sujet desquelles, dans mon opinion très-intime et très-profonde, les ouvriers s'égarent; et j'appelle votre attention sur ce point : toujours lorsqu'une révolution éclate dans un pays où il y a plusieurs classes échelonnées, superposées et où la première classe s'était attribué certains priviléges, c'est la seconde qui arrive ; elle avait invoqué naturellement le sentiment du droit et de la justice pour se faire aider par les autres. La révolution se fait; la seconde classe arrive. Elle ne tarde pas le plus souvent à se constituer aussi des priviléges. Ainsi de la troisième, ainsi de la quatrième. Tout cela est odieux, mais c'est toujours possible, tant qu'il y a en bas une classe qui peut faire les frais de ces priviléges qu'on se dispute.

Mais il est arrivé ceci, qu'à la révolution de Février, c'est la nation tout entière, le peuple tout entier, dans toutes les profondeurs de ses masses, qui est arrivé, ou qui peut arriver, par l'élection, par le suffrage universel, à se gouverner lui-même. Et alors, par un esprit d'imitation que je déplore, mais qui me semble assez naturel, il a pensé qu'il pourrait guérir ses souffrances en se constituant aussi des privilèges; car je regarde le *droit au crédit*, le *droit au travail* et bien d'autres prétentions, comme de véritables privilèges. (Mouvement.)

Et en effet, messieurs, ils pourraient lui être accordés, si au-dessous de lui, ou à sa portée, il y avait une autre classe encore plus nombreuse, trois cents millions de Chinois, par exemple, qui pussent en faire les frais. (Rires d'assentiment.) Or cela n'existe pas; c'est pourquoi chacun des privilèges, les hommes du peuple se les payeraient les uns aux autres, sans profit possible pour eux, au moyen d'un appareil compliqué et en subissant, au contraire, toute la déperdition causée par l'appareil.

Eh bien! l'Assemblée législative pourra être appelée à lutter contre ces prétentions, qu'il ne faut pas traiter trop légèrement, parce que, malgré tout, elles sont sincères. Vous serez obligés de lutter. Comment lutteriez-vous avec avantage si vous refoulez la classe ouvrière lorsqu'elle ne demande rien que de raisonnable; lorsqu'elle demande purement et simplement justice et liberté? Je crois que vous acquerrez une grande force en donnant ici une preuve d'impartialité; vous serez mieux écoutés, vous serez regardés comme le tuteur de toutes les classes et particulièrement de cette classe, si vous vous montrez complétement impartial et juste envers elle. (Vive approbation à gauche.)

En résumé, je repousse le projet de la commission, parce qu'il n'est qu'un Expédient, et que le caractère de tout expédient, c'est la faiblesse et l'injustice. J'appuie la proposition de M. Morin, parce qu'elle se fonde sur un Principe ; et il n'y a que les principes qui aient la puissance de satisfaire les esprits, d'entraîner les cœurs, et de se mettre à l'unisson des consciences. On nous a dit : Voulez-vous donc proclamer la liberté par un amour platonique de la liberté ? Pour ce qui me regarde, je réponds : Oùi. La liberté peut réserver aux nations quelques épreuves, mais elle seule les éclaire, les élève et les moralise. Hors de la liberté, il n'y a qu'Oppression, et, sachez-le bien, amis de l'ordre, le temps n'est plus, s'il a jamais existé, où l'on puisse fonder sur l'Oppression l'union des classes, le respect des lois, la sécurité des intérêts et la tranquilité des peuples.

RÉFLEXIONS

SUR L'AMENDEMENT DE M. MORTIMER-TERNAUX [1].

Aux Démocrates.

Non, je ne me trompe pas ; je sens battre dans ma poitrine un cœur démocratique. Comment donc se fait-il que je me trouve si souvent en opposition avec ces hommes qui se proclament les représentants exclusifs de la Démocratie ?

Il faut pourtant s'entendre. Ce mot a-t-il deux significations opposées ?

Il me semble, à moi, qu'il y a un enchaînement entre cette aspiration qui pousse tous les hommes vers leur perfectionnement matériel, intellectuel et moral, et les facultés dont ils ont été doués pour réaliser cette aspiration.

---

[1] A l'Assemblée législative, dans la séance du 1er avril 1850, pendant la discussion du budget de l'instruction publique, M. Mortimer-Ternaux, représentant du peuple, proposa, par voie d'amendement, une diminution de 300,000 francs sur la dépense des lycées et des colléges, établissements fréquentés par les enfants de la classe moyenne.

Sur cette question, les réprésentants de l'extrême gauche votèrent avec l'extrême droite. L'amendement mis aux voix fut rejeté par une faible majorité.

Dès le lendemain, Bastiat publia, sur ce vote, dans une feuille quotidienne, l'opinion que nous reproduisons.

(*Note de l'éditeur.*)

Dès lors, je voudrais que chaque homme eût, sous sa responsabilité, la libre disposition, administration et contrôle de sa propre personne, de ses actes, de sa famille, de ses transactions, de ses associations, de son intelligence, de ses facultés, de son travail, de son capital et de sa propriété.

C'est de cette manière qu'aux États-Unis on entend la liberté, la démocratie. Chaque citoyen veille avec un soin jaloux à rester maître de lui-même. C'est par là que le pauvre espère sortir de la pauvreté; c'est par là que le riche espère conserver la richesse.

Et, en effet, nous voyons qu'en très-peu de temps ce régime a fait parvenir les Américains à un degré d'énergie, de sécurité, de richesse et d'égalité dont les annales du genre humain n'offrent aucun autre exemple.

Cependant, là, comme partout, il y a des hommes qui ne se feraient pas scrupule de porter atteinte, pour leur avantage personnel, à la liberté et à la propriété de leurs concitoyens.

C'est pourquoi la LOI intervient, sous la sanction de la Force commune, pour prévenir et réprimer ce penchant désordonné.

Chacun concourt, en proportion de sa fortune, au maintien de cette Force. Ce n'est pas là, comme on l'a dit, *sacrifier une partie de sa liberté pour conserver l'autre*. C'est, au contraire, le moyen le plus simple, le plus juste, le plus efficace et le plus économique de garantir la liberté de tous.

Et un des problèmes les plus difficiles de la politique, c'est de mettre les dépositaires de cette Force commune hors d'état de faire eux-mêmes ce qu'ils sont chargés d'empêcher.

Les Démocrates français, à ce qu'il paraît, voient les choses sous un jour tout différent.

Sans doute, comme les Démocrates américains, ils condamnent, repoussent et flétrissent la Spoliation que les citoyens seraient tentés d'exercer de leur chef, les uns à l'égard des autres, — toute atteinte portée à la propriété, au travail, à la liberté par un individu au préjudice d'un autre individu.

Mais cette Spoliation, qu'ils repoussent entre individus, ils la regardent comme un moyen d'égalisation; et en conséquence ils la confient à la *Loi*, à la *Force commune*, que je croyais instituées pour l'empêcher.

Ainsi, pendant que les Démocrates américains, après avoir chargé la Force commune de châtier la Spoliation individuelle, sont très-préoccupés de la crainte que cette Force ne devienne elle-même spoliatrice, faire de cette Force un instrument de Spoliation, paraît être le fond même et l'âme du système des Démocrates français.

A ce système, ils donnent les grands noms d'organisation, association, fraternité, solidarité. Par là, ils ôtent tout scrupule aux appétits les plus brutaux.

« Pierre est pauvre, Mondor est riche ; ne sont-ils pas frères ? ne sont-ils pas solidaires ? ne faut-il pas les associer, les organiser ? Donc, qu'ils partagent, et tout sera pour le mieux. Il est vrai que Pierre ne doit pas prendre à Mondor, ce serait inique. Mais nous ferons des Lois, nous créerons des Forces qui se chargeront de l'opération. Ainsi la résistance de Mondor deviendra factieuse, et la conscience de Pierre pourra être tranquille. »

Dans le cours de cette législature, il s'est présenté des occasions où la Spoliation se montre sous un aspect spécialement hideux: C'est celle que la Loi met en œuvre au profit du riche et au détriment du pauvre.

Eh bien! même dans ce cas, on voit la Montagne battre des mains. Ne serait-ce pas qu'elle veut, avant tout, s'assurer le principe? Une fois qu'avec l'appui de la majorité, la Spoliation légale du pauvre au profit du riche sera systématisée, comment repousser la Spoliation légale du riche au profit du pauvre?

Malheureux pays, où les Forces sacrées qui devaient être instituées pour maintenir chacun dans son droit sont détournées à accomplir elles-mêmes la violation des droits !

. Nous avons vu hier à l'Assemblée législative une scène de cette abominable et funeste comédie, qu'on pourrait bien appeler. la *comédie des dupes.*

Voici de quoi il s'agissait :

Tous les ans, 300,000 enfants arrivent à l'âge de 12 ans. Sur ces 300,000 enfants, 10,000 peut-être entrent dans les colléges et lycées de l'État. Leurs parents sont-ils tous riches ? Je n'en sais rien. Mais ce qu'on peut affirmer de la manière la plus certaine, c'est qu'ils sont les plus riches de la nation.

Naturellement, ils devraient payer les frais de nourriture, d'instruction et d'entretien de leurs enfants. Mais ils trouvent que c'est fort cher. En conséquence, ils ont demandé et obtenu que la Loi, par l'impôt des boissons et du sel, prît de l'argent aux millions de parents pauvres, pour ledit argent leur être distribué, à eux parents riches, à titre de gratification, encouragement, indemnité, subvention, etc., etc.

M. Mortimer-Ternaux a demandé la cessation d'une pareille monstruosité, mais il a échoué dans ses efforts. L'extrême droite trouve très-doux de faire payer par les pauvres l'éducation des enfants riches, et l'extrême gauche trouve très-politique de saisir une telle occasion de faire passer et sanctionner le système de la Spoliation légale.

Sur quoi je me demande : Où allons-nous ? Il faut que l'Assemblée se dirige par quelque principe ; il faut qu'elle s'attache à la justice partout et pour tous, ou bien qu'elle se jette dans le système de la Spoliation légale et réciproque, jusqu'à parfaite égalisation de toutes les conditions, c'est-à-dire dans le communisme.

Hier, elle a déclaré que les pauvres payeraient des impôts pour soulager les riches. De quel front repoussera-t-elle les impôts qu'on lui proposera bientôt de frapper sur les riches pour soulager les pauvres?

Pour moi, je ne puis oublier que, lorsque je me suis présenté devant les électeurs, je leur ai dit :

« Approuveriez-vous un système de gouvernement qui consisterait en ceci : Vous auriez la responsabilité de votre propre existence. Vous demanderiez à votre travail, à vos efforts, à votre énergie, les moyens de vous nourrir, de vous vêtir, de vous loger, de vous éclairer, d'arriver à l'aisance, au bien-être, peut-être à la fortune. Le gouvernement ne s'occuperait de vous que pour vous garantir contre tout trouble, contre toute agression injuste. D'un autre côté, il ne vous demanderait que le très-modique impôt indispensable pour accomplir cette tâche. »

Et tous de s'écrier : « Nous ne lui demandons pas autre chose. »

Et maintenant, quelle serait ma position si j'avais à me présenter de nouveau devant ces pauvres laboureurs, ces honnêtes artisans, ces braves ouvriers, pour leur dire :

« Vous payez plus d'impôts que vous ne vous y attendiez. Vous avez moins de liberté que vous ne l'espériez. C'est un peu de ma faute, car je me suis écarté du système de gouvernement en vue duquel vous m'aviez nommé, et, le 1er avril, j'ai voté un surcroît d'impôt sur le sel et les boissons, afin de venir en aide au petit nombre de nos compatriotes qui envoient leurs enfants dans les colléges de l'État. »

Quoi qu'il arrive, j'espère ne me mettre jamais dans la triste et ridicule nécessité de tenir aux hommes qui m'ont investi de leur confiance un semblable langage.

INCOMPATIBILITÉS

PARLEMENTAIRES [1].

CITOYENS REPRÉSENTANTS,

Je vous conjure de donner quelque attention à cet écrit.

— « Est-il bon d'exclure de l'Assemblée nationale des catégories de citoyens? »

— « Est-il bon de faire briller aux yeux des représentants les hautes situations politiques? »

Voilà les deux questions que j'y traite. La constitution elle-même n'en a pas soulevé de plus importantes.

Cependant, chose étrange, l'une d'elles, — la seconde, — a été décidée sans discussion.

Le ministère doit-il se recruter dans la Chambre? — L'Angleterre dit : *Oui*, et s'en trouve mal. L'Amérique dit : *Non*, et s'en trouve bien. — 89 adopta la pensée américaine; 1814 préféra l'idée anglaise. — Entre de telles autorités, il y a, ce semble, de quoi balancer. Cependant

---

[1] Cet opuscule, publié en mars 1849, fut réimprimé, en 1850, peu de mois avant la mort de l'auteur. L'opinion qu'il y développe avait dans son esprit des racines profondes, ainsi qu'on peut le voir, au tome Ier, par sa *Lettre à M. Larnac*, qui date de 1846, et de plus, par l'écrit de 1830, intitulé : *Aux Électeurs du département des Landes.*   (*Note de l'éditeur.*)

l'Assemblée nationale s'est prononcée pour le système de la Restauration, importé d'Angleterre ; et cela, sans débat.

L'auteur de cet écrit avait proposé un amendement. Pendant qu'il montait les degrés de la tribune....la question était tranchée. Je propose, dit-il... — La Chambre a voté, s'écrie M. le président. — Quoi ! sans m'admettre à... — La Chambre a voté. — Mais personne ne s'en est aperçu ! — Consultez le bureau, la Chambre a voté.

Certes, cette fois, on ne reprochera pas à l'Assemblée une lenteur systématique !

Que faire ? Saisir l'Assemblée avant le vote définitif. Je le fais par écrit, dans l'espoir que quelque voix plus exercée me viendra en aide.

D'ailleurs, pour l'épreuve d'une discussion orale, il faut des poumons de Stentor s'adressant à des oreilles attentives. Décidément, le plus sûr est d'écrire.

Citoyens représentants, en mon âme et conscience, je crois que le titre IV de la Loi électorale est à refaire. Tel qu'il est, il organise l'anarchie. Il en est temps encore, ne léguons pas ce fléau au pays.

Les Incompatibilités parlementaires soulèvent deux questions profondément distinctes, quoiqu'on les ait souvent confondues.

— La représentation nationale sera-t-elle ouverte ou fermée à ceux qui suivent la carrière des fonctions publiques ?

— La carrière des fonctions publiques sera-t-elle ouverte ou fermée aux représentants ?

Ce sont là certainement deux questions différentes et qui n'ont même entre elles aucun rapport, si bien que la solution de l'une ne préjuge rien quant à la solution de l'autre. La députation peut être accessible aux fonctionnaires, sans que les fonctions soient accessibles aux députés, et réciproquement.

La loi que nous discutons est très-sévère quant à l'admission des fonctionnaires à la Chambre, très-tolérante en ce qui concerne l'admission des représentants aux hautes situations politiques. Dans le premier cas, elle me semble s'être laissée entraîner à un radicalisme de mauvais aloi. En revanche, dans le second, elle n'est pas même prudente.

Je ne dissimule pas que j'arrive, dans cet écrit, à des conclusions tout opposées.

Pour passer des places à la Chambre, pas d'exclusion, mais précautions suffisantes.

Pour passer de la Chambre aux places, exclusion absolue.

Respect au suffrage universel ! Ceux qu'il fait représentants doivent *être* représentants, et *rester* représentants. Pas d'exclusion à l'entrée, exclusion absolue à la sortie. Voilà le principe. Nous allons voir qu'il est d'accord avec l'utilité générale.

§ I. Les électeurs peuvent-ils se faire représenter par des fonctionnaires ?

Je réponds : Oui, sauf à la société à s'entourer de précautions suffisantes.

Ici je rencontre une première difficulté, qui semble opposer d'avance à tout ce que je pourrai dire une fin de non-recevoir insurmontable. La constitution elle-même proclame le principe de l'incompatibilité entre toute *fonction* publique rétribuée et le mandat de représentant du peuple. Or, comme dit le rapport, il ne s'agit pas d'éluder mais d'appliquer ce principe, désormais fondamental.

Je demande s'il y a excès de subtilité à se prévaloir du mot *fonction* dont se sert la constitution, pour dire : Ce qu'elle a entendu exclure, ce n'est pas l'homme, ce n'est pas même le fonctionnaire, c'est la fonction, c'est le danger qu'elle pourrait introduire au sein de l'Assemblée législative. Pourvu donc que la fonction n'entre pas et reste à la porte, dût-elle être reprise à la fin de la législature, par le titulaire, le vœu de la constitution est satisfait.

L'Assemblée nationale a interprété ainsi l'article 28 de la constitution, à l'occasion de l'armée, et, comme je n'arrive à autre chose qu'à étendre cette interprétation à tous les fonctionnaires, j'ai lieu de croire qu'il me sera permis de ne pas m'arrêter à la fin de non-recevoir que le rapport met sur mon chemin.

Ce que je demande en effet, c'est ceci : Que tout électeur soit éligible. Que les colléges électoraux puissent se faire représenter par quiconque a mérité leur confiance. Mais, si le choix des électeurs tombe sur un fonctionnaire public, c'est l'homme et non la fonction qui entre à la Chambre. Le fonctionnaire ne perdra pas pour cela ses droits antérieurs et ses titres. On n'exigera pas de lui le sacrifice d'une véritable propriété acquise par de longs et utiles travaux. La société n'a que faire d'exigences superflues, et doit se contenter de précautions suffisantes. Ainsi, le fonctionnaire sera soustrait à l'influence du pouvoir exécutif; il ne pourra être promu ou destitué. Il sera mis à l'abri des suggestions de l'espérance et de la crainte. Il ne pourra exercer ses fonctions ou en percevoir les émoluments. En un mot, il sera représentant, ne sera que représentant, pendant toute la durée de son mandat. Sa vie administrative sera, pour ainsi dire, suspendue et comme absorbée par sa vie parlementaire. C'est bien là ce qu'on a fait pour les militaires, grâce à la distinction entre le grade et l'emploi. Par quel motif ne le ferait-on pas pour les magistrats?

Qu'on veuille bien le remarquer : l'*incompatibilité*, prise dans le sens de l'*exclusion*, est une idée qui dut naturellement se présenter et se populariser sous le régime déchu.

A cette époque, aucune indemnité n'était accordée aux députés non fonctionnaires, mais ils pouvaient se faire de la députation un marche-pied vers les places lucratives. Au contraire, les fonctionnaires publics nommés députés continuaient à recevoir leurs traitements. A vrai dire, ils étaient payés, non comme fonctionnaires, mais comme députés, puisqu'ils ne remplissaient pas leurs fonctions, et que, si le ministre était mécontent de leurs votes, il pouvait, en les destituant, leur retirer tout salaire.

Les résultats d'une telle combinaison devaient être et furent, en effet, déplorables. D'un côté, les candidats non fonctionnaires étaient fort rares dans la plupart des arrondissements. Les électeurs étaient *libres* de choisir; oui, mais le cercle du choix ne s'étendait pas au delà de cinq à six personnes. La première condition de l'éligibilité était une fortune considérable. Que si un homme, seulement dans l'aisance, se présentait, il était repoussé avec quelque raison, car on le soupçonnait d'avoir de ces vues ultérieures que la charte n'interdisait pas.

D'un autre côté, les candidats fonctionnaires pullulaient. C'était tout simple. D'abord une indemnité leur était allouée. Ensuite la députation était pour eux un moyen assuré de rapide avancement.

Lorsque l'on considère que la guerre aux portefeuilles, conséquence nécessaire de l'accessibilité des ministères aux députés (vaste sujet que je traiterai dans le paragraphe suivant), quand on considère, dis-je, que la guerre aux portefeuilles suscitait, au sein du parlement, des coalitions systématiquement organisées pour renverser le cabinet, que celui-ci ne pouvait résister qu'à l'aide d'une majorité également systématique, compacte, dévouée; il est aisé de comprendre à quoi devait aboutir cette double facilité donnée aux hommes à places, pour devenir députés, et aux députés, pour devenir hommes à places.

Le résultat devait être et a été : les services publics convertis en exploitation; le gouvernement absorbant le domaine de l'activité privée; la perte de nos libertés, la ruine de nos finances : la corruption descendant de proche en proche des hautes régions parlementaires jusqu'aux dernières couches électorales.

Dans ces circonstances, il ne faut pas s'étonner si la nation s'attacha au principe de l'incompatibilité comme à une ancre de salut. Tout le monde se souvient que le cri de ralliement des électeurs honnêtes était : « Plus de fonctionnaires à la Chambre ! » Et le programme des candidats : « Je promets de n'accepter ni places, ni faveurs. »

Cependant, la révolution de Février n'a-t-elle rien changé à cet ordre de choses, qui expliquait et justifiait le courant de l'opinion publique ?

D'abord, nous avons le suffrage universel, et évidemment l'influence du gouvernement sur les élections sera bien affaiblie, si même il en reste quelque vestige.

Ensuite, il n'aura aucun intérêt à faire nommer de préférence des fonctionnaires complétement soustraits à son action.

En outre, nous avons l'indemnité égale accordée à tous les représentants, circonstance qui, à elle seule, change complétement la situation.

En effet, nous n'avons plus à redouter, comme autrefois, que les candidats fassent défaut aux élections. Il est plus à craindre que la difficulté vienne de l'embarras du choix. Il sera donc impossible que les fonctionnaires envahissent la Chambre. J'ajoute qu'ils n'y auront aucun intérêt, puisque la députation ne sera plus pour eux un moyen de parvenir. Autrefois, le fonctionnaire accueillait une candidature comme une bonne fortune. Aujourd'hui, il ne pourra l'accepter que comme un véritable sacrifice, au moins au point de vue de sa carrière.

Des changements aussi profonds dans la situation respective des deux classes sont de nature, ce me semble, à modifier les idées que nous nous étions faites de l'*incompatibilité*, sous l'empire de circonstances toutes différentes. Je crois qu'il y a lieu d'envisager le vrai principe et l'utilité commune, non au flambeau de l'ancienne charte, mais à celui de la nouvelle constitution.

L'Incompatibilité, en tant que synonyme d'Exclusion, présente trois grands inconvénients :

1° C'en est un énorme que de restreindre les choix du *suffrage universel*. Le suffrage universel est un principe aussi jaloux qu'absolu. Quand une population tout entière aura environné d'estime, de respect, de confiance, d'admiration, un conseiller de Cour d'appel, par exemple, quand elle aura foi dans ses lumières et ses vertus; croyez-vous qu'il sera facile de lui faire comprendre qu'elle peut confier à qui bon lui semble le soin de corriger sa législation, excepté à ce digne magistrat ?

2° Ce n'est pas une tentative moins exorbitante que celle de dépouiller du plus beau droit politique, de la plus noble récompense de longs et loyaux services, récompense décernée par le libre choix des électeurs, toute une catégorie de citoyens. On pourrait presque se demander jusqu'à quel point l'Assemblée nationale a ce droit.

3° Au point de vue de l'utilité pratique, il saute aux yeux que le niveau de l'expérience et des lumières doit se trouver bien abaissé dans une Chambre, renouvelable tous les trois ans, et d'où sont exclus tous les hommes rompus aux affaires publiques. Quoi ! voilà une assemblée qui doit s'occuper de marine, et il n'y aura pas un marin ! d'armée, et il n'y aura pas de militaire ! de législation civile et criminelle, et il n'y aura pas de magistrat !

Il est vrai que les militaires et les marins sont admis, grâce à une loi étrangère à la matière et par des motifs qui ne sont pas pris du fond de la question. Mais cela même est un quatrième et grave inconvénient ajouté aux trois autres. Le peuple ne comprendra pas que, dans l'enceinte où se font les lois, l'épée soit présente et la robe absente, parce qu'en

1832 ou 1834 une organisation particulière fut introduite dans l'armée. Une inégalité si choquante, dira-t-il, ne devait pas résulter d'une loi ancienne et tout a fait contingente. Vous étiez chargé de faire une loi électorale complète, il en valait bien la peine, et vous ne deviez pas y introduire une inconséquence monstrueuse, à la faveur d'un article perdu du Code militaire. Mieux eût valu l'Incompatibilité absolue. Elle eût eu au moins le prestige d'un principe.

Quelques mots maintenant sur les précautions que la société me semble avoir le droit de prendre à l'égard des fonctionnaires nommés représentants.

On pourra essayer de me faire tomber dans l'inconséquence et me dire : Puisque vous n'admettez pas de limites au choix du suffrage universel, puisque vous ne croyez pas qu'on puisse priver une catégorie de citoyens de leurs droits politiques, comment admettez-vous que l'on prenne, à l'égard des uns, des précautions plus ou moins restrictives, dont les autres sont affranchis ?

Ces précautions, remarquez-le bien, se bornent à une chose : assurer, dans l'intérêt public, l'indépendance, l'impartialité du représentant ; mettre le député fonctionnaire, à l'égard du pouvoir exécutif, sur le pied de l'égalité la plus complète avec le député non fonctionnaire. Quand un magistrat accepte le mandat législatif, que la loi du pays lui dise : Votre vie parlementaire commence ; tant qu'elle durera, votre vie judiciaire sera suspendue. — Qu'y a-t-il là d'exorbitant et de contraire aux principes ? Quand la fonction est interrompue de fait, pourquoi ne le serait-elle pas aussi de droit, puisque aussi bien c'est là ce qui soustrait le fonctionnaire à toute pernicieuse influence ? Je ne veux pas qu'il puisse être promu ou destitué par le pouvoir exécutif, parce que, s'il l'était, ce ne serait pas pour des actes relatifs à la fonction, qui n'est plus remplie, mais pour des votes. Or, qui admet que le pouvoir exécutif puisse récompenser

ou punir des votes ? — Ces précautions ne sont pas arbitraires. Elles n'ont pas pour but de restreindre le choix du
suffrage universel ou les droits politiques d'une classe de
citoyens, mais, au contraire, de les universaliser, puisque,
sans elles, il en faudrait venir à l'incompatibilité absolue.

L'homme qui, à quelque degré que ce soit, fait partie de
la hiérarchie gouvernementale, ne doit pas se dissimuler
qu'il est, vis-à-vis de la société, et sur un point capital relativement au sujet qui nous occupe, dans une position fort
différente de celle des autres citoyens.

Entre les fonctions publiques et les industries privées, il
y a quelque chose de commun, et quelque chose de différent. Ce qu'il y a de commun, c'est que les unes et les autres
satisfont à des besoins sociaux. Celles-ci nous préservent de
la faim, du froid, des maladies, de l'ignorance ; celle-là de
la guerre, du désordre, de l'injustice, de la violence. C'est
toujours des services rendus contre une rémunération.

Mais voici ce qu'il y a de différent. Chacun est libre d'accepter ou de refuser les services privés, de les recevoir dans
la mesure qui lui convient et d'en débattre le prix. Je ne
puis forcer qui que ce soit à acheter mes pamphlets, à les
lire, à les payer au taux auquel l'éditeur les mettrait, s'il en
avait la puissance.

Mais tout ce qui concerne les services publics est réglé
d'avance par la loi. Ce n'est pas moi qui juge ce que j'achè-
terai de *sécurité* et combien je la payerai. Le fonctionnaire
m'en donne tout autant que la loi lui prescrit de m'en donner, et je le paye pour cela tout autant que la loi me prescrit
de le payer. Mon libre arbitre n'y est pour rien.

Il est donc bien essentiel de savoir qui fera cette loi.

Comme il est dans la nature de l'homme de vendre le
plus possible, la plus mauvaise marchandise possible, au
plus haut prix possible, il est à croire que nous serions
horriblement et chèrement administrés, si ceux qui ont le

privilége de vendre les produits gouvernementaux avaient aussi celui d'en déterminer la quantité, la qualité et le prix [1].

C'est pourquoi, en présence de cette vaste organisation qu'on appelle le gouvernement, et qui, comme tous les corps organisés, aspire incessamment à s'accroître, la nation, représentée par ses députés, décide elle-même sur quels points, dans quelle mesure, à quel prix elle entend être gouvernée et administrée.

Que si, pour régler ces choses, elle choisit les gouvernants eux-mêmes, il est fort à croire qu'elle sera bientôt administrée à merci et miséricorde, jusqu'à épuisement de sa bourse.

Aussi je comprends que les hommes portés vers les moyens extrêmes aient songé à dire à la nation : « Je te défends de te faire représenter par des fonctionnaires. » C'est l'incompatibilité absolue.

Pour moi, je suis très-porté à tenir à la nation le même langage, mais seulement à titre de conseil. Je ne suis pas bien sûr d'avoir le droit de convertir ce conseil en prohibition. Assurément, si le suffrage universel est laissé libre, cela veut dire qu'il pourra se tromper. S'ensuit-il que, pour prévenir ses erreurs, nous devions le dépouiller de sa liberté?

Mais ce que nous avons le droit de faire, comme chargés de formuler une loi électorale, c'est d'assurer l'indépendance du fonctionnaire élu représentant, de le mettre sur le pied de l'égalité avec ses collègues, de le soustraire aux caprices de ses chefs, et de régler sa position, pendant la durée du mandat, en ce qu'elle pourrait avoir d'antagonique au bien public.

---

[1] V. au tome IV, les pages 10 et 11 ; au tome VI, le chap. XVII ; et, au présent tome, la page 443 et suiv. *(Note de l'éditeur.)*

C'est le but de la première partie de mon amendement.

Il me semble tout concilier.

Il respecte le droit des électeurs.

Il respecte, dans le fonctionnaire, le droit du citoyen.

Il détruit cet intérêt spécial qui, autrefois, poussait les fonctionnaires vers la députation.

Il restreint le nombre de ceux par qui elle sera recherchée.

Il assure l'indépendance de ceux par qui elle sera obtenue.

Il laisse entier le droit, tout en anéantissant l'abus.

Il élève le niveau de l'expérience et des lumières dans la Chambre.

En un mot, il concilie les principes avec l'utilité.

Mais, si ce n'est pas *avant* l'élection qu'il faut placer l'incompatibilité, il faut certainement la placer *après*. Les deux parties de mon amendement se tiennent, et j'aimerais mieux cent fois le voir repoussé tout entier qu'accueilli à moitié.

§ II. — Les représentants peuvent-ils devenir fonctionnaires?

A toutes les époques, lorsqu'il a été question de *réforme parlementaire*, on a senti la nécessité de fermer aux députés la carrière des fonctions publiques.

On se fondait sur ce raisonnement, qui est en effet très-concluant : Les gouvernés nomment des mandataires pour surveiller, contrôler, limiter et, au besoin, accuser les gouvernants. Pour remplir cette mission, il faut qu'ils conservent, à l'égard du pouvoir, toute leur indépendance. Que si celui-ci enrôle les représentants dans ses cadres, le but de l'institution est manqué.—Voilà l'objection constitutionnelle.

L'objection morale n'est pas moins forte. Quoi de plus triste que de voir les mandataires du peuple, trahissant l'un après l'autre la confiance dont ils avaient été investis, vendre, pour une place, et leurs votes et les intérêts de leurs commettants ?

On avait d'abord espéré tout concilier par la *réélection*. L'expérience a démontré l'inefficacité de ce palliatif.

L'opinion publique s'attacha donc fortement à ce second aspect de l'incompatibilité, et l'article 28 de la constitution n'est autre chose que la manifestation de son triomphe.

Mais, à toutes les époques aussi, l'opinion publique a pensé que l'*Incompatibilité* devait souffrir une exception, et que, s'il était sage d'interdire les emplois subalternes aux députés, il n'en devait pas être de même des ministères, des ambassades, et de ce qu'on nomme les *hautes situations politiques*.

Aussi, dans tous les plans de *réforme parlementaire* qui se sont produits avant Février, dans celui de M. Gauguier, comme dans celui de M. de Rumilly, comme dans celui de M. Thiers, si l'article 1er posait toujours hardiment le principe, l'article 2 reproduisait invariablement l'exception.

A vrai dire, je crois qu'il ne venait à la pensée de personne qu'il en pût être autrement.

Et, comme l'opinion publique, qu'elle ait tort ou raison, finit toujours par l'emporter, l'art. 79 du projet de la Loi électorale n'est encore qu'une seconde manifestation de son triomphe.

Cet article dispose ainsi :

Art. 79. Les fonctions publiques rétribuées auxquelles, *par exception* à l'article 28 de la Constitution, les membres de l'Assemblée nationale peuvent être appelés, pendant la durée de la législature, par le choix du pouvoir exécutif, sont celles de :

Ministre ;
Sous-secrétaire d'État ;
Commandant supérieur des gardes nationales de la Seine ;

V. 30

Procureur général à la Cour de cassation ;
Procureur général à la Cour d'appel de Paris ;
Préfet de la Seine.

L'opinion publique ne se modifie pas en un jour. C'est donc sans aucune espérance dans le succès actuel que je m'adresse à l'Assemblée nationale. Elle n'effacera pas cet article de la loi. Mais j'accomplis un devoir, car je prévois (et puissé-je me tromper!) que cet article couvrira notre malheureuse patrie de ruines et de débris.

Certes, je n'ai pas une foi telle dans ma propre infaillibilité que je ne sache me défier de ma pensée, quand je la trouve en opposition avec la pensée publique. Qu'il me soit donc permis de me mettre à l'abri derrière des autorités qui ne sont pas à dédaigner.

Des députés-ministres! c'est bien là une importation anglaise. C'est de l'Angleterre, ce berceau du gouvernement représentatif, que nous est venue cette irrationnelle et monstrueuse alliance. Mais il faut remarquer qu'en Angleterre le régime représentatif tout entier n'est qu'un moyen ingénieux de mettre et maintenir la puissance aux mains de quelques familles parlementaires. Dans l'esprit de la constitution britannique, il eût été absurde de fermer aux députés l'accès du pouvoir, puisque cette constitution a précisément pour but de le leur livrer. — Et nous verrons bientôt cependant quelles conséquences hideuses et terribles a eues, pour l'Angleterre même, cette déviation aux plus simples indications du bon sens.

Mais, d'un autre côté, les fondateurs de la république américaine ont sagement repoussé cet élément de troubles et de convulsions politiques. Nos pères, en 89, avaient fait de même. Je ne viens donc pas soutenir une pensée purement personnelle, une innovation sans précédents et sans autorité.

Comme Washington, comme Franklin, comme les au-

teurs de la constitution de 91, je ne puis m'empêcher
de voir dans l'*admissibilité des députés au ministère* une
cause toujours agissante de trouble et d'instabilité. Je ne
pense pas qu'il soit possible d'imaginer une combinaison
plus destructive de toute force, de toute suite dans l'action
du gouvernement, un oreiller plus anguleux pour la tête
des rois ou des présidents de républiques. Rien au monde
ne me semble plus propre à éveiller l'esprit de parti, à alimenter les luttes factieuses, à corrompre toutes les sources
d'information et de publicité, à dénaturer l'action de la
Tribune et de la Presse, à égarer l'Opinion après l'avoir
passionnée, à dépopulariser le vrai pour populariser le
faux, à entraver l'administration, à fomenter les haines nationales, à provoquer les guerres extérieures, à ruiner les
finances publiques, à user et déconsidérer les gouvernements, à décourager et pervertir les gouvernés, à fausser,
en un mot, tous les ressorts du régime représentatif. Je ne
connais aucune plaie sociale qui se puisse comparer à celle-
là, et je crois que si Dieu lui-même nous eût envoyé, par un
de ses anges, une constitution, il suffirait que l'Assemblée
nationale y intercalât cet article 79, pour que l'œuvre divine
devînt le fléau de notre patrie.

C'est ce que je me propose de démontrer.

J'avertis que mon argumentation est un long syllogisme
reposant sur cette prémisse, tenue pour accordée : « LES
HOMMES AIMENT LA PUISSANCE. Ils l'adorent avec tant de fureur,
que, pour la conquérir ou la conserver, il n'est rien qu'ils ne
sacrifient, même le repos et le bonheur de leur pays. »

On ne contestera pas d'avance cette vérité d'observation
universelle. Mais quand, de conséquence en conséquence,
j'aurai conduit le lecteur à ma conclusion, savoir : Le ministère doit être fermé aux représentants ; — il se peut que,
ne trouvant à rompre aucune maille de mon raisonnement,
il revienne sur le point de départ et me dise : « *Nego ma-*

jorem, vous n'avez pas prouvé l'*attrait de la puissance.* »

Eh bien ! je m'obstine à maintenir ma proposition dénuée de preuves ! Des preuves ! Mais ouvrez donc au hasard les annales de l'humanité ! Consultez l'histoire ancienne ou moderne, sacrée ou profane, demandez-vous d'où sont venues toutes ces guerres de races, de classes, de nations, de familles ! Vous obtiendrez toujours cette réponse invariable : De la soif du pouvoir.

Cela posé, la loi n'agit-elle pas avec une bien aveugle imprudence, quand elle offre la candidature du pouvoir aux hommes mêmes qu'elle charge de contrôler, critiquer, accuser et juger ceux qui le détiennent? Je ne me défie pas plus qu'un autre du cœur de tel ou tel homme; mais je me défie du cœur humain, quand il est placé, par une loi téméraire, entre le devoir et l'intérêt. Malgré les plus éloquentes déclamations du monde sur la pureté et le désintéressement de la magistrature, je n'aimerais pas à avoir mon petit pécule dans un pays où le juge pourrait prononcer la confiscation à son profit. De même, je plains le ministre qui a à se dire : « La nation m'oblige à rendre compte à des hommes qui ont bonne envie de me remplacer, et qui le peuvent pourvu qu'ils me trouvent en faute. » Allez donc prouver votre innocence à de tels juges !

Mais ce n'est pas le ministre seulement qu'il faut plaindre; c'est surtout la nation. Une lutte terrible va s'ouvrir, c'est elle qui fera l'enjeu; et cet enjeu, c'est son repos, son bien-être, sa moralité et jusqu'à la justesse de ses idées.

Les fonctions salariées auxquelles, par exception à l'article 28 de la constitution, les membres de l'Assemblée nationale peuvent être appelés pendant la durée de la législature, par le choix du pouvoir exécutif, sont celles de MINISTRE.

Oh ! il y a là un péril si grand, si palpable, que, si nous n'avions à cet égard aucune expérience, si nous étions réduits à juger par un *à priori*, par le simple bon sens, nous n'hésiterions pas une minute.

Je suppose que vous n'avez aucune notion du régime représentatif. L'on vous transporte, nouvel Astolphe, dans la lune et l'on vous dit : Parmi les nations qui peuplent ce monde, en voici une qui ne sait ce que c'est que repos, calme, sécurité, paix, stabilité. — N'est-elle pas gouvernée? demandez-vous. — Oh! il n'en est pas de plus gouvernée dans l'univers, vous est-il répondu ; et, pour en trouver une autre aussi gouvernée que celle-là, vous parcourriez inutilement toutes les planètes, excepté peut-être la terre. Le pouvoir y est immense, horriblement lourd et dispendieux. Les cinq sixièmes des gens qui reçoivent quelque éducation y sont fonctionnaires publics. Mais enfin les gouvernés y ont conquis un droit précieux. Ils nomment périodiquement des représentants qui font toutes les lois, tiennent les cordons de la bourse et forcent le pouvoir, soit dans son action, soit dans sa dépense, à se conformer à leur décision. — Oh! quel bel ordre, quelle sage économie, doivent résulter de ce simple mécanisme! dites-vous. Certainement ce peuple a dû trouver ou trouvera, à force de tâtonner, le point précis où le gouvernement réalisera le plus de bienfaits, aux moindres frais. Comment donc m'annoncez-vous que tout est trouble et confusion sous un si merveilleux régime? — Il faut que vous sachiez, répond votre cicerone, que si les habitants de la lune, ou les Lunatiques, aiment prodigieusement à être gouvernés, il y a une chose qu'ils aiment plus prodigieusement encore, c'est de gouverner. Or, ils ont introduit dans leur admirable constitution un petit article, perdu au milieu de beaucoup d'autres, et dont voici le sens : « Les représentants joignent à la faculté de renverser les ministres celle de les remplacer. En conséquence, s'il se forme, — au sein du parlement, — des partis, des oppositions systématiques, des coalitions, qui à force de bruit et de clameurs, à force

30.

de grossir et de fausser toutes les questions, parviennent à dépopulariser et faire succomber le ministère, sous les coups d'une majorité convenablement préparée à cet effet, les meneurs de ces partis, oppositions et coalitions seront MINISTRES *ipso facto;* et, pendant que ces éléments hétérogènes se disputeront le pouvoir, les ministres déchus, redevenus simples représentants, iront fomenter des intrigues, des alliances, des oppositions et des coalitions nouvelles. » — Par le grand Dieu du ciel ! vous écriez-vous, puisqu'il en est ainsi, je ne suis pas surpris que l'histoire de ce peuple ne soit que l'histoire d'une affreuse et permanente convulsion !

Mais revenons de la lune, heureux si, comme Astolphe, nous en rapportons une petite fiole de bon sens. Nous en ferons hommage à qui de droit, lors de la troisième lecture de notre Loi électorale.

Je demande à insister encore sur mon *à priori.* Seulement nous l'appliquerons à des faits existants qui se passent sous nos yeux.

Il y a en France quatre-vingts et quelques parlements au petit pied. On les appelle conseils généraux. Les rapports de préfet à conseil général ressemblent, à beaucoup d'égards, aux rapports de ministre à Assemblée nationale. D'un côté, des mandataires du public qui décident, en son nom, comment, dans quelle mesure, à quel prix il entend être administré. De l'autre, un agent du pouvoir exécutif qui étudie les mesures à prendre, les fait admettre, s'il peut, et, une fois admises, pourvoit à leur exécution. Voilà une expérience qui se renouvelle près de cent fois par an sous nos yeux, et que nous apprend-elle ? Certes, le cœur des conseillers généraux est pétri du même limon que celui des représentants du peuple. Il en est peu parmi eux qui ne désirassent autant devenir préfets qu'un député peut souhaiter de devenir ministre. Mais cette idée ne leur vient pas même à l'esprit, et la raison en est simple : la loi n'a pas fait du

titre de conseiller un marchepied vers les préfectures. Les
hommes, quelque ambitieux qu'il soient (et ils le sont presque tous), ne poursuivent cependant, *per fas et nefas*, que
ce qu'il est possible de saisir. Devant l'impossibilité radicale,
le désir s'éteint faute d'aliment. On voit des enfants pleurer
pour avoir la lune, mais, quand la raison survient, ils n'y
pensent plus. Ceci s'adresse à ceux qui me disent : Croyez-
vous donc extirper l'ambition du cœur de l'homme ? — Non
certes, et je ne le désire même pas. Mais ce qui est très-
possible, c'est de détourner l'ambition d'une voie donnée
en anéantissant l'appât qu'on y avait imprudemment placé.
Vous aurez beau élever des mâts de cocagne, personne n'y
montera s'il n'y a pas une proie au bout.

Il est certain que, si une opposition systématique, une
coalition mi-blanche et mi-rouge se formait au sein du conseil général, elle pourrait fort bien faire sauter le préfet,
mais non mettre les meneurs à sa place. Ce qui est certain
aussi, l'expérience le démontre, c'est qu'en conséquence
de cette impossibilité, de telles coalitions ne s'y forment
pas. Le préfet propose ses plans, le conseil les discute, les
examine en eux-mêmes, en apprécie la valeur propre au
point de vue du bien général. Je veux bien que l'un se
laisse influencer par l'esprit de localité, un autre par son
intérêt personnel. La loi ne peut refaire le cœur humain,
c'est aux électeurs à y pourvoir. Mais il est bien positif
qu'on ne repousse pas systématiquement les propositions du
préfet, uniquement pour lui faire pièce, pour l'entraver, pour
le faire tomber, s'emparer de sa place. Cette guerre insensée, dont en définitive le pays ferait les frais, cette guerre,
si fréquente dans nos assemblées législatives qu'elle en est
l'histoire et la vie, ne s'est jamais vue dans les assemblées
départementales ; mais voulez-vous l'y voir? Il y a un
moyen bien simple. Constituez ces petits parlements sur
le patron du grand; introduisez dans la loi de l'organi-

sation des conseils généraux un petit article ainsi conçu :

« Si une mesure bonne ou mauvaise, proposée par le préfet, est repoussée, il sera destitué. Celui des membres du conseil qui aura dirigé l'opposition sera nommé à sa place, et distribuera à ses compagnons de fortune toutes les grandes fonctions du département, recette générale, direction des contributions directes et indirectes, etc. »

Je le demande, parmi mes neuf cents collègues, y en a-t-il un seul qui osât voter une pareille disposition ? Ne croirait-il pas faire au pays le présent le plus funeste ? Pourrait-on mieux choisir, si l'on était décidé à le voir agoniser sous l'étreinte des factions ? N'est-il pas certain que ce seul article bouleverserait complétement l'esprit des conseils généraux ? N'est-il pas certain que ces cent enceintes, où règnent aujourd'hui le calme, l'indépendance et l'impartialité, seraient converties en autant d'arènes de luttes et de brigues ? N'est-il pas clair que chaque proposition préfectorale, au lieu d'être envisagée en elle-même et dans ses rapports avec le bien public, deviendrait le champ de bataille d'un conflit de personnes ? que chacun n'y chercherait autre chose que des chances pour son parti ? Maintenant, admettons qu'il y a des journaux dans le département ; les parties belligérantes ne feront-elles pas tous leurs efforts pour les attacher à leur fortune ? La polémique de ces journaux ne s'empreindra-t-elle pas des passions qui agitent le conseil ? Toutes les questions n'arriveront-elles pas altérées et faussées devant le public ? Viennent les élections ; comment ce public égaré ou circonvenu pourra-t-il être bon juge ? Ne voyez-vous pas, d'ailleurs, que la corruption et l'intrigue, surexcitées par l'ardeur du combat, ne connaîtront plus de bornes ?

Ces périls vous frappent ; ils vous effrayent. Représentants du peuple, vous vous laisseriez brûler la main droite plutôt que de voter, pour les conseils généraux, une organisation aussi absurde et aussi anarchique. Et cependant, qu'allez-vous faire? Vous allez déposer, dans la constitution de l'Assemblée nationale, ce fléau destructeur, cet effroyable dissolvant que vous repoussez avec horreur des assemblées départementales. Par l'article 79, vous allez proclamer bien haut que ce poison, dont vous préservez les veines, vous en saturez le cœur du corps social.

Vous dites : C'est bien différent. Les attributions des conseils généraux sont très-limitées. Leurs discussions n'ont pas une grande importance; la politique en est bannie ; ils ne donnent pas des lois au pays, et puis la préfecture n'est pas un objet de convoitise bien séduisant.

Est-ce que vous ne comprenez pas que chacune de vos prétendues objections met à ma portée autant d'*à fortiori* aussi clairs que le jour? Quoi! la lutte sera-t-elle moins acharnée, infligera-t-elle au pays de moindres maux, parce que l'arène est plus vaste, le théâtre plus élevé, le champ de bataille plus étendu, l'aliment des passions plus excitant, le prix du combat plus convoité, les questions qui servent de machines de guerre plus brûlantes, plus difficiles, et partant plus propres à égarer le sentiment et le jugement de la multitude? S'il est fâcheux que l'esprit public se trompe quand il s'agit d'un chemin vicinal, n'est-il pas mille fois plus malheureux qu'il s'égare quand il est question de paix ou de guerre, d'équilibre ou de banqueroute, d'ordre public ou d'anarchie?

Je dis que l'article 79, qu'il s'applique aux conseils généraux ou aux assemblées nationales, c'est le *désordre savamment organisé* sur le même modèle; dans le premier cas sur une petite échelle, dans le second sur une échelle immense.

Mais coupons un peu, par un appel à l'expérience, la monotonie des raisonnements.

En Angleterre, c'est toujours parmi les membres du parlement que le roi choisit ses ministres.

Je ne sais si, dans ce pays, le principe de la séparation des fonctions est stipulé au moins sur le papier. Ce qu'il y a de certain, c'est que l'ombre même de ce principe ne se révèle pas dans les faits. Toute la puissance exécutive, législative, judiciaire et spirituelle réside dans une classe à son profit, la classe oligarchique. Si elle rencontre un frein, c'est dans l'opinion, et ce frein est bien récent. Aussi le peuple anglais n'a pas été jusqu'ici gouverné, mais exploité; ainsi que l'attestent deux milliards de taxes et vingt-deux milliards de dettes. Si depuis quelque temps ses finances sont mieux administrées, l'Angleterre n'en doit pas rendre grâces à la confusion des pouvoirs, mais à l'opinion qui, même privée de moyens constitutionnels, exerce une grande influence, et à cette prudence vulgaire des exploiteurs, qui les a décidés à s'arrêter au moment où ils allaient s'engloutir, avec la nation tout entière, dans le gouffre ouvert par leur rapacité.

Dans un pays où toutes les branches du gouvernement ne sont que les parties d'une même exploitation, au profit des familles parlementaires, il n'est pas surprenant que les ministères soient ouverts aux membres du parlement. Ce qui serait surprenant, c'est qu'il n'en fût pas ainsi, et ce qui l'est bien davantage encore, c'est que cette bizarre organisation soit imitée par un peuple qui a la prétention de se gouverner lui-même, et, qui plus est, de se bien gouverner.

Quoi qu'il en soit, qu'a-t-elle produit en Angleterre même ?

On n'attend pas sans doute que je fasse ici l'histoire des coalitions qui ont agité l'Angleterre. Ce serait entreprendre son histoire constitutionnelle tout entière. Mais je ne puis me dispenser d'en rappeler quelques traits.

Walpole est ministre : une coalition se forme. Elle est dirigée par Pulteney et Carteret pour les *wighs dissidents* (ceux que Walpole n'a pu placer), par Windham pour les torys qui, soupçonnés de jacobitisme, sont condamnés au stérile honneur de servir d'auxiliaires à toutes les opposi- tions.

C'est dans cette coalition que le premier des Pitt (depuis lors Chatham) commence sa brillante carrière.

L'esprit jacobite, encore vivace, pouvant fournir à la France l'occasion d'une puissante diversion en cas d'hosti- lité, la politique de Walpole est à la paix. Donc, la coalition sera à la guerre.

« Mettre fin au système de corruption qui asservit le par- lement aux volontés du ministère, remplacer dans les rap- ports extérieurs, par une politique *plus fière*, plus digne, la politique *timide* et exclusivement pacifique de Walpole, » tel est le double but que se propose la coalition. Je laisse à penser ce qu'on y dit de la France.

On ne joue pas impunément avec le sentiment patrioti- que d'un peuple qui sent sa force. La coalition parle tant et si haut aux Anglais de leur humiliation, qu'ils finissent par y croire. Ils appellent la guerre à grands cris. Elle éclate à l'occasion d'un *droit de visite*.

Autant que ses adversaires Walpole aimait le pouvoir. Plutôt que de s'en dessaisir, il prétend conduire les opéra- tions. Il présente un bill de subsides, la coalition le repousse. Elle a voulu la guerre, et refuse les moyens de la faire. Voici son calcul : la guerre faite sans ressources suffisantes sera désastreuse; alors nous dirons : « C'est la faute du mi- nistre qui l'a faite à contre-cœur. » — Quand une coalition met dans un des plateaux de la balance l'honneur du pays, et dans l'autre son propre succès, ce n'est pas l'honneur du pays qui l'emporte.

Cette combinaison réussit. La guerre fut malheureuse et Walpole tomba. L'opposition, moins Pitt, entre aux affai- res; mais, composée d'éléments hétérogènes, elle ne peut s'entendre. Pendant cette lutte intestine, l'Angleterre est toujours battue. Une nouvelle coalition se forme. Pitt en est l'âme. Il se tourne contre Carteret. Avec lui, il voulait la guerre ; contre lui, il veut la paix. Il le traite de *ministre exécrable, traître,* lui reprochant un subside aux troupes hanovriennes. Quelques années après, on retrouve ces deux hommes fort bons amis, assis côte à côte dans le même conseil. Pitt dit de Carteret : « Je m'enorgueillis de déclarer que je dois à son patronage, à son amitié, à ses leçons tout ce que je suis. »

Cependant la nouvelle coalition amène une crise ministérielle. Les frères Pelham sont ministres. Quatrième coalition formée par Pulteney et Carteret. Ils renversent les Pelham. Mais ils sont renversés eux-mêmes au bout de trois jours. Pendant que le parlement est en proie à ces intrigues, la guerre continue, et le Prétendant, qui a mis l'occasion à profit, fait des progrès en Ecosse. Mais cette considération n'arrête pas les ambitions personnelles.

Pitt conquiert enfin une position officielle assez modeste. Il se fait *gouvernemental* pendant quelques jours. Il approuve tout ce qu'il a blâmé, entre autres le subside aux Hanovriens. Il blâme tout ce qu'il a approuvé, entre autres la résistance au *droit de visite,* invoqué par les Espagnols, et qui lui a servi de prétexte pour fomenter la guerre, guerre qui n'avait été elle-même qu'un prétexte pour renverser Walpole. « L'expérience m'a mûri, dit-il ; j'ai maintenant acquis la conviction que l'Espagne est dans son droit. » — Enfin, la paix se conclut par le traité d'Aix-la-Chapelle, qui replace toutes choses comme elle étaient avant et ne mentionne même pas le droit de visite, qui a mis l'Europe en feu.

Survient une cinquième coalition contre Pitt. Elle n'aboutit pas. Puis une sixième qui présente un caractère particulier ; elle est dirigée par une moitié du cabinet contre

l'autre. Pitt et Fox sont bien ministres, mais l'un et l'autre
veut être premier ministre. Ils s'unissent, sauf à se combattre bientôt. En effet, Fox s'élève, Pitt tombe, et il n'a rien
de plus pressé que d'aller fomenter une septième coalition.
Enfin, les circonstances aidant (ces circonstances sont la
ruine et l'abaissement de l'Angleterre), Pitt arrive an but de
ses efforts. Il est premier ministre de fait. Il aura quatre ans
devant lui pour s'immortaliser, car *John Bull* commence à
être révolté de toutes ces luttes.

Au bout de quatre ans, Pitt tombe victime d'intrigues parlementaires. Ses adversaires ont d'autant plus facilement raison de lui, qu'ils lui jettent sans cesse à la face ses anciens
discours. Ici commence une interminable série de crises
ministérielles. C'est au point que Pitt, ayant ressaisi un moment le pouvoir au milieu de ces péripéties et croyant faire
trop d'honneur au grand Frédéric, en lui proposant une alliance, celui-ci lui fit cette réponse accablante : « Il est bien
difficile d'entrer dans un concert de quelque portée avec
un pays qui, par l'effet de changements continuels d'administration, n'offre aucune garantie de persistance et de
stabilité. »

Mais laissons le vieux Chatham user ses derniers jours
dans ces tristes combats. Voici une génération nouvelle,
d'autres hommes portant les mêmes noms, un autre Pitt,
un autre Fox, qui, pour l'éloquence et le génie, ne le cé-
dent en rien à leurs devanciers. Mais la loi est restée la
même. *Les députés peuvent devenir ministres.* Aussi nous
allons retrouver les mêmes coalitions, les mêmes désastres,
la même immoralité.

Lord North est chef du cabinet. L'opposition présente un
faisceau de noms illustres : Burke, Fox, Pitt, Sheridan,
Erskine, etc.

Chatham avait rencontré, à son début, un ministère pacifique, et naturellement il demandait la guerre. Le second

Pitt entre au parlement pendant la guerre; son rôle est de réclamer la paix.

North résistait au fils, comme Walpole avait resisté au père. L'opposition arriva à la plus extrême violence. Fox alla jusqu'à demander la tête de North.

Celui-ci tombe, un nouveau ministère est composé. Burke, Fox, Sheridan y entrent; Pitt n'y est pas compris. Quatre mois après, nouveau remaniement, qui fit entrer Pitt dans l'administration et en fit sortir Sheridan, Fox et Burke. Avec qui pense-t-on que Fox va se coaliser? avec ce même North! Étrange spectacle! Fox voulut d'abord la paix parce que le ministère était belliqueux. Maintenant il veut la guerre parce que le ministère est pacifique. On le voit, guerre ou paix sont de la pure stratégie parlementaire.

Tout absurde et odieuse qu'est cette coalition, elle réussit. Pitt succombe, North est mandé au palais. Mais les ambitions individuelles sont arrivées à ce point, qu'il est impossible de mettre un terme à la crise ministérielle. Elle dure deux mois. Message des Chambres, pétitions des citoyens, embarras du roi, rien n'y fait. Les députés candidats-ministres ne démordent pas de leurs exigences. Georges III songe à jeter au vent une couronne si lourde, et je crois qu'on peut faire remonter à cette époque l'origine de la cruelle maladie dont il fut plus tard affligé. En vérité, il y avait bien de quoi perdre la tête.

Enfin on s'accorde. Voilà Fox ministre, laissant North et Pitt dans l'opposition. Nouvelle crise; nouvelles difficultés. Pitt triomphe et, malgré la fureur de Fox, devenu chef d'une autre coalition, parvient à se maintenir. Fox ne se contient plus et se répand en grossières injures. « Compatissant comme je fais, lui répond Pitt, à la situation de l'honorable préopinant, aux tortures de ses espérances trompées, de ses illusions détrui es, de son ambition déçue, je déclare que je me croirais inexcusable, si les emportements d'un esprit, succombant sous le poids de regrets dévorants, pouvaient exciter en moi une autre émotion que celle de la pitié. Je proteste qu'ils n'ont pas la puissance de provoquer mon courroux, pas même mon mépris. »

Je m'arrête. En vérité, cette histoire n'aurait pas de fin. Si j'ai cité des noms illustres, ce n'est certes pas pour le vain plaisir de dénigrer de grandes renommées. J'ai pensé que ma démonstration en aurait d'autant plus de force. Si une loi imprudente a pu abaisser à ce point des hommes tels que les Pitt et les Fox, qu'a-t-elle produit sur des âmes plus vulgaires, — des Walpole, des Burke, des North ?

Ce qu'il faut remarquer surtout, c'est que l'Angleterre a été le jouet et la victime de ces coalitions. L'une aboutit à une guerre ruineuse ; l'autre à une paix humiliante. Une troisième fait échouer le plan de justice et de réparation conçu par Pitt en faveur de l'Irlande. Que de souffrances et de honte ce plan n'eût-il pas épargnées à l'Angleterre et à l'humanité !

- Triste spectacle que celui de ces hommes d'État livrés à la honte de contradictions perpétuelles ! Chatham, dans l'opposition, enseigne que le moindre symptôme de prospérité commerciale, en France, est une calamité pour la Grande-Bretagne. Chatham, ministre, conclut la paix avec la France, et professe que la prospérité d'un peuple est un bienfait pour tous les autres. Nous sommes habitués à voir dans Fox le défenseur des idées françaises. Il le fut sans doute, quant Pitt nous faisait la guerre. Mais quand Pitt négociait le traité de 1786, Fox disait en propres termes que l'hostilité était l'état naturel, la condition normale des relations des deux peuples.

Malheureusement ces variations, qui ne sont pour les coalitions que des manœuvres stratégiques, sont prises au sérieux par les peuples. C'est ainsi qu'on les voit implorer tour à tour la paix ou la guerre, au gré des chef momentanément populaires. C'est là le danger sérieux des coalitions.

On pourra dire avec raison que, depuis quelques années, ces sortes de manœuvres sont si décriées en Angleterre, que les hommes d'Etat n'osent plus s'y livrer. Qu'est-ce que cela prouve, si ce n'est que, par leurs effets désastreux, elles ont enfin ouvert les yeux du peuple et formé son expérience? Je sais bien que l'homme est naturellement progressif, qu'il finit toujours par être éclairé, sinon par la prévoyance, du moins par l'expérience, et qu'une institution vicieuse perd à la longue son efficacité pour le mal, à force d'en faire. Est-ce une raison pour l'adopter? Il ne faut pas croire, d'ailleurs, que l'Angleterre ait échappé depuis bien longtemps à ce fléau. Nous l'avons vue de nos jours en éprouver les cruels effets.

En 1824, l'état des finances étant désespéré, un habile ministre, Huskisson, songea à une grande réforme, qui alors était fort impopulaire. Huskisson dut se contenter de faire quelques expériences pour préparer et éclairer l'opinion.

Il y avait alors dans le parlement un jeune homme, profond économiste, et qui comprit toute la grandeur, toute la portée de cette réforme. Si, en sa qualité de député, l'accès du ministère lui eût été interdit, il n'aurait eu rien de mieux à faire qu'à aider Huskisson dans sa difficile entreprise. Mais, il y a aussi dans la constitution anglaise un fatal article 79. Et sir Robert Peel, car c'était lui, se dit : « Cette réforme est belle, c'est moi, moi seul qui l'accomplirai. » Mais pour cela, il fallait être ministre. Pour être ministre, il fallait renverser Huskisson; pour le renverser, il fallait le dépopulariser; pour le dépopulariser, il fallait décrier l'œuvre qu'on admirait au fond du cœur. C'est à quoi sir Robert s'attacha.

Huskisson mourut sans réaliser sa pensée. Les finances étaient aux abois. Il fallut songer à un moyen héroïque. Russel proposa un bill qui commençait et impliquait la réforme. Sir Robert ne manqua pas d'y faire une opposition furieuse. Le bill échoua. Lord John Russell conseilla au roi, tant la situation était grave, de dissoudre le parlement et d'en appeler aux électeurs. Sir Robert remplit l'Angleterre d'arguments protectionistes, contraires à ses convictions, mais nécessaires à ses vues. Les vieux préjugés l'emportèrent. La nouvelle chambre renversa Russell, et Peel entra au ministère *avec la mission expresse de s'opposer à toute réforme.* Vous voyez qu'il ne redoutait pas de prendre le chemin le plus long.

Mais sir Robert avait compté sur un auxiliaire qui ne tarda pas à paraitre : la détresse publique. La réforme ayant été retardée par ses soins, les finances allaient naturellement de mal en pis. Tous les budgets aboutissaient à des déficit effrayants. Les aliments ne pouvant pénétrer dans la Grande-Bretagne, elle fut en proie à la famine escortée, comme toujours, du crime, de la débauche, de la maladie, de la mortalité. La détresse ! rien n'est plus propre à rendre les peuples changeants. L'opinion, secondée par une ligue puissante, réclama la liberté. Les choses étaient arrivées au point où sir Robert les voulait ; et alors, trahissant son passé, trahissant ses commettants, trahissant son parti parlementaire, un beau jour, il se proclame converti à l'économie politique et réalise lui-même cette réforme, que, pour le malheur de l'Angleterre, il a retardée de dix ans, dans le seul but d'en ravir la gloire à d'autres. Cette gloire, il l'a conquise ; mais l'abandon de tous ses amis et les reproches de sa conscience la lui font payer chèrement.

Nous avons aussi notre *histoire constitutionnelle,* autrement dit : l'histoire de la guerre aux portefeuilles, guerre qui agite et souvent pervertit le pays tout entier. Je ne m'y arrêterai pas longtemps ; aussi bien, ce ne serait que la reproduction de ce qu'on vient de lire, sauf le nom des personnages et quelques détails de mise en scène.

Le point sur lequel je voudrais surtout attirer l'attention du lecteur, ce n'est pas autant sur ce qu'il y a de déplorable dans les manœuvres des coalitions parlementaires que sur ce qu'il y a de plus dangereux dans un de leurs effets, qui est celui-ci : populariser, pour un temps, l'injustice et l'absurdité ; dépopulariser la vérité même.

Un jour, M. de Villèle s'aperçut que l'Etat avait du crédit et qu'il pouvait emprunter à 4 $^1/_2$ pour cent. Nous avions alors une lourde dette, dont l'intérêt nous coûtait 5 pour cent. M. de Villèle songea à faire aux créanciers de l'Etat cette proposition : Soumettez-vous à ne toucher désormais que l'intérêt tel qu'il prévaut aujourd'hui dans toutes les transactions, ou bien reprenez votre capital ; je suis prêt à vous le rendre. Quoi de plus raisonnable, quoi de plus juste, et combien de fois la France a-t-elle vainement réclamé depuis cette mesure si simple ?

Mais il y avait, à la Chambre, des députés qui voulaient être ministres. Leur rôle naturel, en conséquence de ce désir, était de trouver M. de Villèle en faute en tout et sur tout. Ils décrièrent donc la *conversion* avec tant de bruit et d'acharnement, que la France n'en voulut à aucun prix. Il semblait que restituer quelques millions aux contribuables, c'était leur arracher les entrailles. Ce bon M. Laffite, dominé par son expérience financière au point d'oublier son rôle de *coalisé*, s'étant avisé de dire : « Après tout, la conversion a du bon, » fut à l'instant considéré comme renégat, et Paris n'en voulut plus pour député. Rendre impopulaire une juste diminution des intérêts payés aux rentiers ! Puisque les coalitions ont fait ce tour de force, elles en feront bien d'autres. — Tant y a, qu'à l'heure qu'il est, nous payons encore cette leçon, et, qui pis est, nous ne paraissons pas disposés à en profiter.

Mais voici M. Molé au pouvoir. Deux hommes de talent sont entrés à la Chambre sous l'empire de la charte nouvelle, qui a aussi son article 79. Cet article a soufflé dans l'oreille de nos deux députés ces mots séducteurs : « Si vous parvenez à faire périr M. Molé à force d'impopularité, un de vous prendra sa place. » Et nos deux champions, qui n'ont jamais pu s'entendre sur rien, s'entendent parfaitement pour amasser sur la tête de M. Molé des flots d'impopularité.

Quel terrain vont-il choisir? Ce sera celui des questions extérieures. C'est à peu près le seul où deux hommes d'opinions politiques opposées puissent momentanément se rencontrer. D'ailleurs, il est merveilleusement propre au but qu'on a en vue. « Le ministère est lâche, traître, il humilie le drapeau français; nous sommes, nous, les vrais patriotes, les défenseurs de l'honneur national. » Quoi de mieux calculé pour abaisser son adversaire et s'élever soi-même aux yeux d'une opinion publique qu'on sait être si chatouilleuse en fait de point d'honneur ? Il est vrai que si on pousse trop loin, dans les masses, cette exaltation de patriotisme, il en pourra résulter d'abord une échauffourée, ensuite une conflagration universelle. Mais ce n'est là qu'une éventualité secondaire aux yeux d'une coalition, l'essentiel est de saisir le pouvoir.

A l'époque dont nous parlons, M. Molé avait trouvé la France engagée par un traité qui portait textuellement, si je ne me trompe, cette clause : « Quand les Autrichiens quitteront les Légations, les Français quitteront Ancône. » Or, les Autrichiens ayant évacué les Légations, les Français évacuèrent Ancône. Rien au monde de plus naturel et de plus juste. A moins de prétendre que la gloire de la France consiste à violer les traités, et que la parole lui a été donnée pour tromper ceux avec qui elle traite, M. Molé avait mille fois raison.

C'est pourtant sur cette question que MM. Thiers et Guizot, secondés par l'opinion égarée, parvinrent à le renverser. Et ce fut à cette occasion que M. Thiers professa, sur la valeur des engagements internationaux, cette fameuse doctrine qui en a fait un homme impossible, car elle ne tendait à rien moins qu'à faire de la France elle-même une nation impossible, au moins parmi les peuples civilisés. Mais le propre des coalitions est de créer à ceux qui y entrent des embarras et des obstacles futurs. La raison en est simple. Pendant qu'on est de l'opposition systématique, on affiche des principes sublimes, on étale un patriotisme farouche, on se revêt d'un rigorisme outré. Quand vient l'heure du succès, on entre au ministère ; mais on est bien forcé de laisser tout ce bagage déclamatoire à la porte, et l'on suit humblement la politique de son prédécesseur. C'est ainsi que toute foi s'éteint dans la conscience publique. Le peuple voit se perpétuer une politique qu'on lui a enseigné à trouver pitoyable. Il se dit tristement : Les hommes qui avaient gagné ma confiance par leurs beaux discours d'opposition ne manquent jamais de la trahir quand ils sont ministres. — Heureux s'il n'ajoute pas : Je m'adresserai dorénavant, non à des discoureurs, mais à des hommes d'action.

Nous venons de voir MM. Thiers et Guizot diriger, au sein du parlement, contre M. Molé, les batteries d'Ancône. Je pourrais montrer maintenant d'autres coalitions battre M. Guizot en brèche avec les batteries de Taïti, du Maroc, de Syrie. Mais vraiment l'histoire en deviendrait fastidieuse. C'est toujours la même chose. Deux ou trois députés, appartenant à des partis divers, souvent opposés, quelquefois irréconciliables, se mettent en tête qu'ils doivent être ministres, quoi qu'il puisse arriver. Ils calculent que tous ces partis réunis peuvent faire une majorité ou en approcher. Donc, ils se coalisent. Ils ne s'occupent pas de réformes administratives ou financières sérieuses, pouvant réaliser le bien public. Non, ils ne seraient pas d'accord là-dessus. D'ailleurs, le rôle d'une coalition est d'attaquer violemment les hommes et mol-

lement les abus ! Détruire les abus ! mais ce serait amoindrir
l'héritage auquel elle aspire ! Nos deux ou trois meneurs se
campent sur les questions extérieures. Ils se remplissent la
bouche des mots : Honneur national, patriotisme, grandeur
de la France, prépondérance. Ils entraînent les journaux,
puis l'opinion ; ils l'exaltent, la passionnent, la surexcitent,
tantôt au sujet du pacha d'Égypte, tantôt à l'occasion du
droit de visite, une autre fois à propos d'un Pritchard. Ils
nous conduisent jusqu'à la limite de la guerre. L'Europe est
dans l'anxiété. De toute part les armées grossissent et les
budgets avec elles. « Encore un effort ! dit la coalition, il
faut que le ministère tombe ou que l'Europe soit en feu. »
Le ministère tombe en effet ; mais les armées restent et les
budgets aussi. Un des heureux vainqueurs entre au pouvoir,
les deux autres restent en route, et s'en vont former, avec les
ministres déchus, une coalition nouvelle, qui passe par les
mêmes intrigues pour aboutir aux mêmes résultats. Que si
l'on s'avise de dire au ministère de fraîche date : Maintenant
diminuez donc l'armée et le budget, il répond : Eh quoi ! ne
voyez-vous pas combien les dangers de guerre renaissent
fréquemment en Europe ? — Et le peuple dit : Il a raison.
— Et la charge s'accroît, à chaque crise ministérielle, jusqu'à ce que, devenue insupportable, les périls factices du
dehors sont remplacés par des périls réels au dedans. — Et
le ministre dit : Il faut bien armer la moitié de la nation pour
tenir l'autre moitié couchée en joue. — Et le peuple, ou du
moins cette partie du peuple à qui il reste quelque chose à
perdre, dit : Il a raison.

Tel est le triste spectacle qu'offrent au monde la France
et l'Angleterre ; si bien que beaucoup de gens sensés en sont
venus à se demander si le régime représentatif, quelque logique que la théorie le montre, n'était pas, par sa nature,
une cruelle mystification. Cela dépend. Sans l'article 79, il
répond aux espérances qu'il avait fait naître, comme le

prouve l'exemple des États-Unis. Avec l'article 79, il n'est
pour les peuples qu'un enchaînement d'illusions et de déceptions.

Et comment en serait-il autrement? Les hommes ont rêvé
de grandeur, d'influence, de fortune et de gloire. Qui n'y
rêve quelquefois? Tout à coup le vent de l'élection les jette
dans l'enceinte législative. Si la constitution du pays leur
disait : « Tu y entres représentant et tu y resteras représentant, » quel intérêt auraient-ils, je le demande, à tourmenter, entraver, déconsidérer et renverser le pouvoir? Mais,
loin de leur tenir ce langage, elle dit à l'un : « Le ministre
a besoin de grossir ses phalanges, et il dispose de hautes
positions politiques que je ne t'interdis pas ; » à l'autre :
» Tu as de l'audace et du talent, voilà le banc des ministres;
si tu parviens à les en chasser, ta place y est marquée. »

Alors, et cela est infaillible, alors commencent ces tumul-
tes d'accusations furieuses, ces efforts inouïs pour mettre de
son côté la force d'une popularité éphémère, cet étalage fas-
tueux de principes irréalisables, quand on attaque, et de concessions abjectes, quand on se défend. Ce n'est que piéges
et contre-piéges, feintes et contre-feintes, mines et contre-
mines. La politique devient une stratégie. Les opérations se
poursuivent au dehors, dans les bureaux, dans les commissions, dans les comités. Le moindre petit accident parlementaire, une élection de questeur est un symptôme qui
fait palpiter les cœurs de crainte ou d'espérance; s'il s'agissait du Code civil lui-même, on n'y prendrait pas tant d'intérêt. On voit se liguer les éléments les plus hétérogènes, et
se dissoudre les plus naturelles alliances. Ici, l'esprit de parti
forme une coalition. Là, la souterraine habileté ministérielle
en fait échouer une autre. S'agit-il d'une loi d'où dépend le
bien-être du peuple, mais qui n'implique pas la *question de
confiance*, la salle est déserte. En revanche, tout événement
que le temps amène, portât-il dans ses flancs une conflagra-

tion générale, est toujours le bienvenu, s'il présente un terrain où se puissent appuyer les échelles d'assaut. Ancône, Taïti, Maroc, Syrie, Pritchard, droit de visite, fortifications, tout est bon, pourvu que la coalition y trouve la force qui renversera le cabinet. Alors, nous sommes saturés de ces lamentations dont la forme est stéréotypée : « Au dedans la France est souffrante, etc., etc. ; au dehors la France est humiliée, etc., etc. Est-ce vrai? est-ce faux? On ne s'en met pas en peine. Cette mesure nous brouillera-t-elle avec l'Europe ? Nous forcera-t-elle à tenir éternellement cinq cent mille hommes sur pied? Arrêtera-t-elle la marche de la civilisation ? Créera-t-elle des obstacles à toute administration future? Ce n'est pas ce dont il s'agit. Au fond, une seule chose intéresse : la chute ou le triomphe d'un nom propre.

Et ne croyez pas que cette perversité politique n'envahisse au sein du parlement que les âmes vulgaires, les cœurs dévorés d'une ambition de bas étage, les prosaïques amants de places bien rémunérées. Non, elle s'attaque encore et surtout aux âmes d'élite, aux nobles cœurs, aux intelligences puissantes. Pour dompter de tels hommes, il suffit que l'art. 79 éveille au fond de leur conscience, au lieu de cette pensée triviale : *Tu réaliseras tes rêves de fortune*, cette autre pensée bien autrement dominatrice : *Tu réaliseras tes rêves de bien public*. Lord Chatham avait donné des preuves d'un grand désintéressement; M. Guizot n'a jamais été accusé d'adorer le veau d'or. On a vu ces deux hommes dans les coalitions, et qu'y faisaient-ils ? Tout ce que peut suggérer la soif du pouvoir et pis peut-être que ne pourrait suggérer la soif des richesses. Afficher des sentiments qu'ils n'avaient pas ; se parer d'un patriotisme farouche qu'ils n'approuvaient pas ; susciter des embarras au gouvernement de leur pays, faire échouer les négociations les plus importantes, pousser le journalisme et l'esprit public dans les voies les plus périlleuses, créer à leur propre ministère futur les difficultés